시나리오란
무엇인가

SCREENPLAY:

시나리오란
무엇인가

시드 필드 · 유지나 옮김

THE

FOUNDATIONS

OF

SCREENWRITING

민음사

독자에게

나의 과업은……. 당신의 귀를 열고 당신의 감각을 자극하고, 무엇보다 당신
의 눈을 뜨게 하는 것이다. 그것이 전부이고, 모든 것이다.

— 조지프 콘래드

일러두기

1 맞춤법은 외래어 표기법을 따랐으나, 영화 속 등장인물과 영화 이름, 그리고 오래전부터
   일반에게 널리 관용적으로 알려져 온 유명 영화배우는 예외를 두었다.
2 본문에 사용한 문장 부호의 의미는 다음과 같다.
   「 」: 영화, 음악, 연극
   『 』: 단행본
   《 》: 신문이나 잡지

차례

뛰어난 재능을 지닌 시나리오 작가 로버트 타운, 제임스 캐머런, 데이비드 코엡, 그리고 스튜어트 비티에게 특별히 감사드립니다. 이 책을 쓰도록 격려해 준 드림웍스의 마크 하임, 그리고 스털링 로드와 섀넌 제이미슨 바즈케스에게도 감사드립니다. 기념비적 책을 쓰도록 공간과 기회를 제공해 준 모든 분들, 이 책을 성장시키고 확장하도록 지원해 준 모든 분들께 감사드립니다.

나와 함께 이 길을 가는, 빛을 나눠 준 아비바에게도 감사드립니다.

누구나 시나리오를 쓸 수 있다

"이 책에서 '우리가 과거를 잊더라도
과거는 우리를 잊지 않는다.'라고 말하고 있다."
—「매그놀리아」(폴 토머스 앤더슨)

1979년, 내가 처음으로 『시나리오란 무엇인가: 시나리오 쓰기의 실제』
를 쓸 당시만 해도 서점에서 시나리오 작법을 다룬 책을 찾아보기란 쉽
지 않았다. 당시 가장 인기 있었던 책은 1940년대 초반에 나왔던 라고
스 에그리의 『드라마 쓰기 기법The Art of Dramatic Writing』이었다. 시나리오
가 아니라 극작에 관한 책이었지만, 그 책이 설명하고자 하는 원칙은
정확하고 분명했다. 그 시절에는 연극 각본과 영화 시나리오를 쓰는 기
술 간에 실질적 차이가 존재하지 않았다.

　『시나리오란 무엇인가』가 모든 것을 바꿔 놓았다. 이 책은 시나리
오 쓰기의 토대를 설정하는 드라마 구조의 원칙을 제시해 보여 주었다.
또한 영화용 각본 작법을 보여 주기 위해 당대 유명 영화들을 활용한
최초의 책이었다. 그리고 잘 알다시피 시나리오 쓰기란 때로는 예술의
경지에 도달하는 기교다.

이 책은 출간되자마자 곧 베스트셀러가 되었고, 출판사 표지글처럼 즉각적인 인기를 끌었다. 출간되고 몇 달 지나지 않아 책을 여러 차례 다시 찍었고, 뜨거운 화제를 불러일으켰다. 이 책의 화려한 성공에 모두 놀란 것처럼 보일 정도였다.

나는 그리 놀라지 않았다. 시나리오에 대한 열정을 수없이 봐 왔기 때문이었다. 1970년대 할리우드에 있는 셔우드 오크스 실험 대학 Sherwood Oaks Experimental College에서 시나리오 작법 지도와 강의를 하면서, 나는 시나리오 쓰기에 인생을 걸고 믿을 수 없을 정도로 강렬한 욕망을 불태우면서 온갖 일을 해 온 사람들을 봐 왔다. 시나리오 쓰기 강의실에는 수백 명의 학생으로 넘쳐 났고, 모두에게 쓸 만한 이야깃거리가 있다는 사실이 곧 드러났다. 그들은 어떻게 이야기를 할 것인가를 모를 뿐이었다.

1979년 이른 봄 어느 날 『시나리오란 무엇인가』가 서점에 처음 등장하고부터, 시나리오 작법에 엄청난 진보가 있었다. 오늘날 시나리오 쓰기와 영화 만들기에 관한 대중적 인기는 우리 문화의 필수적 부분이며 무시될 수 없다. 아무 서점이든 들어가 보라. 그러면 영화 만들기에 관한 온갖 책이 서가를 채우고 있는 모습을 발견하게 될 것이다. 실제로 대학에서 가장 인기 있는 학과는 경영학과와 영화학과다. 컴퓨터 기술과 컴퓨터 그래픽 이미지의 극적인 부상, MTV, 리얼리티 텔레비전, 엑스박스나 플레이스테이션 같은 게임기, 새로운 무선 랜 기술의 영향력 확장과 더불어, 나라 안팎에서 열리는 수많은 영화제가 보여 주듯이 우리는 영화 혁명의 한가운데 살고 있다. 단편 영화를 만들어 휴대전화나 이메일로 친구들에게 보내고, 그것을 텔레비전으로 보는 일이 머잖아 가능해질 것이다. 우리가 이미 보아 왔듯이 분명히 우리는 진화해 왔다.

서사 모험담 「반지의 제왕」(세 편 모두) 혹은 「아메리칸 뷰티」에 나오는 현대 가족의 초상을 보라. 「씨비스킷」의 정서적이고 시각적인 영향력, 혹은 「본 슈프리머시」가 보여 주는 문자 그대로의 재현, 「콜드 마운틴」, 「메멘토」, 「맥스군 사랑에 빠지다」, 「매그놀리아」, 「로얄 테넌바움」, 「이터널 선샤인」을 보라. 이러한 영화들을 1970~1980년대 영화들과 비교해 보면 영화 혁명으로 인한 차이점을 발견하게 될 것이다. 이를테면 이미지는 빠르고, 전달되는 정보는 시각적이고 신속하며, 침묵의 사용은 과장되어 있고, 특수 효과와 음악은 강화되고 더욱 강조된다. 시간 개념은 종종 주관적이고 비선형적이며, 그 흐름과 실행에서 소설적이다. 그러나 이야기하기 기술과 도구가 시간을 다루는 기술과 필요성에 근거해 진화하고 발전하는 동안에도 이야기하기 예술은 그대로 존속하고 있다.

영화는 예술과 기술의 복합체이다. 기술의 진화는 문자 그대로 우리가 영화를 보는 방식을 변화시켰다. 그리하여 필연적으로 기술은 우리가 영화를 쓰는 방식을 변화시켰다. 그러나 재료를 다루는 방식에서 어떤 변화가 일어났든, 시나리오의 속성은 늘 같다. 시나리오란 대사와 묘사를 이미지로 이야기하는 것이며, 극적 구조의 맥락에서 설정된다. 바로 이것이 시나리오이며, 시나리오의 속성이다. 즉 시나리오란 시각적으로 이야기하는 예술이다.

시나리오 쓰기 기법은 습득 가능한 창작 과정이다. 이야기를 하려면 등장인물을 설정하고 극적 전제(무엇에 관한 이야기인가.)와 극적 상황(행위를 둘러싼 상황)을 도입해야 하며, 인물이 맞서거나 극복해야 할 장애물을 창조해야 하고 이야기를 해결해야 한다. 소년이 소녀를 만나고 소년이 소녀를 차지하고, 소년이 소녀를 놓친다와 같은 식이다. 아리스토텔레스에서 시작해 모든 문명을 거쳐 존재해 온 모든 이야기는 동일한 극적 원칙을 구체화한 것들이다.

　「반지의 제왕: 반지 원정대」에서 프로도는 반지를 본래 있었던 자리인 운명의 산에 되돌려 놓기 위해 그것을 소유하게 되고 결국 파괴한다. 그것이 극적 요구성이다. 그가 어떻게 그곳에 도달해서 과업을 완성하는가 하는 이야기가 핵심이다. 영화는 인물과 상황을 만들고 그에 따라 내러티브를 만들어 낸다. 즉 프로도와 샤이어, 원정대를 설정하고, 운명의 산으로 가는 과업을 수행하는 것이다. 2부 「반지의 제왕: 두 개의 탑」에서는 프로도, 샘, 원정대가 반지를 파괴하러 가는 여정에서 대결하는 장애물을 극화시킨다. 그들은 자신들의 임무 뒤에 숨어 있는 장애물과 대결해야 한다. 이와 동시에 아라곤과 다른 원정대원들은 헬름 협곡의 오크족을 무찌르기 위해 수많은 도전을 극복해 내야 한다. 3부 「반지의 제왕: 왕의 귀환」에서는 이야기를 해결한다. 프로도와 샘은 운명의 산에 도착하고 반지와 골룸이 용암에 떨어져 파괴되는 것을 본다. 아라곤은 왕관을 쓰게 되고 호빗은 샤이어로 돌아가며 그들의 일상은 지속된다.

　설정(Set-up), 대립(Confrontation), 그리고 해결(Resolution)

　이것이 드라마의 요체다. 나는 어릴 적 손에 팝콘을 들고 어두운 극장에 앉아서 경이로운 시선으로 거대한 스크린에 흰 빛줄기가 반사되어 영사되는 이미지를 바라보면서 이것을 배웠다.

　미국 로스앤젤레스 태생(할아버지는 1907년 폴란드에서 이곳으로 이민 왔다.)인 나는 영화 산업에 둘러싸여 성장했다. 열 살 때, 스펜서 트레이시와 캐서린 헵번이 주연한 프랭크 카프라 감독의 「스테이트 오브 더 유니언」에 보안관 소년 밴드 단원으로 출연한 적도 있다. 나는 밴 존슨이 어떻게 체커를 하는지 가르쳐 주었던 것을 제외하고는 별로 기억나는 일이 없다.

토요일 오후가 되면 나는 친구들과 동네 극장에 몰래 들어가 「플래시 고든」과 「벅 로저스」 시리즈를 보곤 했다. 10대 시절에 내 삶에서 영화를 보러 가는 것은 열정이자 파티, 오락이었으며, 화제의 중심이었다. 극장은 외출해서 즐거움을 찾는 공간이기도 했다. 때로 잊을 수 없는 순간도 있었다. 이를테면 험프리 보가트와 로런 바콜이 나오는 「소유와 무소유」를 본다거나, 「시에라 마드레의 보물」에서 금광을 발견한 월터 휴스턴이 광란의 춤을 추는 모습, 혹은 「워터프론트」의 마지막 장면에서 말런 브랜도가 부두 트랩을 비틀거리며 걸어가는 모습을 볼 때와 같은 순간이 그랬다.

나는 할리우드 고등학교에 다녔는데, 고등학교의 수많은 동아리 중 하나인 아테네인에 가입을 권유받은 적이 있다. 졸업 후 얼마 지나지 않아, 가장 친한 친구 중 하나이자 아테네인 동아리 친구이기도 한 프랭크 마졸라가 제임스 딘을 만나서 매우 친한 관계를 맺었다. 마졸라는 딘에게 그 시절 고등학교 동아리라는 것이 어땠는지 이야기해 줬다.(오늘날 기준에 비춰 보면 당시 동아리 문화는 갱에 견줄 만했다.) 니컬러스 레이 감독과 제임스 딘은 「이유 없는 반항」의 갱 관련 자문을 마졸라에게 맡겼고, 마졸라는 영화에서 결정적인 부분을 연기했다. 그리하여 아테네인은 「이유 없는 반항」에서 동아리와 갱의 모델이 되었다. 가끔 딘은 우리가 토요일 저녁 할리우드 대로로 싸움 구경을 하러 나갈 때 동행하기도 했다. 우리는 이른바 '거친 녀석들'이었고 싸움이든 시비든 그 어떤 것에도 물러서지 않았다. 우리는 오히려 시비에 말려들도록 일을 꾸미기도 했다.

딘은 우리의 모험담 듣기를 즐겼고, 줄곧 세세한 내막을 과장했다. 우리가 어떤 거친 책략을 쓰면, 그는 무엇이 됐든 어떻게 시작했는지, 어떻게 생각했는지, 어떤 느낌이었는지 알고 싶어 했다. 배우다운 질문

들어가는 말

이었다.

「이유 없는 반항」이 개봉해 세계적인 반향을 불러일으키고 나서 야, 나는 우리들이 영화에 얼마나 대단한 공헌을 했는지 깨달을 수 있 었다. 그 무렵 딘이 우리와 함께 놀았다는 특별한 일이 그가 죽기 전까 지는 내게 큰 영향을 주지 않았다. 그가 우리 세대 아이콘이 되고서야 우리가 공헌했던 일의 의미를 가늠하기 시작했다.

마졸라는 내게 배우 수업을 받으라고 설득했고, 그것이 내 삶을 전적으로 바꿔 놓았다. 그것은 일련의 다른 순간에 영향을 주는 사건 중 하나였으며, 오늘날 여전히 걷고 있는 인생길로 나를 이끌어 주었 다. 이모들과 삼촌들(부모님은 몇 년 전에 돌아가셨다.)은 내가 의사나 변 호사 혹은 치과 의사 같은 전문직에 종사하기를 원했다. 마운트 시나 이 병원에서 파트타임으로 일한 적이 있었는데, 나는 응급실의 긴박함 과 그 안에서 펼쳐지는 드라마 같은 이야기에 매료되었다. 그래서 의 사가 되겠다는 생각도 즐겨 해 보았다. 나는 캘리포니아 대학에 입학 하여, 몇몇 소지품을 꾸려 버클리로 향했다. 1959년 8월이었다.

1960년대 초, 버클리에는 혹독한 저항과 불안이 팽배했다. 현수 막, 구호, 전단지가 도처에 널려 있었다. 카스트로 반란군이 막 바티스 타 정권을 무너뜨렸는데, '쿠바 해방', '혁명의 시간'부터 '표현의 자유', 'ROTC 해체', '모두에게 동등한 권리를', '모든 것을 위한 사회주의, 사 회주의를 위한 모든 것'까지 각종 구호가 도처에 난무했다. 캠퍼스로 가는 큰길, 텔레그래프 거리에는 늘 갖가지 색상의 현수막과 전단지가 널려 있었다. 거의 매일 저항 집회가 열렸는데, 내가 멈추어 서서 무슨 일인가 들어 볼라치면 셔츠와 넥타이를 걸치고 눈에 띄지 않게 위장한 FBI 요원들이 사진을 찍으려고 애쓰는 모습이 보였다. 농담 같은 일이 었다.

당시 열렬한 이슈를 구체화하는 행동을 수용하기까지는 그리 오랜 시간이 걸리지 않았다. 그 시절 대부분의 청년들처럼 나도 당시의 영웅들(일련의 혁명과 저항에 대해 열렬하게 부르짖었던 케루악, 긴즈버그, 그레고리 코르소 같은 시인이나 성인들)에게 영향을 받았고 영감을 얻었다. 그들의 목소리와 삶으로부터 영감을 얻은 나 역시 변화의 물결을 타고 싶었다. 그리 오래지 않아 마리오 사비오와 자유 언론 운동으로 촉발된 정치적 분노 속에 대학은 폭발해 버렸다.

버클리에서의 두 번째 학기 때 나는 게오르크 뷔히너의 「보이체크」라는 독일 표현주의 연극 오디션에 참가했고, 보이체크 역에 캐스팅되었다. 「보이체크」를 공연하면서 나는 위대한 프랑스 감독 장 르누아르를 만났다.

르누아르와의 관계는 문자 그대로 내 인생을 바꿔 놓았다. 나는 누구에게나 삶의 방향을 뒤흔드는 뭔가가 벌어지는 일이 인생에서 두세 번쯤은 일어난다는 것을 알았다. 우리는 누군가를 만나고, 어딘가를 가고, 전에 해 본 적이 없는 무언가를 하게 된다. 그런 계기들을 통해 자신이 가야 할 곳으로 가게 되고 인생에서 해야 할 일을 할 수 있게 된다.

사람들은 내가 르누아르와 함께 일하는 것을 대단한 행운이라고 여겼다. 그와의 만남은 적시에 적절한 곳에서 일어난 기회이자 축복이었다. 맞는 말이다. 그러나 여러 해가 지난 후, 나는 행운이나 우연을 너무 믿어서는 안 된다는 점도 배웠다. 모든 일은 어떤 이유에서 벌어진다고 생각한다. 우리는 행성인 이 지구에서 보내는 짧은 인생 속에서 부딪치는 모든 경험, 모든 순간에 배울 만한 것이 있기 마련이다. 그것을 운명이라 부르든, 숙명이라 부르든, 당신이 뭐라고 부르든, 실제로 별 상관은 없다.

나는 세계 최초로 초연되는 르누아르의 연극 「카롤라」 오디션에 참가하여 2차 세계대전 막바지 나치 점령 시절 파리의 극장 무대 매니저인 캄판 역, 세 번째 주요 배역으로 캐스팅되었다. 거의 1년간 나는 르누아르의 발치에 앉아 그의 눈을 통해 영화를 보고 배웠다. 그는 늘 영화를 언급하곤 했다. 예술가로서, 한 개인 혹은 인본주의자로서 그는 자신이 보고 쓴 모든 것에 대해 열정적인 견해를 피력했다. 이 모든 것이 바로 그 사람이었다. 그와 함께 있다는 것 자체가 영감이었고, 중요한 인생 수업이었다. 즐거움과 특권, 그리고 위대한 학습의 경험이었다. 영화가 항상 내 인생에서 중요한 부분이었음에도 불구하고, 르누아르와 함께했던 시간에만 초점이 영화에 맞춰졌다. 마치 지구가 태양을 바라보며 도는 것과 같았다. 불현듯 나는 영화를 온전히 새로운 빛 속에서 보게 되었는데, 영화는 인생의 표현이며, 인생에 대한 이해를 이야기와 이미지로 탐구하는 것이라는 점을 깨달았다. 그리고 공부하고 배워야 할 예술 형태로 영화를 바라보게 되었다. 영화에 대한 사랑이 그 후 나를 양육했고 살찌웠다.

장 르누아르는 자신의 영화 중 한 편을 보여 주기 전에 항상 "영화란 무엇인가?(Qu'est-ce que le cinéma?)"라고 물었다. 그는 영화란 스크린 위에 명멸하는 이미지 이상의 것이라고 말하곤 했다. "영화란 인생보다 더 확장된 예술 형식이다." 르누아르에 대해 내가 무슨 말을 할 수 있겠는가? 그도 다른 사람과 마찬가지로 인간에 불과했다. 그러나 그를 구별 짓게 하는 덕목은, 적어도 내 관점에서 보면 위대한 마음이었다. 그는 개방적이고 다정하고 매우 지적이고 지혜로운 사람이었으며, 알고 지내는 모든 사람의 삶에 영향을 주는 힘이 있었다. 위대한 인상파 화가 피에르 오귀스트 르누아르의 아들인 그 역시 뛰어난 시각적 재능을 타고났다. 르누아르는 내게 영화를 가르쳐 주었고, 시각적으로 이야기하는 예술을 지도해 주었으며, 통찰력을 가르쳐 주었다. 그는 내게 문을 보여 주었고, 내가 통과하도록 문을 열어 주었다. 나는 결코 뒤돌아본 적이 없다.

르누아르는 상투성(cliché)을 혐오했다. 그는 아이디어를 작품화하는 아버지의 말을 인용하곤 했다. "만일 모델을 사용하지 않고 나뭇잎을 그리고 싶어 한다면, 당신의 상상력은 단지 몇 개 안 되는 잎만을 제공할 것이나. 그러나 자연은 수백 개 잎사귀, 같은 나무에 달린 수많은 잎사귀를 제공할 것이다. 똑같은 나뭇잎 두 개는 결코 존재하지 않는다. 자신의 마음속에 있는 것만을 그리는 화가는 곧 자기 자신을 반복할 수밖에 없다." 이 위대한 인상파 화가가 한번은 이렇게 말한 적이 있다고 장 르누아르가 우리에게 이야기해 주었다. 피에르 오귀스트 르누아르의 위대한 그림들을 보면 그게 무슨 뜻인지 알 것이다. 어떤 두 개의 나뭇잎도, 어떤 두 송이 꽃도, 어떤 두 사람도 결코 같은 방식으로 그리지 않았다. 그의 아들도 영화에서 그런 모습을 보여 주었다. 「위대한 환상」, 「게임의 규칙」(이 두 편은 지금까지 나온 가장 위대한 영화로 평가받고 있다.), 「황금 마차」, 「풀밭 위의 오찬」 등을 비롯한 다른 수많은 영화도 마찬가지다. 아버지 르누아르가 "유화 물감으로 그린다."면 아들 르누아르는 같은 방식으로 영화를 "빛으로 그린다." 장 르누아르는 아버지가 인상주의를 발견한 것과 같은 방식으로 영화를 '발견한' 예술가다. 그는 "예술이란, 보는 이에게 창조자와 합치되는 기회를 제공해야 한다."라고 말했다.

극장에 앉아서 스크린 위로 명멸하는 이미지를 바라보는 것은 인간 경험의 거대한 영역을 목격하는 것과 같다. 「반지의 제왕: 반지 원정대」에서부터 「로얄 테넌바움」에 이르기까지, 「매트릭스」에서부터 「미지와의 조우」에 이르기까지, 「콰이강의 다리」 첫 장면에서부터 공중에 던

저진 뼈다귀가 우주선이 되는 것으로 인류의 역사를 포착한 스탠리 큐브릭 감독의 「2001 스페이스 오딧세이」에 이르기까지 그렇다. 인류가 살아온 수천 년 그리고 그 과정에서의 진화가 영화 두 편의 시학에 응축되어 있다. 마법과 경이로움, 미스터리와 경외의 순간이다. 바로 이것이 영화의 힘이다.

지난 수십 년간 시나리오 쓰기 기법과 그러한 예술에 관해 세계 여러 곳에서 강의를 하면서, 시나리오 쓰기 스타일이 보다 시각적인 방식으로 발전하는 모습을 목격해 왔다. 앞서 언급했듯이, 의식의 흐름이나 장별 구성 같은 소설 기법이 현대 시나리오에 침투하기 시작했다. (「킬 빌」, 「킬 빌 2」, 「디 아워스」, 「아메리칸 뷰티」, 「로얄 테넌바움」, 「본 슈프리머시」, 「맨츄리안 캔디데이트」, 「콜드 마운틴」 등은 그런 경향을 보여 주는 몇몇 예일 뿐이다.) 전적으로 새로운 컴퓨터 세대, 양방향 소프트웨어, 디지털 이야기 방식, 편집에 익숙한 이 세대는 분명히 보다 시각적인 방식으로 세상을 보고, 따라서 보다 영화적인 스타일로 표현할 수 있다.

그러나 영화에서 많은 변화가 이루어지고 영화에 대해 여러 가지가 언급되었지만, 시나리오 쓰기 원칙은 변하지 않았다. 원칙이란 어느 때, 어느 곳, 어느 시대에 우리가 살든 상관없다. 위대한 영화들은 시간을 초월한다. 그런 영화들은 만들어졌던 시대를 포착하고 구체화한다. 인간의 조건이란 그때나 지금이나 동일하기 때문이다.

시나리오 쓰기의 기법을 탐구하고 극적 구조의 토대를 보여 주는 것이 내 목표다. 시나리오를 쓸 때, 당신은 두 가지 작업을 해내야 한다. 하나는 시나리오 쓰기에 요구되는 준비 작업인데, 조사하기, 시간을 들여 생각하기, 인물 만들기, 구조적 동력 기획하기다. 다른 하나는 실행으로, 실제로 쓰는 일이다. 시각적 이미지를 드러내고, 대사를 잡아내는 일이다. 글쓰기 작업에서 가장 어려운 점은 무엇을 쓸지 아는 것이다. 내가 처음 책을 썼을 때에도 그것이 진실이었고, 지금도 그렇다.

이 책은 '어떻게'에 관한 책이 아니다. 누구에게도 어떻게 시나리오를 쓰는지 가르쳐 줄 수 없다. 사람들은 시나리오 쓰기 기법을 스스로 익혀야 한다. 내가 할 수 있는 것은, 성공적인 시나리오를 쓰기 위해 해야만 하는 일을 보여 주는 것이다. 그래서 나는 이 책을 '무엇을'에 관한 책이라고 일컫고 싶다. 당신에게 시나리오로 쓸 어떤 아이디어가 있는데, 그 아이디어로 어떻게, 그리고 무엇을 해야 하는가를 보여 준다는 뜻이다.

데이비드 L. 월퍼 프로덕션의 작가 겸 프로듀서이자 자유 기고가 그리고 시네모빌 시스템의 이야기 담당 대표로, 나는 몇 년 동안 시나리오를 쓰고 읽는 일을 해 왔다. 나는 시네모빌에서만 2년 조금 넘는 기간에 시나리오를 2000편 이상 읽고 요약하는 일을 했다. 2000편이 넘는 시나리오 중에서, 나는 고작 40여 편만을 영화 제작이 가능하도록 투자사에 넘겨주었다.

왜 그렇게 적었을까? 내가 읽은 100편 중 99편은 수백만 달러를 투자할 정도의 수준이 아니었기 때문이다. 달리 말하면, 내가 읽은 100편 중 한 편만이 영화 제작이 될 정도로 좋았다. 시네모빌에서 우리의 일은 영화를 만드는 것이다. 한 해 동안 우리는 「대부」에서 「제레미아 존슨」, 「서바이벌 게임」, 「앨리스는 더 이상 여기 살지 않는다」, 「청춘 낙서」에 이르기까지 수많은 영화 제작에 직접 관여했다.

당시에, 그러니까 1970년대 초 시네모빌은 문자 그대로 영화 제작을 혁신한 이동식 로케이션 시설이었다. 영화사는 야외 촬영지가 어디였든 간에 출연진과 제작진, 장비를 나르는 카라반에 더 이상 의존하지 않아도 되었다. 기본적으로 시네모빌은 팔륜구동 그레이하운드 버스로, 수하물 칸에 장비를 보관할 수 있었고 산 정상까지 출연진과 제작진을 태워 이동할 수 있었다. 매일 3~8쪽 정도의 촬영 대본을 찍어 낼 수 있었고, 집에 돌아올 수 있었다. 나의 상사이자 시네모빌의 창시자인 푸아드 사이드는 큰 성공을 거두어 자신의 영화를 제작하기로 마음먹었다. 그는 투자자를 찾아내 몇 주 만에 수백만 달러를 끌어들였고, 필요한 수백만 달러 이상의 자금을 조성했다. 얼마 지나지 않아 할리우드의 모든 이가 그에게 시나리오를 보내왔다. 스타부터 감독에 이르기까지, 학생과 프로듀서, 유명 작가와 무명작가로부터 수천 편의 시나리오가 몰려들었다.

바로 그 시절, 나는 통과된 시나리오들을 읽고 거기에 소요될 제작비와 작품의 질, 예산을 평가할 기회를 얻었다. 돌이켜 보면 내 일은 우리의 투자사였던 세 회사, 유나이티드 아티스트 극장 그룹, 런던에 본사를 둔 햄데일 배급사, 시네모빌의 모기업 태프트 방송사를 위한 '재료를 찾아내는 것'이었다.

나는 시나리오를 읽기 시작했다. 7년 이상 프리랜서로 글을 쓰면서, 휴가가 절실한 시나리오 작가로서(나는 시나리오를 아홉 편 썼는데, 두 편은 제작되었고 네 편은 선택권에 들었고 나머지 세 편은 묻혔다.) 시네모빌에서 내가 한 일은 시나리오 쓰기에 관한 한 전적으로 새로운 관점을 심어 주는 것이었다. 그것은 엄청난 기회였고, 놀라운 도전이었으며, 역동적으로 배울 수 있는 경험이었다.

내가 추천한 시나리오가 다른 것들보다 어떤 점에서 더 나은지 나 스스로에게 물어보았다. 당장 답을 찾진 못했지만, 그것을 의식 속에 간직한 채 오랜 시간 그 문제를 생각했다.

매일 아침 출근하면 내 책상 위에는 한 무더기의 시나리오가 기다리고 있었다. 내가 무엇을 하든, 얼마나 빨리 읽든, 그저 대충 읽든, 그냥 넘어가든, 누군가에게 넘기든 그렇지 않든, 변하지 않는 확고한 사실은 시나리오 더미의 두께가 결코 얇아지지 않는다는 것이었다. 나는 이 산더미 같은 시나리오에서 결코 벗어날 수 없다는 것을 곧 깨닫게 되었다.

시나리오를 읽는다는 것은 독특한 경험이다. 그것은 소설이나 희곡, 일요판 신문 기사를 읽는 것과 다르다. 처음으로 시나리오를 읽기 시작했을 때, 나는 페이지 위에 쓰여 있는 단어를 천천히 읽었고, 모든 시각적 묘사와 인물의 차이점, 그리고 극적 상황에 몰입했다. 그러나 그런 방식은 별 효과가 없었다. 작가가 사용한 어휘나 문체에 갇힌 것 같은 느낌이 자주 들었다. 대부분의 읽기 좋은 시나리오, 그러니까 훌륭한 문장, 멋지고 문학적인 문체, 아름다운 대사로 이루어진 시나리오는 흔히 잘 그려지지 않는다. 마치 종이에서 꿀이 떨어지는 것처럼 읽히는데, 전반적인 느낌은 단편 소설 혹은 《배니티 페어》나 《에스콰이어》처럼 강렬한 잡지의 기사를 읽는 것과 같다. 그러나 좋은 시나리오를 만드는 요소는 그런 것이 아니다.

나는 하루에 시나리오 세 편을 읽고 요약해 정리하는 일에 착수하려 했다. 두 편까지는 별 어려움 없이 잘 읽을 수 있었지만, 세 편째 들어가면 단어, 인물, 행동 모두가 FBI나 CIA를 다루는 질척거리는 구성, 그러니까 은행 강도, 살인, 자동차 추격전, 나체와 수많은 음습한 입맞춤을 강조하는 구성 속에 얼어붙은 것처럼 보였다. 오후 2~3시쯤 거한 점심에다 와인을 곁들여 먹은 후에는 행동이나 인물의 차이, 이야기에 초점을 맞추며 지속적으로 집중하기가 힘들었다. 그리하여 이 일을 한 지 몇 달 지나자 나는 보통 문을 잠그고 책상 위에 다리를 올리고, 전화를 내려놓은 채, 가슴 위에 시나리오를 올려놓고 의자에 깊숙이 기대어 선잠을 자곤 했다.

시나리오를 100편 이상쯤 읽자 나는 내가 무슨 일을 하고 있는지 모른다는 것을 깨달았다. 나는 무엇을 찾고 있는가? 무엇이 시나리오를 좋거나 나쁘게 만드는가? 내가 그 시나리오를 좋아하는지 아닌지 말할 수 있는가? 그렇다. 그러나 좋은 시나리오를 만드는 요소란 무엇인가? 일련의 명료한 장면들, 그리고 일련의 아름다운 이미지들을 동반한 산뜻한 대사들 이상의 것이어야 했다. 구성, 인물, 혹은 행동이 벌어지는 시각적 무대가 좋은 시나리오를 만들어 내는가? 시각적인 문체혹은 명료한 대사인가? 만일 내가 그 답을 모른다면 에이전트, 작가, 프로듀서, 감독이 반복해서 던지는 질문에 어떻게 대답할 수 있었을까? 나는 무엇을 찾고 있었을까? 바로 그 순간, 나는 무엇이 진정한 질문인지 이해했다. 나는 시나리오를 어떻게 읽고 있는가? 나는 시나리오 쓰는 법을 알았고, 극장에 가면 어떤 것을 좋아하고 싫어하는지 확실히알았다. 그렇다면 그것을 어떻게 시나리오 읽기에 적용할 것인가?

그 점에 대해 생각하면 할수록, 나는 더욱 명료하게 알게 되었다. 내가 찾고 있었던 것, 그것을 곧 깨달았다. 「차이나타운」, 「택시 드라이버」, 「대부」, 「청춘 낙서」 같은 시나리오에서 발견되는 생생한 에너지를 품어 내는 것으로, 페이지를 장악하는 스타일이었다. 책상 위에 시나리오 더미가 쌓일수록, 나는 F. 스콧 피츠제럴드의 고전 『위대한 개츠비』 끝 부분에 나오는 제이 개츠비와 매우 흡사함을 느꼈다. 책 말미에서화자인 닉은 개츠비가 부둣가에서 응답 없는 사랑에 대한 옛 기억을 일깨워 주는 녹색 불빛을 바라보곤 했다는 사실을 회상한다. 개츠비는 과거를 믿는 남자였다. 충분한 돈과 힘이 생기면, 시간을 되돌려 재창조할 수 있을 것이라고 믿는 남자였다. 청년 개츠비가 사랑과 부를 찾아서, 미래에 이루어지기 바랐던 과거의 욕망과 기대를 찾아서 온갖 역경을 견디게 만든 것은 바로 그런 꿈이었다.

녹색 불빛.

'훌륭한 대본'을 찾아내기 위해 시나리오 더미와 싸우면서, 나는 개츠비와 녹색 불빛에 대한 생각에 잠겼다. 특별하고 유일한 시나리오, 그래서 스튜디오라는 결투장에서 제작자, 스타, 투자의 귀재, 그리고 그들의 자부심을 통과하면서 바로 '이것'이라고 할 만한 시나리오, 그리하여 결국 어두운 극장의 괴물 같은 스크린을 장악할 만한 시나리오를 찾았다.

그 무렵 나는 할리우드에 있는 셔우드 오크스 실험 대학에서 시나리오 작법 강의를 맡을 기회를 얻었다. 1970년대 당시, 셔우드 오크스 실험 대학은 전문가가 강의를 하는 영화 전문 학교였다. 그곳에서는 폴 뉴먼, 더스틴 호프먼, 루실 볼이 연기 세미나를 맡았고, 토니 빌은 제작 세미나를 맡았으며, 마틴 스콜세지, 로버트 올트먼, 앨런 퍼쿨라가 연출 세미나를 진행했고, 세계적인 촬영 감독 존 알론조와 빌모스 지그몬드가 촬영을 가르쳤다. 프로듀서, 프로덕션 매니저, 촬영 기사, 편집자, 작가, 감독, 스크립터 등이 자신의 기법을 가르치기 위해 몰려들었다. 미국에서 가장 독특한 영화 학교였다.

나는 그전까지 시나리오 작법을 가르쳐 본 적이 없었다. 그래서 기초 자료를 수집하기 위해 시나리오 쓰기와 읽기 경험을 탐구해야 했다.

무엇이 좋은 시나리오인가? 줄곧 스스로에게 물어보았다. 그리고 답을 찾기 시작했다. 좋은 시나리오를 읽을 때, 당신도 그것을 알고 있다. 첫 페이지, 첫 단어부터. 그것은 명확하다. 문체, 즉 단어들이 페이지에 배열되는 방식, 이야기가 설정되는 방식, 극적 상황의 포착, 주인공의 등장, 시나리오의 기본 약속 혹은 문제, 이 모든 것이 시나리오 첫 부분 몇 페이지 안에 나와 있다. 「차이나타운」, 「잃어버린 전주곡」, 「대부」, 「프렌치 커넥션」, 「바람둥이 미용사」 그리고 「대통령의 음모」 등 모든 영화가 완벽한 예를 보여 준다.

나는 곧 시나리오는 영상으로 들려주는 이야기라는 점을 깨달았다. 그것은 일종의 '명사'다. 주제가 있고, 일반적으로 '한 사람' 혹은 사람들이 '어떤 곳'에서 그(녀)의 '일'을 하는 것에 대한 작업이다. 여기에서 '사람'이란 주인공이며 '그(녀)의 일을 한다는 것'이 행동이다. 이러한 이해에서 출발하여, 어떤 좋은 시나리오든 형식에는 공통 개념 요소가 있다는 사실을 알게 되었다.

이들 요소는 명확한 시작·중간·결말(반드시 이 순서대로는 아니라고 할지라도)이라는 구조 속에서 극적으로 표현된다. 내가 투자사에 추천했던 마흔 편의 시나리오(「대부」, 「청춘 낙서」, 「바람과 라이온」, 「앨리스는 더 이상 여기 살지 않는다」를 포함하여)를 재검토한 결과, 영화적으로 만들어진 형식이 어떤 것이든 이들 시나리오는 모두 이러한 기본 개념을 충족시킨다는 점을 발견했다.

나는 시나리오 쓰기에서 이러한 개념적 접근을 가르치기 시작했다. 만일 야심 찬 작가가 시나리오가 무엇인지, 즉 시나리오가 어떻게 보여야 하는지 안다면, 추측컨대 그것을 숲 속의 길을 보여 주는 안내판이나 청사진으로 사용할 수 있을 것이다.

나는 지난 25년에 걸쳐 시나리오 쓰기에 관해 이러한 접근법을 강의하고 있다. 이 방식은 시나리오 쓰기와 시각적으로 이야기하기라는 예술에서 효율적이고 포괄적인 접근법이다. 이러한 내 강의 자료는 전 세계에 걸쳐 수천 명에 의해 적용되고 발전되어 왔다. 이 책에서 말하는 원칙이란 전적으로 영화 산업이 채택해 온 것들이다. 주류 영화사와 제작사들은 계약서를 작성할 때 최종 납품할 시나리오는 명확하게 3단계 구조로 되어 있어야 하며, 2시간 8분 혹은 128쪽 안팎의 분량으로 이루어져야 한다는 점을 명문화하고 있다.(물론 예외란 항상 있기 마련이다.)

나의 제자 중 많은 이가 큰 성공을 거두었다. 애나 해밀턴 펠런은 워크숍에서 「마스크」를 쓴 후 「정글 속의 고릴라」를 썼다. 라우라 에스키벨은 「달콤 쌉싸름한 초콜릿」을 썼다. 카르멘 컬버는 「가시나무 새」를 썼다. 자누스 체르콘은 「기적 만들기」를 썼고, 린다 앨스타드는 「이혼 전쟁」으로 휴머니타스 상을 받았다. 그리고 제임스 캐머런(「터미네이터」, 「터미네이터 2」, 「타이타닉」)처럼 뛰어난 감독을 비롯한 몇몇 예를 들면, 테드 탤리(「양들의 침묵」, 「주어러」), 알폰소 쿠아론과 카를로스 쿠아론(「이 투 마마」, 「해리포터와 아즈카반의 죄수」), 켄 놀런(「블랙 호크 다운」), 데이비드 O. 러셀(「쓰리 킹즈」, 「아이 하트 헉커비스」), 티나 페이(「퀸카로 살아남는 법」) 등이 시나리오 작업을 시작할 때 이 방식을 사용했다.

『시나리오란 무엇인가』는 거의 40쇄를 찍었고, 여러 출판사를 통해 22개 언어로 번역되었는데, 몇몇 해적판도 있다. 이란·중국·러시아 등이 그렇다.

지난 책에서 썼던 대부분의 영화들이 1970년대에 제작된 것이라는 점을 발견하고 나서 나는 책을 다시 써야겠다고 마음먹었다. 그래서 사람들이 좀 더 친숙하게 느낄 수 있는 동시대의 예를 사용해야겠다고 생각했다. 그러나 내가 책으로 돌아가 원래 인용했던 영화들을 보니, 대부분(「차이나타운」, 「해럴드와 모드」, 「네트워크」, 「코드 네임 콘돌」과 같은 영화들)이 미국 영화의 고전으로 평가받고 있다는 점을 깨달았다. 이 작품들은 모두 오락용과 교육용으로 여전히 활용되고 있다. 대부분 이들 영화는 제작 당시와 마찬가지로 오늘날에도 가치가 여전하다. 시대가 변했음에도 불구하고 이들 작품은 불안한 시대와 사회 혁명, 그리고 오늘날에도 널리 퍼져 있는 반전 의식을 반영한 폭력으로 점철된 특별한 순간을 포착하고 있기 때문이다. 이라크 악몽은 베트남 악몽과 매우 유사하다. 지금 내가 보고 이해하는 것, 돌이켜 보면 1980년대 초 내가 서술했던 시나리오 쓰기 원칙은 그때와 마찬가지로 여전히 지금도 작동한다. 단지 표현만 바뀌었을 뿐이다.

　이 책은 모든 사람을 위해 기획되었다. 소설가, 극작가, 잡지 편집자, 주부, 사업가, 의사, 배우, 영화 편집자, 광고 감독, 비서, 광고인, 대학 교수 등 모든 이가 이 자료에서 도움을 받기 바란다.

　이 책을 쓴 내 의도는 당신을 책상에 앉게 하여 스스로 무엇을 하는지 알도록 안심시키고, 자신감을 갖고 선택할 위치에서 시나리오를 쓰게 만드는 것이다. 앞에서 말했듯이, 글쓰기에서 가장 어려운 점은 무엇을 쓸 것인지 아는 일이다. 이 책을 다 읽었을 즈음 당신은 전문 시나리오를 쓰기 위해 무엇을 해야 할지 알게 될 것이다. 그 일을 하든 그렇지 않든 당신에게 달려 있다.

　재능이란 신의 선물이다. 당신은 재능을 타고났을 수도 있고 아닐 수도 있다. 그러나 글쓰기란 당신이 하거나 하지 않거나, 당신 책임이다.

01 ——— 시나리오란 무엇인가?

"당신이 사무실에 있다고 가정해 보자. …… 전에 봤던 예쁜 속기사가 방에 들어오자 당신은 그녀를 쳐다본다. …… 그녀는 장갑을 벗고 지갑을 연 후 내용물을 책상 위에 쏟아 놓는다. …… 가방에는 20센트와 5센트, 그리고 성냥갑이 들어 있다. 그녀는 책상 위에 5센트를 남겨 두고 20센트를 지갑에 넣은 뒤 검은 장갑을 난로로 가져간다. …… 바로 그때 전화벨이 울린다. 여자가 전화를 받는다. '여보세요?' 여자는 상대방 이야기를 듣다가 수화기에 대고 이렇게 천천히 말한다. '나는 살면서 검은 장갑을 가져 본 적이 한 번도 없어요.' 그녀는 전화를 끊는다. …… 당신이 불현듯 주위를 둘러보는데, 사무실에 한 남자가 나타나 여자의 움직임을 살펴본다. '계속해.' 복슬리가 웃으며 말했다. '뭐하는 거지?' '나도 몰라.' 스타가 말했다. '단지 영화를 만드는 중이야.'"

—『최후의 대군』(F. 스콧 피츠제럴드)

1. 시나리오란 무엇인가?

1937년 여름, F. 스콧 피츠제럴드는 알코올 중독과 빚에 시달리며 숨막힐 듯한 절망에 허우적대다가 새로운 시작, 즉 시나리오를 쓰면서 자신을 재발견할 희망을 품고 할리우드로 진출했다. 『위대한 개츠비』, 『밤은 부드러워』, 『낙원의 이쪽』, 그리고 미완성작 『최후의 대군』의 작가로, 가장 위대한 미국 소설가라 할 수 있는 그는, 친구의 말처럼 구원을 찾고 있었다.

피츠제럴드 소식통에 따르면, 그는 할리우드에서 보낸 2년 6개월 동안 '매우 진지하게' 시나리오 쓰기 기법을 탐구했다. "그가 시나리오를 쓰려고 엄청나게 노력하는 것을 보면 마음이 아플 정도였다." 피츠제럴드는 마치 소설처럼 모든 시나리오에 접근했고, 때로는 대사 한 줄을 쓰기 전에 종이 위에 주요 인물 각자의 배경을 길게 쓰기도 했다.

이 모든 준비 작업에도 불구하고 그는 지속적으로 자신을 괴롭히는 질문의 답을 찾는 데 집착했다. 좋은 시나리오란 무엇인가? 빌리 와일더는 피츠제럴드를 이렇게 비유한 적이 있다. "그는 배관공으로 고용된

위대한 조각가다. 그런데 그는 물이 흐를 수 있도록 파이프를 연결하는 법을 모른다."

할리우드에 머무는 동안 그는 늘 쓰여 있는 글과 보이는 영상 사이에서 균형을 찾으려 애썼다. 이 기간에 그는 단지 영화 한 편에만 이름을 올렸는데, 에리히 마리아 레마르크의 소설 『세 전우』의 각색가로서였다. 그러나 조지프 L. 맹커비츠가 결국 그의 대본을 다시 썼다. 그는 끔찍한 일주일을 선사한 「바람과 함께 사라지다」를 포함해 몇몇 대본의 재작업에도 참여했다.(「바람과 함께 사라지다」를 쓸 때, 그는 마거릿 미첼의 소설에 나오지 않는 단어를 하나라도 쓸 수 없었다.) 그러나 『세 전우』 이후 그의 프로젝트들은 전부 실패로 끝났다. 조앤 크로퍼드를 위한 「배신」의 대본은 미완성 상태였는데, 불륜을 다루었다는 이유로 결국 취소되었다. 피츠제럴드는 그의 마지막 작품이자 미완성 소설인 『최후의 대군』을 쓰다가 1941년 세상을 떠났다.

그는 자신이 낙오자라고 믿으며 죽었다.

나는 F. 스콧 피츠제럴드의 여정에 늘 자극을 받았다. 내가 가장 흥미로워한 부분은 그가 끊임없이 좋은 시나리오란 무엇인가에 대한 답을 찾았다는 점이다. 그의 엄청난 외적 환경(아내 젤다의 요양소 생활, 감당할 수 없는 빚과 생활 방식, 과도한 음주)이 모두 시나리오 쓰기 기법에 관한 불안으로 이어졌다. 실수해서는 안 된다. 시나리오 쓰기 기법은 배울 수 있다. 그는 너무 열심히 일했고 훈련받은 데다 책임감이 있었음에도 불구하고, 절실하게 추구했던 결과를 성취해 내지 못했다.

왜 그랬을까?

아무도 답할 수 없을 것이다. 그 시절 그가 쓴 글과 편지, 그리고 책들을 읽노라면, 그는 시나리오가 무엇인지 확신한 적이 한 번도 없는 것처럼 보인다. 그는 자신이 '잘하고 있는지 아닌지' 혹은 성공적인 시나리오를 쓰기 위해 따라야 할 규칙이 있는지 없는지에 관해 늘 의혹을 품고 있었다.

캘리포니아 대학 버클리 캠퍼스에서 영문학을 전공했던 시절, 한 강의에서 『밤은 부드러워』의 초판과 재판을 읽은 적이 있다. 자신의 환자와 결혼한 정신과 의사에 관한 소설로, 그 환자가 서서히 회복하면서 의사가 '소진할' 때까지 자신의 생명력을 고갈시키는 이야기였다. 피츠제럴드의 마지막 완성작인 이 소설은 기술적으로 결함이 있는 것으로 평가되었고 상업적으로도 실패했다.

소설의 초판에서 1부는 로즈메리 호이트의 시점에서 쓰여졌는데, 젊은 여배우인 그녀는 딕 다이버와 니콜 다이버를 둘러싼 사람들을 관찰한다. 로즈메리는 프랑스 리비에라에 있는 앙티브 해변에서 다이버 부부가 모래찜질을 즐기는 것을 지켜보고 있다. 적어도 그녀의 관점에서 그들은 모든 것을 가진 아름다운 한 쌍으로 보인다. 그녀는 그들을 이상적인 한 쌍이라고 생각한다. 부자에다 아름답고 지적인 그들은 누구나 선망하는 모습의 구현 그 자체다. 그러나 딕과 니콜의 삶에 초점을 맞춘 2부에 이르면, 로즈메리의 눈을 통해 본 것은 단지 그들이 세상에 보여 준 관계에 불과할 뿐 진실이 아니라는 점을 알게 된다. 다이버 부부는 큰 문제를 안고 있는데, 그것이 그들을 정서적으로나 영적으로 고갈시킨 나머지 궁극적으로는 그들을 파괴해 버린다.

『밤은 부드러워』의 초판이 출간되었지만 판매 실적은 부진했다. 그래서 피츠제럴드는 그동안 술을 너무 많이 마신 탓에 자신의 비전이 잘못된 것이라고 생각했다. 그러면서 할리우드에서의 경험에 비추어 주요 인물을 미리 소개하지 않은 것이 문제였다고 믿기에 이르렀다. 피츠제럴드는 『밤은 부드러워』에 대해 편집자 맥스웰 퍼킨스에게 이렇게 편지를 썼다. "가장 큰 실수는, 진정한 시작(스위스의 젊은 정신과 의사)이어야 할 부분이 책 중간에 숨겨져 있는 것이다.”라고. 재판이 인쇄될 무렵 그는 1부와 2부를 바꾸고 다이버의 구애와 결혼에 관한 미스터리를 설명하기 위해 전쟁 중 스위스에서의 딕 다이버로 소설을 시작하려 했다. 그래서 그는 주인공 딕 다이버에게 초점을 맞춰 이야기를 시작했다. 그러나 그런 방식도 먹혀들지 않았고, 피츠제럴드는 무너져 내렸다. 피츠제럴드의 천재성이 인정받을 때까지 몇 년간 이 소설은 상업적으로 성공을 거두지 못했다.

여기에서 내게 매우 생생하게 다가온 것은 피츠제럴드가 보지 못한 부분이었다. 로즈메리가 다이버 부부를 어떻게 보는가에 초점을 맞춘 오프닝이 소설적이기보다는 영화적이라는 점이다. 그것은 훌륭한 영화적 오프닝으로, 설정 숏처럼 다른 사람들이 보는 인물들을 보여 주는 장면이다. 초판에서 피츠제럴드는 이 이상적인 부부가 세상에 보이는 모습, 즉 아름답고 부유하며 모든 것을 가진 듯한 모습을 보여 주었다. 물론 우리가 보는 외부 세계는 닫힌 문 뒤에 놓여 있는 실제와는 매우 다르다. 개인적 느낌에 따르면, 시나리오 쓰기 기법에 대한 피츠제럴드의 불안감이 이 위대한 오프닝을 바꾸도록 만들었다.

피츠제럴드는 문자 그대로 두 세계, 즉 작가로서의 천재성과 자기 자신에 대한 회의감에 사로잡혀 자신의 재능을 시나리오로 표현할 수 없는 천재였다.

시나리오 쓰기란 명확한 기법이며 또한 명확한 예술이다. 지난 수년간 나는 시나리오를 수천 편 읽었고 그 속에서 늘 어떤 것을 찾았다. 첫째, 이 시나리오는 페이지 자체가 어떻게 보이는가? 여백이 많은가 혹은 빽빽하고 대사가 너무 긴가? 그 반대로 물어볼 수도 있다. 장면 묘사가 너무 빈약하고 대사가 너무 짧은가? 이것이 바로 내가 첫 단어를 읽기 전에 하는 일이다. 즉 시나리오가 페이지 위에서 어떻게 보이는가에 관한 것이다. 할리우드에서의 수많은 결정이 이렇듯 시나리오가 어떻게 보이는가(글을 보면 전문가가 쓴 것인지, 전문가가 되고 싶은 야심을 품은 이가 쓴 것인지 알 수 있다.)에 따라 이루어진다는 사실을 알게 된다면 당신은 매우 놀랄 것이다.

누구나 시나리오를 쓸 수 있다. 당신이 단골로 가는 바나 식당의 웨이터부터 리무진 기사, 의사, 변호사 혹은 지역 커피 전문점에서 화이트 초콜릿 카페라테를 내리는 바리스타까지 시나리오를 쓴다. 지난해만 해도 시나리오 7만 5000편이 동부와 서부의 미국작가조합에 등록되었는데, 그중에서 400~500편 정도가 실제로 제작되었다.

시나리오를 다른 시나리오보다 더 좋게 만드는 요인은 무엇인가? 물론 그 답은 여러 가지일 것이다. 각각의 독립된 시나리오는 유일하기 때문이다. 만일 당신이 책상 앞에 앉아 6개월에서 1년 정도 시나리오를 쓰는 데 투자하려 한다면 먼저 '시나리오란 무엇인가, 즉 시나리오의 속성은 무엇인가'를 알아야 한다.

시나리오란 무엇인가. 시나리오란 영화를 위한 가이드 혹은 개요인가? 청사진이나 도해(圖解)인가? 혹은 진주 구슬을 꿰듯이 대사와 묘사를 연결한 시퀀스와 신, 이미지의 연속체인가? 아마 그저 꿈의 풍경 같은 것은 아닐까?

간단히 말해 시나리오는 소설도 아니며 연극은 절대 아니다. 만일 당신이 소설을 보고 시나리오의 근본 속성을 정의하려 한다면, 그것은 극적 행동, 일반적으로 주인공의 머릿속에서 벌어지는 이야기 흐름이라는 점을 발견할 것이다. 우리는 인물의 시점을 통해, 즉 그(녀)의 관점에서 이루어지는 이야기의 흐름을 본다. 우리는 인물의 생각·느낌·정서·말·행동·기억·꿈·희망·야망·의견 등에 내밀하게 연결된다. 인물과 독자는 드라마와 이야기의 정서를 공유하면서 함께 행동한다. 그리하여 그들이 어떻게 행동하고 느끼고 반응하고 예상하는지를 알게 된다. 다른 인물들이 등장해 그 행동이 내러티브 속에 들어오면, 이야기는 그들의 관점을 포함하게 된다. 그러나 이야기 흐름의 핵심은 항상 주인공에게로 돌아간다. 이야기란 주인공에 관한 것이다. 소설에서 행동은 인물의 머릿속, 극적 행동의 심상 안에서 벌어진다.

연극은 다르다. 행동 혹은 이야기 흐름은 무대에서 벌어지고, 관객은 네 번째 벽이 되어 인물의 삶, 그들의 생각·느낌·말을 엿듣는다. 그들은 자신의 희망과 꿈, 과거와 미래의 계획에 관해 이야기하고 자신의 욕구와 욕망, 두려움과 갈등에 관해 논쟁한다. 이 경우, 연극에서의 행동은 극적 행동의 언어로 이루어진다. 느낌·행동·정서를 묘사하는 대사로 표현된다.

시나리오는 다르다. 영화 역시 다르다. 영화란 기본적인 이야기 흐름을 극적으로 만드는 시각 매체다. 다시 말해 영화는 영상과 이미지, 그리고 장면 장면이 모인 필름으로 이루어진다. 우리가 보는 것은, 째깍대는 시계와 열린 창문, 발코니에 기대어 담배를 피우는 사람이다. 그 뒤로 우리가 듣는 것은, 전화벨 소리, 아기 울음소리, 개 짖는 소리다. 마치 차가 구부러진 길을 지나가는데 그 안에서 웃고 있는 두 남자를 보는 것 같은 장면이다. '이것이 영화를 만드는 것이다.' 시나리오의 본질은 영상을 다룬다는 데 있다. 만일 우리가 정의를 내린다면, 시나리오란 대사와 묘사로 이루어져 있고 극적 구조로 짜여 있는, 영상으로 들려주는 이야기다.

바로 이것이 시나리오의 본질적 속성이다. 바위가 단단하고 흙이 무른 것처럼 말이다.

시나리오란 영상으로 들려주는 이야기이므로, 모든 이야기에 공통적으로 있는 것은 무엇인가라고 자문해 볼 수 있다. 장 뤽 고다르의 말대로, 반드시 순서대로일 필요는 없지만 시작·중간·결말이 있다는 것이 답이다. 시나리오는 모든 개별 요소 혹은 조각으로 이루어진 이야기 흐름이기 때문에, 시나리오 형식을 창조하려면 기본적인 선형 구조가 있어야 한다.

구조의 원칙을 이해하려면 그 말 자체에서 출발하는 것이 중요하다. 구조(structure)라는 말의 어원인 'struct'에는 두 가지 정의가 있다. 첫 번째는 빌딩이나 차를 만들듯 '세우다' 혹은 '어떤 것들을 조합하다'라는 뜻이다. 두 번째는 '부분과 전체 사이의 관계'를 뜻한다.

부분과 전체. 이 둘 사이의 관계에는 중요한 특징이 있다. 부분과 전체 사이의 관계란 무엇인가? 부분과 전체를 어떻게 구분할 것인가? 체스를 예로 들어 보자. 이 게임에서는 네 부분으로 전체를 구성한다. ⑴ 말 — 퀸, 킹, 비숍, 폰, 나이트 등 ⑵ 게임하는 사람(들) — 누군가가 체스를 하려면 컴퓨터든 다른 사람이든 상대가 필요하다. ⑶ 체스판 — 판 없이 체스를 할 수는 없다. ⑷ 규칙 — 규칙에 따르지 않는다면 체스를 할 수 없다. 이러한 네 부분(말, 게임하는 사람, 체스판, 규칙)은 전체로 통합되어 있고 그 결과가 체스다. 전체와 부분 사이의 관계가 게임을 결정한다.

이와 같은 관계가 이야기에도 그대로 적용된다. 이야기는 전체이며, 이야기를 만드는 요소(행동, 인물, 갈등, 신, 시퀀스, 대사, 액트 I, II, III, 사건, 에피소드, 이벤트, 음악, 로케이션 등)가 부분이다. 즉 이러한 부분과 전체의 관계가 이야기를 만든다.

좋은 구조는 얼음 조각과 물 사이의 관계와 같다. 얼음 조각은 결정질 구조이고 물은 분자 구조다. 그런데 얼음 조각이 녹아서 물이 되면 물 분자에서 얼음 분자를 어떻게 분리할 수 있겠는가? 구조란 중력과 같다. 그것은 이야기를 고정하는 접착제이며 토대이자 기초, 척추,

이야기의 뼈대다. 이러한 부분과 전체 사이의 관계가 시나리오를 하나로 통합한다. 즉 어떤 존재는 구조를 통해 그 자체의 모습을 드러낼 수 있다.

이것이 극적 구조의 패러다임이다.

패러다임은 모형 또는 개념적 계획이다. 예를 들어 탁자의 패러다임은 다리 네 개와 상판이다. 이 패러다임 안에서 낮은 탁자, 높은 탁자, 좁은 탁자, 넓은 탁자를 만들 수 있다. 또 둥근 탁자, 정사각형 탁자, 직사각형 탁자, 팔각형 탁자를 만들 수도 있다. 유리 탁자, 나무 탁자, 플라스틱 탁자, 철제 탁자를 만들 수도 있는데, 어떤 탁자가 되었든 패러다임은 변하지 않는다. 즉 '다리가 달린 면'이라는 패러다임은 유지된다. 여행 가방의 패러다임도 마찬가지다. 가방이 크거나 작거나 혹은 모양이 어떻게 생겼든 그것은 가방 그 자체.

만일 우리가 시나리오 한 편을 선택해 한 폭의 그림처럼 벽에 걸어 본다면 다음 표처럼 보일 것이다.

이것이 바로 시나리오의 패러다임이다. 이제 이 패러다임이 어떻게 나누어지는지 살펴보자.

액트 I은 설정이다

시나리오가 영상으로 들려주는 이야기라면, 모든 이야기가 공유하는 것은 무엇인가? 앞서 말했듯이, 반드시 순서대로 등장하지는 않더라도 시작·중간·결말이 있을 것이다. 시나리오란 대사와 묘사로 이루어져 있고 극적 구조로 짜여 있는, 영상으로 들려주는 이야기다.

아리스토텔레스는 극적 행동의 세 요소를 시간·공간·행동이라고 정의했다. 일반적인 할리우드 영화의 길이는 대략 2시간, 즉 120분이다. 외국 영화는 그보다 짧은 경향이 있는데, 그 경우는 외국 영화라는 테두리에서 다룬다. 그러나 대부분 영화 상영 시간은 2시간 안팎이다. 그것이 일반적인 길이로, 오늘날 할리우드에서 영화 제작자와 제작사가 작성하는 계약서에는, 완성된 영화가 2시간 8분보다 길어서는 안 된다고 명시되어 있다. 시나리오로 대략 128쪽에 해당하는 분량이다. 왜 그럴까? 지난 몇 년간에 걸쳐 발달한 경제적 결정 때문이다. 첫째, 할리우드 스튜디오 영화를 촬영하는 데 1분에 대략 1만 달러에서 1만 2000달러 정도 든다.(이 비용은 매년 점점 상승 추세에 있다.) 둘째, 2시간 길이의 영화는 극장에 이익을 가져다주는데, 이렇게 하면 매일 많은 영화를 상영할 수 있기 때문이다. 영화를 많이 상영할수록 많은 돈을 벌 수 있다. 즉 많은 영화란 많은 상영 횟수를 말하며, 이는 많은 돈을 벌 수 있다는 뜻이다. 영화는 쇼 비즈니스이며, 따라서 제작비가 엄청나고, 기술이 발달할수록 비용은 상승한다. 그리하여 오늘날 영화는 쇼라기보다는 점점 비즈니스화되어 가고 있다.

이를 분석하면 다음과 같다. 시나리오 1쪽은 상영 시간으로 대략 1분에 해당한다. 모두 행동이나 대사 혹은 이 두 가지의 결합으로 이루어졌든 그렇지 않든 1분이다. 이것은 따라야 할 경험적 규칙이다. 물론 예외는 있다.「반지의 제왕: 반지 원정대」의 시나리오는 118쪽에 불과하지만 영화는 3시간 이상이었다.

액트 Ⅰ. 시작은 극적 행동의 단위로 대략 20~30쪽에 해당하는데, 여기에서는 '설정'으로서 극적 배경을 보여 주어야 한다. 배경이란 뭔가, 즉 내용물을 담아내는 공간을 말한다. 예를 들어 컵의 내부 공간이 배경인 셈이다. 컵은 물이나 맥주, 우유나 커피, 차나 주스 같은 내용물을 담아낸다. 만일 창의력을 발휘한다면 컵에 건포도·땅콩·포도 등을 담을 수도 있을 것이다. 그러나 내부 공간이 내용물을 담는 배경이라는 점은 변하지 않는다.

극적 행동의 한 단위인 액트 Ⅰ에서 시나리오 작가는 이야기를 설정해야 한다. 인물을 소개하고 극적 전제(무엇에 관한 이야기인가.)를 도입하고 상황(행동을 둘러싼 주위 상황)을 드러내고 각자 자신의 세계를 가진 주인공과 다른 인물들의 관계를 창조해야 한다. 작가로서 당신은 10여 분 안에 이것을 설정해야 한다. 관객은 의식적이든 무의식적이든 일반적으로 10분 안에 자신이 이것을 좋아하는지 아닌지 결정하기 때문이다. 만일 관객이 도대체 무슨 일이 벌어지는지 잘 모르겠고 오프닝이 모호하고 지겹다고 느낀다면, 그들의 집중력과 초점은 흔들리고 산만해질 것이다.

체크해 보라. 극장에서 영화를 보면서 실험해 보라. 당신이 그 영화를 좋아하게 될지 아닌지 결정하는 데 시간이 얼마나 걸리는지 알아보라. 만일 당신이 기분 전환을 할 곳이 생각나기 시작한다거나 의자에서 몸이 뒤틀리면, 그 자체가 충분한 신호다. 그런 일이 생기면 영화 제작자는 관객인 당신을 사로잡을 기회를 놓친 것이다. 10분은 시나리오 10쪽에 해당한다. 극적 행동의 한 단위인 첫 10쪽이 시나리오에서 가장 중요하다는 점은 아무리 강조해도 지나치지 않다.

「아메리칸 뷰티」앨런 볼 각본에서 딸 제인도라 부처과 남자 친구 리키웨스 벤틀리의 짧은 오프닝 비디오 신 후에, 레스터 번햄케빈 스페이시이 사는 거리가 나오고, 다음과 같은 그의 독백이 보이스오버로 들린다. "내 이름은 레스터 번햄이다. 나는 마흔두 살이다. 하지만 1년도 못 되어 나는 죽을 것이다. …… 아니, 그보다 나는 이미 죽었다." 그러고 나서 레스터가 하루를 시작하는 모습을 본다. 그는 일어나서 자위를 한다.(하루 중 가장 좋은 순간이라고 덧붙인다.) 그러고 나서 그와 가족 간의 관계를 본다. 이 모든 것이 설정이며 처음 몇 쪽 안에 쓰여 있다. 그리하여 우리는 그에 대해 알게 된다. "아내와 딸은 내가 엄청난 낙오자라고 생각하는데, 그들이 옳다. …… 나는 뭔가를 잃어버렸다. 나는 그것이 뭔지 모른다. 그러나 나는 뭔가를 잃어버렸다. …… 그러나 아시다시피 그것을 되찾기에 너무 늦었다는 것은 결코 있을 수 없는 일이다." 그것들은 이 이야기가 무엇에 관한 것인지 우리에게 알려 준다. 레스터는 잃어버렸거나 포기했던 삶을 회복하려 하며 한 인간으로서 자기 자신 그 자체가 되려고 한다. 시나리오의 처음 몇 쪽 안에서 우리는 주인공과 극적 전제와 상황을 알게 된다.

로버트 타운 각본의 「차이나타운」은 시나리오 첫 부분에서 제이크 기티스잭 니컬슨가 주인공이며 '비밀 감시'가 전문인 속물 사설탐정이라는 점을 알 수 있다. 그가 컬리버트 영에게 그의 아내가 공원에서 섹스하는 사진을 보여 줄 때, 그런 면모가 드러난다. 우리는 또한 기티스가 이런 유형의 조사를 맡고 있다는 점도 알게 된다. 몇 쪽 지나서 멀레이 부인다이앤 래드이 등장하는데, 그녀는 '남편이 누구와 바람을 피우는지' 알아내기 위해 제이크 기티스를 고용하려 한다. 이것이 이 영화의 극적 전제다. 이러한 질문에 대한 답이 우리를 이야기로 인도할 것이기 때문이다. 극적 전제란 시나리오가 무엇에 관한 것인가와 동일하다. 극적 전제는 이야기를 결론으로 몰고 가는 극적 신뢰를 제공한다.

J. R. R. 톨킨 원작, 프랜 월시, 필리파 보옌스, 피터 잭슨 각본의 「반지의 제왕: 반지 원정대」에서는 첫 6쪽 안에서 반지와 그 마법적 효력에 대한 이야기를 알 수 있다. 이것은 세 가지 이야기를 설정하는 훌륭한 시작이다. 여기에서 또한 간달프가 샤이어에 도착하는 이야기도 설정된다. 우리는 프로도^{일라이저 우드}, 빌보 배긴스^{이언 홀름}, 샘^{숀 애스틴} 등의 다른 인물들을 만나고, 그들이 어떻게 사는지를 볼 수 있으며, 반지도 소개된다. 우리는 또한 중간계를 한눈에 조망한다. 이러한 시작은 이어지는 두 편 「반지의 제왕: 두 개의 탑」, 「반지의 제왕: 왕의 귀환」을 설정한다.

「위트니스」^{얼 월리스, 윌리엄 켈리 각본}의 첫 10쪽은 펜실베이니아 랭커스터 지역에 사는 아미시의 세계를 보여 준다. 시나리오는 레이첼^{켈리 맥길리스}의 남편 장례식으로 시작되는데, 우리는 그녀를 따라서 필라델피아로 간다. 거기에서 그녀의 아이는 경찰을 살해한 범인을 목격하고, 이어서 그녀와 주인공인 경찰관 존 부크^{해리슨 포드}와의 관계로 연결된다. 이렇듯 액트 I은 극적 전제, 상황, 아미시 여성과 거친 필라델피아 경찰관 사이의 관계를 설정하는 것으로 구성되어 있다.

액트 II는 대립이다

액트 II는 액트 I의 끝, 즉 20~30쪽 정도부터 액트 II의 끝, 즉 85~90쪽에 이르기까지 대략 60쪽에 해당하는 극적 행동의 단위로, 대립으로 알려진 극적 배경을 다룬다. 이 두 번째 단위에서 주인공은 자신의 극적 요구 충족을 방해하는 장애물을 거듭 만나는데, 그것은 시나리오 흐름 속에서 주인공이 이기거나 피하거나 성취하고자 하는 것으로 정의된다. 당신이 인물의 극적 요구를 안다면 그에 맞서는 장애물을 창조해 낼 수 있다. 그리하여 당신의 이야기는 주인공의 극적 요구를 성취하기 위한 장애물을 극복하는 인물을 만들어 내게 된다.

「콜드 마운틴」에서 인만^{주드 로}은 고향인 콜드 마운틴으로 돌아가기 위해 300킬로미터에 걸친 험난한 여정을 감행한다. 이러한 극적 요구는 내적인 동시에 외적이다. 인만이 마음속 깊이 돌아가고자 하는 콜드 마운틴은 전쟁보다 우선시되는 존재다. 콜드 마운틴은 인만이 나고 자란 곳인 동시에 그가 사랑하는 여인 아이다^{니콜 키드먼}가 살고 있는 곳이다. 그의 욕망, 고향으로 돌아가려는 극적 요구는 장애를 겪지만 실패하는 마지막 순간까지 그는 견뎌 낸다. 말 그대로 영화 전체가 전쟁 속 장애물을 극복하고 끝까지 살아남으려는 내적 의지에 관한 것이다.

추리극 「차이나타운」의 액트 Ⅱ에서는 제이크 기티스가 당면한 문제들을 다룬다. 그것은 홀리스 멀레이의 살해범을 찾는 일과 워터 스캔들의 배후 인물을 찾아내는 일이다. 기티스가 직면하고 극복하게 되는 장애물이 이야기의 극적 행동을 만들어 낸다. 「도망자」를 보라. 아내의 살인범을 찾아서 누명을 벗어야 하는 주인공의 극적 요구에 따라 전반적인 이야기가 진행된다. 액트 Ⅱ에서는 인물이 당신이 부여한 장애물로부터 살아남을 수 있는가를 다룬다. 행동을 통해 인물을 발전시킬 수 있는 것은 무엇인가? 당신의 주인공이 원하는 것은 무엇인가? 주인공의 극적 요구는 무엇인가? 「반지의 제왕: 반지 원정대」는 거듭되는 장애물을 극복하면서 헬름 협곡의 마지막 전쟁으로 향하는 프로도와 샘 그리고 원정대를 포괄하고 있다.

모든 드라마는 갈등으로 이루어져 있다. 갈등이 없으면 행동도 없다. 행동이 없으면 인물도 없다. 인물이 없으면 이야기도 없다. 이야기가 없으면 시나리오도 없다.

액트 Ⅲ은 해결이다

액트 Ⅲ은 85～90쪽에 해당하는 액트 Ⅱ의 끝부터 시나리오의 마지막에 걸친 20～30쪽 분량에 달하는 극적 행동의 단위다. 이 부분은 이른바 해결로, 극적 전후 사정을 봉합한다. 해결이란 결말을 뜻하지 않는다는 점을 기억하는 것이 중요하다. 해결이란 문제의 답을 말한다. 당신의 시나리오에서 해결책은 무엇인가? 주인공은 살아남는가 죽는가? 성공인가 실패인가? 결혼하는가 아닌가? 경주에서 우승하는가 패배하는가? 선거에서 이기는가 지는가? 안전하게 탈출하는가 실패하는가? 남편을 떠나는가 아닌가? 안전하게 귀향하는가 아닌가? 액트 Ⅲ은 이렇듯 이야기를 해결하는 행동 단위이며 단순한 끝이 아니다. 결말이란 대본을 끝내는 특정한 신이나 숏 혹은 시퀀스에 불과하다.

시작·중간·결말. 액트 Ⅰ, 액트 Ⅱ, 액트 Ⅲ. 즉 설정, 대립, 해결, 이 세 부분이 전체를 이룬다. 이 부분 사이의 관계가 전체를 결정한다.

그러나 또 다른 질문이 떠오른다. 만일 이러한 부분이 전체, 즉 시나리오를 만든다면 설정인 액트 Ⅰ에서 어떻게 대립인 액트 Ⅱ를 이끌어 낼 수 있을까? 마찬가지로 액트 Ⅱ에서 어떻게 해결인 액트 Ⅲ를 이끌어 낼 수 있을까? 그 답은 액트 Ⅰ과 액트 Ⅱ의 마지막 부분에 있는 구성점을 창조하는 것이다.

구성점이란 이야기를 다른 방향으로 전환하며 행동으로 몰고 가는 사건이나 에피소드, 이벤트라고 할 수 있다. 구성점 1은 액트 Ⅱ로 행동을 전환하며 구성점 2는 액트 Ⅲ으로 행동을 전환한다. 구성점 1은 액트 Ⅰ의 끝 부분, 즉 20～25쪽 혹은 30쪽 어딘가에 있다.

구성점은 늘 주인공 역할을 맡는다. 「반지의 제왕: 반지 원정대」에서 구성점 1은 여정의 시작, 즉 프로도와 샘이 샤이어를 떠나 중간계를 통과하는 모험을 시작하는 순간이다. 구성점 2는 원정대가 로스로리엔에 도착했을 때다. 갈라드리엘케이트 블란쳇이 반지를 운명의 산에 운반하지 못했을 경우 중간계의 운명을 프로도에게 보여 주는 순간이다. 프로도는 마지못해 영웅이 되는데, 그것은 「매트릭스」워쇼스키 남매 각본에서 네오키아누 리브스가 구성점 1에서 자신의 책임감에 감화하는 방식과 매우 유사하다. '그(The One)'로서 네오의 여정은 구성점 1에서 시작된다. 바로 이 부분이 이야기의 진정한 시작이다.

「매트릭스」를 곰곰이 들여다보면, 구성점 1과 구성점 2가 명확하게 묘사되어 있는 것을 볼 수 있다. 구성점 1에서 네오는 빨간 알약을 선택하고, 액트 Ⅱ는 그가 말 그대로 다시 태어났을 때 시작된다. 구성점 2에서 네오와 트리니티캐리앤 모스는 모피어스로렌스 피시번를 구하는데, 이것은 네오가 자신이 '그'라는 진실을 받아들일 때 일어난다.

구성점은 시나리오에서 본질적인 목적을 수행한다. 즉 구성점은 핵심적인 이야기를 발전시키고, 이야기 흐름이 제자리에 놓이도록 기능한다. 「차이나타운」에서 제이크 기티스는 남편이 바람을 피우는지 알아봐 달라는 유력 인사의 부인에게 고용된다. 기티스는 그녀의 남편을 미행하고, 그가 젊은 여자와 함께 있는 것을 목격한다. 그 부분이 설정이다. 구성점 1은 그녀의 남편, 즉 멀레이가 사랑에 빠졌다는 폭로 기사가 신문에 난 후에 발생한다. 바로 그때 진짜 멀레이 부인이 변호사를 대동하고 나타나, 제이크 기티스를 고소해서 면허를 취소하겠다고 협박한다. 만일 그녀가 진짜 멀레이 부인이라면 기티스를 고용한 여자는 누구인가? 왜 그녀는 그를 고용했을까? 그리고 가짜 멀레이 부인을 고용한 사람은 누구인가? 도대체 왜 그랬을까? 진짜 멀레이 부인이 등장해 행동을 유발하면서 이야기를 다른 방향으로 전환한다. 이때 액트 Ⅱ가 전개된다. 그것이 이야기의 진전이다. 기티스는 누가, 왜 그를 모함했

1. 시나리오란 무엇인가?

는지 밝혀내야 한다. 그 답이 영화의 나머지 부분이다.

「콜드 마운틴」에서 인만은 상처가 회복되면서 아이다에게서 편지를 받는다. 그녀의 목소리로 편지 내용이 화면에 울려 퍼진다. "내게 돌아와 줘요. 내게 돌아오라는 것이 나의 간청입니다." 인만은 고개를 끄덕이며 결심한다. 그는 남부군을 탈영해 아이다가 있는 고향 콜드 마운틴, 즉 마음속에 간직해 온 곳으로 돌아갈 것이다.

구성점이 반드시 거창하거나 역동적인 신 또는 시퀀스이어야 할 필요는 없다. 구성점은 어떤 결정이 일어나는 신, 즉 인만이 결심하는 장면이나 프로도와 샘이 샤이어를 떠나는 장면 같은 조용한 신일 수도 있다. 「아메리칸 뷰티」의 시퀀스를 예로 들면, 레스터 번햄과 그의 부인은 고등학교 농구 경기에서 딸의 친구 안젤라ᵐⁱⁿᵃ ˢᵘᵛᵃʳⁱ가 응원하는 모습을 본다. 이 장면이 이야기를 진전시키고, 레스터 번햄의 자유로운 감성적 여정이 행동에 들어가게 된다. 「매트릭스」에서 구성점 1은 네오가 빨간 알약인지 파란 알약인지를 선택할 때다. 그는 빨간 알약을 선택한다. 이것이 이야기의 시작이다. 액트 I의 모든 것은 구성 요소들을 설정하기 위한 것이며, 네오를 이 순간으로 인도한다.

패러다임은 시나리오의 형식이라는 점을 기억하라. 몇 쪽이든 그것은 이야기가 다음 단계로 어떻게 발전하는가의 문제가 아니라, 단지 어디에서 발전하는가를 대략 지시해 주는 가이드라인에 불과하다. 어떻게 할 것인가는 당신에게 달린 문제다. 중요한 것은 시나리오의 형식이며, 어느 페이지에서 구성점이 발생하는가는 아니다. 이야기 흐름 속에 구성점이 많이 있을 수도 있다. 그런데 구성점 1과 2에 초점을 맞추는 것은 이 두 사건이 시나리오에서 극적 구조의 토대가 되는 전환점이기 때문이다.

구성점 2는 구성점 1과 같다. 그것은 액트 II에서 액트 III으로 이야기를 진전시키는 방법이다. 즉 이야기의 발전이다. 앞서 말했듯이, 구성점은 일반적으로 80~90쪽에 있다. 「차이나타운」에서 구성점 2는, 멀레이가 살해된 호수에서 기티스가 뿔테 안경을 발견했을 때인데, 그는 그 안경이 멀레이의 것이거나 혹은 그를 죽인 사람의 것이라는 점을 알게 된다. 이 부분이 우리를 이야기의 해결로 인도한다.

「콜드 마운틴」에서 구성점은 고요한 순간에 찾아온다. 인만이 사라(내털리 포트먼)를 만나고 북부군으로부터 그녀와 아이를 구해 주고 블루리지 산맥을 볼 수 있는 지점에 도착한 다음이 바로 그 부분이다. "거기 어딘가에 집이 있고, 아이다가 있다. 그는 계속 간다." 그것이 전부다. 아주 작은 신이지만 대단한 가능성이 열려 있는 신이다. 그는 이제 고향에 왔다. 이 부분이 우리를 액트 Ⅲ, 즉 해결로 인도한다.

모든 좋은 시나리오는 패러다임을 만족시킬까? 그렇다. 그러나 시나리오가 잘 구조화되었고, 패러다임을 만족시킨다고 해서 좋은 시나리오나 좋은 영화가 되는 것은 아니다. 패러다임은 형식이지, 공식이 아니다. 구조란 이야기를 한데 모아 내는 것이다.

그렇다면 형식과 공식의 차이점은 무엇인가? 예를 들어 외투나 윗도리의 형식인 옷본은 두 개의 소매, 앞면과 뒷면으로 되어 있다. 바로 이 형식을 가지고 다양한 스타일·옷감·색상·치수의 옷을 만들어 낼 수 있지만, 형식은 변하지 않는다.

그러나 공식은 완전히 다르다. 공식은 결코 다양하지 않다. 즉 어떤 요소들을 모으면 매번 정확하게 같은 결과가 나와야 한다. 만일 외투를 생산 라인에 넣으면, 모든 코트는 정확하게 똑같이 같은 패턴과 같은 옷감과 같은 색상과 같은 모양과 같은 재질로 생산될 터이다. 치수를 제외하고는 다른 외투가 나와서는 안 된다. 그러나 시나리오는 유일하며 완전히 개인적인 작품이다.

패러다임은 형식이지 공식이 아니다. 그것은 이야기를 통합한다. 즉 이야기의 척추이며 뼈대다. 이야기는 구조를 결정하지만 구조가 이야기를 결정하지는 않는다.

시나리오의 극적 구조는 극적 해결로 나아가는 과정에서 연관되어 있는 사건, 에피소드, 이벤트를 선형으로 나열한다.

당신이 이러한 극적 내용물을 어떻게 활용하는가가 시나리오의 형식을 결정한다. 「디 아워스」마이클 커닝햄 원작. 데이비드 해어 각본는 세 개의 다른 시대를 배경으로 펼쳐지지만, 하나의 명확한 구조로 되어 있다. 「아메리칸 뷰티」도 마찬가지다. 우디 앨런의 「애니 홀」처럼 이야기 전체가 플래시백으로 전개된다. 「콜드 마운틴」도 플래시백으로 전개되지만, 명확한 시작·중간·결말이 있다. 「시민 케인」 역시 플래시백으로 진행되지만 그 형식에서 벗어나지 않는다.

패러다임은 모델, 선례, 개념적 계획이다. 잘 구조화된 시나리오란 무엇인가를 보여 주는 것이며, 시작부터 결말까지를 통합하는 이야기 흐름을 개괄하는 것이다.

제 기능을 하는 시나리오는 패러다임을 따른다. 그러나 내 말을 너무 믿지 마라. 극장에서 당신이 스스로 이야기 구조를 볼 수 있는지 아닌지 확인해 보라.

그것을 믿지 않는 사람도 있을 수 있다. 시작·중간·결말이라는 것도 믿지 않을 수 있다. 당신은 아마도 예술이란 인생처럼 시작도 끝도 없이 거대한 중간에 매달려 있는 여러 개별 사건에 불과하다고 말할지 모른다. 마치 커트 보니것이 우연히 엮인 "일련의 두서없는 순간들"이라고 했던 것처럼 말이다.

나는 동의하지 않는다.

탄생? 인생? 죽음? 그것이 시작·중간·결말 아닌가? 봄·여름·가을·겨울, 이것은 시작·중간·결말이 아닌가? 아침·점심·저녁, 이것은 늘 같지만 다르기도 하다. 위대한 고대 문명의 흥망성쇠를 생각해 보라. 이집트·그리스·로마, 이들 문명은 작은 공동체에서 발아해 권력의 정점을 구현하다가 해체되면서 소멸했다.

별의 탄생과 죽음 혹은 우주의 시작에 관해 생각해 보라. 만일 빅뱅과 같은 시작이 있다면 종말도 있지 않겠는가?

우리 몸 세포에 관해 생각해 보라. 세포들은 얼마 만에 생성하고 복원되고 재생되는 것인가? 우리 몸의 모든 세포는 7년마다 태어나고 작동하고 죽고 그리고 다시 태어난다.

새로운 직장, 새로운 학교, 새 집이나 아파트에서의 첫날을 생각해 보라. 당신은 새로운 사람을 만날 것이고, 새로운 책임감을 느낄 것이고, 새로운 인간관계를 만들어 나갈 것이다.

시나리오도 다르지 않다. 시나리오에는 명확한 시작·중간·결말이 있지만 반드시 순서대로일 필요는 없다. 만일 당신이 패러다임, 혹은 아리스토텔레스가 처음으로 설정한 3단계 구조를 믿지 않는다면 확인해 보라. 극장에 가서 영화 몇 편을 보고 그 영화들이 패러다임에 맞는지 아닌지를 살펴보라.

시나리오를 쓰는 데 관심이 있다면 늘 이런 연습을 하라. 당신이 보는 모든 영화가 학습 교재이며 영화가 무엇인지(영화란 영상으로 말하는 이야기다.) 이해하고 깨닫는 폭을 넓혀 줄 것이다.

또 형식과 구조에 대한 인식을 확장하기 위해 가능한 많은 시나리오를 읽어라. 많은 시나리오가 단행본으로 출판되었고, 서점에서 쉽게 구하거나 주문해 볼 수 있다. 또한 온라인, 구글 검색창에 시나리오라고 치면 무료 또는 유료로 시나리오를 다운로드하며 볼 수 있는 많은 사이트를 발견할 것이다.

나는 학생들에게 「차이나타운」, 「네트워크」^{패디 사예프스키 각본}, 「아메리칸 뷰티」, 「쇼생크 탈출」^{프랭크 대러본트 각본}, 「사이드웨이」^{알렉산더 페인, 짐 테일러 각본}, 「매트릭스」, 「애니 홀」, 「반지의 제왕」 같은 시나리오를 읽고 연구하길 권한다. 이들 시나리오는 교육적 효과가 뛰어나다. 만일 이런 시나리오들을 구할 수 없다면, 무엇이든 찾아내 읽어 보라. 많이 읽을수록 더 좋은 결과가 있을 것이다.

패러다임은 작동한다. 그것은 모든 좋은 시나리오의 토대이자 극적 구조의 토대다.

02 ——— 주제 만들기

"장미 꽃봉오리…… 아마도 그가 잃어버린 것일 텐데…….
케인은 자신의 모든 것을 거의 다 잃어버린 남자였다."
에버렛 슬론, '장미 꽃봉오리'의 의미를 탐구하며.

— 「시민 케인」 (허먼 맹커비츠와 오슨 웰스)

2. 주제 만들기

오슨 웰스의 「시민 케인」은 영화사에서 가장 위대한 작품 중 하나로 알려져 있다. 첫 프레임부터 케인이라는 인물의 총체적 자화상이 시각적으로 설정되어 있다. 안개에 싸인 채 시작되는 영화에서 처음으로 보이는 것은 K라는 글자가 새겨진 높은 철제 울타리다. 배경으로 저 멀리 언덕 위에 외따로 떨어진 거대한 저택이 서 있다. 카메라가 좀 더 가까이 다가가면 여기저기 놓인 상자들, 골동품이나 예술품을 담은 나무 상자들이 보인다. 거대한 창고 같은 집과 외국에서 온 동물들을 지나가는데 뭔가 가득 차 있지만 인적은 없는 거대한 성 안에 있는 느낌이다. 그리고 나서 시민 케인이라 불리는 남자를 익스트림 클로즈업한 장면이 보이는데, 그는 마지막 유언으로 "장미 꽃봉오리"라고 읊조린다. 그의 손가락에서 유리 문진이 떨어지면서 부서진다. 설경이 이어지고, 그의 잃어버린 어린 시절이 처음으로 포착된다.

이야기는 고전 미스터리처럼 시작된다. 찰스 포스터 케인은 누구인가? 어떤 존재인가? 장미 꽃봉오리란 무엇인가, 아니면 누구인가? 마치 답을 찾듯이, 줄담배를 피우는 기자들로 가득 찬 어두운 시사실로 들어간다. 거기에서 찰스 포스터 케인이라는 만족을 모르고 욕망으로 가득 찬, 자신의 인생보다 더 큰 것을 품은 남자, 전적으로 과잉되어 보이는 남자에 관한 뉴스릴을 보게 된다.

위대한 로버트 와이즈 감독(그의 연출작 몇 편만 예를 들면 「웨스트사이드 스토리」, 「사운드 오브 뮤직」, 「산 파블로」 등이 있다.)이 이 작품을 편집했다. 나는 그와 대화를 나누면서, 오슨 웰스가 처음부터 뉴스릴을 함께 찍었는데 보다 '생생하게' 보이도록 와이즈가 그것을 구겨 버리게 한 뒤 편집실 바닥에서 골라내도록 했다는 사실을 들었다. 그러면 진실되고 믿을 만한 형태가 필름에 새겨진다. 이렇듯 케인의 전 생애는 언어가 아니라 영상을 통해 단숨에 시각적으로 나타난다.

「시민 케인」은 진정 영상으로 말하는 이야기이고, 케인의 삶에 숨겨진 의미, 그가 죽으면서 읊조린 유언을 찾아 나서는 이야기다. 나는 이 작품을 '감성적인 탐정 이야기'라고 부르는데, 장미 꽃봉오리가 누구이며 무엇인지 찾아가는 것이 찰스 포스터 케인의 삶을 벗겨 내도록 인도하기 때문이다. 그것이 바로 무엇에 관한 영화인가 하는 점에 관한 답이다. 그것이 시나리오의 주제다.

시나리오를 쓰는 데 무엇이 필요할까? 당연히 아이디어가 필요하다. 그러나 단지 아이디어 하나로 시나리오를 쓸 수는 없다. 아이디어는 매우 중요하지만, 모호한 개념 그 이상은 아니다. 거기에는 디테일이나 깊이, 차원 같은 것이 없다. 그러므로 시나리오를 쓰기 시작하려면 아이디어 이상의 뭔가가 필요하다.

당신에게는 아이디어를 극화하고 구현할 주제가 필요하다. 주제란 행동과 인물로 정의된다. 행동이 무엇에 관한 이야기인가를 보여 준다면, 인물은 누구에 관한 이야기인가를 말한다.

모든 시나리오에는 주제가 있다. 즉 무엇에 관한 이야기다.

시나리오란 명사와 같은 것, 어떤 곳에서 '뭔가'를 하는 사람에 대한 것이라는 점을 기억한다면, 그 사람이 주인공이며 그(녀)가 어떤 일을 한다는 것이 행동임을 알 수 있을 것이다. 그러므로 시나리오의 주제에 관해 이야기한다는 것은, 행동과 인물에 관해 이야기하는 것을 뜻한다.

모든 시나리오는 행동과 인물을 극화한다. 시나리오 작가로서 당신은 자신의 영화가 누구에 관한 것이며 그(녀)에게 무슨 일이 일어났는가를 알아야 한다. 그것은 시나리오에만 국한하지 않고 모든 글쓰기 형식에 적용되는 최우선 원칙이다.

「시민 케인」의 결말에 이르러서야 우리는 장미 꽃봉오리의 의미를 이해하게 된다. (이야기의 시작이기도 한) 케인의 죽음 이후 창고에 쌓인 수많은 쓰레기와 골동품, 가구와 개봉하지 않은 나무 상자들이 깨끗이 치워진 후에 말이다. 카메라가 어두운 구석으로 이동하면서 장난감, 그림, 조각품으로 이루어진 엄청난 소장품들을 보게 된다. 카메라가 불타는 난로에 다가갈 때까지 케인의 소장품들을 가로질러 간다. 인부가 여러 물건을 불길 안에 던져 넣는다. 그 물건 중에 썰매가 있는데, 어린 시절 케인이 콜로라도에서 가지고 놀았던 바로 그 물건이다. 썰매가 불속에 던져지자 카메라는 썰매에 아주 가깝게 다가간다. 카메라가 불길을 잡으면 장미 꽃봉오리(Rosebud)라는 이름이 드러난다.

바로 그때 우리는 다음과 같은 장면을 떠올린다. 케인의 유언 집행자인 대처가, 열 살 정도 된 소년 케인이 썰매를 타고 눈 덮인 언덕을 내려오던 첫 만남을 묘사했던 바로 그 장면이다. 감성적으로 중요한 순간으로, 케인이 평생 찾으려 했지만 결코 찾아내지 못한 잃어버린 어린 시절을 상징한다. 그리고 케인의 잃어버린 어린 시절이 어두운 하늘 위로 연기처럼 맴돌다 사라지면서 거대한 저택 외부로 연결된다. 영화는 시작할 때처럼 철제 울타리 숏으로 끝난다. 번스타인이 "나는 처음부터 그와 함께했습니다. 케인 씨는 자신의 모든 것을 잃어버린 남자였습니다."라고 덧붙인다. 이 부분은 영화사에 남는 위대한 순간 중 하나다.

당신이 시나리오를 쓰고 싶다면, 그것은 무엇에 관한 것인가? 또 누구에 관한 것인가? 「시민 케인」은 죽어 가는 남자의 마지막 말을 찾아가는 것에서 시작해 그의 전 생애에 걸친 비밀을 드러내는 것으로 끝난다. 그 답을 찾아가는 과정은 내러티브의 동력이며, 영화의 감성적 흐름이다.

자신의 시나리오 주제를 아는가? 무엇에 관한 것인가? 누구에 관한 것인가? 그것을 몇 문장으로 표현할 수 있는가? 이를테면 범행을 저지를 두 여자에 관한 이야기를 하고 싶은가? 그렇다면 두 여자가 누구인지 아는가? 그들은 어디에서 왔는가? 그들의 배경은 어떤가? 어떤 종류의 범죄를 저질렀는가? 왜 그랬는가? 결말에서 그들에게 무슨 일이 일어날지 아는가? 이들 질문에 대한 답을 결정하면, 선택권과 확신을 갖고 안전한 위치에서 시나리오를 쓸 충분한 정보를 모은 것이다. 당신이 무엇을 하는지 안다면, 그것을 가장 잘할 수 있는 방법을 찾아낼 수 있을 것이다.

주제가 무엇인지 아는 것이 시나리오 쓰기의 출발점이다. 실수하지 마라. 모든 시나리오에는 주제가 있다. 「라스트 사무라이」^{존 로건 각본}는 참혹한 남북 전쟁에 참여했던 군인^{톰 크루즈}이 일본으로 가서 본래 그의 적이었던 사무라이들에 의해 극적인 변화를 겪는 이야기다. 여기에서 인물은 용병이며, 행동은 그의 생각·말·행동의 변화다. 이로 인해 그는 전쟁 후 잃어버렸던 자의식을 되찾는다. 그러나 이것은 단지 영화의 피상적인 부분에 불과하다. 보다 깊은 차원에서 이 영화는 미군 대위가 명예와 충성이라는 덕목을 어떻게 배워 가는가를 다루고 있다.

「콜드 마운틴」은 인만이 전쟁 전에 살았던 고향, 사랑하는 여인 아이다가 있는 곳으로 돌아오는 이야기다. 그러나 보다 심층적이고 감성적인 층위에서 보면 이것은 마음속 깊이 간직한 어떤 곳, 사랑과 의미가 충만한 곳, 그러니까 전투가 시작되기 전, 사람들이 정치적 정당성을 내세우며 서로 죽이기 시작하기 전에 존재했던 성스러운 곳, 우리의 감수성과 도덕적 기준이 전쟁의 상처로 무너지기 전에 축복받은 삶이라는 위대한 덕목이 존재하던 곳에 관한 이야기다.

「우리에게 내일은 없다」데이비드 뉴먼. 로버트 벤턴 각본는 경제 공황기이자 갱들의 몰락기에 미국 중서부를 배경으로 은행털이였던 클라이드 바로우와 그의 갱단에 관한 이야기를 다루고 있다. 그것이 행동과 인물이다. 일반적인 아이디어와 특별한 극적 전제를 분리하는 것이 중요하다. 그것이 시나리오의 시작점이다.

다시 강조하면, 모든 이야기에는 명확한 시작·중간·결말이 있다. 「우리에게 내일은 없다」에서 시작은 보니페이 더너웨이와 클라이드워런 비티의 만남, 그리고 그들이 갱을 만들어 나가는 과정을 극화하는 것이다. 중간은 그들이 은행 몇 개를 털고 법망이 그들을 추적하는 것이다. 결말에서 그들은 경찰에게 잡히고 살해된다. 그것이 설정·대립·해결이다.

당신이 행동과 인물을 중심으로 주제를 몇 문장으로 묘사할 수 있으면, 비로소 구조와 이야기 요소를 확대할 준비가 된 것이다. 핵심을 포착해서 복잡한 이야기를 한두 문장으로 간단하게 요약하려면, 떠오르는 대로 몇 쪽을 써야 하는 경우도 있다. 그 점에 대해 걱정하지 마라. 지속적으로 쓰다 보면 이야기에 관한 아이디어를 명확하고 구체적으로 풀어낼 수 있을 것이다.

무엇에 관해 쓰는지 아는 것은, 행동과 인물을 깊이 파고들기 위해 절대적으로 필요하다. 당신이 무엇에 대해 쓰는지 모른다면 누가 알겠는가? 독자? 관객? 자신이 무엇에 대해 쓰는지 모른다면 어떻게 다른 사람이 알 것이라고 기대하겠는가? 작가는 늘 이야기의 극적 실행을 결정하면서 선택과 책임을 훈련해야 한다. 선택과 책임이라는 말은 이 책 전반에 걸쳐 익숙한 반복어가 될 것이다. 모든 창의적인 결정은 필요가 아닌 선택에 의해 이루어진다. 만일 인물이 은행에서 걸어 나온다면, 그것이 하나의 이야기다. 만일 그 인물이 은행에서 뛰어나온다면, 그것은 다른 이야기가 된다.

당신은 책상에 앉아 시나리오를 써야겠다고 느끼겠지만, 정작 무엇을 써야 할지 모르는 경험을 수차례 할 것이다. 그러면 주제를 찾아 나서야 한다. 주제를 찾는 동안, 주제도 당신을 찾고 있다는 것을 명심하라. 어떤 곳, 어떤 시간에, 심지어 당신이 별로 기대하지 않았던 순간에 주제를 발견할 것이다. 당신이 따라 가야 할 주제일 수도 있고 아닐 수도 있는데, 그것은 당신의 선택에 달려 있다.

누군가 혹은 무엇에 대해 쓰기를 원하는가? 어떤 인물? 어떤 특별한 감정 상태? 당신이나 가족 중 누군가가 혹은 친구가 경험한 것인가? 많은 사람들이 시나리오로 쓰고 싶은 아이디어를 이미 가지고 있다. 어떤 사람들은 그렇지 않다. 당신은 주제를 어떻게 찾아낼 것인가?

친구나 친지에게 일어났을 법한 우발적 사건 혹은 신문이나 텔레비전 뉴스에서 얻은 아이디어가 영화의 주제가 될 수 있다. 「피아니스트」로널드 하우드 각본, 블라디슬로프 스필만 원작는 유대인 학살에서 살아남은 자의 기록에 근거한 생존에 관한 영화이지만, 또한 로만 폴란스키 감독의 어린 시절을 반영하기도 한다. 「라이언 일병 구하기」로버트 로다트 각본는 2차 세계대전 중에 일어났던 실제 사건에 바탕을 둔 영화다. 「로얄 테넌바움」웨스 앤더슨, 오언 윌슨 각본의 주제는 파괴된 가족의 실수와 용서다. 「뜨거운 오후」^{프랭크 피어슨 각본}는 실제로 일어난 사건으로, 영화화하기 전에는 신문 기사에 불과했다.

　로버트 타운은 「차이나타운」을 쓰기 전 레이먼드 챈들러 스타일 의 탐정물을 쓰고 싶다고 내게 이야기한 적이 있다. 그는 오래된 신문 기사를 읽다가 로스앤젤레스 워터 스캔들에서 「차이나타운」의 소재를 발견했고, 자신의 탐정물을 위해 오언스 밸리 스캔들이라는 배경을 차 용했다. 「바람둥이 미용사」^{로버트 타운, 워런 비티 각본}는 유명한 할리우드 미용 사가 연관된 몇 가지 사건에서 나온 영화다. 「콜래트럴」^{스튜어트 비티 각본}은 작가가 택시 기사와 대화를 나누다가 탄생했다. 「택시 드라이버」^{폴 슈레} ^{이더 각본}는 뉴욕에서 택시를 운전하는 사람의 외로움에 대한 영화다. 「우 리에게 내일은 없다」, 「내일을 향해 쏴라」^{윌리엄 골드먼 각본}, 「대통령의 음모」 ^{윌리엄 골드먼 각본}는 실화와 실제 인물을 바탕으로 나온 영화다. 운이 좋다 면 주제가 당신을 찾을 것이다. 법칙은 매우 단순하다. 당신 자신을 믿 어라. 그저 행동과 인물을 찾기 시작하면 된다.

　자신의 아이디어를 행동과 인물로 간결하게 표현할 수 있을 때(이 를테면 내 이야기는 이런 인물이 이런 곳에서 그(녀)의 '일'을 하는 것이다 하 는 식으로) 당신은 시나리오 준비 작업을 시작한 것이다.

　다음 단계는 주제를 확장하는 것이다. 행동에 살을 입히고 인물에 초점을 맞추면 이야기가 펼쳐지면서 세부 사항이 드러난다. 어떤 방식 으로든 이야기 재료를 모아라. 늘 당신에게 도움이 될 것이다.

　몇 년간 나는 조사 작업의 가치와 필요성에 대해 의혹을 품은 많 은 이에게 말해 왔다. 나는 데이비드 L. 월퍼의 다큐멘터리를 제작하면 서 영화에 발을 들여놓게 되었는데, 피바디 상을 받은 마이크 월리스와 「전기」^{傳記} 시리즈를 비롯해 「할리우드와 스타들」, 「내셔널 지오그래픽」 작품들, 「위기의 남자」, 자크 쿠스토 스페셜 같은 다큐멘터리를 제작했다. 나는 월퍼와 일하면서 조사 작업의 가치를 배웠다. 그것은 글쓰기와 강의를 하는 데 필수 불가결한 요인이다.

작가로서 감독, 프로듀서, 혹은 연구원과 함께 일할 때, 나는 주제에 관해 가능한 많이 조사하면서 일을 시작했다. 내가 아는 한 조사 작업은 절대적으로 중요하다. 모든 글쓰기는 조사 작업까지 포함한다. 조사란 정보를 모으는 일이다. 글쓰기에서 가장 힘든 부분은 무엇을 쓸 것인지 아는 것임을 기억하라.

책이나 잡지 혹은 신문 기사처럼 글로 된 자료든 개인적 인터뷰로 얻은 자료든, 조사를 하면서 정보를 얻는다. 당신이 수집한 정보는 선택과 책임의 기회를 줄 것이다. 수집한 정보 중 일부 혹은 전부를 사용할 수도 있고 전혀 사용하지 않을 수도 있다. 이야기가 이끄는 대로 선택하면 된다. 이야기에 정보가 없으면 선택의 여지도 없으며, 그것은 당신과 이야기에 늘 걸림돌이 될 것이다. 대부분의 사람들이 불명확하고 설익은 아이디어만으로 시나리오를 쓰기 시작한다. 그 상태로 30쪽 정도는 쓸 수 있을 테지만 곧 와해되고 만다. 다음에 무슨 일이 일어날지, 무엇을 해야 할지, 어디로 가야 할지 알 수 없으면 마침내 화가 나고 혼돈스러워져 답답해진다. 그러면 대체로 포기한다.

두 가지 조사 방식이 있다. 첫 번째는 텍스트 조사다. 도서관에 가서 책이나 신문, 잡지 기사 등을 찾아서 그 시대, 사람들, 직업 혹은 무엇이든 읽는다. 만일 시대극이나 역사극을 쓰려 한다면 그 시대에 일어났던 사건과 시대상에 관한 정보를 모을 필요가 있다. 그러고 나서 감성적 흐름을 바탕으로 인물을 짜 나가는 것이다. 나는 대부분의 정보를 직접 찾아낸 일인칭 시점의 글이나 정기 간행물을 읽으면서 얻는다. 만일 충분히 알지 못하는 주제에 관해 쓴다면, 이야기가 사실적이고 믿을 만하며 진실해 보이도록 정보를 모을 필요가 있다. 「라스트 사무라이」를 연출한 에드워드 즈윅 감독은 주로 존 로건 작가와 작업했다. 즈윅은 일본 문화와 사무라이 전통에 관한 자료를 읽는 데만 1년 이상을 보냈다.

두 번째는 직접 조사다. 정보원에게 접근하는 방법으로, 인터뷰를 하고 사람들과 대화를 나누면서 주제에 관한 '감각'을 익히는 것이다. 만약 개인적 인터뷰를 할 필요가 있거나 그것이 가능할 경우, 대부분은 가능한 한 당신을 기꺼이 돕는다는 점과, 당신이 보다 정확한 정보를 얻기 위해 조사 작업에 직접 나선다는 점에 놀랄 것이다. 개인적 인터뷰에는 또 다른 장점이 있는데, 인터뷰가 어떤 책이나 신문, 잡지 기사보다 훨씬 직접적이고 자연스러운 관점을 제공해 준다는 것이다. 당신이 뭔가를 경험한다는 것은 차선책이다. 많이 알수록 많이 소통할 수 있다는 점을 기억해라. 창작하면서 결정을 내릴 때 당신은 선택을 하고 책임을 지는 위치에 있어야 한다.

요즘 나는 SF 서사 모험극을 쓰고 있다. 지구에 강력한 충격을 주는 우주 현상에 관한 이야기다. 이런 거대한 우주적 사건에 관해 아는 것이 없기 때문에 캘리포니아 패서디나에 있는 제트 추진 연구실 매체 담당자를 만났다. 그녀는 과학자 명단과 더불어 많은 정보를 제공해 주었다. 그 후 나는 '감마선 폭발'로 알려진 현상을 공부하는 데만 거의 3개월의 시간을 보냈다. 나는 이 정보를 창작 목적에 '부합하는' 리얼리티 범주에 사용하지는 않았지만 이것은 실제로 그런 사건이 발생했을 때 어떤 일이 벌어질 것인가라는, 리얼리티에 근거한 주제를 설정하는 데 많은 도움을 주었다.

얼마 전 세계 자동차 경주 기록 보유자인 크레이그 브리들러브와 함께 이야기를 만들 기회가 있었다. 그는 시속 600, 700, 800킬로미터로 달렸던 최초의 선수다. 크레이그는 시속 600킬로미터로 달릴 수 있는 로켓 자동차를 만들었다. 그 로켓 시스템은 인간이 달에 착륙할 때 사용한 것과 같다. 며칠 동안 그와 함께 일하면서 나는 경주 기록에 관한 역사를 읽었다.

이야기는 로켓 보트를 타고 세계 수상 경주 기록을 경신하는 남자에 관한 것이다. 그러나 그 이야기를 썼던 시절에 로켓 보트는 존재하지 않았다. 나는 이 주제를 다루기 위해 모든 종류의 조사를 해야 했다. 수상 속도 기록이란 무엇인가? 이 기록을 어디에서 경신할 것인가? 로켓 보트로 기록 경신이 가능한가? 심판들은 어떻게 기록을 측정할까? 물 위에서 시속 600킬로미터 이상이 가능할까? 크레이그와 대화를 나누면서 나는 로켓 시스템과 수상 속도 기록, 그리고 경주용 보트를 설계하고 제작하는 법을 배웠다. 이렇게 대화를 통해 행동과 인물을 만들었다. 그리고 사실과 허구를 뒤섞어 극적 이야기로 만든다.

이야기하기의 기본 법칙을 반복한다. 많이 알수록 더 많이 대화할 수 있다.

조사 작업은 시나리오를 쓰는 데 필수적이다. 일단 주제를 선택하면, 그것을 한두 문장으로 간략하게 설명할 수 있고, 그러면 기초 조사를 시작할 수 있다. 이제 주제에 관한 지식을 어디에서 습득할지 결정해야 한다. 「택시 드라이버」를 쓴 폴 슈레이더는 기차에서 일어나는 일을 시나리오로 쓰고 싶었다. 그래서 그는 로스앤젤레스에서 뉴욕행 기차를 탔다. 그런데 기차에서 내리면서까지도 이야기의 주제를 찾지 못했다. 그래도 괜찮다. 다른 주제를 선택하면 된다. 슈레이더는 「옵세션」을 썼고, 「해럴드와 모드」의 작가인 콜린 히긴스는 기차에서 벌어지는 이야기인 「실버 스트릭」을 썼다. 리처드 브룩스는 「허망한 경주」를 쓰기 위해 조사할 당시 종이 위에 단어 하나를 쓰기까지 8개월이 걸렸다. 「4인의 프로페셔널」을 쓸 때도 그랬고, 「인 콜드 블러드」를 쓸 때도 트루먼

커포티가 철저하게 조사해서 쓴 원작에 기초했음에도 불구하고 마찬가지였다. 「미드나잇 카우보이」를 쓴 월도 솔트는 「귀향」을 쓰면서 베트남 전쟁에 참전했던 상이용사 스물여섯 명과 200시간이 넘는 인터뷰가 포함된 조사를 했다.

월도 솔트는 이야기 속 인물의 '진실'을 포착해야 한다는 것을 믿었다. 월도와 몇 차례 이야기를 나눌 기회가 있었는데, 그는 뛰어난 작가일 뿐 아니라 훌륭한 인물이기도 했다. 우리는 시나리오 기법에 관해 많은 이야기를 나누었는데, 월도는 인물의 요구(극적 요구, 즉 인물이 승리하거나 성취하고자 하는 것)가 극적 구조를 결정한다는 신념을 털어놓았다. 그 말은 즉각적으로 공감을 불러일으켰는데, 나도 우디 앨런의 「애니 홀」을 분석하면서 그와 같은 인식을 막 했던 참이었다. 인물의 요구는 그(녀)가 이야기 중에 수행하는 창의적 선택을 유도하며, 인물 묘사에 좀 더 복합적이고 입체적인 차원을 부여한다.

말보다 더 강한, 말로 표현하지 못하는 열기 속에서 우리는 서로 공감대를 확인하고 '인간 조건의 진실' 포착에 관한 길고도 열정적인 토론을 하게 되었다. 월도가 강조했듯이, 성공적인 시나리오를 위한 열쇠는 재료를 준비하는 것이다. 배우에게는 항상 뭔가를 하는 즉흥 스타일이 있기 때문에 그는 대사는 '덧없는' 것이라고 말했다. 그러나 인물의 극적 요구는 신성불가침의 것이라고 덧붙여 강조했다. 그것은 불변하는 법칙으로 이야기 전체를 제자리에 위치시키기 때문이다. 그는 종이 위에 단어들을 늘어놓는 것은 시나리오 쓰기에서 가장 쉬운 부분이라고 말했다. 이후 펼쳐지는 이야기를 시각화하는 개념이기 때문이다. 그러면서 "예술은 불필요한 것들을 제거하는 일이다."라는 피카소의 말을 인용했다.

만일 당신이 랜스 암스트롱 같은 자전거 경주 선수에 관한 이야기를 쓴다고 하자. 그는 어떤 부문의 선수인가? 단거리, 혹은 장거리 선수인가? 경기는 어디에서 개최되는가? 이야기를 어디에서 시작할 것인가? 어떤 도시인가? 어떤 종류의 경주인가, 혹은 리그인가? 협회인가, 클럽인가? 매년 얼마나 많은 경주가 벌어지는가? 국제 대회인가? 그것이 이야기에 상관이 있는가? 인물은? 어떤 자전거를 사용하는가? 어떻게 해서 자전거 경주 선수가 되었는가? 글쓰기를 시작하기 전에 이런 질문에 답할 수 있어야 한다. 조사를 하면 아이디어와 인물에 대한 감각·상황·장소를 생각할 수 있게 된다. 이것은 주제 외에 반드시 필요한 것으로, 당신에게 선택할 여지를 갖고 작업할 수 있는 자신감을 준다.

주제에서 시작해 보라. '주제'에 대해 생각할 때, '행동'과 '인물'을 생각하라. 주제를 표로 만들어 보면 다음과 같다.

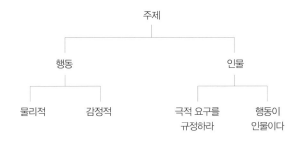

행동에는 두 종류, 물리적 행동과 감정적 행동이 있다. 물리적 행동이란 「콜드 마운틴」의 첫 장면 같은 전쟁 시퀀스를 말한다. 혹은 「블리트」나 「프렌치 커넥션」에 나오는 자동차 추격 장면, 「킬 빌 1」과 「킬 빌 2」쿠엔틴 타란티노 각본에 나오는 복수심에 사로잡힌 추격이나 대결 장면, 혹은 「위트니스」의 마지막에 나오는 농장에서의 총격 장면 등이 이에 속한다. 감정적 행동은 이야기가 진행되는 중에 인물의 마음속에서 벌어지는 행동을 말한다. 이는 「콜드 마운틴」, 「러브 스토리」, 「로얄 테넌바움」, 「아메리칸 뷰티」, 「사랑도 통역이 되나요?」_{소피아 코폴라 각본}와 같은 드라마의 핵심이다. 감정적 배경은 위대한 이탈리아 감독 미켈란젤로 안토니오니의 결작 「욕망」, 「정사」, 「태양은 외로워」, 「밤」 등에서 내면적 행동을 만들어 낸다.

어떤 종류의 이야기를 쓰는지를 자문해 보라. 외부에서 벌어지는 액션 모험 영화인가, 아니면 인간관계, 즉 감성적 이야기에 관한 영화인가. 일단 어떤 종류의 행동을 다룰지를 결정하면, 바로 인물의 삶 속으로 들어갈 수 있다.

첫째, 인물의 극적 요구를 규정하라. 인물이 무엇을 원하는가? 인물의 요구가 무엇인가? 인물이 이야기를 해결할 수 있었던 요인은 무엇인가? 「차이나타운」에서 제이크 기티스의 욕구는 누가, 왜 그를 함정에 빠뜨렸는가를 찾아내는 것이다. 「본 슈프리머시」_{토니 길로이 각본}에서 제이슨 본_{맷 데이먼}은 누가, 왜 그를 죽이려 하는가를 알아내야 한다. 당신은 인물의 요구를 규정해야 한다. 인물이 무엇을 원하는가?

「뜨거운 오후」에서 소니_{알 파치노}가 은행을 터는 것은 남자 애인을 위한 성전환 수술비를 마련하기 위해서다. 그것이 인물의 요구다. 만일 인물이 라스베이거스에서 게임에 이기는 시스템을 만들려고 한다면, 그 시스템이 제대로 작동하는지 알기 위해 얼마나 많은 게임을 이겨야 할까? 인물의 요구가 이야기의 목적·의도·결말을 알려 줄 것이다. 인물이 목적을 성취하든 하지 못하든 그것이 이야기에서 행동을 만들어 낼 것이다.

이미 말했지만 다시 강조하면, 모든 드라마는 갈등이다. 인물의 요구를 알면, 그 요구를 실현하기까지 장애물을 고안해 낼 수 있다. 인물이 그러한 장애물을 어떻게 극복해 내는가 하는 것이 이야기다. 내적으로나 외적으로 갈등하고 투쟁하고 장애를 극복하는 것이 모든 드라마의 기본 요소다. 코미디에서도 마찬가지다. 관객이나 독자가 지속적인 관심을 기울일 만한 충분한 갈등을 만들어 내는 것은 작가의 책임이다. 이야기는 항상 해결을 향해 전진해야 한다.

그리하여 모든 것이 주제를 아는 일에 귀착한다. 만일 자신이 쓰는 시나리오의 인물과 행동을 안다면, 인물의 요구를 결정할 수 있고 그 요구에 부합하는 장애물을 고안해 낼 수 있다. 「킬 빌 1」에서 신부^{우마 서먼}의 극적 요구는 복수 그 자체다. 그것이 이야기의 엔진을 돌리는 연료다.

「미드나잇 카우보이」에서 조 벅^{존 보이트}은 여자 손님을 유혹하려고 뉴욕으로 온다. 그것이 그의 요구다. 그리고 그의 꿈이기도 하다. 그는 돈을 많이 벌고 많은 여자들을 만족시켜 주기를 원한다.

그가 즉각적으로 직면하는 장애물은 무엇인가? 그는 랫소^{더스틴 호프먼}에게 말려들어 돈을 잃고 친구와 직장도 잃는다. 뉴욕 여자들은 그의 존재조차 알지 못한다. 황당한 꿈 아닌가! 그의 요구는 뉴욕이라는 도시의 냉혹한 현실과 정면충돌한다. 바로 갈등이다.

갈등이 없으면 행동도 없다. 행동이 없으면 인물도 없다. 둘째, 행동이 인물이다. 인물이 행동하는 것이 인물 그 자체(what he is)이며, 인물이 말하는 것(what he says)은 인물은 아니다.

주제를 탐구하기 시작하면 모든 것이 시나리오와 연관되어 있다는 점을 알게 될 것이다. 단지 귀엽거나 명쾌하다는 식으로 우연히 주어지는 것은 없다. 셰익스피어가 말했듯, "참새 한 마리가 떨어지는 것에도 신의 뜻이 담겨 있다." 우주의 자연법칙인 뉴턴의 운동 제3법칙에서 보듯이, "모든 작용에는 동일한 크기의 반작용이 있다." 동일한 원칙이 이야기에도 적용된다. 그것이 시나리오의 주제다.

당신의 주제를 알라!

연습해 보자. 시나리오 형태로 탐구하고자 하는 주제를 스스로 찾아내라. 필요하다면 신문을 읽으면서 주의를 끄는 인물이나 사건 또는 상황이 무엇인지 찾아보라. 이야기를 어떻게 구성하고 싶은지 생각해 보라. 그것을 행동과 인물을 중심으로 하여 몇 문장으로 축약해 보라. 그러고 나서 글로 풀어내라. 당신이 쓰고 싶은 것을 찾아내기 위해 몇 장을 쓸 수도 있으며, 주제를 명확하게 만들기 위해 몇 상을 더 써야 할 수도 있다. 그러나 그렇게 하고 나서야 불필요한 것들을 제거할 수 있으며 마침내 주제에 초점을 맞출 수 있다는 점을 명심하라.

03 ——— 인물을 창조하라

"우발적 사건을 결정하는 것은 인물이며,

인물을 설명하는 것은 우발적 사건이다."

— 『허구의 기법』(헨리 제임스)

3. 인물을 창조하라

인물이란 무엇인가?

　　글쓰기 초기부터 문학 이론가들을 괴롭혀 온 질문이다. 사실적 상황에 놓인 사실적 인물을 창조하는 것은 매우 다양하고 다면적이며 독보적이고 개인적인 도전이어서, 어떻게 하는가를 정의하는 것은 마치 한 움큼 물을 잡아 손안에 넣으려는 행동처럼 보인다. 아리스토텔레스부터 아이스킬로스에 이르기까지, 입센부터 이오네스코에 이르기까지, 유진 오닐부터 아서 밀러에 이르기까지, 여러 세대에 걸쳐 유명 작가들은 예술을 포착하고 좋은 인물을 창조하는 기법을 파악하기 위해 악전고투해 왔다.

　　19세기 가장 명징한 문학 이론가 중 하나로 꼽을 만한 영국 소설가 헨리 제임스는 『여인의 초상』, 『비둘기의 날개』, 『나사의 회전』, 『데이지 밀러』 같은 대표작을 써냈다. 그는 허구를 창조하는 기법에 매혹되었다. 그래서 유명한 심리학자인 그의 형 윌리엄 제임스가 인간 마음의 역동성을 연구한 것과 같은 방법으로 과학자처럼 허구를 창조하는 기법에 접근했다. 그는 인물 창조의 복잡함을 정의하고 증명하기 위해 몇 편의 에세이를 쓰기도 했다. 헨리 제임스는 『허구의 기법』에서 문학에 대해 이런 질문을 던진다. 우발적 사건을 결정하는 것은 인물이며, 인물을 설명하는 것이 우발적 사건이다.

심오한 질문이다.

여기에서 핵심 단어는 우발적 사건이다. 사전적 정의에 따르면 사건은 '특별한 일의 발생 혹은 무엇인가와 관계되거나 연결되어 발생하는 이벤트'를 뜻한다. 시나리오는 흔히 핵심 사건에 관한 것이며, 이야기는 인물이 그에 대해 행동하고 반응하는 것이다. 그것이 모든 행동과 모든 인물의 주된 원천이다. 나는 지난 25년간 시나리오와 영화를 읽고 분석한 후, 최근에야 우발적 사건의 중요성을 이해하기 시작했다. 좋은 영화들은 모두 특별한 우발적 사건이나 이벤트를 전개하는 데 초점을 맞추는 것처럼 보인다. 이런 우발적 사건이 이야기를 완성하도록 힘을 주는 엔진 역할을 한다.

「반지의 제왕」에서 프로도가 반지 운반자가 되겠다고 결심하는 것이 영화에서 핵심적인 우발적 사건이다. 「아메리칸 뷰티」에서 레스터 번햄이 안젤라라는 소녀를 보는 것이나 「차이나타운」에서 제이크 기티스가 진짜 멀레이 부인과 마주치는 것도 그렇다. 때로 우발적 사건이나 이벤트는 인생에서 최선 또는 최악의 것을 가져다준다. 우리는 때로 이런 이벤트를 통해 치유받기도 하고 때로는 그렇지 못하기도 한다. 그러나 그것은 늘 우리에게 영향을 끼친다. 평소에 행동하고 반응하는 방식 또는 특별한 상황에 대처하는 방식에서 자신의 진정한 본성이 드러나는데, 그것은 자신이 누구인지 말해 주기도 한다. 「사이드웨이」의 마일스가 좋은 예다. 그는 "특별한 경우"를 위해 특별한 와인을 보관해 왔지만, 그 와인을 개봉할 특별한 시간과 장소를 찾지 못한다. 그래서 그는 패스트푸드 전문점에 홀로 앉아 그 와인 병을 숨긴다.

시나리오에서 이벤트는 인물의 진실을 보여 주기 위해 특별히 계획된 것이다. 그래서 독자이자 관객인 우리의 평이한 삶을 넘어 그들과 우리 사이의 어떤 관계, 연대감을 느낄 수 있다. 우리는 그들 속에서 우리 자신을 보고, (아마도) 우리 자신을 깨닫고 이해하는 순간을 즐긴다.

『허구의 기법』에서 헨리 제임스는, 인물을 위해 창조한 우발적 사건이 그들이 누구인지, 즉 그들의 진정한 본성과 본질적 캐릭터를 드러내는 최선의 방법이라고 말한다. 특정한 우발적 사건이나 이벤트에 그들이 어떻게 대응하는지, 어떻게 행동하고 반응하는지, 무슨 말을 하고 무얼 하는지, 그와 같은 것들이 인물의 본질을 규정한다.

이런 개념을 인물 창조 과정에 어떻게 대입할 수 있을까?

「델마와 루이스」칼리 쿠리 각본는 한 남자를 죽인 두 여자를 다룬 이야기다. 그들은 법을 어기고 멕시코로 도망가려 하는데 그랜드캐니언에서 잡히고 만다. 그러나 감옥에 가느니 차라리 자기 자신의 삶을 살기로 결단한다. 이들을 살펴보면, 둘은 서로 다른 개인이지만 같은 극적 요구성(안전하게 멕시코로 도망가는 것)을 갖고 있다. 그들의 면모는 서로 다르지만 삶도 죽음도 함께 나눈다. 우리는 그들의 여행을 지켜보면서 그들을 알게 되고 사랑하게 되며 세상이 다르게 펼쳐져야 한다는 소망을 품게 된다.

헨리 제임스의 주장이 매우 적절한 이유는 인물 내부의 요소들이 우발적 사건을 결정하기 때문이다. 우발적 사건에 인물이 반응하는 방식은 그(녀)라는 인물을 설명해 주고, 인물을 정의한다. 「델마와 루이스」에서는 액트 I의 시작 부분에서 바로 이야기가 설정된다. 주말 휴가를 산에서 보내기로 한 델마지나 데이비스와 루이스수잔 서랜던는 가는 길에 바에 들렀다가 거기서 할랜이라는 남자를 만나는데, 그가 델마에게 호감을 보인다. 그는 델마에게 술을 강권하고 나서 주차장에서 강간을 시도한다. 추한 상황이 벌어지고 마침내 루이스가 나타나 델마의 총으로 그를 위협한다. 할랜이 그녀에게 모욕적인 말을 던지자, 루이스는 방아쇠를 당기고 그를 죽인다. 여기가 구성점 1인데, 이것이 영화의 핵심적인 우발적 사건이다. 이제 '진짜' 이야기는 멕시코로 도망가려는 그들의 여정에 관한 것이다.

이미 언급했듯이, 구성점 1은 시나리오의 진정한 시작이며, 이야기를 액트 II로 운반하는 축이다. 나머지는 델마와 루이스가 탈주하는 이야기다. 흔히 영화에 나오는 다양한 인물처럼, 인생길이 내리막일수록 그들은 진정으로 자신이 누구인지 발견하게 되고 자신을 믿어야만 하며 자신의 삶과 행동에 전적으로 책임을 져야 한다. 물론 「델마와 루이스」는 로드 무비지만, 또한 깨달음의 여정, 자아 발견의 여정이기도 하다. 그리고 그것은 행동의 축, 즉 우발적 사건으로 시작된다.

우발적 사건은 인물에 의해 결정된다. 할랜을 죽인 루이스는 두려움과 불안 속에 도망을 친다. 나와 당신이 작가라면, 루이스라는 인물 속의 무엇이 그녀가 방아쇠를 당기게 만들었는지 자문해 볼 필요가 있다. 왜냐하면 이 우발적 사건은 극단적으로 인물을 드러내는 사건이기 때문이다. 루이스에게 이 우발적 사건은 그녀가 어렸을 때 당했던 사건이기도 하다. 이는 간단하게 언급되지만 그녀가 과거 텍사스에서 강간당한 사건을 상기시킨다. 그때 가해자는 벌을 받긴 했으나 충분히 만족할 만한 수준은 아니었으며, 복수나 법적 정의의 실현도 없었다. 게다가 많은 사람들조차 그녀를 피해자로 보지 않고 선동가로 여겼다. 그때 그녀는 결심했다. 다시는 텍사스 주에 한걸음도 들여놓지 않겠다고. 이 결단이 결국 그녀에게 죽음을 가져온 셈이다.

『신화의 힘』에서 조지프 캠벨은 이렇게 말한다. 신화적 의미에서 볼 때, 통과 의례 여정의 첫 부분에서는 낡은 자아의 죽음과 새로운 자아의 부활을 다룬다. 캠벨에 따르면, 영웅 혹은 영웅적 인물은 "외부 공간이 아니라 내부 공간, 즉 모든 존재가 발생하는 곳, 모든 것의 근원인 의식, 천상의 왕궁으로 나아간다. 이미지는 외부로 투사되지만, 그 반영은 내부로 향한다."

내가 보기에, 액트 I에서 방아쇠를 당겨 할랜을 죽인 것은 루이스이지만, 정말로 그를 죽인 것은 루이스가 아니다. 그보다는 여성의 정의라는 망에 걸린 어린 루이스가 텍사스 스타일로 방아쇠를 당긴 것이다. 그녀는 자신의 경험을 치유받을 수 없었다. 시간과 기억이라는 얇은 막 이면에 숨겨진 그녀의 무의식이 폭발할 기회를 기다리고 있었던 셈이다.

작가는 인물을 여러 가지 다른 방식으로 창조해 낸다. 언젠가 월도 솔트에게 인물을 어떻게 창조하는지 물어본 적이 있다. 그는 처음에 간단한 극적 요구를 선택하고, 그다음에는 모두가 공감할 만한 일반적인 면모가 나타날 때까지 특성을 가미해 나간다고 답했다. 이런 방식을 통해 월도는 인물의 본질에 다가간다. 그는 시나리오의 거장이자 훌륭한 예술가다.

인물을 가장 잘 창조할 수 있는 방법은 무엇인가? 당신은 인물과 그(녀)의 극적 선택, 그리고 말하고자 하는 이야기와 그(녀)가 맺는 관계를 어떻게 설정해 나갈 것인가? 인물이 자동차를 운전할 것인지, 자전거를 탈 것인지, 버스나 지하철을 탈 것인지, 그(녀)의 집이나 아파트에 어떤 그림이나 포스터를 걸어 놓을 것인지 어떻게 결정하겠는가?

인물은 시나리오의 본질적이고 내적인 토대다. 인물은 주춧돌이다. 인물은 시나리오의 심장이자 영혼이며, 신경 조직이다. 당신은 종이 위에 단어를 쓰기에 앞서 인물을 알아야만 한다.

시나리오에서 이야기는 시작에서 결말로 진행된다. 선형적이든 비선형적이든 마찬가지다. 「타이타닉」이나 「디 아워스」이든, 「반지의 제왕」이나 「잉글리쉬 페이션트」^{앤서니 밍겔라 각본}이든, 「쇼생크 탈출」이나 「메멘토」^{크리스토퍼 놀런 각본}이든 모두 그렇다. 이야기를 앞으로 진행시키는 방법은 행동과 인물, 그리고 그 인물이 내러티브 전개에서 택하는 극적 선택에 초점을 맞추는 것이다.

그렇다면 인물은 무엇인가? 행동이 곧 인물이다. 무엇을 말하는가가 아니라 무엇을 하는가 하는 점이 관건이다. 영화는 행동이다. 우리는 이야기를 영상으로 말하기 때문에, 이야기가 진행되는 동안 인물이 대면하고 극복하는 (혹은 극복하지 못하는) 우발적 사건과, 이에 대해 어떻게 행동하고 반응하는지 보여 주어야 한다. 만일 지금 시나리오를 쓰는 중인데 인물이 생각하는 만큼 예리하거나 세련되지 않았다면, 그래서 인물이 생각이나 느낌, 정서 면에서 보다 일반적이어야 하고 보다 강해야 하고 보다 다면적이어야 한다고 느낀다면, 우선 시나리오에서 인물이 능동적 힘을 갖는지 여부를 결정해야 한다. 즉 인물이 어떤 일을 일으키는지, 혹은 어떤 일이 인물에게 일어나는지 정해야 한다.

그보다 우선 주인공은 누구인가? 누구에 관한 이야기인가? 만일 운석을 훔치려는 세 남자에 관한 이야기라면, 그 셋 가운데 누가 주인공인가? 그것을 알아야 한다. 「반지의 제왕」에서 누가 주인공인지 아는가? 프로도인가, 아니면 샘이나 간달프^{이언 맥켈런} 또는 아라곤^{비고 모텐슨}인가? 혹은 그들 모두인가? 확실치 않다면, 곰곰이 생각해 보라. 누구에 관한 이야기인가? 「반지의 제왕」을 보면, 아라곤이 원정대를 이끌고 결정을 내리며 결국 왕이 되기 때문에 그가 주인공이라고 생각할 수도 있다. 그러나 이 모든 함정에서 벗어나 보면, 이야기는 반지를 원래 자리에 돌려주는 것, 즉 운명의 산에서 반지를 파멸하는 것임을 알 수 있다. 그것이 바로 이야기의 핵심이다. 그러므로 프로도가 주인공이다. 물론 당신은 주인공을 한 명 이상 만들어 낼 수는 있다. 그러나 단 하나의 영웅을 명확하게 만들어 낼 수 있어야 한다.

흔히 이야기는 주인공과 다른 인물을 구별하는 일에 대한 것이기도 하다. 「쇼생크 탈출」에서는 누가 주인공인가? 모건 프리먼이 맡은 레드가 영화에서 양적으로 가장 큰 비중을 차지하는데, 그는 우리에게 앤디 듀프레인^{팀 로빈스}에 관한 이야기를 해 준다. 그러나 이야기는 앤디에 관한 것이다. 비록 레드만큼 분량이 많지는 않지만, 그에 관한 이야기이기 때문에 앤디가 주인공이다. 「내일을 향해 쏴라」는 어떤가? 부치^{폴 뉴먼}가 주인공이다. 그는 결정을 내린다. 부치는 선댄스^{로버트 레드퍼드}에게 평소 꾸며 온 무모한 계획 중 하나를 능숙하게 끄집어낸다. 선댄스는 그를 바라보며 말없이 고개를 돌린다. 부치는 "비전이 있는데, 세상 사람들 모두 이중 초점 렌즈를 쓰고 있군." 하고 중얼거린다. 그렇다. 시나리오 내용에서 보면, 부치가 주인공이다. 계획을 세우고 행동하는 사람은 바로 부치다. 부치가 인도하고 선댄스는 따른다. 남미로 가자는 것도 부치의 생각이다. 그는 그들의 무법 시대가 끝나 간다는 점을 알고 있으며, 법이나 죽음, 혹은 그 두 가지 모두로부터 피해 도망쳐야 한다는 것을 알고 있다. 그는 선댄스와 엣타에게 함께 가자고 설득한다. 선댄스는 주요 인물이지 주인공은 아니다. 일단 주인공을 정하면, 형태가 온전한 다차원적인 인물의 초상을 창조할 방법을 탐구할 수 있다.

인물 창조에 접근하는 방법에는 몇 가지가 있다. 그 모든 방법이 타당하겠지만, 당신은 자신에게 가장 적절한 방법을 선택해야 한다. 다음에 제시한 방법은 인물을 개발하는 데 무엇을 사용할지 선택할 기회를 제공해 줄 것이다.

첫째, 주인공을 정하라. 누구에 관한 이야기인가? 주인공의 삶을 두 가지 기본 범주, 즉 내부와 외부로 분리하라. 내부적 삶이란 인물이 태어나 영화가 시작할 때까지를 말한다. 인물을 형성하는 과정이다. 외부적 삶은 영화가 시작되어 이야기가 끝날 때까지에 해당한다. 인물을 드러내는 과정이다.

영화는 시각 매체다. 인물의 갈등을 시각적으로 드러내는 방법을 찾아내야 한다. 당신이 모르는 것을 보여 줄 수는 없다. 따라서 머릿속에 있는 인물에 관한 생각·개념·아이디어를 아는 것과 인물을 종이 위에 드러내는 것 사이에서 차이가 중요하다.

이것을 그림으로 나타내면 다음과 같다.

인물 전기는 인물의 내부적 삶, 즉 태어날 때부터 자신에게 작용해 온 정서적 힘을 드러내는 연습이다. 인물은 여성인가 남성인가? 남성이라면, 이야기가 시작될 당시에 몇 살인가? 그는 어디에 살고 있는가? 도시인가 시골인가? 그는 어디에서 태어났는가? 외동인가, 아니면 형

제자매가 있는가? 어린 시절을 어떻게 보냈는가? 행복했는가? 불행했는가? 육체적으로나 의학적으로 문제가 있었는가? 부모님과 어떤 관계를 맺었는가? 아이였을 때 문제가 많았는가? 불량소년이었는가? 그는 어떤 아이였는가? 활발하고 외향적이었는가, 아니면 세심하고 내성적이었는가?

당신은 인물을 탄생부터 만들어 나가면서 인물이 형성되는 과정을 보기 시작한다. 인물의 삶에서 생애 최초 10년, 그러니까 유지원과 초등학교 시절, 친구들과 부모님, 선생님과의 관계를 포함한 초창기 삶을 추적해 보라. 홀아버지나 홀어머니가 키웠는가? 어머니나 아버지? 이모나 삼촌? 그들은 사이가 좋았나? 세상 물정을 아는 인물인가 아니면 온실 속 화초 같은 인물인가? 부모님은 그가 어떤 일을 하기를 원했을까?

인물의 두 번째 10년, 10대부터 20대까지로 옮겨가 보자. 중고등학교 시절이 여기에 해당한다. 그는 성장하면서 어떤 영향을 받았는가? 친구들의 영향? 어떤 점에서? 학교, 운동, 사회, 정치? 토론 동아리 같은 수업 외 모임이나 방과 후 활동에 흥미를 느꼈는가? 성 경험은 어땠는가? 동료들과의 관계는? 고등학교 시절 시간제 아르바이트를 했는가? 형제자매와의 관계는? 당신은 인물의 성장에 관해 가능한 많은 정보를 확보해야 한다. 선생님과의 관계는 어땠는가? 이 시기 부모님과의 관계는 어땠는가? 인물에게 정서적으로 영향을 줄 만큼 중요한 외상을 입힌 사건은 없었는가? 고등학교 시절 어떤 경험을 했는가? 그(녀)는 친구가 많았는가, 적었는가? 그(녀)는 스스로 아웃사이더라고 느꼈는가? 「퀸카로 살아남는 법」[티나 페이]을 예로 들어 보자. 이 영화는 전반적으로 따돌림에 관한 이야기다.

폴 토머스 앤더슨의 「매그놀리아」는 부모의 행동이 자녀들에게 어떻게 영향을 끼치는가를 드러내면서 화해와 용서를 테마로 삼고 있다. (입센의 희곡 「유령」 역시 아버지의 죄가 어떻게 아들에게 전이되는가를 유사하게 다룬다.) 「매그놀리아」에서 얼제이슨 로버즈은 죽어 가면서 자신의 죄를 고백한다. 즉 죽어 가는 아내와 아들을 두고 떠났던 자신을 용서받으려고 한다. 당시 열네 살이었던 아들 프랭크톰 크루즈는 죽어 가는 엄마를 홀로 돌봐야만 했다. 이 사건은 프랭크의 삶 전체에 영향을 끼쳤고 '섹스는 여성을 파괴하는 데' 사용할 수 있는 무기라고 남성들을 설득하며 살아가도록 그를 인도했다. 임종 자리에서 죽어 가는 아버지와 아들은 비로소 관계를 풀었다.

이제 대학 시절로 옮겨가 보자. 인물은 대학이나 전문대에 진학했는가? 그(녀)는 어떤 대학에 갔는가? 전공은 무엇인가? 정치적으로는 활동적이었는가? 그(녀)는 동아리 활동을 했는가? 대학 시절 의미 있는 인간관계를 맺었는가? 그러한 관계에서 무슨 일이 벌어졌는가? 그 관계는 얼마나 갔는가? 결혼했는가? 이야기가 시작할 때, 인물은 결혼한 상태인가, 과부나 홀아비인가, 독신인가, 별거 중인가, 이혼했는가? 결혼했다면 얼마나 되었고 누구와 했는가?

이야기를 시작하기 전까지 인물의 인생을 지속적으로 추적해 보라. 그(녀)의 직업, 관계, 꿈, 희망, 열망을 탐구해 보라. 많은 경우, 현실은 꿈이나 판타지와 부딪치며 인물의 삶에 갈등을 일으킨다. 스스로 물어보라. 관찰자가 되어 친구·가족·친지를 살펴보라. 때로는 색다른 형태로 관찰한 정보를 사용할 수 있을 것이다.

기억하라. 당신은 당신이 만드는 인물이 아니라는 점을 말이다. 당신은 인물과 같은 존재도 아니고, 상황이 같은 것도 아니며 생년월일도 같지 않다. 쓰고자 하는 이벤트의 시간적 틀이 인물 내부에 투영되도록 그를 변형해야 할 때도 있다. 아마도 당신은 인물과 어떤 유사점을 공유하고 싶겠지만, 자기 자신을 모델로 삼는다면 효과가 없을 것이다. 글쓰기란 자기 자신에게 질문하고 답을 기다리는 능력이다. 참고로 말하면, 창조적 질문은 왜가 아니라 무엇이라는 말로 시작하는 게 중요하다. 그래야 어떤 특정한 답이 나온다. 왜라는 말로 질문을 시작하면 다양한 답을 얻을 수 있으며 그 답은 모두 맞을 것이다. 그러나 무엇이라는 말을 사용하면서 어떤 질문이든 시도해 보라. 무엇 때문에 인물이 그런 방식으로 대응했는가?('왜 내 인물이 그랬을까?'가 아니다.) 이 신의 목적은 무엇인가? 질문을 만드는 데 시간이 좀 걸릴 것이며, 그 답 또한 원하는 만큼 빨리 나오지 않겠지만 그런 과정을 신뢰하라. 그 과정은 생각보다 더 길 것이다. 바로 그 때문에 인물 전기를 창조적 연구 과정이라고 부르는 것이다. 질문을 던지면 답을 얻을 것이다. 토대를 공고히 하면서 인물의 내면적 삶과 정서적 삶을 만들어 내면, 인물은 이야기를 통해 움직일 수 있다. 그는 뚜렷한 족적을 나타내는 인물로 진화할 수 있으며, 행동의 감정적 측면에서도 변화와 성장을 보여 줄 수 있다. 이야기가 시작할 때부터 끝날 때까지 같은 인물로 머무는 경우는 그리 흔치 않다. 인물의 생각과 느낌은 아마 행동의 감정적 흐름을 거치면서 변할 것이다.

일단 전기 속에서 인물의 내부적 차원을 설정하면, 이야기의 외부적 차원으로 이동할 수 있다.

인물의 외부적 측면은 이야기의 실질적 시간, 즉 첫 페이드인(fade in, 화면이 처음에는 어두웠다가 점점 밝아지는 일. 영화가 시작할 때 많이 쓰인다. ─ 옮긴이)부터 마지막 페이드아웃까지에서 드러난다. 중요한 것은 인물의 삶에서 관계를 검토하는 일이다. 관계는 인물에 깊이를 더하는 자원으로 기능할 수 있다. 복선과 이차적 행동, 인물과 이야기의 관계를 연결해 주는 인터컷, 이런 것들이 관계를 자원 삼아 인물의 깊이를 더해 주는 방식으로 사용될 수 있다.

이야기가 전개될 때, 인물들이 살아 있고 믿을 만하며 다차원적인 사람으로 보이게 하기 위해 어떻게 만들어 갈 것인가? 페이드인부터 페이드아웃까지?

최선의 방법은 인물들을 기본적인 세 차원으로 분리하는 것이다. 즉 직업적 삶, 개인적 삶, 내밀한 삶이다. 인물들의 여러 차원의 삶이 시나리오를 통해 수월하게 극화될 수 있다.

직업적 차원 — 주인공은 무슨 일을 하는가? 이 점을 알아야 한다. 그(녀)는 어디에 사는가? 은행 부행장인가? 건설 노동자? 의사? 음향 기술자? 과학자? 교수? 직업이 명확할수록, 인물은 믿을 만한 사람이 된다. 그들은 자신의 직업에 대해 불만이 있는가 혹은 만족하는가? 자신의 삶이 달라지기를 바라는가? 이를테면 다른 직업, 다른 배우자, 아마도 다른 모습을 바라는가? 미켈란젤로 안토니오니의 「여행자」에서 데이비드 로크^{잭 니컬슨}는 죽은 남자를 발견하고 자신의 운명이 어떻게 전개될지도 모른 채 그의 이름으로 살기로 한다. 때로 우리는 다른 이들이 가진 것을 소망한다.

인물의 일터로 들어가 그(녀)가 일상적으로 만나는 사람들, 즉 직장 상사, 비서, 영업자, 협력 업체 책임자 등의 윤곽을 잡기 시작하라. 같이 일하는 이들과의 관계를 정의해 보라. 관계가 좋은가, 나쁜가, 도움이 되는가, 만족하는가, 괴로운가? 관계에서 갈등이 있는가? 그렇다면 어떤 갈등인가? 직업상 질투·분노·성향이 다른 성격 때문인가? 인물은 갈등을 어떻게 다루는가? 논쟁과 토론을 자주 하는가? 아니면 침묵과 도피로 대응하는가? 인신공격을 해 대는가?

인물이 사무실에서 일한다면, 그(녀)의 업무는 무엇인가? 그(녀)의 가장 강력한 지지자는 누구인가? 두 사람은 잘 어울리는가? 그들은 서로 신뢰하는가? 업무 시간 외에도 서로 어울리는가? 상사와의 관계는 어떠한가? 좋은 관계인가? 아니면 사무실에서 벌어지는 일 혹은 회사 합병이나 다가올 임금 삭감이나 해고 등의 문제 때문에 화가 나 있는가?

1~2쪽 분량으로 인물의 직업 생활을 자유 연상 에세이로 묘사해 보라. 자신을 검열하려 하지 말고 모든 것을 써 보라. 주인공이 직장에서 다른 이들과 어떤 관계인지 묘사하고 상상해 낼 수 있을 때, 인물의 성격과 관점을 창조할 수 있다. 그것이 바로 인물의 삶을 풍요롭게 세워 나가고 확대하며 강화하는 출발점이다.

개인적 차원 —— 주인공은 기혼인가, 독신인가, 사별했는가, 이혼했는가, 별거 중인가? 혹은 이야기가 시작될 때 연애 중인가? 그렇다면 상대는 누구이며, 얼마나 오래 사귀었는가? 만일 기혼자라면 누구와 결혼했는가? 학교에서 만난 사람인가, 혹은 데이트 상대였나, 아니면 어쩌다 보니 결혼한 것인가? 이야기가 시작되었을 때 그와 함께 같은 세계에 속해 있었는가, 아니면 그들은 '삶의 여정이 서로 다른 배경' 출신인가? 교육과 직업에서 상류층에 속하는가, 하류층에 속하는가? 어린 시절 사랑을 받으며 성장했는가? 대학 시절 인기가 있었는가? 결혼 생활은 얼마나 했는가? 결혼 생활은 어떠한가? 여기에서는 얼마나 결혼 생활을 유지했는가가 관건이다. 만약 갓 결혼한 커플이라면 그들의 관계는 몇 년간 결혼 생활을 한 이들과 다를 것이다. 그들은 함께 다니며 같이 뭔가를 하는가? 아니면 서로에게 심드렁해졌는가? 친구가 많고 사회적 활동에 적극적으로 참여하는가? 혹은 친구가 별로 없는가? 결혼 생활은 건실한가, 아니면 외도를 생각하거나 실제로 외도를 한 경험이 있는가?

인물 사이의 관계를 조명하고 드러내는 방법을 찾아내는 것은 도전이지만 또한 보람도 있다. 갈등에 대해 생각하라. 남자와 여자는 서로 다른 것을 원한다. 아이를 가질지 말지와 같은 중요한 문제일 수도 있다. 혹은 남자는 스포츠를 좋아하고, 여자는 연극을 좋아하는 단순한 문제일 수도 있다. 결혼 생활에 대해 써 보라. 그것을 시나리오에 적용해 볼 수 있다. 배경으로서 관계든 표면화된 관계든 행동의 한 부분이 될 것이다.

결혼 문제를 다룬 영화 중에서 내가 가장 좋아하는 작품은 「시민 케인」인데, 케인의 결혼을 훌륭한 시퀀스로 묘사하고 있다. 이 시퀀스는 케인과 첫 아내가 결혼하고 신혼여행을 떠나는 것으로 시작된다. 다음 장면에서 그들이 아침 식사를 하며 친밀한 대화를 나누는 게 보인다. 스위시 팬(swish pan, 카메라가 빠르게 프레임 밖으로 나가는 것을 말한다.)으로 처리된 이 장면에서 그들은 다른 옷을 입고 등장하여 아침을 먹으면서 대화를 나누며 신문을 읽는다. 스위시 팬으로 그들이 큰 식탁에 앉아 열띤 토론을 하는 게 보인다. 스위시 팬으로 처리된 이 장면에서 그는 자신이 발행한 신문을 읽는 데 시간이 너무 많이 걸린다며 다투는 소리가 들린다. 다시 스위시 팬으로 그들을 보여 주는데, 좀 더 큰 식탁에 앉은 두 사람 사이에 침묵이 흐르고 둘 다 신문을 읽는데, 그는 《인콰이어러》를, 그녀는 최고 경쟁지인 《포스트》를 읽고 있다. 그녀가 뭔가를 묻는데, 그는 그저 퉁명스럽게 답한다. 침묵이 흐르는 가운데 큰 식탁에서 식사하는 그들을 스위시 팬으로 보여 준다. 실제로는 상당한 시간의 길이가 1분 내로 처리된다. 이 시퀀스는 그들의 관계에 대해 많은 것을 말해 준다. 말보다는 영상을 사용한 짧은 숏들로 모든 것이 처리된다. 시나리오는 영상으로 들려주는 이야기라는 점을 기억하라.

인물이 독신이라면 그(녀)의 독신 생활은 어떤가? 여러 상대와 데이트를 하는가, 아니면 누군가와 깊이 사귀는가? 이야기가 시작되었을 때 그 인물이 혼자라면, 마지막으로 언제 사람을 사귀었는가? 심각한 관계였는가, 아니면 석 달 정도 진행된 가벼운 관계였는가? 그(녀)는 상대를 좋아했는가? 아니면 싫어했는가? 이야기 시작에서 인물이 누군가를 만나고 있다면, 얼마나 된 관계인가? 갈등이 있는가? 어떤 점에 대해 서로 동의하지 못하는가? 그들의 공통점은 무엇인가? 전 애인 때문에 복잡하지는 않은가? 어떻게 그 문제를 해결해야 하는가? 그들이 갈등을 느끼는 문제는 무엇인가? 관계의 측면에서 어떤 종류의 계약을 할 준비는 되어 있는가?

그(녀)는 이혼했는가? 그렇다면 결혼한 지 얼마나 되었는가? 누구와 결혼했는가? 무슨 일로 헤어지게 되었는가? 얼마나 함께 살았는가? 자녀는 있는가? 있다면, 얼마나 자주 아이들을 보는가? 아이들은 이혼에 대해서나 부모 중 한쪽이 만나는 새로운 사람에 대해 어떻게 느끼는가?

인물의 관계에 관한 이 모든 면을 탐색하고 고려하고 묘사해야 할 것이다. 인물이 의심스러우면, 당신 자신의 삶을 파고들어 가보라. 자문해 보라. 당신이 그런 상황에 처한다면, 인물의 입장에서 어떻게 할 것인가? 당신이 곧 인물이라는 뜻에서 하는 말이 아니다. 아마 당신과 인물 사이에 어떤 공통점이 있을 것이라는 뜻이다. 다시 말하지만, 당신은 인물이 아니다.

1~2쪽에 걸쳐 인물의 개인적 관계를 정의해 보라. 자유 연상과 무의식적 글쓰기를 통해, 모든 생각과 단어, 느낌을 써 보라. 어떻게 보이고 어떻게 읽힐 것인지 걱정하지 마라. 당신 외에는 누구도 볼 수 없을 테니까 말이다.

내밀한 차원 —— 인물은 혼자 있을 때 텔레비전을 많이 보는가? 운

　　　　　　　　　　　　　　　3. 인물을 창조하라

동, 이를테면 철인 삼종 경기를 준비하는가? 스포츠에 빠져 있다면, 일주일에 세 차례 헬스클럽을 이용하는가? 조깅, 요가, 자전거를 배우고 있는가? 일주일에 한 차례 밤에 글쓰기 반에 나가는가? 애완동물을 기르는가? 어떤 동물인가? 취미는 무엇인가? 우표 수집, 정원 가꾸기, 요리 강습? 내밀한 삶이란 인물이 혼자일 때 영위하는 삶의 측면이다.

인물의 직업적·개인적·내밀한 삶을 알면 이어 나갈 이야깃거리가 생긴다는 것이 장점이다. 시나리오를 쓸 때, 다음에 무슨 일이 벌어질지 모를 때, 인물의 직업적·개인적·내밀한 삶의 차원으로 들어가면, 이야기를 진행할 뭔가를 찾을 수 있다.

아리스토텔레스가 『시학』에서 말했듯, "삶은 행동 속에 존재한다. 삶의 끝에 남는 것은 행동이지 특질이 아니다." 즉 인물은 능동적이어야 하고 뭔가를 해야 하며 뭔가를 일으키는 존재이지 늘 반응만 하지는 않는다. 때로 인물이 어떤 상황에 반응하는 것이 필요하지만, 주인공이 자신에게 닥친 일에 단지 반응만 해서는 안 된다. 만일 그렇다면, 주인공은 종이 위에서 희미해지고 이야기는 자극 없이 너무 물렁해진다. 인물은 그(녀)가 행하는 무언가의 그 자체다. 영화는 시각 매체이며, 작가의 책임은 인물을 영화적으로 보여 주는 영상을 선택하는 것이다. 작고 답답한 호텔에서 벌어지는 대화 신을 창조할 수도 있고, 해변이나 별빛 아래에서 일어나는 신을 창조할 수도 있다. 하나는 시각적으로 닫혀 있고, 다른 하나는 시각적으로 열려 있고 역동적이다. 당신의 이야기이니 당신의 선택에 달려 있다.

인물 개념을 도표로 그리면, 다음과 같다.

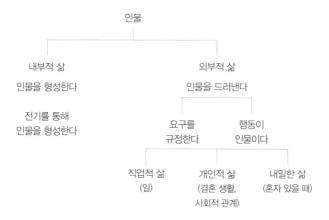

행동이 인물이다

영화는 행위다. 인물이 처한 상황에 어떻게 반응하고 처신하는가를 보면서 인물에 관해 많은 것을 알게 된다. 영상은 인물의 다른 면모를 드러낸다. 반면 인물은 가치관이나 행동, 신념이라는 측면에서 그가 어떤 사람인지 깊은 내면을 드러내 보인다. 그런 점에서 보면, 인물 묘사는 삶의 방식, 즉 어떤 차를 타는지, 거실에 어떤 그림이 걸려 있는지, 무엇을 좋아하고 싫어하는지, 무엇을 먹는지, 그 밖에 개인적 성향이 드러나는 요소로 표현 가능하다.

전기를 통해 인물을 형성한다. 그러고 나면 직업적·개인적·내밀한 삶의 차원에서 그가 어떤 존재인지 보이고, 인물이 드러난다.

인물 전기가 얼마나 위력적이고 효율적인가? 그것은 놀라운 도구로, 주인공과 실현 가능한 갈등을 드러내는 통찰력을 준다. 인물 전기를 시나리오의 몸체로 유용하게 사용할 수 있다. 인물 전기를 쓰면, 그에 따라 어떤 자유 연상이 일어나고, 이벤트가 페이지를 뛰어넘으

3. 인물을 창조하라

며 발생하기도 한다. 때로 이런 사건이나 이벤트를 시나리오에 담아낼 수도 있다. 「로얄 테넌바움」에서 시나리오 처음 몇 쪽은 인물에 관한 내용이다. 내레이터는 매우 소설적인 방식으로 가족사를 들려준다. "로얄 테넌바움은 서른다섯 살이 되던 겨울에 아서 대로에 집을 샀다…… 10년이 지나 세 자녀를 두었는데, 그 후 갈라섰다……." 내레이터가 이런 정보를 전하면서 세 자녀가 성장하는 모습을 보여 준다. 이 부분은 영화 전체에서 가족, 실패, 용서를 말하는 수위를 정해 준다.

헨리 제임스는 "우발적 사건을 결정하는 것은 인물이며, 인물을 설명하는 것은 우발적 사건이다."라고 말한 바 있다.

「씨비스킷」에는 주요 인물 네 명이 등장한다. 톰 스미스크리스 쿠퍼, 찰스 하워드제프 브리지스, 레드 폴라드토비 맥과이어, 그리고 씨비스킷이란 이름을 가진 말이다. 그들은 모두 무언가를 잃었다. 톰 스미스는 자유를 잃었고, 찰스 하워드는 어린 아들을 잃었다. 레드 폴라드는 경제 공황기에 버려져 부모를 잃었다. 씨비스킷은 가치가 없다고 여겨져 태어난 지 6개월 만에 버려졌다. 영화는 자신을 위해서뿐 아니라, 크게는 조국을 위해 자신이 속할 곳을 찾아가는 여정을 쫓아간다. 1930년대 미국 경제 공황기에 이 세 남자와 말은 미국 전역에 영감을 주고 뭔가 즐거운 일, 기분 좋은 감정을 사람들에게 나눠 준다.

인물 전기를 창작하는 것에 무슨 가치가 있을까? 「씨비스킷」을 보라. 내레이터는 씨비스킷에 관해 이야기해 준다. "씨비스킷은 위대한 맨 오워(Man o'War) 혈통의 후손 하드택의 새끼로 태어났다. 그러나 혈통을 제대로 살리지 못하고 특별한 인상을 주지 못했다. 생후 6개월에 전설적인 조련사 서니 피츠시먼스와 함께 기차에서 내렸다. 피츠시먼스는 말이 게으르다고 판단하고는 인내 훈련을 시켜야겠다고 느꼈다. 씨비스킷이 별 진전을 보이지 않자 그는 구제 불능이라고 생각했다. 그들은 그를 더 '좋은' 말의 훈련용 파트너로만 훈련시키려 했고, 다른 말이 더 잘 뛸 수 있도록 자신감을 심어 주기 위해 옆에서 같이 뛰게 했다. 두 말의 경주에서 씨비스킷은 훈련받은 대로 했으나 패배했다. 세 살이 되자 일주일에 두 차례씩 판돈이 적은 경주에서 뛰었다. 하드택 혈통을 이어받은 씨비스킷은 점점 거세져 갔다. 씨비스킷은 최저가인 2000달러에 팔렸다. 물론 적절한 가격이었다. 우승한 말들은 크고 멋졌으며 불완전한 부분이 없었다. 씨비스킷은 사람들이 바라는 역할을 수행하며 달렸다."

톰 스미스, 찰스 하워드, 레드 폴라드, 그리고 씨비스킷이 한 팀을 이루었고, 각각은 전체의 한 부분으로서 중요한 역할을 했다. 그리하여 미국의 긍지와 기쁨이 되었다. 레드 폴라드는 영화의 끝 부분에서 이렇게 말한다. "사람들은 모두 우리가 이 결함 있는 말을 발견해서 바꿔 놓았다고 생각한다. 그러나 우리가 한 것이 아니다. 오히려 그 말이 우리를 바꿔 놓았다. 우리 모두를. 그리고 나 또한 우리 모두가 서로를 바꿔 놓았다고 말해야 할 것 같다."

———

시나리오를 쓰고 싶다면, 누구에 관한 이야기인지 결정하라. 훈련 삼아 인물을 하나 골라서 그의 전기를 써 보라. 자유 연상을 해 보라. 그저 떠오르는 생각·단어·아이디어를 쏟아내 보라. 문법이나 구두점에 신경 쓰지 마라. 그저 조각조각 써 보라. 인물의 출생부터 쓰고 싶다 하더라도 굳이 시간의 흐름에 따라 선형적으로 써 나갈 필요는 없다. 필요하다면 건너뛰어라. 창조적 의식이 인물의 흐름을 만들어 가는 대로 써 보라. 인물의 삶을 처음 10년, 두 번째 10년, 세 번째 10년 그리고 그 이후로 조각내 보라. 자유 연상에 따라 5~7쪽 정도 써 보라. 그리고 원한다면 더 써 보라. 인물 전기를 쓸 때, 나는 20쪽 이상 쓰는데, 양가 부모와 조부모에서부터 시작해 훗날 인물을 통찰케 하는 과거의 삶과 별자리까지도 활용할 것이다.

인물 전기를 완성한 후, 인물의 직업적·개인적·내밀한 삶에 관해 생각해 보라. 시나리오가 전개되는 동안 벌어지는 관계 양상에 초점을 맞춰 보라.

인물을 알아야 한다.

04 ——— 인물을
구축하라

"애머스 찰스 던디는 30대로, 키가 크고 어깨는 넓지만 마른 체형의 남자다. 고집이 세고 의지가 강하며 성격이 급한 그는 세상을 있는 그대로 보기만 할 뿐 자기 것으로 받아들이는 능력은 부족한 현실주의자다. 전쟁을 조각하는 예술가가 있다면 그는 그런 예술가일 것이다. 부엉이가 깜깜한 밤의 문턱에서 밤을 맞이하듯이, 그는 죽음이 자신 앞에 놓여 있음을 안다. 애머스 찰스 던디에게는 자신만의 세계가 있다. 이기든 지든 그는 자신의 필요와 요구에 따라 요리할 것이다. 던디는 군인이다. 그는 명령은 잘하지만 명령을 잘 받아들이지는 못한다. 그는 바보가 될 수 있는 현자다. 지옥이나 만조의 정점에 서서 뒤돌아보며 지금까지 실패한 길을 걸었구나 하며 후회할 수 있는 사람이다."

―「메이저 던디」(샘 페킨파, 오스카 솔)

4. 인물을 구축하라

처음 시나리오를 쓰기 시작했을 때, 운 좋게도 「와일드 번치」를 한창 쓰고 있던 샘 페킨파와 어울려 지낼 수 있었다. 그의 조카 데닌 페킨파와 나는 버클리 대학 재학 시절 그의 연극 「카롤라」 초연 준비를 위해 장 르누아르와 함께 일하고 있었다. 그녀는 로스앤젤레스에 와서 연기할 자리를 찾으면서 해변에서 샘과 머물렀다.

그때 나는 막 시나리오를 쓰기 시작하던 때여서 작법에 관해 가능한 한 많은 것을 받아들일 수 있는 스펀지 같은 상태였다. 그해 여름 몇 달간 서부 영화의 스타일과 효과를 놀랍게 한 사람 주변에 머무를 수 있었던 것은 일종의 은총이었다. 『영화관에 가며Going to the Movies』라는 책에 페킨파와 보낸 시간, 그와의 관계에 대해 많은 것을 썼다.

샘은 시각적 인식 능력이 대단했고, 편안한 상태에서는 말이 많았다. 물론 술에 취하면 감상적이 되거나 자기 파괴적인 모습을 보이기도 하고 자기가 없을 때 누군가 배반할 것이라고 생각하기도 했다.

샘은 대부분의 영화에서 뭔가 결핍되어 있고 어딘가에 사로잡혀 있는 인물을 다뤘다. 어떤 한 가지에 빠지고 사로잡혀서 변화하는 시대의 소용돌이 속에서 꼼짝 못한 채 갇혀 있는 인물 말이다. 그는 변화하는 시대 속에서 변화하지 않는 사람들이라는 주제에 천착했다.「대평원」 N. B. 스톤 각본,「메이저 던디」오스카 솔 각본,「와일드 번치」월런 그런 각본,「케이블 호그의 발라드」존 크로퍼드, 에드먼드 페니 각본,「어둠의 표적」데이비드 젤라그 굿맨 각본,「겟어웨이」월터 힐 각본,「주니어 보너」제브 로즈브룩 각본,「관계의 종말」루디 월리처 각본 등의 영화들에 나오는 인물들이 그러하다.

그를 처음 만났을 때, 술에 취해서 하는 기이한 행동들, 영화 제작진과 함께 있으면서 겪는 어려움, '완벽주의'적인 태도, 스튜디오나 프로듀서들과 겪은 갈등에 대해 들었다. 그래서 나는 그에게 무엇을 기대할 수 있을지 잘 알지 못했다. 그는 거칠지만 정직하고 날카로운 감성과 이해력을 지닌 사람이었다. 독한 술은 좋아하지 않았고 하루에 맥주 두 잔 정도만 마신다고 했다. 대화를 하면서 나는 그가 4년 전「메이저 던디」를 만든 후로 영화를 찍지 않았다는 사실을 알게 되었다.

오스카 솔과 공동 작업한「메이저 던디」는 샘에게는 큰 상처를 주었다. 스튜디오는 그에게 최종 편집권이 있다는 계약을 위반하고 그 권한을 빼앗아 마음대로 편집해서 영화를 망쳐 놓았다. 미치 밀러의「싱얼롱 갱 singalong gang」이라는 타이틀 음악은 너무나 우스꽝스러웠다. 그는 이 경험을 '개인적 재난'이라고 표현했다.「메이저 던디」작업을 하는 동안 그의 영화는 어렵다는 평을 들었다. 할리우드에서 이 단어는 '고용하기 힘든 사람'이라는 말로 이해된다. 찰턴 헤스턴은 받은 돈을 돌려줬고 샘 페킨파는 크레디트에 자신의 이름을 올리지 말 것을 요구했다. 그러나 스튜디오는 이를 거절했다. 샘은 자신이 쓴 방식대로 오프닝 시퀀스를 다시 찍기 원했지만 스튜디오는 이 또한 거부했다. 결과적으로 그는 자신의 영화에서 완전히 배제된 셈이었다. 프로듀서 필 펠드먼을 만나 「와일드 번치」를 다시 쓰고 연출할 기회를 얻을 때까지 그는 어떤 작업도 할 수 없었다.

　시나리오 쓰기에 관해 샘에게 묻고 싶은 것이 너무 많았다. 이를테면 영화 속 인물을 어떻게 창조하고 구성해 내는지, 소재와 주제를 찾을 때 무엇을 찾아보는지, 갈등을 인위적으로 만드는지 아니면 갈등이 이야기 속에 내재된 것인지 등 알고 싶은 것이 끝이 없었다. 그러나 냉정하고 싶었기에 그에게 몇 가지 질문만 했다. 샘은 내 질문을 열린 마음으로 잘 받아 주었으며 대화를 즐기는 것 같아 보였다.

　샘은 항상 변화의 계기와, 그것이 인물에게 주는 영향을 나타내는 시각적 비유를 찾아냈다. 이것은 페킨파가 현대 서부 영화에 기여한 요소 중 하나라고 생각한다. 그는 소유당하지 않는 것, '아웃사이드'에 존재하는 것, 시대에 뒤떨어진 것이라는 주제를 드러내는 인물의 파편을 보여 주었다. 그리고 이들 개념을 시각적 행위의 순간으로 엮어 냈다. 「대평원」은 한창 축제가 벌어지는 마을로 조엘 매크레아가 말을 타고 들어오는 장면으로 시작된다. 갑자기 오래된 포드 자동차 모델 T가 코너를 돌며 등장하고, 긴 코트를 입고 안경을 쓴 운전자가 매크레아에게 화를 내며 경적을 울리면서 길에서 비켜 나라고 한다. 그러고는 낙타와 말이 연이어 등장한다. 이 둘은 경주가 끝날 때까지 엎치락뒤치락하다가 결국 낙타가 간발의 차이로 이긴다. 「와일드 번치」의 오프닝 시퀀스는 윌리엄 홀든이 나이 든 여자에게 팔을 뻗어 도움을 주는 것으로 시작한다. 이어서 그와 갱들은 금주 행렬이 진행되는 틈을 타 은행을 턴다.

　어느 날 오후였다. 샘이 시나리오 「와일드 번치」를 쓰고 나서 샘과 나는 맥주를 마시며 해 지는 모습을 바라봤다. 그때 나는 그가 어떻게 이야기를 구성하는지 질문했다. 그는 잠시 머뭇거렸다. 그러고는 이야기가 핵심을 향해 가도록 배치하는 과정을 즐긴다고 말했다. 전형적으로 어떤 사건이 일어나기까지, 즉 이야기가 핵심에 접근할 때까지 두었다가 그 밖의 모든 것이 그 사건의 결과가 되도록 한다는 것이다. 「와일드 번치」에서 핵심은 거의 완전한 침묵 속에 행해진 열차 강도 사건이다. 그 시퀀스는 중요하다. 일단 그가 이야기와 인물을 만들면 모든 것이 열차 강도 사건을 향해 간다. 그리고 영화의 나머지는 이 시퀀스의 결과로 펼쳐진다.

우리는 잠시 그것에 관해 이야기를 나눴다. 그는 즉시 원고 한 뭉치를 들고 돌아와 서둘러 읽어 보라고 했다. 「메이저 던디」의 시나리오였다.

이 영화는 남북 전쟁 직후의 이야기로 던디^{찰턴 헤스턴} 소령은 아파치를 냉혹하게 추격하고 있다. 이야기가 시작되는 대학살 장면에서 그는 인질이 된 목장 아이들을 구하려 한다. 던디는 그것을 어떻게 할지, 목표를 이루기 위해 다른 사람에게 부과되는 대가가 무엇인지에는 신경 쓰지 않는다. 이야기 내내 던디의 집착이 그를 몰아붙인다. 나는 그것이 바로 그의 극적 요구라는 점을 발견했다. 바로 그것이 그의 목적이자 임무이며 이야기를 구성하는 동력이다.

나는 「메이저 던디」를 읽고 또 읽으면서 필기를 하고 기말시험을 준비하는 것처럼 공부했다. 놀라운 교육 과정이었다. 페킨파가 오프닝 시퀀스에서 어떻게 이야기를 시작하고 구조를 짜 나가는지, 어떻게 인물을 시각적으로 구축하는지, 핵심(여기서는 아파치의 매복)에 집중하기 위해 어떻게 이야기를 배치하는지 알게 되었다.

데이비드 월퍼에 대한 다큐멘터리를 만들 때, 나는 즉각 독자나 관객을 집중시킬 강력한 오프닝 신 혹은 오프닝 시퀀스의 중요성을 이해했다. 「메이저 던디」는 남북 전쟁 직전 고립된 목장에서 핼러윈 파티를 하는 것으로 시작된다. 음악이 연주되고 사람들은 춤을 추며 즐거운 시간을 보내고 있다. 핼러윈 복장을 한 아이들이 밖에서 게임을 하며 놀고 있다. 카우보이와 인디언 놀이를 하는 아이 하나는 얼굴에 페인트를 칠했다. 샘은 이 아이의 얼굴에서 전쟁을 위해 페인트를 칠한 용감한 아파치의 얼굴로 화면을 바꾼다. 음악과 춤이 한창이고 아이들이 즐겁게 키득대고 소리를 지르며 전쟁놀이를 하는 순간, 아파치가 공격해서 남자아이들과 말들을 제외한 모든 사람과 모든 것을 죽인다.

놀라운 오프닝이다. '페킨파 자체'라고 부를 만한 장면이다. 핼러윈 복장을 한 아이의 이미지와, 사람을 죽이고 가죽을 벗기는 아파치의 페인트를 칠한 얼굴 사이의 대비는 놀랍다. 또한 페킨파가 던디 소령을 소개하는 방식도 놀랍다. 시나리오에서 그를 묘사한 방식은 그에 대해 알아야 할 모든 것을 말해 준다. "고집이 세고 의지가 강하며 성격이 급한 그는 세상을 있는 그대로 보기만 할 뿐 자기 것으로 받아들이는 능력은 별로 없는 현실주의자다. 전쟁을 조각하는 예술가가 있다면 그가 바로 그런 예술가일 것이다. 부엉이가 깜깜한 밤의 문턱에서 밤을 맞이하듯이, 그는 죽음이 자신 앞에 놓여 있음을 안다. 애머스 찰스 던디에게는 자신만의 세계가 있다. 이기든 지든 그는 자신의 필요와 요구에 따라 요리할 것이다. 던디는 군인이다. 그는 명령은 잘하지만 명령을 잘 받아들이지는 못한다. 그는 바보가 될 수 있는 현자다. 지옥이나 만조의 정점에 서서 뒤돌아보며 지금까지 실패한 길을 걸었구나 하며 후회할 수 있는 사람이다."

나도 이런 식으로 인물에 대해 쓰고 싶었다. 시나리오에서 충분히 형상화되고 파악이 잘되고 다차원적이고 실제 상황에서 실제 사람이 되도록 인물을 풍부하게 만들고 싶었다. 그래서 나 자신에게 이런 질문을 하기 시작했다. 뒤섞이고 파편화된 형태로 존재하는 개인에 대한 아이디어를 어떻게 얻을 것인가? 어떻게 그(녀)를 살과 피가 있는 생생한 인물, 당신이 관계를 맺고 몰입할 인물로 만들어 낼 것인가? 어떻게 인물에게 생명을 불어넣겠는가? 어떻게 인물을 구성하겠는가?

나는 이런 질문을 하면서 명백한 답이 없음을 깨달았다. 인물을 만든다는 것은 창조 과정의 미스터리, 마술의 한 부분이기 때문이다. 그것은 지속적으로 끊임없이 계속 진행되는 과정이다. 인물에 대한 문제를 풀기 위해서는 인물 안으로 들어가 기초를 쌓고 그들의 삶을 직조해야 한다. 그러면서 그들의 모습에 대한 묘사를 심화하고 확장해 나가야 한다.

그래서 나는 스스로에게 계속 질문했다. 무엇이 좋은 인물을 만드는가? 인물은 무엇인가? 답을 찾기 위해 우리 모두에게 보편적으로 있는 특질이 무엇인지 알아낼 필요가 있다.

내부적 측면에서 보면 당신과 나는 같다. 뭔가 우리를 묶어 낸다. 우리는 같은 요구(needs), 같은 욕구(wants), 같은 공포, 같은 불안을 품고 있다. 사랑받기를 원하고, 우리 같은 사람을 옆에 두고 싶어 하며, 성공하고 행복하고 건강하기를 바란다.

이런 생각을 하며 「메이저 던디」 시나리오를 다시 읽으면서 나는 개인의 요구와 욕구와 관련해서 인물을 분석하기 시작했다.

이런 관점에서 시나리오를 읽은 후 좋은 인물을 만드는 네 가지 기본 특질을 알아냈다. 첫째, 인물에게는 강력하고 명확한 극적 요구가 있다. 둘째, 개인적 관점이 있다. 셋째, 일괄된 태도를 인물 속에서 구현한다. 넷째, 인물은 일정한 변화 혹은 변형을 겪는다.

이 네 가지 요소, 즉 이 네 가지 특질이 좋은 인물을 만들어 낸다. 이를 출발점으로 사용하면서 모든 주요 인물에게 강력한 극적 요구가 있다는 점을 확인했다. 극적 요구는 주요 인물이 드라마에서 얻고, 획득하려는 것이라고 정의할 수 있다. 극적 요구란 이야기 흐름 속에서 등장인물을 움직이게 한다. 그것은 그들의 목적이고 임무이며 동기다. 그리고 그들이 이야기 흐름 속에서 내러티브 행위를 하게 만든다.

대부분 한두 문장으로 극적 요구를 표현할 수 있다. 보통 단순하며 당신이 원한다면 한 줄 대화로 언급할 수도 있다. 아니면 전혀 표현되지 않을 수도 있다. 그러나 당신은 작가로서 인물의 극적 요구를 알아야만 한다.

「델마와 루이스」에서 극적 요구는 안전하게 멕시코로 탈주하는 것이다. 이것이 이야기 전반에 걸쳐 두 인물을 움직인다. 「콜드 마운틴」에서 인만의 극적 요구는 집으로 돌아가는 것이고, 아이다의 극적 요구는 살아남아 그녀를 둘러싼 조건에 적응하는 것이다. 「반지의 제왕」에서 극적 요구는 반지를 운명의 산으로 가져가 그것을 만들어 낸 불속에 던지는 것이다.

「아폴로 13」윌리엄 브로일스 주니어, 알 레이너트 각본에서 극적 요구는 우주 비행사를 안전하게 지구로 돌려보내는 것이다. 그러나 그것이 출발점은 아니었다. 이야기가 시작될 때 「아폴로 13」의 극적 요구, 즉 우주 비행사의 임무는 달 표면을 걷는 것이었다. 그러나 산소 탱크가 날아가면서 상황이 바뀌었다. 그때 극적 문제는 그들이 달에 착륙하느냐 마느냐가 아니라 생존해서 지구로 안전하게 귀환할 수 있느냐가 되었다.

극적 요구는 이야기가 전개되면서 바뀔 때도 있다. 만일 인물의 극적 요구가 바뀐다면 보통 이야기의 진정한 출발점인 구성점 1에서 이루어진다. 「델마와 루이스」 구성점 1에서 루이스가 할랜을 죽이는 것이 새로운 방향으로 행동을 이끈다. 델마와 루이스는 주말을 산에서 즐기는 대신 이제 법으로부터의 탈주자가 되었다. 그들의 극적 요구는 도망가는 것이다. 「늑대와 춤을」마이클 블레이크 각본에서 존 던바케빈 코스트너의 극적 요구는 남북 전쟁의 정신적 상흔에서 벗어나 가장 먼 서부 개척지까지 가는 것이다. 마침내 목표 지점인 세지윅 요새에 이르렀을 때(구성점 1), 그의 극적 요구는 이제 이 땅에 어떻게 적응하고 원주민 수족(Sioux)과의 관계를 어떻게 만들어 갈지로 바뀐다.

주요 등장인물의 극적 요구는 무엇인가? 이를 몇 마디로 정의할 수 있는가? 말로 표현할 수 있는가? 당신이 인물의 극적 요구를 알지 못한다면 그 누가 알겠는가? 당신은 그것을 알아야만 한다. 만일 원한다면 스스로 시나리오 속 다른 인물들의 극적 요구를 만들어 낼 수 있다. 극적 요구는 이야기 전반에 걸쳐 인물들에게 동력을 준다.

좋은 인물을 만들어 내는 두 번째 요소는 관점이다. 관점은 한 사람이 세상을 보는 방식이라고 정의할 수 있다. 모든 사람에게는 각자 개인적 관점이 있다. 관점은 신념 체계다. 그리고 우리가 진실이라고 믿는 것이 진실이다. 『요가 바시스타』라는 고대 힌두 경전에 이런 말이 있다. "세상은 당신이 보는 그대로다." 이 말은 우리 머릿속(생각과 마음과 감정과 기억)에 있는 것이 외부, 즉 일상 경험에 반영된다는 뜻이다. 세상을 어떻게 보는가 하는 것, 즉 경험을 결정하는 것은 우리 마음속에 있다. 어느 위인이 말했듯 "당신은 당신이 먹는 빵을 굽는 사람이다."

관점은 세상을 보는 방식에 빛과 색을 입힌다. 이런 문구를 들어 본 적이 있는가? "인생은 불공평하다." "공공 기관과 싸워 봤자 소용없다." "인생은 늘 기회의 게임이다." "늙은 개에게 새로운 기술을 가르칠 수 없다." "인생은 무한한 기회다." "당신은 스스로 행운을 만들 수 있다." "성공은 당신이 누구를 아는가에 달려 있다." 이런 것들이 바로 관점이다. 우리 모두에게는 자신의 경험에 따른 독특하고 개인적인 관점이 있다. 관점은 개인적 경험을 통해 얻는다.

만일 당신의 인물이 부모 신분의 한 사람이라면 그(녀)는 '부모'의 관점을 반영한다. 혹은 그(녀)가 학생이라면 학생의 관점으로 세상을 볼 것이다. 주부에게는 주부의 특별한 관점이 있다. 범죄자, 테러리스트, 경찰, 의사, 변호사, 부자, 가난뱅이, 이 모든 개인에게는 각자 독특한 관점이 있다.

당신은 인물의 관점이 무엇인지 아는가?

당신의 인물은 환경 보호론자인가? 인도주의자인가? 인종 차별주의자인가? 운명론이나 점성술을 믿는가? 부두교나 수술을 믿는가? 매개자의 영혼을 통해 미래를 볼 수 있다고 믿는가? 「매트릭스」의 네오처럼 우리가 직면하는 한계를 스스로 만들어 낸다고 믿는가? 의사나 변호사, 《월 스트리트 저널》, 《뉴욕 타임스》를 신뢰하는가? 《타임》이나 《피플》, 《뉴스위크》, 저녁 뉴스를 신뢰하는가?

관점은 개인적이고 독립적인 신념 체계다. 나는 신의 존재를 믿는다. 그것이 관점이다. 나는 신의 존재를 믿지 않는다. 그것도 관점이다. 신이 존재하는지 존재하지 않는지 모를 수도 있다. 그 또한 관점이다. 이 세 가지 진술은 모두 그 인물의 개인적 체계 안에서 진실이다. 여기서 옳다 그르다, 좋다 나쁘다 하는 판단이나 정당화, 가치 평가는 있을 수 없다. 관점은 옳은 것도 그른 것도 아니며, 장미 덤불 속 한 송이 장미처럼 유일하고 독특한 것이다. 두 개의 잎도 아니고 두 개의 꽃도 아니다. 두 사람이 같을 수는 없다.

아메리카 원주민은 지구가 살아 있는 존재라고 믿는다. 그러므로 지구상 모든 살아 있는 존재, 즉 인간이나 나무·바위·동물·개천·꽃 모두 지구의 한 부분이다. 모든 생명은 신성하다. 그것이 관점이다.

인물의 관점에서 보면, 돌고래나 고래를 무차별 포획하는 일은 도덕적으로 옳지 않을 수 있다. 이 두 종의 동물은 지구에서 가장 영민한 존재이며, 아마도 인간보다 더 똑똑할 수도 있기 때문이다. 인물은 "고래와 돌고래를 구하자.'라는 문구가 쓰여 있는 티셔츠를 입고 시위에 참가함으로써 그런 관점을 드러내 보일 수도 있다.

인물이 자신의 관점을 극화하고 지지할 수 있는 방식을 찾아보라. 인물의 관점을 아는 것은 갈등을 만들어 내는 좋은 방법이다. 만일 인물이 행운의 존재를 믿는다면 그들은 복권에서 당첨될 기회가 있을 수도 있다고 믿을 것이다. 그러나 운명이 정해져 있다고 믿는다면 복권을 사는 데 한 푼도 쓰지 않을 것이다.

「쇼생크 탈출」에 앤디와 레드 사이의 관점 차이를 보여 주는 짧은 신이 있다. 쇼생크 감옥에서 20여 년을 보낸 후 레드는 냉소적인 인간으로 변했다. 그의 눈에 희망이라는 개념은 단지 두 글자로 이루어진 말에 불과할 뿐이다. 그의 영혼은 감옥의 체계 때문에 완전히 망가졌다. 레드는 앤디에게 화를 내며 말한다. "희망은 위험해. 한 사람을 비정상적으로 만들지. 이곳에는 희망이 설 자리가 없어. 이런 내 생각에 익숙해지는 편이 좋을 거야." 그 후 그는 감정적 여정을 거치면서 "희망은 좋은 것"이라고 이해하게 된다. 영화는 가석방 기간이 끝난 다음 레드가 멕시코로 앤디를 만나러 가는 중에 희망을 언급하는 장면으로 끝난다. "나는 국경을 넘길 희망한다. 나는 내 친구를 만나 악수하기를 희망한다. 나는 태평양이 꿈속에서처럼 푸르기를 희망한다. 나는 희망한다."

앤디에게는 다른 관점이 있다. 그는 "세상에는 회색빛 돌멩이 상태로 깎이지 않은 것이 있다. 우리 내부에는 사람들이 어떻게 할 수 없는 작은 장소가 있다. 바로 희망이다." 그것은 앤디를 감옥에서 버티게 하는 힘이다. 그것은 그가 '구멍' 속 고독한 삶에서 일주일을 희생하도록 해 주었다. 그래서 그는 모차르트의 오페라 아리아를 들을 수 있었다.

좋은 인물을 만들어 내는 세 번째 요소는 태도다. 태도란 방식 또는 견해라고 정의할 수 있다. 즉 한 사람의 개인적 견해를 드러내는 감정이나 행동 방식이다. 관점과 달리 태도는 지적 결정이다. 그래서 옳고 그름, 선과 악, 긍정과 부정, 불행과 행복, 냉소와 순진함, 우월감과 열등감, 자유주의와 보수주의, 낙관과 비관 등으로 분류할 수 있다. '옳음'은 태도다. '지나치게 남자다운 척하는 것' 또한 그렇다. 정치적 목소리를 내는 것도 태도 문제다. 이라크 전쟁에 대한 다양한 견해를 보라. 마찬가지로, 가게에 뭔가를 사러 갔는데 판매원이 마치 당신은 거기 있을 사람이 아닌 듯한 태도를 보이면서 부정적 에너지를 뿜으며 자신이 당신보다 우월하다고 생각하는 모습을 본 적 있는가? 역시 태도 문제다. 걸맞지 않은 옷을 입고 고급 레스토랑에 들어가 본 적이 있는가? 그것은 판단이다. 그 판단 속에서 누군가 자신이 옳고 당신은 그르다고 믿는다. 판단, 견해, 가치 평가, 이 모든 것은 태도에서 나온다. 태도는 사람이 만들어 낸 지적 결정이다. 인물의 태도를 이해하면 그(녀) 각자의 방식으로 자신의 인간성을 만나게 할 수 있다. 그(녀)는 자신의 삶과 직업에 열광하는가? 또는 불행한가? 태도를 통해 자신의 다른 부분을 표현하는 사람들이 있다. 세상이 자신들에게 빚을 지고 있다고 느끼는 사람, 또는 자신들이 성공하지 못한 책임을 다른 누군가에게 돌리는 사람이 있다.

「고양이와 개에 관한 진실」오드리 웰스 각본은 인물의 태도에 전적으로 기반을 둔 유쾌한 로맨틱 코미디다. 에비재닌 가로팔로는 태도를 중심으로 사는 여성이다. 그녀는 모든 남자는 얼굴이 예쁘고 몸매가 좋은 여성만을 원한다고 생각한다. 이런 태도는 영화 내내 그녀의 행동을 지배한다. 그리고 노엘우마 서먼은 자신이 별로 명석하지 못하다는 사실을 당연하게 생각한다. 그녀는 자신을 '멍청한 금발'이라고 여긴다. 에비와 노엘 두 사람 모두 자신의 태도가 진정한 자신이 아니라는 것을 알아야 한다. 영화 속 그들의 여정은 자신들을 있는 그대로 수용하는 과정이다.

관점과 태도를 구별하는 것은 때로 어렵다. 학생들 대부분은 이 두 가지 특질을 정의하기 힘들어한다. 난 그들에게 그것은 별로 문제가 되지 않는다고 말해 준다. 이를테면 인물의 핵심을 만들 때, 밀랍으로 된 커다란 공 하나를 쥐고 있는 셈이다. 그것을 네 조각으로 나눈다. 부분이 있고 전체가 있다. 어느 부분이 관점이고 어느 부분이 태도인지, 누가 신경 쓰겠는가? 달라지는 것은 없다. 부분과 전체는 사실 같은 것이다. 만일 특별한 인물의 특징이 관점인지 태도인지 확신할 수 없다 해도 걱정할 필요는 없다. 마음속에서 그 개념들을 분리시키기만 하면 된다.

좋은 인물을 만드는 네 번째 요소는 변화 또는 변형이다. 인물이 시나리오 전개 과정에서 변화하는가? 그렇다면 변화의 내용은 무엇인가? 그것을 정확히 정의하고 말할 수 있는가? 인물의 감정 변화를 처음부터 끝까지 추적할 수 있는가? 「고양이와 개에 관한 진실」에서 두 인물은 자신이 누구인지 알게 해 주는 변화를 겪는다. 애비가 자신의 진짜 모습으로 사랑받는다는 것을 궁극적으로 받아들이는 장면은 인물이 변화하는 과정을 마무리해 주는 부분이다.

「쇼생크 탈출」에서 앤디는 감옥 생활을 19년이나 견뎌 낸 후에야 누가 아내의 실제 살인범이며 애인인지 알게 된다. 앤디는 교도관이 다시 재판을 받도록 도와주지 않을 것임을 안다. 목격자인 토미가 살해당하자 교도관이 결코 그를 내보내지 않을 것임을 깨닫는다. 앤디는 아내와 아내의 정부情夫를 죽이지 않았는 데도 자신의 죄를 인정하며 감옥에 간다. 그는 유죄다. 그렇다. 레드가 말했듯, 앤디가 방아쇠를 당겨서가 아니라 나쁜 남편이었기 때문에 유죄인 것이다. '자신에게 부과된 시간'을 감옥에서 채운 그는 이제 다시 자유로워질 수 있는 시간이 되었음을 깨닫는다. 구원의 시간이 온 것이다. 나중에 알게 되지만 그는 여러 해 동안 탈출을 준비해 왔다.

시나리오 속에서 인물의 변화가 그와 어울리지 않는다면 반드시 필요한 것은 아니다. 그러나 변형과 변화는 인간의 본질적 측면이다. 지금 우리 문화 속에서는 특히 그렇다. 우리는 모두 「이보다 더 좋을 순 없다」마크 앤드루스, 제임스 L. 브룩스 각본의 멜빈잭 니컬슨과 비슷하다. 멜빈은 한 인간으로서 복잡하고 괴팍하다. 그러나 영화의 끝 부분에서 "당신과 함께 있을 때, 난 더 좋은 사람이 되고 싶어져요."라고 말할 때, 그의 극적 요구가 표현된다. 변화 또는 변형은 삶에 지속적으로 나타난다. 만약 당신이 인물 속에서 어떤 종류의 감정 변화를 만들어 낸다면, 그것은 행위의 변화를 만들어 내는 것이며, 그(녀)에게 또 다른 차원을 첨가하는 것이 된다. 만일 인물의 변화에 대해 선명하게 알지 못한다면 1~2쪽짜리 에세이를 쓸 시간을 내서 감정 곡선을 만들어 보라.

시나리오를 쓸 때 중심인물은 능동적이어야 한다는 점을 다시 한 번 기억하라. 그녀가 사건을 일으켜야 한다. 사건이 그녀에게 일어나는 것이 아니다. 만일 그녀가 특정한 시기에 어떤 우발적 사건이나 이벤트에 반응한다면 그건 괜찮다. 그러나 항상 반응하기만 한다면 그녀는 수동적이고 약해져서 관심 밖으로 사라지는 것처럼 보일 것이다. 그러면 오히려 중요하지 않은 인물이 주요 인물보다 더 흥미롭고 화려하게 보이게 된다.

영화는 행위다. 행동은 인물이고 인물은 행동이다. 인물은 말이 아니라 행동으로 자신이 누구인지 알려 준다.

「델마와 루이스」가 좋은 예다. 그들이 누구인지 보여 주면서 시나리오가 시작된다. 루이스는 미혼이고 웨이트리스다. 남자 친구 지미는 거리에서 재즈 연주를 하는데, 3주 동안 한 통의 전화도 없다. 그녀는 지금 화가 나 있는 상태이고 그가 돌아와도 집에 가지 않겠다고 결심한다. 그래서 그녀는 자기가 어디로 가는지 남자 친구에게 알려 주지 않고 산속에 있는 친구의 오두막으로 가기로 한다. 그가 집에 왔을 때 그녀는 거기 없을 것이다. 그는 뭔가를 느낄 것이다. 지금까지는 배경 이야기일 뿐이다.

반면 델마는 다소 엉성한 주부처럼 보인다. 주방은 어지럽고, 아침 식사로 냉동실에서 꺼낸 음식을 조금 먹은 다음 나중에 또 한입 먹겠다고 다시 냉동실에 넣어 두는 사람이다. 그 행동과 주방이 그녀를 특징짓는 한 측면을 보여 준다. 그녀가 행하는 것, 그녀의 행동을 통해서 그녀가 누구인지 알게 된다.

그녀의 남편 대릴크리스토퍼 맥도널드은 거만하고 이기적인 멍청이로, 고등학교 시절에는 영웅이었지만 그 화려한 시기는 과거일 뿐이다. 그는 델마를 존중하지 않는다. 그녀는 그에게 거짓말을 하고 친구와 주말여행을 떠난다. 그 순간에도 그녀는 죄책감을 느끼면서 일터에서 돌아올 남편을 위해 전자레인지에 먹을거리를 챙겨 둔다. 루이스가 델마에게 말한다. "너는 관계를 유지하기 위해 뭘 감내해야 하는지 알아." 그것은 델마 스스로 선택한 삶이고 관계다.

액트 I에서는 그들의 관계를 설정한다. 그들이 실버 불렛 바 주차장에 차를 세울 때, 즉 시나리오의 처음 10쪽을 지나면서, 우리는 그들의 삶에 존재했던 남자와의 관계에 관해 더 많이 알게 된다. 액트 I 끝부분에서 할랜이 델마를 강간하려 할 때, 인물들은 이미 다 설정되어 있다. 루이스가 방아쇠를 당겨서 할랜을 죽일 때 그들의 삶과 운명이 바뀐다. 이곳이 구성점 1이다. 이 사건은 그들을 도망자로 만들고 인물을 규정하고 변화시킨다.

할랜을 살해한 것은 인물을 진정으로 규정해 주는 사건이다. 멕시코로 가는 여정은 자신의 내면을 찾는 여행, 즉 자기 자신을 발견하는 여행이 되고, 마침내 죽음으로 마무리된 그들의 운명은 그들의 행동으로 인해 그들의 운명을 결정지었다. 그리고 그들의 행동은 그들이 진정 누구인가를 보여 주었다. 그들은 자신들이 건너온 다리에 불을 지른다. 그러고는 작가인 칼리 쿠리가 말했듯 "세상에서 떨어져 나온 사람"이 된다. 돌아갈 길은 없다. 같은 강에 두 번 들어갈 수는 없다.

인물의 본질은 행동이다. 한 사람이 행하는 것이 곧 그의 모습이다. 내 친구 중 한 사람이 회사의 면접시험을 보기 위해 뉴욕행 비행기에 올랐다. 그녀는 먼 곳으로 간다는 사실을 꺼림칙하게 생각했다. 그러나 자신의 뉴욕행이 마음에 내키는지 아닌지는 몰랐다. 그녀는 일주일 넘게 그 문제로 고민했고, 결국 가기로 결정한 후 짐을 꾸려 공항으로 차를 몰았다. 그런데 공항에서 주차할 때, 무심코 차 안에 열쇠를 두고 내렸다. 시동이 걸린 채로 말이다! 이것은 행동이 인물을 드러낸다는 점을 보여 주는 완벽한 사례다. 이것은 그녀가 내내 해 왔던 생각을 보여 준다. 그녀는 뉴욕으로 가고 싶지 않았던 것이다!

이와 같은 장면은 인물에 대해 많은 것을 설명해 준다.

인물이 약속 시간을 정확히 지키는가, 먼저 오는가 아니면 늦게 오는가? 「애니 홀」에서 우디 앨런이 경찰 앞에서 운전 면허증을 찢어 보인 것처럼 권위에 대항하는가? 인물의 개인적 특징에 근거한 모든 몸짓과 말은 인물에 대한 관객의 지식과 이해를 넓혀 준다.

헨리 제임스의 이론 중에 조명 이론(theory of illumination)이 있다. 만일 인물이 원의 중심을 차지하고 있다면 다른 모든 인물은 이 주요 인물과 교류하면서 그의 다른 면을 드러내고 조명해 줄 것이다. 헨리 제임스는 어두운 방에 들어가 구석구석 램프를 켜는 비유를 했다. 각 램프는 방의 서로 다른 부분을 비춘다. 같은 방식으로 다른 사람들이 그(녀)에 관해 하는 말을 통해 인물의 다른 면이 드러난다. 바로 「사랑도 통역이 되나요?」에서 밥 해리스[빌 머레이]가 스타 배우임을 알게 해 주는 방식이다. 밥 해리스가 바에 혼자 앉아 있다. 이때 두 사람이 그의 영화를 얼마나 좋아했는지 이야기하기 시작한다. 그들은 어떻게 그가 혼자서 액션 묘기를 다 해냈는지 궁금해한다. 우리는 이 대화를 통해 밥 해리스가 액션 배우였으며 지금은 퇴물이 되었음을 알 수 있다.

가끔은 시나리오를 쓸 때 문제가 되는 부분이 장점이 되기도 한다. 한번은 학생 중 하나가 결말이 완전히 비극적인 시나리오를 써서 제출했다. 그런데 갑자기 액트 Ⅲ 시작 부분에서 인물들이 '웃기는' 연기를 하기 시작했다. 개그가 시작되었고, 결론은 심각하지 않고 우스운 것이 되어 버렸다. 글을 쓸 때마다 유머를 분출했다. 그것을 멈출 수가 없었다. 그는 좌절했고 마침내 글쓰기를 포기했다.

학생이 내게 사과하듯 말했다. 그는 자기가 뭘 쓰는지 몰랐다고 설명했다. 나는 그에게 다시 앉아서 쓰기 시작해 보라고, 원하는 대로 대사가 나오도록 써 보라고 제안했다. 만일 내용이 웃기다면 웃기게 내버려 두라고 했다. 그냥 쓰면서 액트 Ⅲ을 완성해 보라고 했다. 그제서야 그는 자신이 뭘 썼는지 볼 수 있었다. 만약 어떻게 써도 글이 웃기기만 하고 원고가 좋아지지 않는다면, 그 원고를 서랍 어딘가에 쑤셔 넣고 처음 의도했던 방식으로 액트 Ⅲ를 다시 써야 할 것이다.

그는 그렇게 했고, 그 방식은 효과가 있었다. 그는 액트 Ⅲ 코미디 버전을 버리고 자신이 원하는 대로 진지하게 다시 썼다. 코미디는 그가 도전해야 했던 장르이기도 했고, 벗어나야 했던 장르이기도 했다. 이 방법으로 그는 시나리오를 마무리 지을 수 있었다. 「꿈의 구장」을 비롯해 많은 영화의 시나리오를 담당했던 필 올던 로빈슨은 같은 일이 자신에게도 일어났다고 말했다. 쓰려는 시나리오에 완전히 맞지 않더라도 계속 써내려가 보는 것이 그가 이 책에서 배운 가장 중요한 점 가운데 하나라고 했다.

프로젝트를 끝내야 할 상황에 놓인 작가 중에 원고를 붙잡고만 있고 탈고하지 못하는 경우가 많다. 결국 시나리오가 완성된 후 당신이 할 일은 무엇인가? 책을 읽기 시작했는데 끝까지 다 읽기 싫어지는 경험을 해 본 적이 있는가? 책이 주는 기쁨을 그저 잡아 두고 싶어서 마지막 몇 장이나 몇 페이지를 읽는 것을 미룬다. 우리 모두 이런 일을 한다. 그저 자연스러운 현상으로 이해하라. 걱정할 필요는 없다.

만일 당신에게 이런 일이 일어난다면 떠오르는 대로 글을 써라. 그러고 나서 무슨 일이 일어나는지 보라. 글쓰기는 모험이다. 당신은 어떤 결과가 나올지 결코 알지 못한다.

글을 쓸 때 인물과 접촉하기까지 60쪽을 써야 한다는 사실을 알게 될 것이다. 그때서야 그들은 당신에게 말을 걸고, 자신들이 하고 싶은 것, 말하고 싶은 것을 알려 준다. 일단 다양한 인물과 접촉해서 관계를 수립하고 나면 그들이 알아서 한다. 그들이 원하는 것을 하게 하라. '종이 위에 단어'를 쓰는 무대 위에서, 행동과 방향을 선택하는 당신의 능력을 신뢰하라.

인물들이 첫 페이지부터 당신에게 말을 걸 것이라고는 기대하지 마라. 그런 식으로는 되지 않는다. 당신이 창의적 조사를 해서 인물에 대해 알아냈다고 해도, 벽을 뚫고 직접 접촉하기 전까지는 일정한 저항을 경험할 것이다.

대사는 인물의 중요한 기능이다. 만일 인물에 대해 안다면 이야기가 전개되면서 대사도 쉽게 풀려 나갈 것이다. 많은 사람이 인물의 대화에 관해 걱정한다. 대사가 서툴고 형식적이다. 모든 인물이 똑같이 말하는 것처럼 들린다. 그들은 지속적으로 뭔가를 설명하고 있다. 대사를 쓰는 방법은 행동을 조합하는 과정에서 배울 수 있다. 많이 쓸수록 쉬워진다.

대사는 두 가지 중요한 기능을 한다. 대사는 이야기를 앞으로 진전시키고, 주요 인물에 대한 정보를 보여 준다. 이 기능 중 하나라도 못하는 대사는 버려라. 초안의 처음 60쪽이 어설픈 대사로 채워진다고 해도 상관하지 마라. 걱정할 것 없다. 마지막 60쪽은 매끄러워지고 제 기능을 해낼 것이다. 더 많이 습작해 볼수록 더 쉽게 쓸 수 있다. 그때 다시 되돌아가 시나리오 초반의 어설픈 대사를 손질하면 된다.

모든 작업에서 조사하고 준비하고 생각하는 데 시간을 들일수록 실제 상황에서의 실제 인물, 진정성 있고 믿음이 가는 인물을 창조할 수 있다.

바로 이렇게 하면 된다.

05 ——— 이야기와 인물
설정하기

"인생에 상처가 좀 있다는 이유로
인생 전체를 내던질 수는 없다."

—「씨비스킷」(게리 로스)

5. 이야기와 인물 설정하기

셔우드 오크스 실험 대학에서 강의하던 시절, 나는 시나리오 쓰기 실습 방식 가운데 '인물 창조'를 좋아했다. 학생 모두가 인물을 창조하는 데 참여했고, 그 인물에게서 이야기의 아이디어가 나왔다. 학생 모두 참여해 아이디어와 의견을 내놓으면서 인물이 점차 형성되었고, 그러면서 우리는 이야기를 만들어 나갔다. 이런 작업은 3~4시간이 걸렸다. 보통은 구체적인 인물 창조로 끝났지만, 때로는 영화로 만들 수 있을 만큼 썩 괜찮은 아이디어가 나오기도 했다.

우리는 즐거운 시간을 보냈는데, 이는 창조적 경험이라는 혼란스러운 과정을 그럭저럭 끌고가 보는 작업이었다. 인물을 창조하는 것은 하나의 과정이다. 그 작업을 다 해낼 때까지, 당신에게 그 작업은 마치 장님이 안개 속을 헤매며 어디에 무엇이 있는지를 더듬는 일과 같을 것이다.

시나리오에 접근하는 데에는 두 가지 방식이 있다. 하나는 아이디어를 잡아서 그에 맞는 인물을 창조하는 것이다. 예를 들어 휴스턴에 있는 나사(NASA)에서 월석을 훔치려는 세 사람이 있다고 하자. 아이디어를 택하면 인물들을 그 안에 '쏟아부어야' 한다. 산타 애니타 핸디캡 레이스에서 다시 달릴 기회를 잡으려는 몰락한 기수(「씨비스킷」), 세계 헤비급 챔피언에 도전할 기회를 잡으려는 권투 선수(「록키」), 성전환 수술비 때문에 은행을 털려는 남자(「뜨거운 오후」), 적에게 포로 상태가 되어 그들의 삶의 방식에 동화되는 남북 전쟁 군인(「라스트 사무라이」), 수상 경주 기록을 경신하려는 남자(「더 런」) 등을 만들어 낼 수 있다. 이 시나리오에서, 당신은 아이디어에 꼭 맞는 인물을 창조할 수 있다.

시나리오에 접근하는 또 다른 방식은 인물을 먼저 창조하는 것이다. 그러고 나면 이들 인물로부터 욕망·행동·이야기가 나온다. 「디 아워스」에서 버지니아 울프가 완벽한 예다. 답답하게 살아오던 한 여성이 새로운 어떤 것을 찾고 있다. 「앨리스는 더 이상 여기 살지 않는다」의 앨리스도 그런 경우다. 로만 폴란스키는 유대인 학살에서 살아남은 사람을 다루고 싶어 했는데, 이 아이디어에서 「피아니스트」가 나왔다. 그는 생존자의 기억을 바탕으로 한 후일담을 발견했고, 자신의 개인적 경험과 가까운 시나리오를 로널드 하우드와 함께 만들어 냈다. 제인 폰다에게는 고향에 돌아온 베트남 참전 용사에 관한 아이디어가 있었고, 그녀는 그 아이디어를 동료들에게 이야기했다. 그러고 나서 「귀향」이 만들어졌다. 소피아 코폴라는 외로움에 관한 시나리오를 쓰고 싶었다. 그래서 그에 따라 상황을 만들고 인물을 발전시켜 나간 결과, 「사랑도 통역이 되나요?」가 빛을 보게 되었다. 인물을 창조하라. 그러면 이야기를 창조할 수 있을 것이다.

인물을 창조하려면 어떻게 해야 할까? 우리는 작은 빈틈에서 시작한다. 나는 계속 질문하고 학생들은 답한다. 나는 그 답들을 통해 인물을 만들어 나간다. 그 인물에게서 이야기가 풀려나온다.

때로 작업이 훌륭하게 이루어지기도 한다. 흥미로운 인물과 멋진 극적 전제를 생각해 낸다. 그러나 어떤 때는 잘되지 않는다. 하지만 강의 환경과 시간이라는 한계를 고려한다면 그리 나쁜 편은 아니다. 다음 사례는 강의 중에 이루어진 잘된 작업을 편집하고 요약한 것이다. 질문은 일반적인 것에서 특수한 것으로, 배경에서 내용으로 나아간다. 이것을 읽으면 당신은 우리가 선택한 답 대신 자신의 답을 활용해서 스스로 이야기를 만들고 싶어질 것이다.

"등장인물을 창조하도록 합시다. 내가 질문하면 여러분은 답하세요."

동의하는 학생도 있고 그저 웃는 학생도 있다.

"좋습니다. 어떻게 시작할까요?"

"보스턴." 교실 뒤에서 한 남학생이 소리친다.

"보스턴?"

"네, 그는 보스턴에서 왔어요!" 덧붙인다.

"아니오. 그녀는 보스턴에서 왔어요!"

몇몇 여학생이 소리친다.

"그럼, 좋아요." 나는 모두가 동의하는지 물어본다. 학생들이 동의한다.

"좋아요."

주제는 보스턴에서 온 여성이다. 그것이 우리의 출발점이다.

"그녀는 몇 살인가요?" 내가 묻는다.

"스물네 살이요." 몇몇 학생이 동의한다.

"별론데. 20대 후반이나 30대 초가 좋아요." 왜냐고 누군가가 질문한다.

　시나리오는 누군가를 위해, 즉 어떤 스타를 위해, '투자가 보장되는' 누군가를 위해 쓰는 것이다. 지금, 내가 생각하는 배우는 줄리아 로버츠, 캐머런 디아즈, 샬리즈 시어런, 니콜 키드먼, 핼리 베리, 르네 젤위거 등이다. 우리는 계속 진행한다.

　"그녀의 이름은?"

　'세라'라는 이름이 머리에 떠올라 그 이름으로 이어 간다.

　"세라의 성은?"

　세라 타운센드라고 결정한다. 이름은 그저 이름일 뿐이다.

　우리의 출발점은 세라 타운센드, 20대 후반이나 30대 초반 보스턴 출신 여성이 되었다. 그녀가 우리의 주제다.

　이제부터는 배경을 창조한다.

　그녀의 개인적 역사를 만들어 보자. 간단하게 풀기 위해 각 질문에 답을 하나만 택할 것이다. 학생들이 몇 가지 답을 하고, 나는 그중 하나만을 고른다. 당신이 원한다면 동의하지 않아도 좋다. 당신은 자신의 답을 만들면서 자신의 인물, 자신의 이야기를 창조하면 된다.

　"그녀의 부모는 어떤 분들인가? 그녀의 아버지는 누구인가?"

　우리는 의사로 결정한다.

　그녀의 어머니는?

　의사의 부인.

　"아버지 이름은 무엇인가?"

　라이어넬 타운센드.

　그의 배경은 어떨까?

　많은 아이디어를 교환하고 나서 마침내 다음과 같이 결론을 내린다. 라이어넬 타운센드는 보스턴의 상류층에 속한다. 부자에다 재치 있고 보수적인 그는 보스턴 의대에 다녔고, 그다음에 세인트루이스로 가서 위싱턴 대학에서 인턴 생활을 했다.

세라의 어머니는 어떨까? 그녀는 의사의 부인이 되기 전에 뭘 했을까?

교사. "그녀의 이름은 엘리자베스다." 누군가가 제안한다. 좋다. 엘리자베스는 라이어넬을 만났을 때 세인트루이스에서 교직에 몸담고 있었다. 그리고 라이어넬이 의대 공부를 마칠 때까지 계속 교사직을 유지했다. 그가 보스턴으로 돌아와 의학 실습을 시작했을 때, 그녀는 임신을 했고 일을 포기했다.

"세라의 부모님은 언제 결혼했을까?"

세라가 20대 후반 30대 초반이라면 그녀의 부모님은 베트남 전쟁 중이거나 전쟁 후인 1970년대 초에 결혼했을 것이다. 그들은 30년 이상 결혼 생활을 해 왔다. "어떻게 그런 계산을 할 수 있죠?" 누군가가 묻는다.

"뺄셈으로." 내가 대답한다.

부부 사이의 관계는 어떨까?

변함없고 아마 틀에 박힌 생활일 것이다. 세라의 어머니는 염소자리이고, 아버지는 천칭자리라고 덧붙인다.

세라는 언제 태어났을까?

1970년대 초중반 4월 양자리.

그녀는 형제자매가 있을까? 없다. 그녀는 외동딸이다.

이것이 과정임을 기억하라. 질문마다 많은 답변이 나온다. 만일 그런 답들에 동의하지 않는다면, 그 답들을 바꿔서 자신만의 등장인물을 창조하라.

그녀의 어린 시절은 어땠을까?

외로운 아이였다. 그녀는 형제자매를 원했다. 그녀는 대부분 혼자 놀았다. 10대가 될 때까지는 어머니와 좋은 관계를 유지했을 것이다. 그러다 부모 자식 관계가 늘 그렇듯 갈등이 생겨났다.

세라와 아버지의 관계는 어땠을까?

좋지만 불편하다. 아마 그는 딸보다 아들을 원했을 것이다. 아버지를 즐겁게 해 주기 위해 세라는 사내 같은 여자아이가 되었다. 세라는 항상 아버지를 즐겁게 해 줄 방법을 찾아서 아버지의 사랑을 얻으려 했을 것이다. 이런 문제를 해결하는 데 사내 같은 여자아이가 되는 것이 도움이 되었겠지만, 어머니의 반감을 사는 갈등을 야기하고 말았다. 이 문제는 훗날 그녀의 남자관계에서 드러날 것이다.

세라의 가족은 일반적인 다른 가족과 유사하지만, 극적 효과를 최대한 낼 수 있도록 갈등을 자세히 묘사해야 한다.

우리는 타운센드 가족의 역학 관계를 파악하기 시작한다. 여기에 이르기까지 반대는 그리 많지 않았으므로 우리는 세라 타운센드의 배경 탐구를 계속해 나간다.

나는 대부분의 젊은 여자들이 살면서 자신들 아버지의 모습을 추구한다는 사실을 상기시킨다. 이는 대부분의 남자들이 자신들이 만나는 여자에게서 어머니의 모습을 추구하는 것과 흡사하다. 등장인물을 토대로 이런 사실을 이용하는 일은 흥미롭다. 이런 일들이 항상 일어나는 것은 아니지만, 때로 일어나기도 한다. 그러므로 이런 사실을 잘 알아 두면 이것을 잘 활용할 수 있다.

이 부분에 관해 많은 토론이 벌어진다. 인물을 창조할 때 사용하거나 사용하지 않을 수 있는 뉘앙스를 수집해야 한다. 이러한 연습은 시행착오에 기반을 둔 것이다. 도움이 되는 것은 사용하고 그렇지 않은 것은 버릴 것이다.

그녀의 어머니는 세속적인 방식으로 세라를 교육했을 것이고, 의심할 여지 없이 남자를 조심하라고 가르쳤을 것이다. 아마도 딸에게 이렇게 말했을 것이다. "어떤 남자도 결코 믿지 마라. 남자들은 오직 한 가지, 네 몸을 원하는 거야." 또는 "남자들은 너무 똑똑한 여자를 좋아하지 않아." 어머니가 세라에게 해 준 충고는 어느 정도는 사실이지만 어느 정도는 사실이 아닐 수도 있다. 인물을 창조할 때 자신의 경험을 바탕으로 하는 것이 중요하다.

아마도 아주 어렸을 때 세라는 아버지처럼 의사가 되고 싶었을 것이다. 그러자 어머니는 그녀의 희망에 반대하며 주의를 주었다. "그건 길고도 험난한 길이란다." 아마도 그녀의 어머니는 「보통 사람들」[앨빈 사전트 각본]에 나오는 베스[메리 타일러 무어] 같은 인물, 즉 언제나 바르고 맵시 있는 사람이 되고 싶었을 것이다.

계속해 보자. 세라는 고등학교 시절을 어떻게 보냈을까? 활동적이고 사교적이면서도, 반항을 시작했을 시기다. 그녀는 지독하게 열심히 공부하지는 않았지만 성적은 좋았다. 그를 따르는 친구가 많았고 교내 규제에 반대하는 모임의 대표를 지내기도 했다. 그녀는 전자 음악을 주로 들었고, 이 시기 그녀의 부모님은 인내심으로 그녀를 지켜보았지만 그리 깊이 이해하는 편은 아니었다.

대부분의 젊은이들이 반항적이듯 세라 역시 예외는 아니다. 그녀는 고등학교를 졸업하고 바사 대학에 진학했는데 어머니는 이를 몹시 자랑스러워했다. 그러나 그녀는 '지배 체제'를 바꾸는 데 일조하기 위해 정치학을 전공하기로 결심한다. 물론 이 결정에 어머니는 낙심한다. 세라는 사회적 활동을 하고 정치학을 전공하는 대학원생과 관계를 맺는다. 반항적 기질에 근거한 행동은 그녀 캐릭터의 한 부분이 된다. 그녀의 관점은 독특하고 태도는 단호하다. 그녀는 정치학 학위를 취득하고 대학을 졸업한다.

이제 뭘 할까?

그녀는 직업을 찾아 거주지를 뉴욕으로 옮긴다. 아버지는 그녀의 행보를 지지한다. 어머니는 그런 행보에 낙심했기 때문에 그녀를 지지하지 않는다. 어머니는 세라가 '해야만 하는' 일을 하지 않는다고 생각한다. 그녀가 안정된 직장을 구하고 결혼한 후 정착해서 보스턴의 똑똑한 젊은 여성처럼 살아야 한다고 믿기 때문이다.

드라마는 갈등이라는 점을 기억하라. 우리는 긴장을 만들어 낼 방식을 찾는 중이다. 이 모녀 관계가 시나리오를 쓰는 과정에서 유용할 수도 있고 그렇지 않을 수도 있다. 그에 대해 결정하기 전에 이런 부분이 도움이 되는지 아닌지 살펴보라. 작가는 항상 선택과 책임의 위치에서 글을 쓴다.

인물 창조에서 세라가 뉴욕으로 거처를 옮긴 것은 중요한 갈림길이다. 지금까지는 세라 타운센드의 배경에 초점을 맞춰 왔다. 이제부터는 내용을 창조해 보기로 하자.

세라에게 영향을 끼치는 외부 요인을 결정하자. 다음 표를 참고하자.

세라에게 작용하는 외부 요인을 탐구해 보자.

이 지점에서, 누군가 이야기의 배경이나 내용으로 전쟁을 사용하자고 제안한다. 우리는 그 문제에 대해 이야기를 나눈다. 나는 어떤 전쟁이냐고 묻는다. 베트남 전쟁, 걸프 전쟁, 이라크 전쟁(혹은 한국 전쟁이나 2차 세계대전) 등 어떤 역사적 시기에 일어났든 모든 전쟁은 이야기의 배경으로 긴장감을 조성한다. 우리는 이 점에 대해 토론한다.

우리는 전쟁이 좋은 제안이라고 결론 내린다. 나는 이야기의 배경으로 베트남 전쟁을 활용하자고 제안한다. 이 결정 때문에 세라에게 작동하는 사건의 배경과 시대가 바뀐다. 우리는 그렇게 하면서 어떤 일이 벌어지는지 본다. 이미 만들어 낸 사건은 어느 정도까지는 여전히 유효하며, 그것들을 근본적으로 바꿀 필요는 없을 것이다. 필요한 것은 변형하되 해 왔던 방식을 그대로 밀고 나간다. 세라는 대학을 졸업하고 1970년대 초 뉴욕으로 이주한다. 그리하여 그 시대를 조사해 본다.

서서히 이야기가 형태를 갖추기 시작한다. 세라는 1970년대 초 봄에 뉴욕에 도착한다. 그녀는 뭘 할까? 아파트를 얻는다. 아버지가 매달 어느 정도 돈을 보내 주는데, 어머니에게는 그 사실을 알리지 않는다. 세라는 아버지의 방식이 좋다. 그리고는 뭘 할까?

취직을 한다. 직종은 뭘까?

그 문제를 같이 논의해 본다. 우리는 기본적으로 세라가 어떤 사람인지 안다. 그녀는 중상류층 출신으로 사상이 독립적이고 자유로운 한편 반항적인데, 난생처음 독립적으로 살게 되었고 그런 삶을 사랑한다. 자신의 소신과 인생에 헌신하게 된 것이다. 좀 더 구체적으로 들어가 보도록 하자.

1972년 뉴욕, 세라에게 영향을 준 외부 요소는 무엇인가? 여기에 미리 조사한 자료가 유용하게 쓰인다.

당시 미국 대통령은 닉슨이다. 베트남 전쟁이 한창이고, 미국은 신경증적 피로감에 싸여 있다. 닉슨이 중국을 방문한다. 맥거번이 예비 대선에서 상승세를 타고 있고 "그가 대통령이 될 수 있다."라는 희망이 감지된다. 조지 월리스가 쇼핑센터에서 암살당한다. 「대부」가 개봉하고 「차이나타운」은 제작 중이다.

이런 상황에서 극적으로 세라에게 적합한 직업은 뭘까?

바로 선거 운동이다. 세라가 뉴욕에 있는 맥거번 선거 사무실에서 일하는 것으로 하자고 누군가 제안한다. 이것이 토론의 핵심이다.(만일 동시대 이야기로 만들고 싶다면 이라크 전쟁을 배경 삼아 세라가 존 케리의 선거 사무실에서 일하는 것으로 바꾸면 된다. 배경은 동일하며, 단지 내용만 변한다.) 이 점에 관해 이야기를 나눈다. 마침내 그녀의 반항적 기질에 맞는 직업을 찾았고, 그 때문에 그녀가 집을 떠나 독립한 것이라고 설명한다. 이런 변화는 정치 참여에 대한 그녀의 욕망을 충족해 주는데, 대학에서 정치학을 전공한 것도 그런 연유에서다. 그러나 이런 결정은 아버지와 어머니가 그녀에게 불만을 품게 되는 빌미를 제공한다. 우리는 갈등을 향해 나아가고 있다.

이제부터 시행착오를 거쳐 주제 또는 극적 전제, 즉 극적 행동을 야기하는 방향으로 세라를 몰아갈 일을 찾아보도록 하자. 시나리오에서 주제는 행동과 인물이라는 점을 기억하자. 우리는 이미 인물을 확보했다. 이제부터는 행동을 찾아내면 된다.

이제 따라가기만 하면 된다. 뭔가를 제시하고, 변화가 있을 수도 있고, 그러면 재배열을 하고, 중간에 실수를 저지르기도 한다. 뭔가를 말하고 나서 그다음 문장에서 모순을 저지를 수도 있다. 그러나 걱정할 필요는 없다. 우리는 특별한 결과, 즉 이야기를 추적하는 것이다. 우리 스스로 이야기를 찾아내도록 해야 한다.

뉴욕, 1972년, 대통령 선거를 치르는 해, 닉슨 대 맥거번이다. 세라 타운센드는 맥거번의 선거 사무실에서 월급을 받으며 일하고 있다. 그녀의 부모는 누구에게 투표할까? 세라는 선거 사무실에서 일하면서 정치에서 무엇을 발견할까?

정치란 반드시 깨끗하거나 이상적일 수 없다. 그녀는 불법적으로 이루어지는 일을 발견할 수도 있다. 그때 그녀는 어떻게 행동할까?

나는 아마도 어떤 일이 벌어져서 중대한 성치적 이슈가 될지도 모른다고 제안한다. 그녀가 정기적으로 만나는 사람 중 하나가 파병을 거부하고 캐나다로 도망갈 수도 있다. 그녀는 파병 거부자를 돌려보내자는 운동에 연루될 수도 있다.

인물을 만들어 내고 그 배경과 내용을 창조하면서 곧 드러나게 될 이야기를 만들어 나가는 중이라는 점을 기억하라. 인물을 창조하면 이야기가 떠오를 것이다.

누군가 세라의 아버지는 그녀와 관점이 다르다고 말한다. 이를테면 파병 거부자는 반역자이므로 총살당해야 한다고 아버지는 생각할 수도 있다. 세라는 반대 입장에서 논쟁할 것이다. 전쟁은 나쁘고 부도덕하고 불법이다. 따라서 전쟁에 책임이 있는 사람, 즉 정치인을 체포해 총살해야 한다고 생각한다.

갑자기 강의실에서 놀라운 일이 벌어진다. 약 쉰 명의 학생이 자신들이 태어나기 몇 년 전에 일어났던 일을 중심으로 태도와 관점에서 양쪽으로 분리되어 강의실에 긴장감과 에너지가 넘치는 무거운 공기가 흐른다.

그러자 누군가 "워터게이트!"라고 소리친다. 1972년 6월의 일이다. 그것은 세라에게 영향을 줄 만한 극적 사건인가?

그렇다. 세라는 폭행당할 수도 있다. 극적 반응을 일으키거나 고무

할 만한 사건이다. 지금까지 만들어지지도, 말해지지도, 정해지지도 않은 이야기 속에 잠재해 있는 미끼다. 바로 이것이 창조적 과정이고, 혼돈과 모순이 그 일부임을 기억하라.

2년 6개월 후, 닉슨이 물러나고 전쟁도 거의 끝나 가면서 특사에 관한 논쟁이 극단을 달린다. 정치적으로 연루된 덕분에 세라는 그때까지는 몰랐던 극적인 길로 자신을 인도하는 사건을 보고 경험했다. 우리 모두 인정했듯이, 세라는 정치적으로 동기화된 사람이다. 그것 때문에 뭔가 일어날까? 내 대답은 '그렇다'다.

세라는 사명감으로 로스쿨에 입학해 변호사가 될까?

모두가 답을 하고 이 문제에 관해 많은 토론을 거친다. 몇 사람은 별로 납득이 되지 않는다고 생각한다. 그들은 거기까지 연결할 수 없다. 그래도 괜찮다. 우리는 여전히 시나리오를 쓰고 있는 중이니까. 우리에게는 폭넓은 등장인물이 필요하다. 그런 인물을 연기할 만한 여배우 몇 명을 떠올려 본다. 르네 젤위거, 스칼렛 요한슨, 샬리즈 시어런. 의미야 어떻든 "이건 상업 영화야."라는 진부한 문구가 떠오른다.

내가 1970년대 시네모빌에서 일했을 당시 상사였던 푸아드 사이드가 던진 첫 질문은, 시나리오가 "무엇에 대한 것인가?"였다. 두 번째 질문은 "누가 주연인가?"였다. 그 시절 나는 항상 똑같이 답했다. 폴 뉴먼, 스티브 매퀸, 클린트 이스트우드, 잭 니컬슨, 더스틴 호프먼, 로버트 레드퍼드 등이라고.(요즘에는 톰 크루즈, 톰 행크스, 키아누 리브스, 맷 데이먼 등이다.) 내 답에 그는 만족해했다. 당신은 벽에 도배할 용도로 시나리오를 쓰는 것이 아니다. 팔기 위해 시나리오를 쓰는 것이다. 그러기 위해서는 스타의 이름이 필요하다. 특히 요즘 같은 시장에서는 더욱더 그렇다.

보스턴 출신의 여성 변호사를 주인공으로 삼고 싶어 할 수도 있고 그렇지 않을 수도 있다. 내가 덧붙일 유일한 말은, 이런 연습 과정에서는 그런 설정이 효과가 있다는 것이다.

내가 보기에 세라는 특별한 목적, 즉 정치 체계를 바꾸기 위해 로스쿨에 진학한다. 여성 변호사는 극적인 좋은 선택이다. 그녀의 성격에 변호사가 적합할까? 그렇다. 무슨 일이 벌어지는지 따라가 보기로 하자.

세라가 법을 집행하면, 이야기의 심지에 불을 지필 만한 사건이나 상황이 발생할 수 있다. 학생들이 제안하기 시작한다. 보스턴 출신 여성이기에 세라는 버스 수송 문제에 연루될 수도 있다. 좋은 생각이다. 우리는 극적 전제에 필요한 창조적 대답, 즉 미끼가 될 만한 뭔가를 찾는 중이다. 세라는 파병 거부자를 지원하는 군법 분야에서 일할 수도 있다. 그녀는 빈곤법이나 상법 혹은 해상법 혹은 노사 관계 영역에서 일할 수도 있다고 다른 학생들이 거든다. 변호사로서의 삶은 폭넓은 극적 가능성을 제공한다.

이제 사건이 벌어진다. 누군가가 최근에 원자력 발전소에 대한 새로운 이야기를 들었다고 말한다. 바로 그것이다! 그것이 바로 우리가 찾던 미끼라는 것을 알아차린다. 세라는 원자력 발전소 안전 문제에 연루될 수 있다. 이것이 바로 우리가 찾던 것이다. 흥미로운 이야기의 쟁점, 즉 이야기를 풀어 갈 수 있는 미끼라고 언급한다. 나는 세라가 변호사란 직업을 선택한 것에 동의한다.

이제 학생들 모두가 동의한다. 이제 세라에게 영향을 주는 외부 요인을 넓혀서 이야기를 극적 서사 구조로 만들 때다.

세라 타운센드가 원자력 발전소 건설 반대 운동에 연루된다고 가정해 보자. 그녀는 아마도 조사를 통해 원자력 발전소가 위험하다는 점을 알아낼 것이다. 원자력 발전소가 위험하다는 사실에도 불구하고 발전소 건설을 지원하는 정치인들은 사업을 강행하기로 결심할 것이다.

이것이 우리 이야기의 미끼 혹은 극적 전제다.(여기에 동의하지 않는다면 당신 자신의 미끼를 찾아내라!) 이제 우리는 특성, 세부 묘사, 내용물을 창조해야 하고, 그 결과 시나리오의 주제를 도출할 것이다.(주제란 행동과 인물이다.)

시나리오는 원자력 발전소 안전 문제라는 주제에 초점을 맞추는데, 이것이 중요한 정치적 논쟁거리다.

어떻게 이야기가 전개될까?

최근 당국은 캘리포니아 플레전턴에서 원자력 발전소가 지진의 진원지, 즉 주요 단층선에서 60미터가 못 되는 곳에 위치한다는 사실을 발견하고 그 발전소를 폐쇄했다. 지진이 일어나 원자력 발전소가 무너진다면 어떤 일이 벌어질지 상상할 수 있는가? 그에 대해 생각해 보라!

이제 그에 반대되는 관점을 만들어 보자. 세라의 아버지는 원자력 발전소에 대해 뭐라고 말할까? "원자력 에너지는 우리에게 유용하다."라고 말할지도 모른다. "에너지 위기를 생각하면 미래를 생각해서 에너지 자원을 개발해 나가야 한다. 미래는 원자력 에너지의 시대다. 의회와 원자력 위원회에서 정한 엄격한 안전 기준과 규칙, 가이드라인을 준수해야 한다."

이러한 가이드라인은 현실이 아니라 정치적 필요성을 바탕으로 정한 것일 수 있다. 바로 이 점을 세라가 우연히 발견할 수도 있다. 아마도 원자력 발전소의 위험한 입지 조건에도 정치적 동기가 직접적으로 연관되었을 수 있다. 이제 뭔가 일이 벌어져 이야기를 행동으로 옮기게 만드는 상황이 벌어질 것이다.

누군가 세라의 법률 사무소에 방사능에 오염된 사람이 사건을 의뢰하면서 그녀가 개입하게 된다고 제안한다.

좋은 제안이다. 바로 그것이 우리가 찾던 극적인 줄거리라는 점에 모두 동의한다. 노동자가 방사능에 오염되고, 그 사건을 세라가 맡게 된다. 액트 Ⅰ 끝에 있는 구성점에서 세라는 노동자의 오염 상태, 즉 위험한 안전 처리로 인한 치명적 증상을 발견하게 된다. 협박과 장애물에도 불구하고 그녀는 이 일을 위해 뭔가를 하기로 결심한다.

액트 Ⅰ은 설정이다. 노동자가 오염되는 장면으로 시작할 수 있다. 시각적으로 극적인 시퀀스를 만들어 낼 수 있다. 작업 중에 쓰러진 사람이 발전소 밖으로 실려 나간다. 구급차가 경적을 울리며 도시의 거리를 가로질러 도착한다. 노동자들이 모여서 항의한다. 노동조합 위원들이 힘을 모아 발전소의 위험한 환경으로부터 노동자를 보호하는 소송을 제기하기로 결심한다.

이런 환경과 상황, 계획에 따라 이 사건의 담당 변호사로 세라가 선택된다. 노조 임원들은 그 결정을 좋아하지 않는다. 그녀는 경험이 없는 데다 여자이기 때문이다.(시대적 배경이 1970년대라는 것을 상기해 보자.) 그들은 세라가 압박을 견뎌 내지 못할 것이라고 생각한다. 그녀는 이 사건으로 자신의 입지를 다지고 모든 것이 잘못됐음을 증명하기로 결심한다. 당국은 그녀가 발전소에 접근하는 것을 금지하지만, 그녀는 어떤 식으로든 발전소에 들어가 근무 환경이 위험함을 밝혀낸다. 그녀의 창문에 벽돌이 던져진다. 그녀는 위협을 받는다. 법률 사무소도 그녀를 도울 수 없다. 그녀는 하원 의원들을 찾아가지만, 그들은 변명을 하면서 노동자가 잘못한 탓에 방사능에 오염된 것이라고 이야기한다.

언론이 눈치를 챘다. 그녀는 안전 기준과 발전소 경영진 사이에 정치적 연관성이 있다는 점을 알아낸다. 어쩌면 세라가 그들이 분실한 플루토늄을 발견할 수도 있다고 누군가 제안한다. 좋은 생각이다. 그러나 나는 그것은 다른 이야기라고 답한다. 세라가 정치적 연관성을 발견하는 것이 액트 I 말미의 구성점이다.

　액트 II는 대립이다. 그녀는 조사 과정에서 잇달아 장애물에 부딪히는데, 장애물이 너무 많아서 일종의 정치적 음모일지도 모른다는 의혹을 품는다. 그녀는 그 점을 더 이상 무시할 수 없다. 이제 그녀가 터놓고 이야기할 인물을 창조할 필요가 있는데, 사랑과 연결된 것일 수도 있다. 그녀는 두 아이의 아빠이고 최근에 이혼한 변호사에게 관심이 있다. 그들의 관계에는 긴장감이 넘친다. 그는 그녀가 '광적'이고 '편집증적'이며 '뭔가에 홀려 있다'고 생각하는데, 이런 긴장 속에서 관계를 유지할 수는 없을 것이다. 필요하다면 세라와 이 남자의 관계에 관해 에세이를 2쪽 정도 넣을 수 있다. 그녀는 몇 번이나 사랑에 빠졌을까? 그녀는 어떤 종류의 사람과 관계를 맺는가? 이런 이야기를 써 볼 수 있다. 그녀는 법률 사무소 동료와 갈등하고 그들의 저항에 부딪힐 것이다. 그녀가 계속 조사를 한다면 이 사건에서 제외될 것이라는 경고를 받을 수도 있다. 그녀의 부모도 그녀를 지지하지 않으며 가족 간의 갈등도 빚어질 것이다. 그녀를 지지하고 돕는 유일한 사람은 원자력 발전소에서 일하는 이들이다. 그들은 그녀가 성공해서 위험한 근무 환경을 폭로하기를 원한다. 우리는 언론을 이용할 수 있고, 그녀가 조사를 계속해야 한다고 믿는 기자를 창조할 수도 있다. 그 기자는 이 사건에서 기삿거리를 얻을 것이다. 그들 사이에 낭만적인 관계가 생길 수도 있다.

　구성점 2는 어떤 것인가? 그것은 어떤 행동을 미끼 삼아 이야기를 다른 방향으로 반전시키는 사고나 에피소드 혹은 사건이라는 점을 기억하라. 기자는 공무원이 다수 연관된 정치적 음모, 모종의 정치적 연결 고리에 관한 명확한 증거를 들고 그녀를 찾아올지도 모른다. 그녀는 이제 사실을 손안에 쥐고 있다. 그것으로 무엇을 할 것인가?

액트 Ⅲ은 해결이다. 세라는 발전소 노동자의 도움을 받아서 정부의 원자력 발전소 안전 기준과 관련된 정치적 음모를 폭로한다.

원자력 발전소는 새로운 안전 기준이 세워질 때까지 폐쇄된다. 세라는 끈질기고 용감하게 싸워서 승리를 거두어 축하를 받는다.

여러 종류의 결말이 존재한다. '상승하는' 결말에서는 문제가 잘 해결된다. 「에린 브로코비치」^{수재나 그랜트 각본}, 「웨일 라이더」^{니키 캐로 각본}, 「쇼생크 탈출」 등이 그러하다. 슬프거나 모호한 결말의 경우, 주인공에게 무슨 일이 벌어졌는지를 관객이 어떻게 느끼는가에 따라 다르다. 이를테면 「디 아워스」에서 클라리사^{메릴 스트립}, 「사랑도 통역이 되나요?」에서 밥^{빌 머레이}과 샬럿^{스칼렛 요한슨}, 「킬 빌 2」 같은 영화가 그러하다. '하강하는' 결말에서는 모든 것이 해결되지 않는다. 「아메리칸 뷰티」, 「와일드 번치」, 「내일을 향해 쏴라」, 「우리에게 내일은 없다」, 「델마와 루이스」, 「콜드 마운틴」, 「밀리언 달러 베이비」^{폴 해기스 각본} 등이 그러하다.

이야기를 어떻게 끝낼지 걱정스럽다면 긍정적 결말을 생각하라. 여기는 할리우드다. 나는 예술이나 오락의 목적은 사람들을 즐겁게 만드는 것이라고 생각한다. 그 후로 모두 행복하게 살았다는 이야기 자체에 의미가 있는 것이 아니다. 극장을 나서면서 관객들이 마음이 고양되고 충만해져 정신적으로 행복해야 한다는 의미다. 제이슨 본과 함께 그의 인생의 파편을 탐색하는 「본 슈프리머시」에서 알 수 있듯이, 스크린은 우리의 생각·희망·꿈·성공·실패를 반사하는 거울이다.

예전에 독일에서 작가 쉰 명이 모여 워크숍을 했는데, 쉰 편 중에서 마흔여섯 편이 죽음·자살·부상·파괴로 끝나는 것이었다. 인물이 체포되고 총을 맞아 죽거나 자살을 시도하거나 죽임을 당하는 것보다 더 나은 결말이 있을 것이라고 이야기했다. 이야기의 가장 바람직한 결말에는 사실적이고 믿을 만하며 진실한 뭔가가 담겨야 하는데, 「씨비스킷」, 「매그놀리아」, 「애니 홀」 등이 그런 예다. 「타이타닉」은 로맨스를 다룬 영화치고는 드물게 사실적이고 믿을 만한 결말을 보여 준다. 성공의 기준은 돈이 아니라, 얼마나 많은 사람이 영화를 보고 그 영화 덕분에 즐거워하고 행복해하는가 하는 점이다. 할리우드를 움직이는 두 가지는 공포와 탐욕이다. 모두 '승자'가 되기를 원한다. 바로 그 때문에 주말 박스 오피스 수치가 영화 산업에서 그토록 중요한 것이다.

이야기를 어떤 식으로든 당신이 원하는 식으로 해결하되, 이야기와 인물에게 진실해야 한다. 가능하면 이야기의 양상이 긍정적이고 행복해지도록 노력하라. 「사이드웨이」가 바로 그렇다. 이 작품은 아름다운 영화이고 잘 만들어졌으며 연기도 훌륭하고 모든 면에서 잘 연출되었다. 마일스폴 지어마티와 마야버지니아 매드슨가 아마도 다시 함께할 것이라는 희망과 가능성을 남겨 준다. 당신은 그런 점에 동의하지 않을 수도 있다. 인생은 그런 것이 아니라고 말할지도 모른다. 그러나 그것은 단지 하나의 견해에 불과하다. 우리는 여기에서 '인생'을 말하는 것이 아니다. 영화와 오락에 관해 말하는 것이다.

우리의 이야기, 세라 타운센드로 돌아가 보자. 지금은 인물과 행동 면에서 이야기가 앙상하지만, 그럼에도 시나리오를 시작하는 데 충분한 정보를 얻었다.

이야기는 다음과 같다. 1970년대 젊은 여성 변호사가 원자력 발전소의 위험한 근무 환경을 발견한다. 정치적 압력과 생명의 위협에도 불구하고 그녀는 정치적 부패를 폭로하는 데 성공한다. 노동자와 주변 지역 사회에 안전한 환경이 만들어질 때까지 발전소는 폐쇄된다.

인물과 이야기를 만들어 내는 데 몇 시간밖에 투자하지 않은 것을 고려하면 그리 나쁜 이야기는 아니다. 우리는 가제를 「경계! Precaution!」라고 정한다.

주인공인 세라 타운센드는 흥미로운 인물이다. 원자력 발전소와 연루된 정치 스캔들을 폭로하는 행동 또한 흥미롭다. 우리는 이야기 전개를 안착시키는 데 필요한 네 가지 핵심 요소를 찾아냈다. 세라가 정치적 부패를 폭로하는 결말, 원자력 발전소 노동자가 오염되는 시작이 그렇다. 구성점 1은 위험한 근무 환경을 발견해 냈을 때이고, 액트 II에서 잠재적 갈등을 일으키는 좋은 재료가 거기에 있다. 액트 II 말미에 있는 구성점 2는 세라가 발전소의 위험한 근무 환경과 연관된 분명한 정치적 고리가 있다는 증거를 찾아내는 시점이다.

당신이 여기에 동의하든 그렇지 않든, 그것은 중요하지 않다. 이 연습의 목적은 이야기를 만드는 과정에서 이야기를 드러내는 극적 행동의 발원지인 인물을 어떻게 창조하는지 보여 주는 것이다. 「에린 브로코비치」 등 많은 영화가 이런 방식으로 짜여 있다. 이 장의 첫 부분에서 말했듯, 시나리오를 쓰는 데에는 두 가지 방법이 있다. 하나는 아이디어를 창안해 내고 인물을 창조해서 그를 행동 속에 '쏟아 넣는' 방법이다. 또 다른 하나는 인물을 먼저 창조하고 나서 행동과 이야기가 인물로부터 떠오르도록 하는 방법이다. 바로 우리가 지금 사용한 방법이다.

모든 것이 '보스턴에서 온 젊은 여자'에서 비롯되었다.

시도해 보라. 무슨 일이 일어나는지 보라.

06 ——— 결말과 시작 만들기

"잊어버려, 제이크 ······.
여긴 차이나타운이잖아."

— 「차이나타운」(로버트 타운)

6. 결말과 시작 만들기

질문: 시나리오를 쓰기 시작하는 가장 좋은 방법은 무엇일까?

독자나 관객의 관심을 끌 수 있는 가장 좋은 신이나 시퀀스는 무엇일까? 인물이 일하는 장면을 보여 주는 것인가? 긴박하거나 긴장된 극적 행동인가? 피자를 배달하면서 벌어지는 추격 신인가? 뜨거운 열정 속에 벌어지는 관계인가? 일터에 도착하는 장면인가? 법정에서 하루를 준비하는 장면인가? 조깅? 침대에서 홀로 또는 누군가와 벌이는 열정적 섹스? 동 틀 무렵 길고 한적한 고속 도로에서 운전하는 장면? 골프 치는 장면? 공항에 도착하는 장면?

시나리오 쓰기를 시작하는 방법은 수없이 많다. 지금까지 행동과 인물의 측면에서 시나리오를 쓰는, 다양하고 추상적인 원칙을 알아보았다. 이제는 일반 개념을 남겨 둔 채 좀 더 구체적이고 근본적인 부분이나 내용으로 옮겨가 보자.

조금만 뒤로 돌아가 보자. 모든 시나리오에는 주제, 즉 행동(무슨 일이 일어났는가?)과 인물(누구에게 어떤 일이 벌어졌는가?)로 정의하는 주제가 있다. 행동에는 두 가지가 있다. 하나는 자동차 추격 같은 물리적 행동이고, 다른 하나는 입맞춤 같은 감정적 행동이다. 우리는 극적 요구에 따라 인물을 검토하면서, 인물 개념을 내부적인 것과 외부적인 것으로 나눠 볼 수 있다. 인물의 삶은 영화가 끝날 때까지 만들어진다. 지금까지 인물을 형성하고 성격을 창조하는 것, 그리고 배경과 내용을 생각해 내는 과정을 소개했다.

이제 무엇을 할까? 여기에서 어디로 나아가야 할까? 다음에 무엇이 필요할까? 다음 표를 살펴보자.

표에서 무엇을 볼 수 있는가? 일단 방향성이 보인다. 이야기는 A에서 Z로, 즉 설정에서 해결로 진행된다. 「본 슈프리머시」처럼 이야기가 기억의 단편으로 전달되든 「콜드 마운틴」, 「애니 홀」, 「잉글리쉬 페이션트」처럼 플래시백으로 전개되든 「피아니스트」, 「차이나타운」, 「스파이더맨 2」^{앨빈 사전트 각본}, 「매트릭스」처럼 명확하게 선형적 흐름으로 전개되든 상관없다. 시나리오 구조는 '연관된 우발적 사건, 에피소드, 이벤트의 점진적 진행이 극적 해결에 도달하도록 하는 것'으로 정의된다는 점을 기억하라.

이는 시작에서 결말을 향해 앞으로 나아간다는 뜻이다. 당신은 독자나 관객에게 10쪽(약 10분) 안에 세 가지를 알려 주어야 한다. 첫째, 누가 주인공인가? 둘째, 극적 전제는 무엇인가? 즉 무엇에 관한 이야기인가? 셋째, 극적 상황, 즉 이야기를 둘러싼 배경은 무엇인가?

그렇다면 시나리오를 시작하는 가장 좋은 방법은 무엇일까?

결말을 아는 것이다!

바로 이것이 당신이 명심해야 할 첫 번째 사실이다. 이야기의 결말은 무엇인가? 여기에서 결말이란, 시나리오가 실제로 어떻게 끝나는가, 즉 특정 숏이나 신 혹은 시퀀스를 말하는 것이 아니라, 해결을 말하는 것이다. 해결이란 답을 뜻한다. 이야기가 이떻게 해결되는가? 딥이 무엇인가? 주인공이 살아남는가? 혹은 죽는가? 결혼할 것인가? 이혼할 것인가? 경주에서 승리할 것인가? 콜드 마운틴으로 무사히 돌아갈 것인가? 운명의 산 용암 속에 반지를 던져 넣을 것인가? 강도로부터 벗어날 것인가? 고향으로 돌아갈 것인가? 범죄자를 찾아내 그를 정의의 심판대에 올릴 것인가?

시나리오에서 해결은 무엇일까?

시나리오를 쓰기 전에 결말부터 알아야 한다는 사실에 많은 이가 동의하지 않을 것이다.

이에 관해 나는 수많은 토론과 논쟁을 벌여 왔다. "인물들이 알아서 끝낼 것이다."라고 말하는 이들도 있다. 또는 "결말은 쓰다 보면 나온다." "시나리오가 끝날 때 결말을 알게 될 것이다."라고 말하기도 한다.

미안하지만 그런 방식으론 안 된다. 적어도 시나리오 쓰기에서는 그렇다. 소설이나 희곡에서는 그런 방식이 통할 수도 있겠지만, 시나리오에서는 그렇지 않다. 왜 그럴까? 단지 120여 쪽이라는 분량 안에서 이야기를 펼쳐 내야 하기 때문이다. 당신이 원하는 방식에 따라 이야기를 풀기에는 결코 많은 분량이 아니다.

결말은 시나리오를 쓰기 전에 무엇보다도 먼저 알아야만 하는 요소다.

왜 그럴까?

잘 생각해 보면, 이유는 분명하다. 이야기는 늘 전진한다. 처음부터 끝까지 어떤 방향이나 길을 잡아서 앞으로 나아가는 것이다. 방향이란 발전해 나가는 선이며, 길은 거기에 놓여 있다.

인생과 마찬가지로 모든 것이 시나리오 속에 연결되어 있다. 시나리오를 쓰기 위해 책상에 앉았을 때, 세세한 결말까지 알 필요는 없지만 무슨 일이 벌어지고 그것이 인물에게 어떤 영향을 주는지는 알아야 한다.

이를 증명하기 위해 내 경험을 예로 들어 보겠다.

내가 무엇을 원하는지, 무엇이 되고 싶은지 잘 몰랐던 시절이 있었다. 고등학교를 졸업하자마자 어머니가 돌아가셨고, 아버지는 그보다 몇 해 전 먼저 세상을 떠나셨다. 그래서 나는 일정한 직업을 구하거나 대학에 진학하고 싶은 마음이 없었다. 내가 인생에서 무엇을 원하는지 알지 못했다. 나는 여행을 떠나기로 결심했는데, 그러면 방향이 잡힐 것이라고 생각했다. 당시 형이 세인트루이스 대학 의대에 다니고 있어 형의 집에 머물거나 콜로라도와 뉴욕에 있는 친구들을 방문할 수 있다고 생각했다. 그래서 어느 날 아침, 짐을 꾸리고 차에 올라 66번 고속도로로 향했다.

거기에 도착할 때까지 나는 어디로 가는지도 전혀 몰랐다. 그런 방식이 마음에 들었다. 운이 좋을 때도 있고 나쁠 때도 있었는데, 아무튼 그런 방식이 좋았다. 바람에 쓸려 가는 구름처럼 어떤 목적이나 목표 없이 떠돌았다.

거의 2년간 그렇게 떠돌았다.

그러던 어느 날, 애리조나 사막을 지나가면서 전에 지나쳤던 길을 또 가고 있다는 생각이 스쳤다. 모든 것이 같았지만 다르기도 했다. 똑같은 사막에 똑같은 산이 있었지만, 2년이 흘러갔다. 실제로 나는 아무 곳에도 가지 않았다. 앞만 보고 가는 데 2년을 보냈는데, 여전히 아무런 목표나 목적지도, 종착점이나 방향도 없었다.

불현듯 그 어떤 곳에도 내 미래가 없다는 사실이 보였다.

나는 시간이 미끄러져 가는 것을 거의 환각처럼 인식했고, 뭔가 해야 한다는 것을 알아차렸다. 그래서 방랑을 끝내고 학교로 돌아갔다. 학위의 의미가 무엇이든, 4년 후에 학위를 얻었다. 학위는 기대했던 대로 역할을 하지 못했고, 지금도 마찬가지다. 그렇지만 바로 그곳, 버클리에서 내 인생을 영원히 바꿀 만한 사람을 만났고 같이 일했다. 나의 멘토 장 르누아르 감독이다. 그는 "미래는 영화다."라고 말했다.

여행은 어딘가로 떠난다는 뜻이다. 즉 방향이 있다는 의미다. 만약 내가 샌프란시스코로 간다면, 그곳이 방향이다. 어떻게 그곳에 도착할 것인가는 선택의 문제다. 비행기를 타거나, 스스로 자동차를 몰거나, 버스나 기차를 타거나, 오토바이나 자전거를 타거나, 조깅이나 히치하이크를 하거나, 도보나 어떤 방식으로든 갈 수 있다.

내가 어떻게 그곳에 도착할지 선택할 수 있다. 인생은 선택이고, 개인적 선택과 창의적인 선택으로 점철되며, 그것에서 어떻게 책임질 것인가를 배운다.

이야기를 해결하기 위한 기본적인 원동력을 이해하는 것이 필수적이다. 말 그대로 해결이란 '답 혹은 설명'이다. 그 과정은 처음 시나리오를 쓸 때부터 시작된다. 이야기의 흐름을 설계할 때, 즉 신에서 신으로, 행동에서 행동으로 이야기를 결합하고 설정할 때, 해결책을 먼저 결정해야 한다. 이야기의 해결은 무엇인가? 시나리오의 기초 개념을 잡을 때, 여전히 아이디어로 작업하면서 그것을 극적 구조로 만들어 낼 때, 당신은 창조적인 선택을 하게 되는데 바로 그때 어떻게 해결할 것인지 결정해야 한다.

좋은 영화는 늘 어떤 식으로든 해결되기 마련이다. 잘 생각해 보라. 「맥스군 사랑에 빠지다」의 결말이 기억나는가? 「니모를 찾아서」, 「스파이더맨 2」, 「매트릭스」, 「우리에게 내일은 없다」, 「붉은 강」, 「내일을 향해 쏴라」, 「시에라 마드레의 보물」, 「카사블랑카」, 「애니 홀」, 「귀향」, 「죠스」, 「아메리칸 뷰티」, 「독신녀 에리카」, 「수색자」, 「터미네이터 2」 등 세계적으로 인기를 얻은 영화들의 결말이 기억나는가?

로버트 타운의 「차이나타운」은 좋은 예다. 진정한 고전 영화 중 하나로 꼽을 만한 이 작품은 우수한 시나리오와 뛰어난 연출, 그리고 배우들의 훌륭한 연기로 이루어져 있다. 여러 해에 걸쳐 서른 번 이상 이 영화를 봤는데, 여전히 걸작이다. 나는 이 영화를 볼 때마다 뭔가를 발견한다. 이 시나리오의 내력이 흥미로운데, 세 개의 초안이 있었고, 결말도 서로 다른 세 개가 있었다.

「차이나타운」의 첫 번째 초안은 다른 초안보다 낭만적이었다. 이 초안에서 로버트 타운은 원작자 레이먼드 챈들러가 이야기 대부분을 다룬 방식을 써서 제이크 기티스가 화면 밖 내레이션으로 이야기를 시작하고 끝내도록 했다. 에벌린 멀레이가 제이크 기티스의 인생에 다가왔을 때, 그는 계급이 다른 여성과 관계를 맺게 되었다. 그녀는 세련되고 아름다운 데다 부자이기까지 한데, 그런 그녀에게 반한 그는 사랑에 빠져 버린다. 결말에 이르러 그녀의 아버지 노아 크로스^{존 휴스턴}가 기티스를 고용해 그녀의 딸이자 자매를 찾아내려 한다는 것을 알게 되자 그녀는 아버지를 막을 수 없다는 것을 깨닫게 되고, 그래서 아버지를 죽일 계획을 세운다. 그것이 유일한 해결책이라는 것을 그녀는 잘 안다. 그녀는 노아 크로스에게 전화해서 샌페드로 근처 한적한 곳에서 만나

자고 제안한다. 폭우가 내리는 가운데 크로스가 도착하고, 그가 딸을 보기 위해 비포장도로를 걸어오자, 그녀는 가속 페달을 밟으며 그를 자동차로 치어 죽이려 한다. 간신히 몸을 피한 그는 가까운 마을로 달려간다. 에벌린은 차를 버리고 총을 빼어 들고 그를 추격한다. 방아쇠가 당겨진다. 크로스는 나무 광고판 뒤에 몸을 숨긴다. 그를 발견한 에벌린은 광고판에 대고 총을 쏘고 또 쏜다. 피가 빗물에 섞여 흘러내린다. 크로스가 뒤로 넘어진다. 죽은 것이다.

잠시 후 기티스와 에스코바르 경위가 현장에 도착하고, 로스앤젤레스와 샌페르난도 계곡의 다양한 풍경이 이어진다. 에벌린은 아버지를 살해한 죄로 4년을 감옥에서 보냈고, 기티스는 그녀의 딸이자 자매를 무사히 멕시코로 보내 주었으며, 노아 크로스의 부동산 전략으로 300만 달러의 수익을 올렸다는 점을 기티스가 화면 밖 내레이션으로 알려 준다. 이 첫 번째 초안의 해결 부분은 정의와 질서의 회복을 보여 준다. 즉 노아 크로스는 죗값을 치렀고, 워터 스캔들로 인한 부패는 로스앤젤레스의 현재를 만들었다.

이것이 초안이었다.

그 무렵 제작자인 로버트 에번스(「대부」와 「러브 스토리」의 제작자)가 「피아니스트」의 로만 폴란스키를 감독으로 데려왔다. 폴란스키에게는 「차이나타운」에 대한 나름대로의 아이디어가 있었다. 토론을 거치면서 폴란스키와 타운 사이에 긴장감이 감돌았다. 그들은 의견 차이를 보였는데, 대체로 결말에 관한 내용이었다. 폴란스키는 노아 크로스가 살인의 위협으로부터 도망치는 결말을 원했다. 그래서 두 번째 초안은 상당 부분 바뀌었다. 덜 낭만적이고, 행동이 좀 더 정리되고 밀도가 있어졌고, 해결책도 완전히 변했다. 두 번째 초안은 최종 원고와 아주 유사했다.

두 번째 초안에서 노아 크로스는 살인과 부정(不正), 근친상간죄에서 벗어났고, 에벌린은 아버지의 죗값을 대신 치른 희생양이다. 「차이나타운」을 쓰기 시작할 때, 로버트 타운의 관점은 이랬다. 살인·절도·강간·방화 같은 범죄를 저지른 자들은 감옥에 갇혀 벌을 받지만, 사회 공동체에 해악을 끼치는 범죄를 저지른 자들은 오히려 그들의 이름을 내건 거리가 생겨나고 시청 앞에 동상이 세워지는 보상을 받는다. 로스앤젤레스는 실제로 '오언스 밸리 강간 사건'으로 불리는 워터 스캔들 덕에 살아남았다. 이것이 바로 영화의 배경이다.

두 번째 초안의 결말은 기티스가 에벌린 멀레이를 차이나타운에서 만나도록 하는 것이었다. 거기서 그는 컬리(버트 영, 영화 첫 장면에 등장했던 인물)가 그녀를 멕시코로 데려가도록 주선하고, 그녀의 딸이자 자매는 보트에서 기다린다. 기티스는 크로스가 워터 스캔들과 연쇄 살인의 배후 인물임을 밝혀내고 그를 고발하는데, 크로스는 오히려 기티스를 범인으로 몰아간다. 그들은 차이나타운으로 떠난다. 그곳에 도착한 크로스는 에벌린을 잡으려 하지만 기티스의 방해를 받는다. 에스코바르 경위에게 저지당한다. 기티스가 재빨리 경찰을 공격하고, 격투가 벌어지는 동안 에벌린은 도주한다. 그 순간 총성이 울리고, 그녀는 머리에 총을 맞아 죽는다. 바로 이 결말이 최종안에 가깝다.

노아 크로스가 에벌린의 시신을 보며 눈물짓는 장면이 마지막을 장식하는데, 그 순간 멍해진 기티스는 크로스가 이 모든 사건의 책임자라고 에스코바르 경위에게 말한다.

마지막 초안에서 결말은 타운의 관점을 강조하는 방향으로 약간 바뀌었다. 그러나 해결 부분은 두 번째 초안과 동일하다. 기티스가 차이나타운에 갔을 때, 이미 거기에 도착한 에스코바르 경위가 증거 인멸죄로 사설탐정을 체포해서 수갑을 채운다. 에벌린이 그녀의 딸이자 자매인 소녀와 함께 도착하자 크로스가 소녀에게 다가간다. 에벌린이 그에게 비키라고 말하지만, 그가 말을 듣지 않자 총을 꺼내 그의 팔을 쏜다. 그녀는 차를 타고 도주한다. 방아쇠가 당겨지고 에벌린이 총에 맞아 죽는다.(참고로 소포클레스는 『오이디푸스 왕』에서 오이디푸스가 어머니와 근친상간한 것을 알아차리고는 스스로 두 눈을 빼 버렸다고 노래했다. 여기서 흥미로운 유사점을 발견할 수 있다.)

에벌린의 죽음에 두려움을 느낀 크로스는 그의 딸/손녀를 보호하듯이 팔로 감싸 안은 채 어둠 속으로 사라진다.

"잊어버려. 제이크……. 여긴 차이나타운이잖아."

노아 크로스는 자신이 저지른 모든 범죄, 즉 살인, 워터 스캔들, 근친상간에서 빠져나간다. "누군가 아무나 죽이고 빠져나가려면 부자여야 해." 기티스가 첫 장면에서 컬리에게 한 말이다.

종이 위에 첫 단어를 쓰기 전에 마음속에 해결책이 확실히 있어야 한다. 그것이 결말을 만들어 내는 배경이다. 만일 결말에 문제가 있다면 그 답은 시작에 있음을 기억하라고, 빌리 와일더가 강조한 적이 있다. 강렬한 시작을 써내려면, 결말을 알고 있어야 한다. 이런 방식은 거의 모든 인생사에도 적용된다. 당신이 음식이나 특별한 요리를 하고 싶다면, 그냥 주방으로 들어가서는 안 된다. 먼저 냉장고를 열고 어떤 식재료가 있는지 살펴봐야 한다! 주방에 들어가기 전에 무엇을 준비해야 하는지 알아야 하고, 그러고 나서 요리를 해야 한다.

이야기는 여행과 같다. 결말은 목적지다. 「디 아워스」나 「아메리칸 뷰티」의 시작 부분을 잘 들여다보자. 짧은 비디오 신에 이어 도시와 거리가 보인다. 그 위로 레스터 번햄의 목소리가 들려온다. "내 이름은 레스터 번햄이다. 나는 마흔두 살이다. 하지만 1년도 못 되어 나는 죽을 것이다. 아니, 그보다, 나는 이미 죽었다." 그러고 나서 이야기는 그가 삶에 어떻게 복귀하는가를 보여 준다.

시나리오 작가들은 결말에 관한 문제로 커다란 어려움을 겪는다. 시나리오 결말이 효과적으로 작동해서 매우 만족스럽고, 관객과 독자에게 정서적 감흥을 불러일으키며, 예견된 것이 아니라 생생하고 믿을 만한 결말, 억지로 만든 것이 아닌 결말을 어떻게 쓸 것인가 하는 문제다. 결말이란 이야기의 핵심 문제를 해결하는 부분인데, 간단히 말하면 결말이 잘 작동해야 한다.

말처럼 쉬운 일은 아니다. 결말에서 흥미로운 점은, 대부분 결말 그 자체가 진짜 문제는 아니라는 것이다. 결말이 잘 작동하지 않는 것이 문제다. 흔히 결말은 너무 부드럽거나 너무 느리거나, 너무 장황하거나 너무 모호하거나, 너무 과도하거나 너무 빈약하거나, 너무 가라앉거나 너무 들떠 있거나, 너무 예상 가능하거나 너무 믿을 수 없기도 하다. 때로는 결말이 극적이기만 해서 이야기 흐름을 해결하는 데 도움이 되지 않거나, 놀라운 일이 아무 데서나 불쑥 튀어나오기도 한다. 대부분의 시나리오 작가에 따르면, 시나리오를 끝내는 가장 좋은 방법은 주인공을 죽게 하거나, 극단적인 경우에는 모두 죽게 하는 것이다. 이는 너무 완결적이고, 생각할 여지를 주지 않는 쉬운 방식이다. 당신은 이보다 더 잘 해낼 수 있다.

장 르누아르는 좋은 선생이란 "여러 개념 사이의 연관성을 보여 주는 사람"이라고 이야기한 적이 있다. 나는 그 말을 기억하여 시나리오 작법 시간에 응용한다. 물리학에서 뉴턴의 운동 제3법칙처럼, 시작과 결말이 연결되어 있는 것, 즉 인과 관계는 자연법칙이다. 모든 행동에는 같은 힘의 반작용이 있다.

내가 보기에, 결말은 다른 뭔가의 시작이다. 결혼이나 장례 혹은 이혼도 그러하다. 직업을 바꾸거나 관계가 끝나면 또 다른 관계가 시작된다. 새로운 도시나 지역으로 이사를 가는 것, 라스베이거스 도박장에서 돈을 따거나 잃는 것, 그 모든 것이 마찬가지다. 끝은 항상 또 다른 시작이다. 만일 암이나 심장병 같은 심각한 병을 이겨 내거나 죽을 위기를 겪고 나면, 숨 쉬는 것조차 놀라운 선물이며 기쁨과 감사를 느끼게 만드는 축복이라는 것을 깨닫고 새로운 시작을 맞게 된다.

내가 시네모빌 시스템의 이야기 담당 대표로 있을 당시에는 매일 일흔여 편의 시나리오가 책상에 쌓여 있었다. 책상 위의 시나리오 더미는 거의 줄어든 적이 없었다. 기적적으로 시나리오가 팔려 나가면, 에이전트, 프로듀서, 감독, 배우, 제작사로부터 시나리오 한 뭉치가 또 밀려들어 왔다. 나는 지겹고 엉성하게 쓰인 시나리오를 너무 많이 읽은 나머지 그 시나리오가 제대로 된 것인지 아닌지 처음 10쪽만 읽고도 알 수 있을 지경이었다. 나는 30쪽 정도에서 이야기가 설정되기를 기대했다. 그것이 제대로 되어 있지 않으면 쌓여 있는 시나리오 중에 다음 원고를 읽기 시작했다. 나는 엉터리 시나리오를 읽는 데 많은 시간을 낭비했다. 나는 하루에 시나리오를 세 편씩 읽었다. 내가 읽고 있는 시나리오의 작가가 뒤로 갈수록 잘 썼기를 바랄 만한 여유가 없었다. 이야기를 잘 설정해 출발한 작가도 있었고 아닌 작가도 있었다. 설정을 잘못했으면 '반납용 파일'이라는 휴지통에 원고를 버렸다.

이런 경험으로 미루어 보건대 자기 자신에게 이런 질문을 해 보는 편이 좋을 것이다. 당신 시나리오의 시작은 무엇인가? 시나리오가 어떻게 시작되는가? 첫 신 혹은 시퀀스는 어떤가? '페이드인' 다음에 무엇을 쓸 것인가?

당신은 10쪽 안에서 독자나 관객의 관심을 사로잡아야 한다. 바로 그 때문에 관심을 집중시키는 시퀀스로 영화의 첫 장면이 시작된다. 「죠스」피터 벤출리, 칼 고틀리프 각본, 「쇼생크 탈출」, 「디 아워스」, 「레이더스」로렌스 캐스틴 각본의 시작 부분이 그러하다. 또 「스파이더맨 2」의 피자 배달 장면이나 「맥스군 사랑에 빠지다」를 여는 꿈 시퀀스도 그렇다. 일단 이런 신이나 시퀀스, 즉 자극적인 우발적 사건을 설정하면 나머지 이야기도 설계할 수 있다.

어디에 크레디트 타이틀을 넣을까 같은 것은 걱정하지 마라. 크레디트 타이틀은 영화를 찍을 때 결정할 문제이지, 시나리오의 소관은 아니다. 크레디트 타이틀의 위치는 영화 작업에서 마지막에 결정하는 사항이며, 편집자와 감독의 몫이다. 편집된 화면과 함께 뜨든 단순하게 검은 바탕에 하얗게 뜨든, 어디에 끼워 넣든, 그건 당신의 소관이 아니다. 만일 그렇게 하고 싶다면 '크레디트 타이틀 시작' 또는 '크레디트 타이틀 끝'이라고 써 넣을 수 있겠지만, 그게 전부다. 크레디트 타이틀은 걱정하지 말고 시나리오를 써라.

할리우드에서는 시나리오를 읽고 판단하는 사람의 도움 없이는 그 누구도 시나리오를 팔 수 없다. 하고 싶은 이야기는 아니지만 "할리우드에서는 아무도 시나리오를 읽지 않는다." 프로듀서, 감독, 스타 모두 읽지 않는다. 시나리오 담당자만 읽는다. 이 영화 동네에는 시나리오를 정교하게 골라내는 시스템이 있다. 모두가 당신의 시나리오를 주말에 읽겠다고 하지만, 그것은 몇 주 안에 누군가에게 시나리오를 읽히겠다는 뜻이다. 독자, 비서, 안내원, 아내, 여자 친구, 조수 등이 바로 그들이다. 만약 읽은 사람이 평가를 좋게 하면 시나리오는 크리에이티브 디렉터(creative executive)에게 건네지고 그는 주말에 집에서 읽어 볼 것이다.

시나리오 작가는 독자가 페이지를 계속 넘기도록 만들어야 한다. 시나리오의 처음 10쪽이 절대적으로 중요하다. 처음 10쪽에서 독자들은 이야기가 잘 진행되는지 아닌지, 이야기가 잘 구성되었는지 아닌지 알게 될 것이다. 그(녀)의 관심을 낚아채는 데 10쪽을 활용해야 한다. 그 10쪽에서 무엇을 할 것인가? 어떻게 독자를 낚아챌 것인가?

자, 이제 시작 부분으로 돌아가 보자. 시나리오의 오프닝은 무엇인가? 첫 페이지를 어떻게 쓸 것인가에 대해 생각하면서 내린 창의적 결정이, 읽는 사람이 페이지를 넘기도록 만드는 핵심 요소다. 첫 장에 어떤 신과 시퀀스, 단어가 등장하는가? 무엇을 보여 줄 것인가? 시나리오를 읽는 사람이나 관객을 낚아챌 이미지나 액션을 시삭석으로 제시할 것인가? 「와일드 번치」나 「반지의 제왕」 혹은 「콜드 마운틴」의 전쟁 신처럼 시각적으로 흥미로운 액션 시퀀스인가? 로버트 타운이 「바람둥이 미용사」에서 보여 주었듯이, 어두운 침실에서 쾌락에 젖은 신음과 비명 소리가 들리고, 그러다 전화벨이 울리고 시끄럽고 집요하게 분위기를 깨면서 흥미로운 캐릭터를 소개하는 도입부를 창조할 것인가? 리 그랜트와 함께 침대에 누워 있는 워런 비티에게 다른 여자가 전화를 걸어 온다. 이런 상황은 워런 비티라는 인물에 대해 알아야 할 모든 것을 보여 준다. 「로얄 테넌바움」에서 네 명의 주인공이 성장하는 모습을 보여 주는 동안, 웨스 앤더슨과 오언 윌슨은 보이스오버(voice-over narration)로 가정 환경을 소개한다. 그것은 영화 전체를 설정하고, 가족·실패·용서라는 주제를 드러낸다.

셰익스피어는 오프닝의 귀재다. 『햄릿』처럼 난간을 걸어가는 유령을 보여 주는 액션 시퀀스로 시작하든, 『맥베스』처럼 마녀들의 미래 예언으로 시작하든, 셰익스피어는 인물의 특성을 드러내는 신을 사용한다. 『리처드 3세』에서 리처드 3세는 꼽추로 등장해서 '불행한 겨울'에 관해 탄식한다. 리어왕은 딸들에게 자신을 얼마나 사랑하는지, 액수까지 세세하게 물질적으로 환산해서 알려 달라고 요구한다. 『로미오와 줄리엣』은 합창이 나오고, 순간 정적이 흐르면서 불행한 연인들의 이야기를 요약하는 것으로 시작한다.

셰익스피어는 관객을 잘 알고 있었다. 그라운들링(groundling, 영국 엘리자베스 1세 시대에 극장 1층 바닥에 서서 연극을 보던 관객으로, 입장료가 1페니에 불과했다. ─ 옮긴이), 가난하고 억눌린 사람들, 술에 취한 사람들, 그들은 무대에서 벌어지는 일이 마음에 안 들면 배우들을 난폭하게 비난했다. 셰익스피어는 그런 관객의 관심을 낚아채 무대에 집중하도록 만들어야 했다.

오프닝은 관객을 즉각 낚아챌 수 있을 만큼 시각적으로 역동적이고 흥미로운 장면일 수 있다. 또 설명적인 오프닝으로, 인물과 상황을 서서히 설정하는 경우도 있을 수 있다. 「델마와 루이스」, 「이 투 마마」, 「아메리칸 뷰티」, 「사이드웨이」, 「퀸카로 살아남는 법」 등이 그런 경우에 속한다.

이야기가 당신이 선택하는 오프닝의 유형을 결정한다.

「대통령의 음모」는 워터게이트 빌딩을 침입하는 장면을 긴박하고 극적인 오프닝 시퀀스로 보여 준다. 「반지의 제왕: 반지 원정대」는 반지의 역사와 중간계의 상황을 알려 주면서 시작한다. 「미지와의 조우」는 어디에서 무슨 일이 벌어지는지 알 수 없는 신비하고 역동적인 시퀀스로 시작한다. 「맥스군 사랑에 빠지다」는 몽상가에 관한 이야기로, 판타지 속에서의 삶을 갈망하는 주인공의 꿈 시퀀스로 시작한다. 「줄리아」_{앨빈 사전트 각본}의 오프닝은 추억 속에 매몰되어 있는 캐릭터를 설정하면서 성찰적이고 우울한 분위기로 시작한다. 「독신녀 에리카」_{폴 마주르스키}는 논쟁하는 장면으로 시작해 기혼녀의 삶을 드러내는 장면으로 이어진다.

시나리오의 오프닝은 신중하게 고려해야 하며, 무엇에 관한 이야기인지 잘 드러나도록 시각적으로 디자인되어야 한다. 나는 많은 시나리오를 읽으면서, 실제로 작가들이 오프닝에 대해 깊이 고민하지 않는다는 점을 느꼈다. 이야기와 상관없는 시퀀스와 신이 등장하기 때문이다. 작가는 대사와 설명을 통해 이야기를 찾으려는 것처럼 보인다. 종이 위에 숏 하나, 대사 한 줄을 쓰기 전에 당신은 네 가지를 알아야 한다. 그 네 가지는 시작과 결말, 그리고 구성점 1과 구성점 2이다. 바로 이 순서대로. 이 네 가지 요소, 이 네 가지 우발적 사건이나 에피소드 또는 이벤트는 시나리오의 주춧돌이자 토대다.

시작과 결말은 얼음 조각과 물처럼 서로 연관되어 있다. 물은 일정한 분자 구조로 되어 있으며, 얼음도 제 나름대로 일정한 수정 구조로 되어 있다. 그러나 얼음이 물에 녹으면 물인지 얼음인지 그 차이를 알 수 없게 된다. 그것은 같은 물체의 부분이자 조각이다. 그것은 부분과 전체의 관계 속에서 존재한다. 시나리오의 시작을 읽고 독자들은 그 것을 계속 읽을 것인지 아닌지 결정한다. 독자는 처음 몇 장을 읽으면서 다음 세 가지를 파악해야 한다. 인물 — 누구에 대한 이야기인가. 극적 전제 — 무엇에 대한 이야기인가. 배경 — 행동을 둘러싼 상황. 독자는 처음 10쪽 안에서 이 원고를 마음에 들어할지 아닐지 결정할 것이다. 이 말을 믿을 수 없다면, 다음에 영화를 보러 가서 확인해 보라. 이 점에 관해서는 다음 장에서 좀 더 설명할 것이다.

1960년대 거장 중 하나로 꼽히는 로버트 로센의 「허슬러」는 에디폴 뉴먼가 미네소타재키 글리슨를 대동하고 당구장에 도착하는 장면으로 시작한다. 그리고 에디가 게임에 이긴 뒤 자진해서 당구의 세계를 떠나는 장면으로 끝난다. 영화가 당구 게임으로 시작하고 끝나는 셈이다.

잘 알려지지 않은 1970년대 걸작 중 하나인 시드니 폴락 감독의 「코드 네임 콘돌」에서 조셉 터너로버트 레드퍼드는 첫 대사에서 영화 전체의 극적 전제를 예견한다. "닥터 랩, 내게 온 우편물이 있습니까?" 이 질문에 대한 답은, 결국 여러 사람이 잔인하게 살해당하고 터너 자신도 목숨을 잃을 위기에 처하는 것이다. 그는 CIA(미국 중앙 정보국) 안에 또 다른 CIA가 있다는 사실을 발견하는데, 영화 끝 부분에 가서야 그 사실을 알게 된다. 그 발견은 영화를 해결하는 마지막 열쇠다.

「코드 네임 콘돌」(제임스 그레이디의 소설 『콘도르의 6일』을 로렌초 셈플 2세와 데이비드 레이피엘이 각색한 영화)의 결말은 이야기 해결의 훌륭한 사례. 시드니 폴락이 멋지게 연출한 이 영화는 전개가 빠르고 잘 구성된 스릴러로 모든 차원에서 뛰어난 작품이다. 훌륭한 연기, 뛰어난 촬영 기법, 밀도 높은 결말과 간결한 구성까지, 영화에 군더더기가 전혀 없다.

결말에서 터너는 CIA 고위급 임원이자 비밀투성이 인물 라이어넬 앳우드를 추적하여 잡아낸다. 그러나 그는 앳우드가 누구인지, 살인 사건과 어떤 관계가 있는지 알지 못한다. 해결 장면에서, 터너는 앳우드가 살인을 지시했으며 세계 석유 문제를 빙자해 CIA 안에 또 다른 CIA를 만든 책임자라고 생각할 뿐이다. 이런 상황에서 주버트^{막스 폰쉬도브}가 등장하는데, 그는 지하 정보부에 고용된 암살자로 앳우드를 난폭하게 죽인다. 그러고 나서 터너는 '회사'라고 부르는 CIA 직원으로 복귀한다. 그는 이제 편히 숨 쉴 수 있고 결국 살아남았지만, 주버트가 상기시켰듯이 '적어도 지금'에 불과하다.

느슨한 결말은 존재하지 않는다. 인물과 행동, 모든 것이 극적으로 해결되었다. 제기된 모든 질문에 대한 대답이 나왔다. 이야기는 완벽하게 완성되었다.

영화사는 엔딩 크레디트가 끝나고 신을 하나 덧붙였다. 터너와 히긴스가 《뉴욕 타임스》 건물 앞에 서 있다. 터너는 자신에게 일어난 일을 진술했고, 《뉴욕 타임스》는 그 이야기를 들었다. 그러나 히긴스는 "그걸 기사에 실을까?"라고 묻는다.

좋은 질문이다.

결말과 시작의 관계, 부분과 전체의 관계를 생각하면, 이야기의 해결은 결말과 부분으로 이루어진 전체라는 점을 알 수 있을 것이다. 해결은 결말의 씨앗으로, 일단 심어서 기르다 보면 그 씨앗은 숙성된 극적 경험 속에서 잘 자라날 것이다. 우리는 바로 그것을 갈망한다. 결말은 해결 속에서 드러나며, 해결은 시작 속에 잉태되어 있다.

만일 결말을 모른다면, 너무 단순하든 너무 진부하든 너무 행복하든 너무 슬프든 상관없이 결말이 어떻게 되기를 바라는지 자문해 보라. 제발 부탁하건대, 그들이 누구이든 간에 "사람들이 어떤 결말을 좋아할까?"라는 게임에 빠져들지 마라. 당신은 어떤 결말을 원하는가? '상업적'이든 그렇지 않든 아무 상관이 없다. 실제로 어떤 것이 상업적인지 아닌지 그 누구도 알지 못하기 때문이다.

액트 Ⅲ에서 무슨 일이 벌어지는가에 관한 에세이를 쓸 필요가 있다. 그것은 이야기 흐름을 명확하게 하는 데 도움이 될 것이다. 그러고 나서 행동을 검토해 보라. 자유롭게 연상하면서 1쪽씩 검토해 보라. 그러면서 영화를 끝내는 방식의 리스트를 만들어 보라. 하나의 숏이나 신, 시퀀스에 집착하지 마라. 만일 행동을 명확하게 만들어 낼 수 없다면, 당신은 시나리오가 어떻게 끝날지 여전히 잘 모르는 것이다. 어떻게 끝낼지에 관해 써 보라. 제작비와 상관없이, 그 어떤 것에도 상관하지 말고 써 보라. 다른 것은 생각하지 말고 어떤 생각이든 단어든 아이디어든 그냥 써 보라. 바로 이런 과정이 완성을 위한 첫 단계다. 내러티브 흐름을 모두 하나로 묶어서 마무리하는 것이 중요하다. 그래야 시나리오는 사실로 여겨지고 그 속에서 행동과 인물이 통합되어, (마음속에서) 완결된 읽기와 시각적 경험이 될 수 있다.

물론 시나리오를 끝내는 다른 방식도 존재한다. 액트 Ⅲ가 하나의 시퀀스, 즉 완전히 완결된 행동 단위인 경우도 있다. 「아폴로 13」의 결말이 그렇다. 「위트니스」나 「크림슨 타이드」도 마찬가지다. 「펄프 픽션」의 결말은 완전히 '꽉 짜여 있다.' 펌프킨팀 로스과 허니 버니아만다 플러머는 식당에서 강도 행각을 벌인다. 이것은 영화를 여는 시작과 일치한다. 시작과 끝은 연결되는 게 옳지 않은가? 이들 시나리오의 결말은 모두 액트 Ⅲ의 행동을 완결시키고 있다.

「아폴로 13」에서 세 번째 단락 전체는 우주 비행사들의 지구 귀환에 초점을 맞춘다. 달 착륙 탐사선이 우주선에서 분리되는 순간부터 지휘 본부를 오가며 펼쳐지는 행동이다. 불안한 3분은 4분이 된다. 우주 비행사들은 열 차폐(heat shield)가 그들을 보호해 줄지 아닐지조차 모른 채, 대기권을 통과하기만 기다린다. 마침내 그들이 구름을 뚫고 바다에 안전하게 착륙하여 구조되는 순간이 해결이다. 결말은 짐 러벌의 보이스오버로 정리되는데, 우주 비행사 세 명이 우주에서 고난을 겪은 후 자신들에게 어떤 일이 벌어졌는지 들려준다. 그 배경으로 항공모함에 탑승한 그들의 모습이 보인다.

「위트니스」의 액트 Ⅱ 끝에 나오는 구성점은 존 북해리슨 포드과 레이첼이 완벽한 관계를 맺는 장면인데, 그들은 새장 밑에서 포옹한다. 그 새장은 존이 처음 도착했을 때 망가뜨린 것으로, 이 부분에서 그 새장은 수리되었다. 액트 Ⅲ는 타락한 경찰 세 명이 산등성이를 타고 차를 몰고 와서 주차를 한 후, 무기를 꺼내 들고 농장으로 내려가는 장면에서 시작된다. 그들은 농장에 침입해 존 북과 어린 사무엘을 죽이려고 찾아다니고, 레이첼과 할아버지를 인질로 잡는다. 그리하여 액트 Ⅲ 전체는 총격전으로 이루어지는데, 결말은 그 행동으로부터 도출된다. 존 북은 레이첼과 어린 사무엘에게 작별 인사를 하고, 엔딩 크레디트가 올라간다. 그는 필라델피아로 돌아가는 흙투성이 길로 차를 몰고 간다.

레이첼의 구혼자인 다니엘알렉산더 고두노프은 농장으로 향한다. 「위트니스」는 모든 차원에서 잘 만들어진, 작지만 위대한 영화다. 끝이 곧 또 다른 시작임을 증명해 보인다.

「크림슨 타이드」마이클 시퍼는 조금 다른 사례다. 구성점 2에서 비상조치 메시지 일부를 받고 그것을 해독하는 동안 덴절 워싱턴과 진 해크먼은 핵미사일 발사 카운트다운을 놓고 불편한 긴장 관계에 놓인다. 액트 Ⅲ는 하나의 시퀀스인데, 핵미사일 발사를 취소하라는 완전한 메시지가 도착하면서 마침내 끝이 난다. 그것이 해결이다.

결말은 뭔가 다르다. 행동이 완결되고 나서 꼬리가 약간 붙는다. 해군 재판이 열리는데, 두 사람의 행동이 모두 옳았다는 결정이 내려진다. 왜냐하면 해군법에 이러한 상황에 관한 명확한 규정이 없기 때문이다. 진 해크먼은 임무에서 벗어나 은퇴하고 덴절 워싱턴은 함장으로 승진해 잠수함의 지휘권을 얻는다.

다른 두 관점이 해결되고 완결되었다. 좋은 결말이 갖춰야 할 요소를 보여 준 것이다.

그렇다면 무엇이 좋은 결말을 만드는가? 무엇보다도 우선 이야기를 만족시켜야 한다. 즉 마지막 페이드아웃이 나오고 영화관을 나서면서, 우리는 뿌듯하고 영화에 만족하기를 원한다. 그것은 마치 맛있게 식사를 하고 식탁을 떠나는 기분과 같다. 결말이 효과적으로 잘 작동하면 뿌듯하고 만족스러운 느낌이 든다. 물론 이야기에 설득력도 있어야 할 것이다.

시나리오를 쓸 때 당신은 최상의 결말을 원할 것이다. 또 이야기 흐름이 진실하기를 원할 것이다. 어떤 속임수나 인위적인 요소로 억지를 부려서는 안 된다. 때로는 마음속에 떠오르는 특별한 결말을 가슴에 품은 채 시작할 수도 있고, 그것을 바탕으로 이야기의 구조를 짤 수도 있을 것이다. 그러나 이야기를 쓰는 와중에 갑자기 결말에 대해 더 좋은 생각이 떠오를 수도 있다. 그러면 그것을 받아들여라. 바꿔라. 그 편이 더 나은 결말일 수도 있다. 당신의 창의성과 직관을 믿어야 한다. 그런데 글을 쓰면서 결말이 바뀔 수도 있음을 수용하는 것도 좋지만, 그렇다고 결말을 모른 채 글쓰기를 시작하라는 뜻은 아니다.

결말 개념을 요약하고 나서 반드시 기억해야 할 가장 중요한 명제가 있다. 결말은 시작으로부터 나온다. 누군가 혹은 뭔가 행동을 시작하면, 그 행동이 해결되는 방식이 곧 이야기 흐름이 된다.

속담에 '천 리 길도 한 걸음부터.'라는 말이 있다. 많은 철학 체계에서 알 수 있듯이 시작과 끝은 연결된다. 음양론에서 보듯이, 중심이 겹치는 두 원은 하나로 만난다. 그것은 영원히 결합하고, 또한 영원히 대립한다.

이런 점을 시나리오를 표현하는 방법에서 찾을 수 있다면 당신은 매우 유리해질 것이다.

이는 공부하면서 습득할 수 있는 부분이다. 읽을 수 있는 만큼 많은 시나리오를 읽어라. 시나리오를 다운로드할 수 있는 웹 사이트도 많이 있다. 구글에서 시나리오라고 치고 사이트들을 검색해 보라. 할 수 있는 만큼 많은 영화를 보고 분석하라. 적어도 일주일에 두 편 정도는 극장에서 혹은 DVD나 비디오로 보고 분석하라. 이제 영화는 모든 사람에게 열려 있다. 당신은 모든 종류의 영화, 즉 좋은 영화, 나쁜 영화, 외국 영화, 옛날 영화, 최근 영화 등을 볼 수 있다. 당신이 보는 모든 영화가 배움의 경험이 될 것이다. 영화를 관찰하다 보면 제작 과정을 볼 수 있고 시나리오에 관한 지식을 확장할 수 있다. 영화를 기능별로 볼 수 있는 능력을 길러야 한다. 영화에 대해 이야기하라. 친구나 사랑하는 사람과 함께 영화에 대해 말하고 토론하라. 그 영화의 구조를 분리해

낼 수 있는지, 그 영화가 패러다임에 맞는지 아닌지 살펴보라.

자, 시나리오를 쓰기 시작하는 최고의 방법은 무엇인가.

당신의 결말을 아는 것이다.

캣 스티븐스는 「시팅Sitting」에서 이렇게 노래한다.

인생은 문들로 이루어진 미로와 같다.

당신이 있는 쪽에서 문이 열린다.

할 수 있는 한 힘껏 밀어라.

당신이 출발했던 곳으로 되돌아올 수 있을 것이다.

시작과 끝, 그것은 동전의 양면이다.

시나리오의 결말을 정하라. 그리고 나서 시작 부분을 구상하라. 시작에는 기본 규칙이 있다. 시작이 이야기를 움직이게 만드는가? 시작 부분에서 주인공의 캐릭터를 설정했는가? 극적 전제를 보여 주고 있는가? 배경 상황을 보여 주는가? 인물이 맞닥뜨리고 극복해야 하는 문제를 설정했는가? 인물의 극적 요구를 보여 주고 있는가?

07 ——— 이야기
설정하기

"바보 같은 자식, 네게 불문율이 뭔지 말해 주지.

그게 누구든 사람을 죽이고 빠져나가려면 부자여야 해.

너는 네가 그 정도로 부자라고 생각해?

그 정도 수준이 된다고 생각하느냐고?"

— 「차이나타운」(로버트 타운)

7. 이야기 설정하기

뉴턴의 운동 제3법칙에 따르면 "모든 움직임에는 작용과 반작용이 있다." 이 법칙은 근본적으로 모든 것이 연결되어 있다는 점을 보여 준다. 우리는 상호 관계 속에 존재한다. 우리는 지구와의 관계 속에 존재하며, 모든 살아 있는 것들과의 관계, 우주와의 관계 속에 존재한다. 바로 이런 점을 두고 "참새가 떨어지는 데에도 특별한 섭리가 있다."라고 셰익스피어가 말한 것이다.

시나리오에도 같은 법칙이 적용된다. 모든 것이 연결되어 있다. 구조에 관한 두 번째 정의로 돌아가 보면 "부분과 전체 사이에는 인과 관계가 성립한다." 당신이 하나의 신 혹은 10쪽에 나오는 대사 한 줄을 바꾸면, 그것이 80쪽에 나오는 신이나 대사 하나에까지 영향을 끼친다. 결말에서 몇 가지 요소를 바꾸면, 시작 부분에서 몇 가지 요소를 더하거나 삭제해야 한다. 시나리오는 하나로 된 전체이며, 모든 부분과 직접적인 관계를 맺으며 존재한다. 그러므로 맨 처음, 즉 첫 페이지, 첫 단어에서부터 이야기를 시작해야 한다. 이미 말했듯이, 10쪽 전후에 독자를 사로잡느냐 마느냐가 결정된다. 따라서 이야기를 그 부분에서 바로 설정해야 한다.

어떤 일이 벌어질지 독자가 첫 단어에서부터 즉각 알 수 있어야 한다. 대화로 상황을 설명하면서 이야기를 설정하는 것은 행동을 지연하고 이야기의 진전을 방해한다. 시나리오는 영상으로 들려주는 이야기라는 점을 기억하라. 따라서 이야기를 시각적으로 구성하는 것이 중요하다. 독자는 누가 주인공인지, 극적 전제가 무엇인지, 무엇에 관한 이야기인지, 극적 상황과 행동을 둘러싼 배경이 무엇인지 알 수 있어야 한다.

이들 요소가 처음 10쪽 안에 나와야 한다. 「레이더스」, 「매트릭스」, 「반지의 제왕: 반지 원정대」처럼 액션 시퀀스로 시작하든, 「쇼생크 탈출」, 「피아니스트」, 「미스틱 리버」^{브라이언 헬걸런드}처럼 극적 시퀀스로 시작하든 마찬가지다. 독자는 무엇에 관한 이야기이며, 누가 주인공인지 알 수 있어야 한다. 나는 학생들에게 처음 10쪽은 시나리오에서 하나의 통합된 단위 또는 블록이어야 한다고 강조한다. 모든 것이 그것에서부터 뒤따라오기 때문에 첫 부분은 효율적이고 극적으로 구성하며 써야 한다.

나는 이 장을 준비하면서 바로 그 점에 관해 다시 생각해 보았다. 나는 『시나리오란 무엇인가』 초판에서 인물과 상황이 상호 작용하는 이야기로서, 시나리오를 구성하는 데 있어 최선의 방식을 보여 주는 예로 「차이나타운」을 활용했다. 물론 다른 영화들도 검토됐지만, 여전히 「차이나타운」으로 돌아가게 된다. 이 영화의 처음 10쪽은 이야기를 설정하는 사례로 여전히 완벽하다.

이제 「차이나타운」은 미국 시나리오의 고전으로 대접받고 있다. 이 작품은 1970년대, 즉 미국 시나리오 역사에서 사실상 르네상스라고 할 만한 시기에 쓰여 제작되었다. 이 영화가 「대부」, 「지옥의 묵시록」,

「대통령의 음모」, 「미지와의 조우」, 「잃어버린 전주곡」캐럴 이스트먼, 「애니
홀」, 「줄리아」, 「귀향」 혹은 그 후에 등장한 「분노의 주먹」폴 슈레이더, 마르딕
마틴, 「사관과 신사」더글러스 데이 스튜어트, 「늑대와 춤을」, 「델마와 루이스」, 「포
레스트 검프」에릭 로스, 「펄프 픽션」쿠엔틴 타란티노, 「유주얼 서스펙트」크리스토퍼
맥퀘리 등보다 '뛰어나다'는 의미는 아니다. 위의 모든 작품은 시나리오가
어떻게 구성되는지 보여 주는 훌륭한 사례. 이 모든 작품을 검토한 후
나는 「차이나타운」이 여전히 가장 효과적이라고 결정했다.

　왜 그럴까? 「차이나타운」은 모든 차원에서 잘 만든 영화이기 때
문이다. 이야기, 인물, 역사적 관점, 시각적 역동성, 그리고 무엇보다
도 시나리오를 하나의 기법으로 설명해 주는 근본 요소를 갖추고 있
다. 미스터리 스릴러 장르에 속하는 이 영화는 레이먼드 챈들러의 전
통을 따르고 있다. 로버트 타운은 이야기의 극적 배경으로 1900년대
초 오언스 밸리 스캔들을 활용했지만, 실제 이야기는 1937년 로스앤젤
레스가 변모하는 시점으로 거슬러 올라간다. 이런 식으로 로버트 타운
은 15~16세기의 플랑드르 화가들처럼 영화 창작에서 혁신적인 기법
을 만들어 냈다. 플랑드르 화가들은 벨기에 지방 후원자들의 초상화를
이탈리아 풍경 속에 그려 넣었는데, 이것이 미술사의 흐름을 바꿔 놓은
사건이었다.

　나는 그동안 「차이나타운」에 관해 많은 글을 써 왔다. 지금도 여
전히 그 영화를 처음 봤을 때, 그러니까 파라마운트사에서 있었던 전
문가 시사회를 생생하게 기억한다. 그 시절 나는 시네모빌에서 일했는
데, 파라마운트사 정문에 들어설 무렵 보슬비가 내리고 있었다. 초저녁
눅눅한 공기를 뚫고 걸어가면서 나는 마음속으로 별로 가고 싶지 않다
고 생각했다. 그날은 엄청 분주했고 스트레스도 쌓여 있었다. 나는 하
루 분량의 시나리오를 읽었고, 하루 분량의 일상적인 회의에 참석했으

며, 한 작가를 만나 늦은 점심을 아주 많이 먹고 와인도 엄청나게 많이 마셨던 것으로 기억한다. 나는 갈증을 느꼈고 감기 기운도 있었다. 따뜻한 물에 오랫동안 목욕을 하고, 맛있는 차 한 잔을 마신 후에 침대에 누워 있는 것보다 더 좋은 건 없을 거라는 생각이 들었다.

영화가 시작되고 이야기가 펼쳐지면서, 비판적인 생각이 들었고 영화에 대해 불만을 토로하는 소소한 대화를 하기 시작했다. 영화는 평이했고 인물은 따분하고 일차원적으로 보였다. 영화의 진가를 알아보기도 전에 나는 졸았다. 이 영화에서 내가 얼마나 많은 것을 놓쳤는지조차 몰랐다. 다른 무수한 밤처럼 그날 밤도 시사실에서 보냈지만, 나는 정작 거기에 없었다.

영화의 마지막 대사, "잊어버려, 제이크……. 여긴 차이나타운이잖아."를 들었을 때, 바로 그것이 내가 원하던 것이었다. 집에 도착할 무렵 나는 이미 그 영화를 다 잊어버렸다.

나는 그런 식으로 「차이나타운」을 처음 만났다.

그리고 얼마 후 로버트 타운을 인터뷰할 기회가 있었다. 이야기 중에 인물들, 특히 잭 니컬슨이 맡은 제이크 기티스라는 인물을 어떻게 만들어 냈는지 물어보았다. 그는 인물에게 접근할 때 흔히 스스로에게 물어보는 첫 질문이 "이 인물은 무엇을 두려워하는가?"라고 했다. 달리 말하면 "그(녀)의 가장 큰 두려움은 무엇인가?"다. 기티스는 '비밀스러운 사생활' 전문인 사설탐정으로 평판이 자자한 인물이다. 그래서 그는 늘 '멋지게 보이려' 하며 좋은 인상을 주려 한다. 그는 깔끔하게 빼입고, 매일 구두를 닦고, 자기 자신만의 윤리 원칙을 지킨다. 말로 표현하지는 않았지만, 깊이 내재해 있는 기티스의 두려움 때문에 오히려 그는 진지해 보이지 않고 어리석어 보인다.

로버트 타운이 말하는 내용과 그의 말하는 방식 모두 내게 깊은 감동을 주었다. 그는 열린 태도를 보여 주었으며, 통찰력이 있었고 명료했으며, 매력적이었고 매우 박식했다. 이 모두 내가 진정으로 존경할 만한 덕목이었다. 깊은 감명을 받은 나는 「차이나타운」을 다시 보기로 했다. 처음에 영화를 보았을 때 놓쳤던 것들, 로버트 타운이 말해 준 인물과 이야기에 관한 작은 뉘앙스를 찾아낼 수 있는지 확인하고 싶었다.

그래서 어느 날 밤 일이 끝나고 그 영화를 다시 보러 갔다. 이번에는 무고한 희생자인 에벌린 멀레이가 차이나타운에서 죽는 결말에 이르렀을 때, 영화를 제대로 봤다는 느낌이 들었다. 익숙한 마지막 대사, "잊어버려, 제이크 ……. 여긴 차이나타운이잖아."를 들었을 때, 나는 감동을 받았고 영감을 얻었다. 그 후 며칠 동안 내내 영화가 내 마음속에 맴돌았고, 몇몇 장면은 계속 떠올랐다.

「차이나타운」에 관한 내 경험은 말 그대로 발견의 과정이었다. 우리는 물이 새 나가는 이유와 몇몇 살인 사건을 추적하면서 제이크 기티스가 퍼즐을 풀어 나가는 과정을 하나씩 따라갔다. 그와 동시에 기티스를 통해 지금 무슨 일이 벌어지는지 알게 되었다. 연결되지 않은 것처럼 보이는 정보가 하나씩 연결되는 것처럼, 관객과 인물은 하나로 연결되어 있었다. 관객은 영화를 보면서 이 거대한 퍼즐을 맞춰 나가게 된다.

화면에 나오는 첫 이미지, 공원에서 정사를 벌이는 남녀를 보여 주는 일련의 사진을 보고 영상으로 이야기를 들려주고 있음을 깨닫게 된다. 이들 사진 위로 그 여자의 남편 컬리의 신음과 탄성이 들린다. 무엇을 보여 주는 장면인가? 주인공 제이크 기티스가 무슨 일을 하며 먹고 사는지 보여 주는 것이다. 그는 부정(不貞)한 배우자 추적과 이혼 전문 사설탐정이다. 누군가 말했듯 "사람들의 더러운 구석을 캐는" 인물이다. 바로 그것이 그의 직업이다.

7. 이야기 설정하기

제이크라는 인물은 그가 하는 일, 행동으로 정의된다. 로버트 타운은 첫 신에서 이야기를 설정한다. 가짜 멀레이 부인^{다이앤 래드}이 제이크에게 남편이 누구와 바람을 피우는지 조사해 달라고 의뢰하자, 그는 홀리스 멀레이를 미행하기 시작한다. 그가 미행하면서 알게 되는 것을 관객도 알게 된다.

멀레이를 미행하던 기티스가 말라붙은 로스앤젤레스 강바닥과 바다까지 따라갔다가 물이 바다로 빠져나가는 것을 목격했을 때, 그의 오랜 추적은 보상을 받는다. 몇 시간 후 그는 차로 돌아와 차창에 낀 "우리 도시는 목이 말라서 죽어 간다.", "우리 도시를 구하자."라고 적힌 전단을 집어 든다.

물이라는 주제는 이야기를 구성하는 핵심 고리다. 물과 이야기의 연결 고리를 따라잡기 시작했을 때, 나는 "자네는 무슨 일이 벌어지는지 안다고 생각하지만, 내가 보기에 자네는 아무것도 몰라."라고 말하는 노아 크로스를 대면한 기티스가 된 느낌이 들었다.

액트 I 결말에서 기티스가 문제의 '소녀'를 찾아내 사건이 종결될 때, 그는 신문 1면에 자신이 찍은 사진이 실린 것을 발견한다.(이 신의 배경을 자세히 보면 물 부족으로 차가 과열된 장면을 볼 수 있다.) 헤드라인에는 '스캔들'이라고 쓰여 있다. 제이크가 사무실로 돌아오는데, 어떤 여자가 그를 기다리고 있다. 바로 페이 더너웨이다. 그녀는 그들이 서로 만난 적이 없다는 사실을 확인하면서, 남편의 외도를 알아보기 위해 그를 고용한 적이 없다는 점을 명확하게 못 박는다. "제가 바로 에벌린 멀레이입니다."라고 진짜 멀레이 부인이 말한다.

이것이 영화의 핵심 사건이다. 즉 이야기를 풀어 가는 '열쇠'다. 만일 페이 더너웨이가 진짜 멀레이 부인이라면, 멀레이 부인이라고 주장하면서 기티스를 고용한 다이앤 래드는 누구인가? 그녀는 왜 그랬을까? 이런 질문이 기티스를 행동하게 만든다. 그것이 바로 이야기의 진정한 시작이다.

서로 관련 없어 보이는 이들 신 사이의 관계가 이야기 전체를 설정한다. 모든 신, 모든 정보, 심지어 아주 하찮아 보이는 작은 요소도 이야기에 관한 뭔가를 드러내며, 진짜 에벌린 멀레이가 등장하는 순간까지도 끌어낸다. 이런 전반적인 극적 행동 단위를 통해 세 가지 요소가 구축됨을 확인할 수 있다. 주인공은 누구인가? 무엇에 관한 이야기인가? 극적 상황은 어떤가? 여기에서 상황은 행동을 둘러싼 환경을 가리킨다. 이를테면 "로스앤젤레스는 목이 말라서 죽어 간다."와 같다.

처음 10쪽은 전체 시나리오를 설정한다. 「차이나타운」의 처음 10쪽 다음에 전개되는 사건은 이미 예견된 일이다. 시나리오를 깊이 읽어 보라. 로버트 타운이 주인공을 어떻게 설정하고, 극적 전제를 어떻게 소개하며, 극적 상황을 어떻게 드러내는지 알 수 있을 것이다.

(참조 — 시나리오 형식에 관한 모든 질문은 10장에서 다룰 예정이다.)

(1쪽)

「차이나타운」

시나리오(로버트 타운)

페이드인

화면 전체에 비치는 사진

이 사진은 입자가 거칠지만 남녀 한 쌍의 정사 장면임이 확실하다.

고통스러운 남자의 신음 소리. 사진이 떨어지면, 또 다른 사진이 나타난다. 계속 다른 사진들이 보여진다. 더욱 심한 신음 소리.

컬리의 음성 (고함치듯이) 오, 세상에!

기티스의 사무실 내부

컬리가 기티스의 책상 위에 사진들을 던진다. 컬리는 기티스 앞에 우뚝 선 채로 있다. 작업복 속에서는 땀이 흐르고 있다. 컬리의 숨소리가 점점 가빠진다. 땀방울이 기티스의 빛나는 책상 위에 떨어진다.

기티스는 메모를 한다. 환풍기가 머리 위에서 돌아가고 있다. 기티스는 환풍기를 노려본다. 그는 더위에도 불구하고 시원해 보이며, 흰 리넨 양복 덕분에 시원하고 산뜻해 보인다.

기티스는 컬리에게 시선을 고정한 채 그의 책상 위에 놓여 있는 못으로 고정된 라이터를 켜고 담배에 불을 붙인다.

컬리는 다시 근심스럽게 흐느끼며, 돌아서서 주먹으로 벽을 치면서 쓰레기통을 힘껏 발로 찬다. 그는 다시 흐느끼기 시작하면서 그의 주먹 자국이 새겨진 벽을 따라 미끄러진다. 그 충격으로 벽에 걸려 있던 영화배우 사진이 옆으로 기울어진다.

컬리는 블라인드로 미끄러져 들어가 무릎을 굽힌다. 그가 흐느껴 울고 있다.

그는 고통에 몸부림치며 블라인드를 물어뜯는다.

기티스는 의자에서 꼼짝하지 않고 앉아 있다.

기티스   됐어. 그만하면 충분해. 컬리, 베네치아제 블라인드를 먹을 수는 없
                  지. 난 이번 수요일에 그 블라인드를 새로 달았어.

컬리는 천천히 반응을 보이며, 울면서 일어선다. 기티스는 책상으로 다가가 유
리잔을 꺼내면서 비싼 위스키 병은 그냥 두고 재빨리 값싼 버번 병을 골라 잡
는다.

기티스는 잔 가득 술을 따른다. 그는 책상을 가로질러 컬리에게 잔을 건네
준다.

(2쪽)

기티스   건배하자고!

컬리는 말없이 잔을 노려본다. 그는 갑자기 잔을 들고 단숨에 들이켠다. 그는
다시 기티스의 맞은편 의자로 돌아가 앉고는 소리 없이 울기 시작한다.

컬리   (약간 편안해져서) 그녀는 나빠요.
기티스   내가 자네에게 무슨 말을 할 수 있겠나? 자네가 옳아. 자네가 옳으
                  면 옳은 거야, 옳은 거라고.
컬리   생각할 가치도 없어.

기티스는 컬리에게 병을 준다.

기티스	자네가 전적으로 옳아. 나라면 그 여자에게 더는 미련을 갖지 않겠네.
컬리	(자신의 잔에 술을 따르며) 기티스 씨, 당신은 늘 아무렇지도 않죠. 그게 당신 직업인 건 나도 알아요. 아무튼 당신은 늘 괜찮군요.
기티스	(몸을 뒤로 젖히며 다소 가벼운 숨을 쉰다.) 고맙군, 컬리. 날 제이크라고 부르게.
컬리	고마워요. 내가 무슨 생각을 하는지 알고 있어요, 제이크?
기티스	뭘 말인가? 컬리?
컬리	난 그녀를 죽이겠다고 생각했죠.

(3쪽)

더피와 월시의 사무실 내부

기티스의 사무실보다 눈에 띄게 검소한 사무실, 책상 사이에 잘 꾸민 검은 머리의 여자가 신경질적인 태도로 앉아 있다. 머리에는 베일이 달린 필박스 모자를 쓰고 있다.

여자	나는 기티스 씨가 이 사건을 개인적으로 맡아 주기를 바랐는데요.
월시	(낙심한 사람을 달래는 태도로) 당신이 우리 질문에 대답하면, 그 후에 기티스 씨를 만날 수 있습니다.

기티스의 사무실에서 신음 소리가 들린다. 유리 깨지는 소리처럼 들린다. 여자의 모습이 옆으로 비친다.

기티스의 사무실 내부—기티스와 컬리

166

기티스와 컬리가 책상 앞에 서 있다. 기티스는 앞에 우뚝 서서 가쁘게 숨을 몰아쉬는 컬리를 노려보고 있다. 기티스는 책상 위에 떨어진 땀을 손수건을 꺼내 닦는다.

컬리   (울면서) 그들이 그것 때문에 그놈을 죽인 건 아니에요.

기티스   죽이지 않았다고?

컬리   당신 부인 때문은 아니에요. 그선 묵시석인 법이죠.

기티스는 책상 위의 사진을 내리치며 소리친다.

기티스   자네 같은 바보 자식에게 묵시적인 법이 뭔지를 말해 주지. 누군가를, 아무나를 죽이고도 빠져나오려면 부자라야 해. 자네가 그 정도 부자라고 생각하나? 그 정도 수준이 된다고 생각하느냐고?

(4쪽)

컬리는 약간 주춤한다.

컬리   아니요.

기티스   절대로 그렇지 못하지. 자네는 내게 지불할 능력조차 없지 않나.

기티스의 말은 컬리를 더욱 풀이 죽게 만드는 듯하다.

컬리   다음 출장에는 나머지를 지불하죠. 우리는 성 베네딕트 부근에서 가다랑어 60톤을 잡았죠. 가다랑어는 참치나 다랑어처럼 값이 나가지는 않거든요.

기티스   (컬리를 안심시키며 사무실에서 데리고 나온다.) 그만두라고. 나는 단지 상황을 설명하려고 말한 것뿐이니까.

사무실 입구

기티스는 바로 그의 앞을 지나는 소피를 살짝 피한다.
문만 열면, 그 문의 불투명 유리창에 다음과 같이 쓰인 간판을 볼 수 있다.
J. J. 기티스 사무실 ─ 비밀 조사.

기티스　　　난 자네 돈을 전부 바닥낼 생각은 없어.

기티스는 컬리를 팔로 감싸며 미소를 지어 보인다.

기티스　　　(계속해서) 내가 어떤 놈이라고 생각하나?
컬리　　　　고마워요, 기티스 씨.
기티스　　　제이크라고 부르게. 조심해서 운전하게, 컬리.

기티스는 곧 문을 닫는다. 그의 얼굴에서 미소가 사라진다.

(5쪽)

기티스는 입속으로 무언가 중얼거리며 손을 흔든다.

소피　　　　멀레이 부인, 월시 씨, 더피 씨랑 당신을 기다리는데요.

기티스는 고개를 끄덕이며 안으로 들어간다.

더피와 월시의 사무실 내부

168

기티스가 들어가자 월시가 일어선다.

월시　　　멀레이 부인, 기티스 씨입니다.

기티스는 멀레이 부인 쪽으로 다가가 다정하고 너그러운 미소를 지어 보인다.

기티스　　안녕하십니까, 멀레이 부인?
멀레이 부인　기티스 씨……
기티스　　자, 그런데 무슨 문제가 있죠, 멀레이 부인?

그녀는 깊이 숨을 들이쉰다. 설명하기가 쉽지는 않은 것 같다.

멀레이 부인　내 생각엔 남편이 다른 여자를 만나고 있어요.

기티스는 가벼운 충격을 받은 것처럼 보인다. 그는 동료 둘에게 동의를 구하듯 돌아선다.

기티스　　(심각하게) 그럴 리가…… 정말입니까?
멀레이 부인　사실이에요.
기티스　　안됐군요.

기티스는 의자를 당겨 더피와 월시 사이에 있는 멀레이 부인 옆에 앉는다. 더피는 소리 내서 껌을 씹고 있다.

(6쪽)

기티스는 더피에게 신경질적인 시선을 던진다. 더피는 껌 씹는 걸 멈춘다.

멀레이 부인 둘이서 조용히 이야기할 수 있을까요? 기티스 씨?

기티스 괜찮아요, 멀레이 부인. 여기 두 분은 나와 같이 일하는 동료이고, 내 일을 도와줍니다. 나 혼자선 일을 할 수 없죠.

멀레이 부인 물론 그렇겠죠.

기티스 자, 그럼 …… 왜 남편이 다른 여자와 관계가 있다고 확신하십니까?

멀레이 부인 부인이라면 누구나 알 수 있어요.

기티스는 한숨을 내쉰다.

기티스 멀레이 부인, 남편을 사랑하십니까?

멀레이 부인 (놀란 듯한 태도로) 물론이죠.

기티스 (신중하게) 그렇다면 그냥 집에 돌아가시고 그 일은 잊어버리세요.

멀레이 부인 그렇지만 …….

기티스 (멀레이 부인을 뚫어질 듯 응시하며) 남편도 당신을 사랑하는 게 분명해요. "잠자는 개는 그냥 두라."는 말 아시죠? 모르는 게 약이죠.

(7쪽)

멀레이 부인 (근심스러운 기색으로) 그렇지만 난 알아야만 해요!

그녀의 호소는 너무 절실하다. 기티스는 두 동료를 바라본다.

기티스 좋아요. 남편의 이름이 뭡니까?

멀레이 부인 홀리스, 홀리스 멀레이예요.

기티스 (놀란 태도로) 수력 발전소의……?

멀레이 부인은 창피한 듯 고개를 끄덕인다. 기티스는 새삼스럽게 멀레이 부인의 차림새, 핸드백과 구두 등의 세세한 부분을 조심스럽게 눈여겨본다.

멀레이 부인 남편은 최고 기술 책임자죠.
더피   (관심을 약간 보이며) 최고 기술 책임자라고요?

기티스는 멀레이 부인에게 질문하고픈 눈치를 더피에게 보낸다. 멀레이 부인은 고개를 끄덕인다.

기티스   (신중한 태도로) 이런 종류의 조사는 부인이 돈을 대기가 힘들 거예
            요. 시간도 많이 걸리죠.
멀레이 부인 돈은 얼마든지 지불할 수 있어요, 기티스 씨.

기티스는 한숨을 쉰다.

기티스   좋아요. 무얼 할 수 있는지 생각해 보죠.

시청 건물 밖, 아침

더위가 주변을 감싸고 있다.

(8쪽)

술 취한 남자가 분수 속에서 손가락을 이용해 코를 풀고 있다.
잘 차려입은 기티스가 술 취한 남자를 지나쳐 계단을 올라간다.

시 위원회실 내부

전 시장 샘 배그비가 연설을 하고 있다. 그 뒤로 커다란 지도와 굵은 글씨가 보인다.
〈알토 밸리조 댐과 저수지에 관한 제안〉
배그비 전 시장이 말하는 동안 몇몇 시 위원은 황색 신문에 실린 가십 기사를
읽고 있다.

배그비   여러분, 오늘 이 문을 나서서 오른쪽으로 돌아 차를 타고 나가면,
          25분 내에 태평양에 도착할 수 있습니다. 지금 여러분은 태평양에
          서 수영할 수 있고, 낚시나 보트를 즐길 수 있지만, 그 물을 마시거
          나 잔디에 줄 수는 없습니다. 이 점을 명심하시기 바랍니다. 우리는
          바다 옆에 살지만, 우리는 또한 사막 바로 가장자리에 산다는 사실
          을, 로스앤젤레스는 사막 사회입니다. 이 건물과 도로 저편에는 사
          막이 있습니다. 물이 없다면, 모래바람이 일어나 우리를 덮칠 것이
          고 우리는 살아남을 수 없을 것입니다! (잠시 사이를 두고, 사람들의
          반응을 살핀다.)

기티스―통로

추레한 차림의 농부들 옆에 앉은 기티스는 지루한 듯 하품을 한다.

배그비   (오프 사운드로 계속해서) 알토 밸리조는 그런 위험에서 우리를 구
          해 줄 수 있습니다. 850만 달러로 사막으로부터 거리를 보호할 수
          있다는 제안을 하는 바입니다.

                                                              (9쪽)

시 위원회실 ― 청중

농부들, 비즈니스맨들, 시 공무원들이 큰 관심을 가지고 듣고 있다. 몇 명의 농부들은 박수를 친다. 누군가 그들을 제지한다.

시 위원회

시 위원   (배그비에게) 배그비 시장 …… 다시 담당 부처의 이야기를 듣도록
          하죠. 우선 수력 발전소의 멀레이 씨의 이야기를 듣는 게 좋겠군요.

기티스의 반응

기티스는 관심을 가지고 단상을 쳐다본다.

멀레이

뒤에 걸린 커다란 지도 앞으로 나아간다. 그는 마른 체구의 60대 남자다. 안경을 꼈으며, 행동이 놀랍도록 유연하다. 그가 그보다 작은 젊은 남자에게 고갯짓을 한다. 남자가 지도를 넘긴다.

멀레이   여러분께서는 잊었을지 모르지만, 밴더립댐이 파괴되었을 때, 500명
          이상이 목숨을 잃었습니다. 여기 가운데 부분은 이 바위가 밴더립
          참사의 원인이었던 혈암석과 비슷하다는 것을 보여 주고 있습니다.
          이런 종류의 압력을 견딜 수는 없습니다. (새로운 도표를 가리키며)
          지금 여러분은 높이 120피트, 1만 2000에이커의 수면에 해당하는

댐을 제안하고 있습니다. 그 정도로는 지탱이 안 됩니다. 나는 그런 댐은 지을 수 없습니다. 이유는 간단합니다. 그런 종류의 실수를 두 번 할 수는 없으니까요. 감사합니다.

(10쪽)

멀레이는 도표에서 물러나 자리에 앉는다. 갑자기 뒤편에서 소란스러운 소리와 짐승의 울음소리가 난다. 붉은 얼굴의 농부 하나가 말라빠진 양들을 몰고 나타난다. 장내가 웅성댄다.

시 의회장   (농부에게 소리치며) 여기가 어디라고 이런 짓을 하나? (양들의 울음소리가 요란하다.) 그 더러운 것을 여기에서 끌고 나가!

농부   (뒤를 돌아보며) 어디로 데려갈지 말해 봐요. 빨리 대답할 말이 없죠, 그렇죠?

시청 감시원과 무장 경관이 시 의회 요청에 따라 양들을 내몰며 멀레이를 공격하려는 농부를 제지한다.

농부   (뒤돌아보며, 멀레이에게) 당신은 계곡물을 훔치고, 목장을 망치고, 내 가축을 굶주리게 했어. 누가 당신에게 그런 일을 시켰지? 멀레이, 난 그걸 알고 싶다고!

(이하 생략)

도입부 장면은 여기서 끝나고 이어 로스앤젤레스에서 기티스가 멀레이를 망원

경으로 감시하는 장면으로 연결된다.

처음 10쪽을 주의 깊게 살펴보자.

주인공 제이크 기티스^{잭 니컬슨}는 그 사무실에서 컬리 부인이 부정을 저지르는 사진을 보여 주는 모습으로부터 소개된다.

우리는 기티스에 관한 사실을 알게 된다.

예를 들어 1쪽에서 기티스가 "더위에도 불구하고 흰 리넨 양복 덕분에 시원하고 산뜻해 보인다."는 점을 발견할 수 있다. 그는 "책상 위에 떨어진 땀을 닦는 데 손수건을 사용하는" 깔끔한 남자로 묘사되어 있다. 처음 몇 쪽을 지나, 그가 시청 계단을 올라가는 장면에서 그는 완벽한 정장 차림을 하고 있다. 이러한 시각적 묘사는 그의 개성을 반영한 성격적 특성을 느끼게 해 준다. 반면 기티스의 외형적 특징은 묘사되어 있지 않다는 점에 주목하라. 그가 크다거나 작다거나 말랐다거나 뚱뚱하다거나 하는 점은 묘사되어 있지 않다. 그는 마음씨가 좋은 사람 같아 보인다. 그는 "자네 돈을 전부 바닥낼 생각은 없어."라든지 "내가 어떤 놈이라고 생각하나?"라고 묻는다. 그러나 그는 '비싼 위스키 병은 그냥 두고 재빨리 값싼 버번 병'을 골라 컬리에게 권한다. 그는 속물적이지만 어느 정도의 매력과 세련미를 갖추고 있다. 그는 자신의 이름이 새겨진 셔츠와 실크 스카프, 반짝이는 구두로 치장하고, 적어도 일주일에 한 번 정도는 이발소에 가는 사람이다.

4쪽에서 타운은 극적인 상황을 시각적으로 묘사하고 있다. '불투명 유리창에 J. J. 기티스 사무실 ─ 비밀 조사라고 쓰인 간판이 보인다.' 기티스는 이혼 문제 전문가로 유명한 사립탐정이며 로치 경관이 말했듯, "다른 사람의 더러운 관계"에 대한 전문가다. 후에 우리는 그가 한때 경찰이었고 경찰에 대해 콤플렉스가 있는 사람이란 사실을 알게 된다. 기티스가 차이나타운을 떠난 후 에스코바르가 경위가 되었다고 말할 때, 사립탐정이 된 기티스는 질투에 몸부림친다.

극적인 암시는 5쪽에서 멀레이 부인이 제이크 기티스에게 "내 생각엔 남편이 다른 여자를 만나고 있어요."라는 정보를 주는 데서 설정된다. 그녀의 말은 이어지는 모든 상황을 낳게 한다. 경찰 출신인 기티스는 '멀레이 부인의 차림새, 핸드백과 구두 등의 세세한 부분을 조심스럽게 눈여겨본다.' 그것이 그의 직업이기에 그 방면에서 뛰어나다.

기티스는 멀레이를 미행하여 사진을 찍는다. 멀레이가 다른 여자와 관계 있는 점이 밝혀졌고, 이 사건은 일단락지어진다. 다음 날 기티스는 그가 비밀리에 찍은 사진이 신문 1면에 '수력 발전국장의 사랑의 도피처'란 제목 아래 실린 것을 보고 놀란다.

기티스는 어떻게 사진이 신문사로 넘어갔는지 짐작조차 가지 않는다. 사무실에 돌아온 기티스는 멀레이 부인(페이 더너웨이)이 자신을 기다리고 있는 것을 보고 더욱 놀란다. 이 장면이 시작의 끝에 있는 구성점이다.

"나를 아세요?" 멀레이 부인이 묻는다.

"아뇨, 생각해 봐야겠군요." 기티스가 대답한다.

"우리가 만난 적이 없다는 걸 인정한다면, 내가 당신에게 남편을 미행하라고 부탁한 적이 없다는 것도 인정하시겠죠."라고 그녀는 말한다. 그녀가 떠나자, 그녀의 변호사는 기티스에게 그의 면허를 취소시키고, 그의 평판을 나쁘게 만들겠다고 협박한다.

기티스는 무슨 영문인지 알 수 없다. 페이 더너웨이가 진짜 멀레이 부인이라면 그에게 찾아왔던 여자는 누구이며 왜 그런 짓을 했을까?

더 중요한 일은 그녀를 뒤에서 조종한 것은 누구일까? 하는 점이다. 그는 모르는 누군가가 그에게 문제를 일으킬 만한 일을 계획한 것이다. 아무도 기티스를 그렇게 만들 수는 없다! 기티스는 누가 이 사건의 책임자이고 왜 그랬는지를 밝혀낼 것이다. 바로 그것이 제이크 기티스의 극적 요구다. 그리고 그것이 그로 하여금 이 이야기를 통해 사건의 미스터리를 풀도록 하는 힘이 된다.

극적 암시 — "내 생각엔, 남편이 나쁜 여자를 만나고 있어요."는 시나리오의 방향을 세워 준다. 방향이란 발전하는 선임을 기억하라.

이 사건을 맡기로 한 기티스는 시청에서 홀리스 멀레이를 찾아낸다. 시 회의실에서는 알토 밸리조 댐과 저수지에 대한 토론이 벌어지고 있다.

내가 셔우드 오크스에서 로버트 타운과 인터뷰를 했을 때, 타운은 「차이나타운」이 다음과 같은 관점에서 씌어진 것이라고 했다. "어떤 범죄는 그것이 징벌될 수 있기 때문에 징벌된다. 만일 당신이 살인, 강간, 강도짓을 한다면, 체포되어 감옥에 갈 것이다. 그러나 사회 공동체를 대상으로 하는 범죄는 실제로 처벌을 받지 않는다.(한국적 특수 상황으로 1980년대 말부터 최근까지 일어난 부동산 투기, 정치권력형 비리들 등 사회 공동체를 대상으로 한 범죄가 실제로 처벌되고 있지 않다는 사실은 타운의 말을 증명한다. — 옮긴이) 오히려 무고한 일반 시민들이 그들의 대가를 대신 치르게 된다. 그런 이들의 이름을 따서 거리 이름이 지어지고 그들의 동상이 시청에 세워진다. 그런 관점에서 「차이나타운」이 쓰여진 것이다.

2쪽에서 컬리는 제이크에게 "내 생각을 알고 있어요, 제이크? 나는 그녀(컬리의 부인)를 죽이겠다고 생각했죠."라고 말한다.

기티스는 타운의 입장을 대변하는 예언적인 답변을 한다. "누군 가를, 아무나를 죽이고 빠져나가려면 부자라야 해. 자네가 그 정도 부자라고 생각하나? 그 정도 수준이 된다고 생각하느냐고?"(아이러니하게도 이 영화가 TV에서 상영될 때 잘려 나간 장면 중 하나가 바로 이 부분이다.)

컬리는 살인죄에서 벗어날 수는 없지만, 노아 크로스, 즉 에벌린 멀레이의 아버지이자 한때 홀리스 멀레이와 수력 발전소의 공동 대표였던 크로스는 살인을 하고서도 빠져나갈 수 있다. 영화의 마지막 부분에 페이 더너웨이가 도망가려다가 살해된 후, 노아 크로스가 그의 딸이자 손녀를 어둠 속으로 데려가는 장면이 나온다. 여기에는 타운의 입장, 즉 "누군가를, 아무나를 죽이고 빠져나가려면 부자라야 한다."라는 생각이 들어 있다.

「차이나타운」의 범죄는 '오언스 밸리의 강간'으로 알려진 워터 스캔들을 바탕으로 짜여진 것이다. 바로 이 사건이 「차이나타운」의 배경이다.

1900년 당시 로스앤젤레스는 전 시장 배그비가 말한 대로 사막 사회였지만 빠르게 성장하고 확장되어 물이 부족하게 되었다. 이 도시가 살아남으려면, 물의 근원을 찾아야만 했다. 로스앤젤레스는 태평양을 끼고 있는 도시다. "태평양에서 수영할 수 있고, 낚시나 보트를 즐길 수 있지만, 그 물을 마시거나 잔디에 주거나 오렌지 재배에 사용할 수는 없다." 배그비는 말한다.

로스앤젤레스에서 가장 가까운 물의 근원지는 북동쪽으로 400여 킬로미터 떨어져 있는 풍요로운 녹지 오언스 밸리의 오언스 강이다. 사업가와 사회단체 지도자들, 그리고 정치가들은 물의 필요성을 깨달았고, 그에 대한 계획을 수립했다. 그들은 오언스 강을 강제로 사고, 후에 로스앤젤레스 외곽 지대에서 32킬로미터 정도 떨어진 산 페르난도 밸리의 쓸모없는 땅을 사기도 했다. 그래서 사막에 물을 대고 산 페르난도 밸리를 유용성 있게 만들 수 있도록 오언스 밸리에 저수지를 세울 것이다. 그렇게 되면 그들은 로스앤젤레스 시에 산 페르난도 밸리의 기름진 땅을 엄청난 금액으로 팔 수 있다. 아마 그 액수는 3억 달러 정도 될 것이다.

그것이 계획이었다. 정부는 그것을 알고 있다. 신문이나 지방 의회 정치가들도 알고 있다. 때가 되면, 로스앤젤레스 시민들이 그 땅을 사도록 정치적 영향력을 행사할 것이다.

1906년 로스앤젤레스에 가뭄이 닥쳐왔다. 엎친 데 덮친 격이었다. 세차하거나 잔디에 물을 주는 것이 금지되었다. 수세식 변기도 하루에 한 번 이상 물을 내릴 수 없었다. 도시는 열기에 불탔고, 꽃은 죽어 갔으며, 잔디는 갈색으로 변했다. 다음과 같은 끔찍한 제목의 기사가 등장했다. '로스앤젤레스는 갈증으로 죽어 간다!', '우리 도시를 살리자!'

가뭄 동안에 물의 필요성을 경시하고 시민들의 저수지 계획을 받아들이도록, 수력 발전국은 수천 리터의 물을 바다에 쏟아부었다.

투표할 때가 되자 저수지 설립안은 쉽게 통과되었다. 오언스 밸리 저수지는 완성하는 데만 수년이 걸렸다.

이 계획이 달성되자 수력발전국 대표인 윌리엄 멀홀랜드는 시에 물을 대었다. "자, 이제 물을 사용하라."

로스앤젤레스는 다시 꽃이 피고 불붙듯이 번창했다. 그러나 오언스 밸리는 메말라 죽게 되었다. 이 사건을 '오언스 밸리의 강간'이라고 부르는 건 당연하다.

로버트 타운은 1906년에 일어났던 이 스캔들을 소재로 하여 「차이나타운」을 썼다. 그는 시대적 배경을 1937년, 즉 로스앤젤레스의 시각적 특색이 캘리포니아 남부의 고전적이고 개성적인 모습을 띤 시대로 바뀌었을 뿐이다.

노아 크로스(이 얼마나 적절한 이름인가!)가 계획하고 실행한 워터 스캔들, 홀리스 멀레이, 술 취한 르로이, 이다 세션스, 결국에는 에벌린 멀레이까지 죽음에 이르게 한 범죄, 즉 제이크 기티스가 파헤친 스캔들이 시나리오 전체에 걸쳐 매우 섬세하면서도 탁월한 기법으로 짜여 있다.

노아 크로스는 살인죄에서 벗어난다.

이 모든 것은 8쪽에서 설정되었다. 기티스가 시청 대회의실에 들어갔을 때, 배그비가 "사막으로부터 우리 도시를 보호할 수만 있다면 850만 달러 정도는 당연히 지불해야 한다."라고 주장하는 것을 들을 수 있다.

윌리엄 멀홀랜드를 모델로 만든 홀리스 멀레이는 밴더립댐의 재앙을 예로 들면서 댐이 들어설 부지가 불안하다고 답한다. "전 그런 댐은 못 짓습니다. 이유는 간단합니다. 같은 실수를 두 번 할 수는 없으니까요." 댐 건설을 반대한다는 이유로 홀리스 멀레이는 암살 대상자가 된다. 그는 제거해야 할 장애물이다.

10쪽에서 다시 시나리오의 극적 질문이 등장한다. "당신은 계곡물을 훔치고 목장을 망치고 내 가축을 굶주리게 했어." 회의실에 난입한 농부가 고함을 지른다. "멀레이, 누가 당신에게 그런 일을 시켰지? 난 그걸 알고 싶다고!"

기티스도 같은 생각이다.

이야기를 최종 해결로 몰고 가는 질문이며, 그것은 시작 부분, 처음 10쪽 안에 설정되었다. 그것은 결말로 나아가는 선형적 방향이기도 하다.

"물을 로스앤젤레스로 끌고 오든지, 로스앤젤레스를 물이 있는 곳으로 끌고 가든지 하라." 노아 크로스가 기티스에게 말한다.

바로 그것이 이야기 전체의 토대이며, 이 이야기를 위대하게 만드는 요소다.

단순한 문제다.

「차이나타운」을 보라. 행동과 스캔들의 배경이 어떻게 드러나는지 살펴보라. 시나리오 처음 10쪽 안에 그런 방식으로 주인공을 소개하고, 극적 전제를 보여 주고 가장 영화적인 방식으로 극적 상황을 묘사할 수 있는지 시도할 수 있다.

7. 이야기 설정하기

08 ——— 두 개의
우발적 사건
연관시키기

우발적 사건(incident)
: 무언가와 상관관계 속에서 발생하는
특별한 사건이나 이벤트.

—『뉴월드 영어 사전』

8. 두 개의 우발적 사건 연관시키기

몇 년 전 복잡한 법적 조건하에서 시나리오 작가 조 에스터하스와 함께 일할 기회가 있었다. 나는 전문 감수자라는 자격으로 이 유명 작가의 모든 작업에 참여하여, 작품을 분석하고 개요를 작성하고 시나리오의 '구조상 핵심'을 정리하는 일을 했다. 다시 말하면, 무엇이 조 에스터하스를 '조 에스터하스'답게 만들며, 무엇이 그의 작품을 그렇게 독특하고 개성 있게 만드는지 알아볼 수 있는 기회였다.

신경 쓰이는 일이기는 하나 아주 매혹적인 작업이었다. 나는 무엇을 해야 할지, 어떻게 시작해야 할지 몰랐다. 단지 에스터하스 스타일의 창조라는 범주 속에서 그의 시나리오를 읽고 유사점과 특성을 메모하면서 처음부터 시작해야 한다는 점만 알았다.

나는 그의 작품을 읽고 분석하기 시작했다. 「원초적 본능」이나 「톱니바퀴의 칼날」, 「제이드」, 「슬리버」 같은 액션 스릴러든, 「뮤직 박스」, 「플래시댄스」 같은 현대적 드라마든, 잘못 썼다고 평가받는 「쇼걸」 같은 작품이든, 닥치는 대로 읽으면서 그의 각본을 힘 있게 만드는 몇몇 요소를 발견했다.

그의 작품들은 모두 실제 상황에서 실제 인물들을 다루고 있으며, 그의 인물들은 깊은 불안감이나 때로는 자존심의 부재를 감춘 채 허세를 부리는 흥미롭고 거친 캐릭터다. 이를테면 「플래시댄스」에서 제니퍼 빌즈가 맡은 인물은 독자와 관객을 끌어들일 만한 창의적이면서도 도전적인 자신감을 갖춘 캐릭터였다. 그리고 (육체적, 정신적, 정서적인 면에서) 모든 불리한 조건을 극복하고 꿈을 이룬 소녀의 이야기를 짜 나가는 음악이 있다. 낮에는 용접공이고 밤에는 폴 댄서인 그녀는 폭넓은 관객층에게 시각적으로 흥미를 불러일으켰다. 영화는 엄청난 흥행 성적을 거두었다.

조 에스터하스의 각본과 점점 친숙해지면서, 그가 독자와 관객을 단번에 이야기 전개 속으로 몰고 들어간다는 사실을 깨달았다. 대부분 그는 주인공을 이야기 속에 직접 몰아넣는 액션 시퀀스로 시작했다.

「원초적 본능」에서 "어둡다. 명확하게 보이는 건 하나도 없다."라는 첫 대사는 분위기를 설정한다. 시각적 지시가 이어진다. "남자와 여자가 황동으로 장식된 침대에서 정사 중이다. 벽과 천장에는 거울이 붙어 있다. 침대 옆 탁자 위, 작은 거울 위에 코카인이 널려 있다. 테이프에서는 롤링 스톤스의 「심퍼시 포 더 데블Sympathy for the Devil」이 흘러나온다.

처음부터 생생하고 거칠고 에로틱한 섹스 장면, 긴박한 템포, 엄청난 열정을 보여 준다. 그것들이 리듬에 맞춰 고조되고, 단어는 갈수록 짧아진다. "그는 그녀의 안에 있다……. 그를 조이는 팔…… 그의 등 위…… 감긴 눈…… 그녀는 움직인다…… 강한 회전…… 그가 그녀를 뒤틀고…… 그의 머리가 활처럼 휘어지고…… 그녀의 엉덩이가 돌아가고…… 그녀의 가슴은 높아지고……." 그러고 나서 섹스는 광란의 절정에 이르러 "그녀의 등이 뒤로…… 뒤로 휘어지고…… 그녀의 머리는 뒤로 기울어지고 …… 그녀는 팔을 뻗는데 …… 오른팔이 불현듯 아래로 내려간다 ……. 금속성 빛이 번쩍인다 ……. 그의 목이 하얗게 드러나고 …… 그는 요동치고, 몸부림치고, 요동치고, 펄쩍 뛴다 ……." 그리고 송곳이 위로 솟구치며 빛났다가 아래로 떨어지는데, "위로 …… 그리고 아래로 …… 다시 위로 …… 그리고 ……."

나는 처음으로 이 신을 읽고 완전히 몰입되고 사로잡혀 열정적으로 읽어 나갔고, 무슨 일이 벌어질지 궁금했다. 읽을수록 깊이 빠져들었다. 나는 매혹되었고, 사로잡혀, 이 첫 페이지의 시각적 액션에 완전히 포획되었다.

이런 장면이야말로 바로 내가 시각적 '포획'이라고 부르는 완벽한 예다. 당신의 주의를 사로잡아, 목을 조르는 것 같은 시작이다. 강렬한 열정, 광포한 섹스, 공포스러운 살인, 그리고 시각적 신체 상해, 롤링 스톤스의 음악이 곁들여진 채 대담하게 스타일을 만들어 가면서 시나리오 전체의 톤을 잡으며 시작한다. 이 장면보다 더 나은 요소로 시나리오를 시작할 수 있겠는가? 정말 대단한 시작이다.

다음 날 아침, 또 다른 주인공, 거칠고 콧대 세고 냉소적인 닉 커랜^{마이클 더글러스}은 상대적으로 젊은 나이에도 불구하고 강력계에서 오랜 경륜을 쌓았다. 그는 파트너와 함께 범죄 현장을 조사한다. 그러고는 혐의자로 보이는 캐서린^{샤론 스톤}이 아름답고 똑똑한 유명 소설가임을 알게 된다. 그녀를 심문하면서, 닉은 그녀가 대담하게 호소하는 성적 매력에 곧 매혹된다. 우리는 왜 그가 그녀에게 매혹당하는지 쉽게 알아챌 수 있다. 그녀가 발산하는 치명적인 유혹이 그를 낚아챈 것이다. 동료는 그에게 직업은 물론 목숨까지도 잃게 될지 모른다고 경고하지만, 곧 그는 그녀에게 매혹당해 격정적인 정사를 벌이고 이성의 소리를 들을 수 없는 수준에까지 이른다.

이러한 섹스/살인 오프닝 신은 이야기에 동력을 주는 동시에 주인공을 직접적으로 이야기 속으로 유도하는 우발적 사건이다. 살인은 우리의 주의를 사로잡기 위해 설정된 것이며, 닉을 범죄 조사 상황으로 끌어들이기 위한 것이다. 그가 범죄 현장을 떠날 때, 우리는 그와 파트너를 따라가면서 닉이란 인물이 이후 취하게 될 선택에 관해 좀 더 알게 된다. 오프닝 신과 이후 펼쳐질 이야기가 직접 연결된다.

이런 우발적 살인 사건과 유혹에 빠져든 경찰의 이야기는 인물과 우발적 사건을 보여 주는 전형이다. 헨리 제임스의 말을 기억해 보라. "우발적 사건을 결정하는 것은 인물이며, 인물을 설명하는 것은 우발적 사건이다." 특별한 우발적 사건에 인물이 반응하도록 하지 않은 채, 캐릭터를 극적으로(또는 희극적으로) 드러낼 수는 없다. 결국 드라마의 본질은 인종, 성별, 문화적 차이와 상관없이 모든 인간 사이의 보편적 관계를 보여 주는 것이다.

살인이라는 우발적 사건은 닉이 캐서린에게 매혹당하도록 직접 작용한다. 경찰이 캐서린을 강력한 혐의자로 심문할 때, 매혹은 강력해진다. 이 두 가지 우발적 사건은 관련을 맺고 있다. 오프닝의 섹스/살인 신은 자극적인 우발적 사건으로, 앞으로 이야기를 이끌어 갈 설정이다. 그것은 열쇠가 되는 우발적 사건의 첫 번째 시각적 재현인데, 무엇에 관한 이야기인지 보여 주면서 주인공을 이야기 속에 끌어들인다. 우발적 사건의 정의란 '무언가와 상관관계 속에서 발생하는 특별한 사건이나 이벤트'라는 점을 기억하라.

내가 이러한 상관관계를 이해한 순간, 그것은 발견에 가까웠다. 주인공을 이야기 속으로 끌어들이는 오프닝 시퀀스를 사용한다는 것은 매우 영화적인 방식이다. 여기서부터 나머지 시나리오 전반에 걸쳐, 이야기가 설정되고, 인물과 극적 전제가 기획되며, 따라가야 할 방향성을 가진 줄거리가 풀린다. 즉 모든 것이 이 두 가지 우발적 사건 사이의 관계로 인한 것이다. 이러한 새로운 이해는 시나리오 기법에서 유용한 또 다른 도구로 발전했다.

나는 에스터하스의 모든 시나리오로 돌아가, 그가 어떻게 써 나가는지, 특히 오프닝 신과 시퀀스를 어떻게 구성하는지에 초점을 맞춰 검토하기 시작했다. 대부분의 경우, 오프닝 신, 즉 자극적인 우발적 사건은 그가 첫 페이지, 첫 단어 하나에서부터 이야기를 설정하는 영화적 도구로 활용되었다.

그리하여 나는 어떤 장르의 영화든, 이를테면 액션, 액션 스릴러, 미스터리, 액션 모험, SF 영화, 심지어 드라마에서도 작가들이 이야기 구성에서 두 가지 뚜렷한 기능을 수행하는 자극적인 우발적 사건을 오프닝에 사용한다는 점을 알게 되었다. 첫 번째, 그것은 관객을 즉각적으로 낚아채서 몰입하게 만든다. 「매트릭스」, 「죠스」, 「콜드 마운틴」, 「매디슨 카운티의 다리」, 「아메리칸 뷰티」, 「펄프 픽션」, 「반지의 제왕: 반지 원정대」, 「맥스군 사랑에 빠지다」, 「로얄 테넌바움」 그리고 다른 영화들의 첫 신이나 시퀀스를 보라. 그러면 이 첫 신이나 시퀀스가 전체 이야기를 추진하는 설정이라는 점을 알게 될 것이다.

예를 들어 보자. 「매트릭스」에서 경찰이 트리니티와 대치한다. 그녀는 물리학과 중력의 법칙에 저항하듯 빌딩을 뛰어넘으며 도주한다. 여기에서 우리는 단번에 사이버 공간으로 빠져든다. 자극적인 우발적 사건은 우리를 자리에 붙들어 맨 채, 믿을 수 없는 모험의 세계로 돌입하게 만든다. 「죠스」에서 한밤의 해변 파티와 누드 물놀이는 백상어가 습격하는 공포스러운 경험으로 급변한다.

「콜드 마운틴」에서, 북부군은 땅굴을 파서 남부군이 있는 곳 아래 폭탄을 장치한다. 폭탄의 폭발은, 고전 영화 「콰이강의 다리」^{마이클 윌슨, 칼}

포맨에서 그랬듯, 전쟁의 극단적 광기를 드러낸다. 「매디슨 카운티의 다리」리처드 라그라베네스에서는 프란체스카메릴 스트립의 죽음 후, 장성한 두 자녀가 어머니의 물건을 정리하다가 숨겨진 일기장을 발견한다. 그들은 일기를 읽으면서 어머니가 오래전 로버트클린트 이스트우드라는 남자를 사랑했다는 사실을 발견하게 된다. 이 사랑 이야기가 영화 전체를 차지한다. 일기장의 발견이 이야기를 추진시키는 자극적인 우발적 사건이다. 「아메리칸 뷰티」에서 우리는 레스터 번햄의 가책과 후회, 그리고 좌절된 꿈의 순간을 맞이하면서 펼쳐지는 '죽은' 삶을 본다. 「펄프 픽션」에서는 허니 버니와 펌프킨이 식당 강도에 대해 논의하는 것을 보게 된다. 그들이 권총을 꺼내는 순간, 액션은 정지되고 줄스와 빈센트가 마르셀러스 월레스의 금괴가 든 가방을 찾으려고 다른 건달에게 향하는 장면으로 연결된다. 「반지의 제왕」은 반지의 역사를 오프닝으로 사용한 뒤, 빌보 배긴스가 강바닥에서 반지를 찾아내는 이야기로 이어진다. 이것이 3부작 전체를 설정하고 진행시키는 자극적인 우발적 사건이다.

그 밖에도 자극적인 우발적 사건의 예는 수없이 많다. 그러나 가장 중요한 것은, 이런 우발적 사건이 이야기 만들기 기법에서 두 가지 중요하고 필수적인 기능을 수행한다는 점을 이해하는 것이다. 첫째, 이것은 이야기를 설정하고 진행시킨다. 둘째, 바로 이것이 독자와 관객의 주의를 사로잡는다. 첫 번째 우발적 사건과 이야기 전개 사이의 관계를 살펴보는 것은 좋은 시나리오 쓰기를 이해하는 데 본질적인 작업이다.

다음에 영화를 볼 때, 자극적인 우발적 사건을 알아볼 수 있는지, 그리고 어떻게 이야기를 설정하고 진행시키는지 알아챌 수 있는지 시험해 보라. 「크림슨 타이드」는 내가 즐겨 드는 예다. 오프닝 시퀀스에서, CNN 뉴스 리포터는 프랑스 항공모함 갑판에 자리 잡은 채, 크렘린을 무력으로 점령하고 정부를 전복시키려는 러시아 반란군을 담은 뉴스릴을 보여 준다. 이어지는 숏에서 반란군 지도자는 미국의 어떤 개입도 용납하지 않을 것이며, 이미 자신들이 러시아 핵 기지를 점거했고, 미국에 대한 핵미사일 공격을 망설이지 않을 것이라고 밝힌다. 그리고 다시 TV 화면으로 전환되면서, 론 헌터 덴절 워싱턴와 웹스 비고 모텐슨가 론의 세 살배기 딸 생일 파티를 하다가 뉴스를 보는 모습이 비춰진다.

왜 이것이 자극적인 우발적 사건인가? 이것이 이야기를 설정하고 진행시키기 때문이다.(헨리 제임스의 인용구가 보여 준 훌륭한 예시이기도 하다.) 「크림슨 타이드」는 세상을 보는 두 가지 관점으로 구성되었다. 러시아 반란군의 위협에 대응하면서 미국은 잠수함, 핵탄두를 장착한 앨라배마호를 예방책으로 출정시킨다. 앨라배마호는 러시아에 선제공격을 하거나 상대의 공격에 대응하거나 양단에 결정을 내려야 한다. 함장 진 해크먼은 "전쟁이란 정치의 연장"이라고 믿으며, 심지어 핵전쟁이 일어나더라도 명령을 수행하는 것이 자신의 의무라고 생각한다. 그러나 부함장 론은 핵무기, 전쟁은 시대에 뒤떨어진 개념이라고 믿는다. 전쟁의 목적은 승리를 위한 것인데, 만약 두 진영에서 모두 핵무기를 발사하면 승자는 없으며 모두 패자가 될 뿐이라고 말한다. 그는 전쟁이란 더는 생존 가능한 선택이 아니라고 믿는다.

그것은 러시아 반란군에 대항해 앨라배마호가 선제공격을 하라는 명령을 받았을 때 벌어진 일이다. 무기를 장착하려고 준비하는 순간, 잠수함에 또 다른 긴급 메시지가 도착하는데, 전문 텍스트가 도착하기 전 잘린다. 두 번째 명령은 무엇일까? 첫 번째 명령에 따라 선제공격을 해야 할까? 혹은 두 번째 명령이 첫 번째 명령을 부정하거나 지연시키는 것은 아닐까?

이렇게 차이가 나는 두 가지 관점, 두 가지 신념 체계가 이야기를 추진시키는 갈등을 초래한다. 각 캐릭터의 관점에서 보면 이 두 가지 관점 모두 옳다. '이건 옳고, 저건 그르다'의 문제가 아니다. 좋고 나쁘고의 문제가 아닌 것이다. 18세기 독일의 위대한 철학자 헤겔에 따르면, 비극의 본질은 "한쪽 캐릭터는 옳고 다른 쪽은 틀렸다."라든가, 또는 "선과 악의 대결"에서 나오는 것이 아니다. 그보다는 "둘 다 모두 옳다."라는 데서 초래하는 갈등, 따라서 비극은 각자의 논리적 결론에 따른 '옳은 것 대 옳은 것'의 갈등으로부터 나온다.

「크림슨 타이드」의 두 캐릭터는 각자의 진실에 기반해서 행동한다. 함장은 첫 번째 명령을 따라야 한다는 입장을 유지한다. 부함장은 그에 동의하지 않는데, 비록 두 번째 명령이 온전하게 전달되지는 않았지만, 그것은 첫 번째 명령을 번복한 것일지도 모르기에, 선제공격을 하기 전 확인해야 한다고 주장한다. 이런 갈등에서 어느 누구도 옳거나 그르지 않다. 왜냐하면 두 인물의 행동은 그들의 관점, 그들이 보는 세상에 따라 결정되기 때문이다.

거듭 말하지만, 모든 드라마는 갈등이다. 갈등이 없으면 액션도 없다. 액션이 없으면 인물도 없다. 인물이 없으면 이야기도 없다. 이야기가 없으면 시나리오도 없다.

러시아 반란군은 미국을 공격하려고 핵미사일을 장착했다며 협박하는데, 이런 갈등이 영화 전체의 토대가 된다. 영화를 여는 자극적인 우발적 사건 속에 모든 것이 설정된 것이다. 그것이 이야기를 설정하고 진행시킨다. 그것이 우발적 사건의 기능이다.

당신이 어떤 종류의 시나리오를 쓰는지에 따라, 자극적인 우발적 사건은 액션 중심이 될 수도 있고, 인물 중심이 될 수도 있다. 반드시 긴장감 넘치는 액션이나 극적인 시퀀스가 되어야 할 필요는 없다. 상황에 걸맞은 신을 만들어야 한다. 「차이나타운」에서 자극적인 우발적 사건은 기티스가 가짜 멀레이 부인에게 고용되는 것인데, 열쇠가 되는 우발적 사건은 진짜 멀레이 부인이 기티스와 만나는 것이다. 자극적인 우발적 사건은 늘 열쇠가 되는 우발적 사건을 끌어들인다. 이것이 바로 이야기 진행의 축이며, 이야기를 추진시키는 엔진이다. 열쇠가 되는 우발적 사건은 이야기가 무엇에 관한 것인지 우리에게 알려 준다.

「반지의 제왕: 반지 원정대」에서는 반지의 역사, 즉 반지가 운명의 산에서 만들어졌다는 사실이 처음 몇 페이지 안에 밝혀진다. "스무 개의 반지가 만들어졌는데, 세 개는 요정에게, 일곱 개는 드워프 군주에게, 아홉 개는 인간 종족에게 주었는데, 그것 모두 절대 반지가 아니었다……." 그리하여 다른 반지가 만들어졌다. "모든 반지를 지배하는 절대 반지……." 우리는 일련의 영화적 장치를 통해 반지가 구현하는 권력과 악의 흔적을 추적하게 된다. "어떤 것은 잊혀지면 안 되는데 우리는…… 그것을 잊어버렸다." 골룸은 반지를 숭배하다가, 반지를 잃어버린다. 빌보 배긴스가 어두운 연못 바닥에서 반지를 찾아내 샤이어에 가져올 때까지 반지는 잊혀진 채 거기 있었다.

그렇게 이야기는 시작된다. 이런 자극적인 우발적 사건의 도입부는 우리의 주의를 사로잡는다. 그리고 다양한 이미지와 화면 밖 내레이션을 통해 관객에게 알아 둘 필요가 있는 정보를 제공한다. 그러면서 「반지의 제왕」의 세 가지 에피소드에 관한 전체 이야기를 설정한다.

일단 자극적인 우발적 사건을 설정하면서 이야기가 시작된다. 마법사 간달프가 샤이어에 도착하고, 빌보의 생일 파티에서 프로도, 샘, 다른 이들이 소개된다. 빌보는 이제 떠날 시간이라고 간달프에게 말한다. 마법사는 빌보의 작별 인사를 듣고, 빌보가 생일 파티 중에 사라지는 것을 본다. 그리고 마법사는 그에게 반지를 보여 달라고 요청한다. 바로 그 순간 반지가 빌보에게 어떤 작용을 하는지 볼 수 있다. 간달프가 대적할 때까지 그는 거칠고 난폭하며 간악한 인물로 돌변한다. 끝내 빌보는 길을 떠나고, 조카 프로도가 반지를 받는다. 이것이 이야기를 진행시키는 열쇠가 되는 우발적 사건이다. 프로도가 떠맡은 일, 그의 극적 요구는 반지를 운명의 산 불길 속에 던져 넣어 파괴하는 것이다. 그것이 바로 이야기의 요지다. 간달프가 반지의 기원과 역사, 신비한 힘을 인식하게 되었을 때, 즉 그가 반지의 힘을 알게 된 순간, 사우론의 기사, 악의 어두운 힘이 반지를 찾으러 나타난다. 반지가 샤이어에 남아 있는 것은 너무 위험한 일이다. 프로도는 운명적으로, 혹은 업보로 인해 반지 소유자가 된다. 이제 반지는 그의 육체적, 감정적, 정신적 굴레가 된다.

이것이 시나리오의 열쇠가 되는 우발적 사건이다. 이 우발적 사건이 프로도의 여정을 시작하게 만든다. 여행은 시작되고 반지 원정대가 결성된다.

자극적인 우발적 사건과 열쇠가 되는 우발적 사건, 즉 빌보가 반지를 발견하는 것과 필연적으로 프로도가 반지를 받아 그것을 제자리에 돌려놓아야 하는 책임을 지는 것, 이 두 가지가 연결된다. 이러한 두 가지 우발적 사건은 시나리오를 설정할 때 구성되어야 할 전체 이야기의 기본적인 부분이다.

대부분의 경우 열쇠가 되는 우발적 사건과 구성점 1은 같다. 「아메리칸 뷰티」 역시 그 점을 잘 보여 준다. 레스터 번햄이 처음으로 등장할 때 화면 밖 내레이션이 들린다. "나는 마흔두 살이다. 1년도 채 지나지 않아 죽을 것이다. 어떤 면에서 나는 이미 죽었다." 그의 가족이 소개되는데, 그들은 하루를 준비하고 있다. 제각각 일터나 학교로 가는데, 화면 밖 소리로 레스터가 말한다. "아내와 딸은 내가 어마어마한 낙오자라고 생각하는데, 맞다. 나는 무언가를 잃어버렸다. 그게 무엇인지 확실치 않지만, 나는 평온함을 느낀다. 당신도 알다시피 돌이키기에 너무 늦은 것은 없다."

「아메리칸 뷰티」는 부활과 재탄생에 관한 이야기로, 삶의 이유와 목적을 발견하는 데 주력한 영화다. 레스터의 선언은 이야기를 앞으로 진전시킨다. 그것이 자극적인 우발적 사건이다. 화면 밖 내레이션을 통해 레스터 번햄은 살아 있는 것 같은 삶, 안락한 삶, 만족스러운 삶의 감각을 회복하고 싶은 남자라는 것이 알려진다. 이것이 극적 요구다. 일단 오프닝 신에서 이런 상황이 실정되고 레스터, 아내인 캐럴린, 딸 제인의 일상적 삶이 보인다. 레스터는 혐오하는 직장으로 가고, 부동산 중개업자인 캐럴린은 집을 팔러 가고, 제인은 학교로 간다. 그리고 나서 (내가 가장 좋아하는 신 중 하나로) 그들이 집으로 돌아와 저녁 식사를 하는 장면이 나타난다. 겉으로 보면 그런 풍경은 노먼 록웰의 이상적인 미국 가정처럼 따뜻하고 매력적이다. 그러나 그것은 겉모습일 뿐이며, 내면적으로 그들은 완전히 망가져 있다.

그 후 제인과 친구인 안젤라가 농구 경기 하프 타임 축제로 일상적인 응원 안무를 준비하는 장면이 등장한다. 캐럴린은 딸을 위해 농구 경기에 가야 한다고 고집을 부린다. 레스터는 그곳에 가고 싶지 않다. 그는 "제임스 본드 마라톤을 못 보게 되잖아."라고 말한다. 그들은 경기장에 도착해서는 자리를 잡고 그저 그런 게임이 돌아가는 것을 구경한다. 레스터의 관심은 안젤라에게 향하게 되는데, 그가 그녀에게 집중할수록 카메라는 그녀에게 점점 더 가까이 다가간다. 카메라는 레스터의 머릿속에 펼쳐지는 상상의 영역 속으로까지 들어간다. 어지러운 영화적 기법을 통해 안젤라에 대한 그의 시각을 보여 준다. 외부 소리가 멈추고, 음악이 독특해지면서 카메라는 안젤라에게 줌인된다. 이제 그녀의 일상적인 모습은 판타지와 연상 속에서 펼쳐지는 에로틱하고 최면적인 자태로 변한다.

이것이 바로 영화의 열쇠가 되는 우발적 사건을 뛰어나게 재현한 예다. 왜냐하면 이러한 우발적 사건을 통해 레스터는 자기 삶의 중심으로 돌아가기 때문이다. 이것은 영화에서 열쇠가 되는 우발적 사건일 뿐 아니라, 구성점 1이기도 하다. 레스터의 판타지는 이야기를 낚아채 액션을 다른 방향(액트 II)으로 돌리는 역할을 하는 우발적 사건, 에피소드 또는 이벤트다. 레스터는 불현듯 삶으로 귀환한다. 이 부분은 이야기의 핵심을 시각적으로 드러내 주는 시퀀스다. 안젤라는 레스터의 판타지, 그의 가련함, 그에게 살아 있는 느낌을 주는 삶의 이유, 그런 것들의 초점이 된다. 이 부분은 하프 타임 축제 후에 보여지는데, 레스터는 안젤라에게 아부하는 자신을 바보처럼 느낀다. "그를 좀 더 가련하게 봐줄 순 없겠니?" 제인은 부모님이 떠난 후 친구에게 물어본다.

물론, 그는 가련한 존재다. 그러나 레스터의 각성을 촉발하는, 시나리오의 열쇠가 되는 우발적 사건이기도 하다. 이 장면은 레스터가 판타지의 정점에서 내면적으로 깨어나는 것, 즉 장미꽃 속의 안젤라가 그를 유혹하는 장면으로 이어진다. "나는 지난 20년간 식물인간처럼 살아온 것 같은데 이제야 깨어났다." 인생을 향한 그의 여정은 이제 출발점에 놓여 있다. 이런 인생, 변화, 마주칠 장애물을 그가 어떻게 처리할 것인가? 그것이 이야기의 핵심이다.

결말 부분에서 그는 주방에 앉아 오래전 자신들이 매우 행복했던 시절에 찍었던 가족사진을 바라보며 행복감과 만족감을 느낀다. 사진을 바라보는 그의 얼굴에는 미소가 감도는데, 평화롭고 충족감이 깃든 깊고 온화한 미소다. 그리고 나서 권총이 화면 안에 잡히고 방아쇠가 당겨진다.

열쇠가 되는 우발적 사건은 문자 그대로 레스터의 삶을 다른 방향으로 돌리고, 그의 감정적 여정, 즉 절망에서 행복으로 변화하는 과정을 이끌어 낸다. 이런 경우 열쇠가 되는 우발적 사건과 구성점 1은 동일하다. 이것은 어떤 경우 가능하지만, 다른 경우에는 그렇지 않을 수도 있다. 자극적인 우발적 사건과 열쇠가 되는 우발적 사건은 서로 연결되어 있지만, 늘 같은 방식으로 작동하는 것은 아니다. 그것은 어떤 이야기인가에 달려 있다. 시나리오 쓰기에서 마술 같은 유일한 형식은 없다.

「미스틱 리버」에서 자극적인 우발적 사건은, 과거에 데이브[밥 로빈슨]가 두 명의 남자에게 유괴당해 성적 학대를 당한 일이다. 이 사건은 이야기를 진행시키며 열쇠가 되는 우발적 사건, 지미[숀 펜]의 딸이 살해당한 채 발견되는 것으로 이어진다. 이것은 영화 시작에 나오는 데이브에 관한 자극적인 우발적 사건을 "누가 살인범인가"라는 이야기로 연결시킨다. 「쇼생크 탈출」에서 우발적 사건은 세 가지 다른 이벤트로 포장되어 있다. 앤디의 재판, 취한 앤디가 장전된 총을 가지고 차에 있는 것, 앤디가 아내와 정부의 정사를 목격하는 것, 이것이 세 가지 이벤트다.

극적 전제(2장에서 언급했던 '무엇에 관한 이야기인가')와 여기서 다루고자 하는 열쇠가 되는 우발적 사건 사이의 차이점은 무엇일까? 이 두 가지는 같은 것인가? 이 두 가지 모두 이야기 줄기의 토대를 이룬다. 극적 전제가 이야기의 주제를 개념적으로 묘사한 것이라면, 영화의 열쇠가 되는 우발적 사건은 이야기의 핵심을 극적으로 시각화하여 보여 주는 특수한 신이나 시퀀스다.

때로 열쇠가 되는 우발적 사건은 「미스틱 리버」처럼 이전의 시간대에서 캐릭터의 삶에 영향을 끼친 어떤 것일 수도 있다. 이야기는 자신의 삶의 조각을 하나로 통합시키려는 인물에 관한 것이다. 이를테면 「본 슈프리머시」에서 열쇠가 되는 우발적 사건은 암살자인 제이슨 본이 일찍이 트레이드 스톤 미션의 멤버로서 저지른 일이다. 그는 자신의 과거를 다시 찾으려는 탐색에 들어간다. 모든 것이 그렇듯 열쇠가 되는 우발적 사건을 중심으로 구성되고 돌아간다. 그것이 전체 이야기를 이끌어 간다.

「맨츄리안 캔디데이트」대니얼 파인, 딘 조르가리스 공동 각본, 조지 액설로드 원작 시나리오, 리처드 콘든 원작 소설도 매우 유사한 경우다. 열쇠가 되는 우발적 사건은 벤 마르코덴절 워싱턴의 마음속에 '묻혀 있는' 어떤 것인데, 그는 극적 요구를 성취하기 전에 먼저 미스터리를 풀어야 한다. 「보통 사람들」에서도 마찬가지다. 전체 이야기는 익사 사건이라는 열쇠가 되는 우발적 사건을 중심으로 돌아간다. 이 사건은 이야기가 시작되기 전에 발생한 것이지만, 감정적으로 산산조각이 난 채로 난해한 퍼즐 맞추기처럼 구성되며, 마침내 그 전체적 윤곽은 구성점 2에서 드러난다.

당신이 시나리오를 쓸 때, 자극적인 우발적 사건과 열쇠가 되는 우발적 사건 사이의 차이를 아는 것은 필수적이다. 이야기 줄기를 설정하고 풀어 가는 데 있어 이 두 가지 우발적 사건이 왜 그토록 중요한 것일까? 헨리 제임스의 명언을 상기해 보자. "우발적 사건을 결정하는 것은 인물이며, 인물을 설명하는 것은 우발적 사건이다." 「미스틱 리버」와 「네버랜드를 찾아서」에서 보듯이, 인물의 내면과 외면에 영향을 주고, 스토리를 만들어 내는 것이 열쇠가 되는 우발적 사건이다.

액트 I은 20~30쪽 정도에 달하는 극적 액션의 단위다. 이것은 시나리오의 시작에서 출발하여 액트 I의 뒤에 위치한 구성점까지 이어진다. 이 부분이 설정으로 불리는 극적 배경을 형성한다. 이미 언급했듯이, 배경이란 내용을 담아내는 빈 공간이다. 극적 액션의 이러한 단위는 당신의 이야기, 즉 상황과 인물 간의 관계를 설정한다. 그리고 이 단위는 무슨 일이 벌어지는지 관객으로 하여금 알게 하는 필요한 정보를 주며, 이야기가 선명하게 진행되도록 해 준다.

시나리오의 처음 10쪽은 이미 언급했듯이, 세 가지 특별한 요소를 보여 주어야 한다. 주인공이 소개되어 이 이야기가 누구에 관한 것인지 보여 주어야 한다. 「원초적 본능」에서는 살인 사건 후 마이클 더글러스가 범죄 현장을 검사하며 이야기에 도입된다. 누가 살인을 저질렀으며, 왜 그랬을까? 우리는 「아메리칸 뷰티」에서 이 이야기가 레스터 번햄에 관한 것임을 곧 알게 된다. 그가 주인공이다. 「반지의 제왕: 반지 원정대」에서 간달프가 샤이어에 도착하면서 프로도가 곧 소개된다.

처음 10쪽이라는 액션 단위에서 두 번째로 창조해야 하는 것은 극적 전제다. 이 이야기는 무엇에 관한 것인가? 「차이나타운」에서처럼 대사를 통해서 보여 줄 수도 있고, 「크림슨 타이드」처럼 자극적인 우발적 사건을 통해 시각적으로 보여 줄 수도 있다. 이런 상황에서 세 번째로 설정해야 하는 것은 액션을 둘러싼 배경인데, 「미스틱 리버」나 「네버랜드를 찾아서」, 「사이드웨이」가 그런 예다.

두 가지 우발적 사건은 이야기 줄기의 토대를 형성한다. 자극적인 우발적 사건은 이야기를 앞으로 진행시키며, 열쇠가 되는 우발적 사건은 이야기를 완성해 나가도록 해 준다. 그것이 극적 전제가 실행되는 방식이다. 만일 열쇠가 되는 우발적 사건이 이야기의 축이라면, 모든 것(액션, 그에 대한 반응, 생각, 기억 또는 플래시백)은 이러한 우발적 사건으로 연결된다. 당신은 이 축을 가지고 이야기를 「원초적 본능」처럼 선형적 시간대로 풀어 갈 수도 있고, 「아메리칸 뷰티」나 「본 슈프리머시」, 「맨츄리안 캔디데이트」처럼 플래시백으로 끌어갈 수도 있다. 또한 「펄프 픽션」처럼 비선형적인 방식으로 만들 수도 있다.

「펄프 픽션」은 이러한 두 가지 우발적 사건의 배경을 관찰할 수 있는 흥미로운 영화다. 내가 타란티노의 영화에서 우발적 사건을 발견하여 정의하려고 처음 시도했을 때, 그것은 마치 사각의 구멍 속에 동그란 못을 박는 것처럼 어려웠다. 내가 우발적 사건이란 문제에 집착하는 것일까? 아니면 나의 새로운 발견으로 무언가 다르게 볼 수 있기는 한 것일까? 나는 정말 어떤 답을 찾아야 할지 몰랐다. 그래서 나는 그저 다시 잘 관찰하면서 어떤 것이 드러나는지 보기로 했다.

「펄프 픽션」에 얽힌 나의 이야기는 이렇다. 모두가 말하듯 「펄프 픽션」은 세계 영화계에 커다란 충격을 주었다. 처음 영화가 개봉되자 호불호가 극명하게 갈렸다. 내가 처음으로 영화를 봤을 때는 그 영화가 싫었다. 그런데 모든 사람이 이 영화가 대단하며, 매우 새롭고 잘 짜여져 있어서 장차 결정적인 이정표가 될 영화라고 계속 나에게 말했다. 나는 그 견해에 동의하지 않았음에도 불구하고, 「펄프 픽션」이 영화 마니아의 의식에 새로운 각성을 깨우쳐 준 영화란 점을 인정해야 했다. 내가 전 세계를 돌면서 하는 워크숍과 세미나에서도 모든 사람이 이 영화가 준 충격에 관하여 이야기했다.

우리는 1990년대 중반 기술 혁명의 물결을 경험했다. 내 관점에서 볼 때 진정한 혁명은 형식과 내용보다는 기술과 관련되었다. 즉 무엇을 어떻게 보여 주는가의 문제다. 「펄프 픽션」은 단연코 그 부분에 해당한다.

이 영화를 다시 보면서, 무엇이 「펄프 픽션」을 그렇게 영향력 있도록 만들었는지 자문해 보았다. 그 답은 시나리오 속에 있다. 그것은 구조인가? 영화 중반부에 한 인물이 죽고, 영화가 그의 죽음에 이르는 이벤트로 되돌아가기 때문인가? 세 가지 이야기가 나와서인가? 시작과 끝이 일관된 액자 구조이기 때문인가?

「펄프 픽션」 시나리오를 읽어 보면, 처음으로 보게 되는 것은 목차 페이지다. 「펄프 픽션」은 말 그대로 "세 가지 이야기가 하나의 이야기를 구성한다." 페이지를 넘기면, 펄프에 관한 사전적 정의가 두 가지 나온다. '부드럽고, 축축하며, 형태가 없는 물질적 덩어리', 그리고 '선정적인 내용을 담고 있으며 거칠고 마무리가 불량한 종이에 인쇄된 잡지나 책.' 이 영화에 대한 예리한 묘사다. 처음 3쪽에는 놀랍게도 다시 목차가 등장한다. 「킬 빌 1」과 「킬 빌 2」에서도 같은 방식이다. 실제로 목차뿐 아니라 각 장별로 제목도 달려 있다.

나는 그것이 유별나다고 생각했다. 누가 시나리오 속에 목차를 넣는가? 시나리오는 명확하게 영화를 다섯 부분으로 나눈다. 1부 서문, 2부 빈센트 배가와 마르셀러스 월러스의 부인, 3부 금시계, 4부 보니의 상황, 5부 결말이 그렇다.

대본을 검토해 본 결과, 세 가지 이야기가 열쇠가 되는 우발적 사건을 중심으로 돌아가고 있었다. 즉 줄스와 빈센트가 마르셀러스 월러스의 가방을 네 명의 아이들로부터 되찾아오는 것이다. 이러한 하나의 우발적 사건은 세 가지 이야기에서 축을 이루며, 각각의 이야기는 하나의 완성물로서 선형적으로 구성된다. 영화는 액션으로 시작되어 중간으로 이어지더니, 결말을 향해 달린다. 각 단위가 단편 소설처럼, 다른 인물의 관점에서 제시된다.

'하나의 이야기에 관한 세 가지 이야기'란 용어는 이 영화가 통합된 하나의 전체란 것을 보여 준다.

「펄프 픽션」은 서문과 결론으로 싸인 세 가지 이야기, 즉 작가들이 액자 구조라고 부르는 것에 해당한다. 「매디슨 카운티의 다리」, 「선셋 대로」빌리 와일더, 찰스 브라켓 공동 각본, 「라이언 일병 구하기」, 「아메리칸 뷰티」도 이런 기법을 사용하고 있다.

서문에서는 펌프킨과 허니 버니를 등장시킨다. 그들은 커피숍에서 소소하면서 다양한 강도 행각에 대해 이야기한다. 이것은 첫 번째와 마지막 이야기에 등장한다. 이 두 사람은 식사를 마친 후, 총을 꺼내 들고 강도 행각을 선언한다. 화면이 정지되고 핵심 타이틀이 뜬다. 그러고 나서 줄스새뮤얼 잭슨와 빈센트존 트라볼타는 차를 타고 가면서 장소에 따른 빅 맥의 상대적 장점에 관한 이야기를 나눈다.

이러한 작은 변화가 인물을 설정한다. 그리고 그들이 멈춰서 무기를 꺼내 들 때 우리는 그들의 말과 행동 사이의 모순을 발견하게 된다. 이것이 말 그대로 영화를 설정한다. 그리고 우리가 알고자 하는 모든 것을 보여 준다. 즉 두 사람은 마르셀러스 월러스를 위해 일하는 살인자인데 그들의 임무, 극적 요구는 가방을 되찾는 것이다. 이것이 이야기의 진정한 시작이다. 1부에서, 줄스와 빈센트는 어딘가에 도착해서 자신들의 위치를 말하고 가방을 인수한다. 그 후 그들이 만난 네 명 중 세 명이 살해된다. 그 둘이 이 과정에서 살아남은 것은 신의 은총일 뿐이다. 오직 단 하나의 인물, 마빈이 살아남지만 그것도 잠시뿐이다.

빈센트는 월러스우마 서먼와 저녁 식사를 하려고 함께 나간다. 잠시 후 그녀는 우발적으로 약을 과다 복용하게 되고 그들은 작별 인사를 나눈다. 3부는 부치와 그의 금시계에 관한 이야기다. 그가 동의한 싸움에서 이김으로써 벌어지는 일에 관한 것이다. 이 중간 부분에서 부치브루스 윌리스는 그를 찾으러 아파트에 온 빈센트를 죽인다. 4부는 차 안에 흩어져 있는 마빈의 소지품을 청소하는 것을 보여 주는데, 1부의 연속이기도 하다. 그러고는 결말로 이어진다. 줄스는 자신의 변신과 신의 가호에 관하여 이야기한다. 그리고 나서 펌프킨과 허니 버니가 서문에서 언급했던 강도 행각을 다시 시작한다. 「펄프 픽션」은 「킬 빌 1」이나 「킬 빌 2」처럼 매우 소설적인 방식의 재현을 시도했다.

영화가 선형적 형식을 갖든 비선형적 형식을 갖든, 자극적인 우발적 사건과 열쇠가 되는 우발적 사건이 늘 존재한다는 것은 매우 분명해 보인다. 「킬 빌 1」과 「킬 빌 2」는 이야기의 열쇠가 되는 우발적 사건(우마 서면의 결혼식의 살인)에 전적으로 이야기의 바탕이 깔려 있다. 영화는 「펄프 픽션」처럼 복수라는 욕망이 소설적 방식으로 펼쳐지며, 목차와 개별적인 장들, 흥미로운 변화가 뒤이어 벌어지는 것으로 완성된다.

　비선형적인 영화를 구성한다는 것은 각 부분을 결정하고, 각 단위를 구조화시키는 것을 의미한다. 그것이 현재이든, 과거이든, 처음부터 끝까지 구조화시키는 것이다. 이 지점에서 시나리오 작가는 자기가 원하는 순서에 맞춰 각 부분을 구성하고 배열시킬 수 있다. 「커리지 언더 파이어」^{패트릭 션 딩킨}는 이에 대한 훌륭한 예다. 「사랑의 블랙홀」^{대니 루빈, 헤럴드 래미스 공동 각본}, 「유주얼 서스펙트」, 「잉글리쉬 페이션트」, 「슬라이딩 도어즈」^{피터 호윗}도 이 경우에 해당한다. 이러한 시나리오들은 자극적인 우발적 사건으로 시작되어 열쇠가 되는 우발적 사건을 중심으로 구성된다. 영화 중 어떤 것이든 찾아보고 자극적인 우발적 사건과 열쇠가 되는 우발적 사건 사이의 차이를 알아낼 수 있는지 보라.

　나는 내가 진행하는 시나리오 워크숍에서, 학생들이 시나리오의 첫 글자를 쓰기 전에 이러한 두 가지 우발적 사건에 초점을 맞추고 그것을 찾아내도록 유도한다. 일단 학생들이 우발적 사건을 찾아내면, 선형적으로 이야기를 구성하든, 비선형적으로 구성하든, 액션·인물·사건을 하나로 엮어 낼 수 있다. 구성은 굳건하게 자리 잡힌 것도 아니고, 변경할 수 없는 것도 아니다. 구성이란 바람결에 휘지만 부러지지 않는 유연성도 가지고 있다. 이 개념을 이해하게 되면 당신은 이야기를 시각적으로 잘 구성할 수 있는데, 설명보다는 내러티브 액션으로 그렇게 할 수 있다.

　이것이 시나리오 쓰기 기법에서의 새로운 전환이다. 인물이 자신이 어떤 사람인지, 그들의 배경이 무엇인지, 그들의 동기와 목적이 무엇인지 설명해야 하는 것은 아주 오래전의 일이 아니다. 이것은 대사를 통하여 설명 가능하다. 실제로, 대사를 통해 이야기를 설명하는 것은 시나리오를 쓸 때 작가 지망생들이 겪게 되는 핵심적 문제였다. 그런데 텔레비전과 무선 기술, 플레이스테이션과 함께 성장하는 새로운 세대가 등장했다. 그들의 시각적 감각이 발달했다는 것은 분명하다. 그 결과, 명확하고 단순하게 이야기를 전개하면서도 더욱 시각적으로 이야기를 펼치는 기술이 확장되어 가는 중이다. 분명한 진화의 징표다.

그러나 형식이 진화되었다 하더라도, 이야기하기의 단순한 도구는 여전히 그대로 남아 있다. '무엇을 쓸 것인가'라는 문제는 어떻게 그것을 쓸 것인가만큼 중요하다.

이것이 바로 핵심이다.

09 ——— 구성점을 찾아라

"시나리오 쓰기는 여러모로 가구를 만드는 목공일과 비슷하다.

나뭇조각과 못을 가지고 붙여 가면서 책장을 만들 경우,

다 만들고 나서 세워 보아야 흔들리는지 알 수 있다.

아름다운 물건이라고 생각해도

만일 그것이 흔들린다면 책장으로는 쓸모가 없을 것이다."

—「시나리오 시장의 모험」(윌리엄 골드먼)

9. 구성점을 찾아라

글쓰기에서 가장 힘든 일은 무엇을 쓸지 아는 것이다. 당신이 책상 위에 120장의 백지를 두고 앉아 끝이 없어 보이는 창의적 결단과 해결, 그리고 복잡하게 얽힌 선택을 헤쳐 나가는 유일한 방법은 당신이 무엇을 쓰며, 어디로 가는지 아는 것이다. 당신에게 필요한 것은 지도와 가이드, 즉 방향성이다. 그것은 처음부터 끝까지 이야기를 이끌어 가는 지향점이다.

당신에게는 이야기의 뼈대가 필요하다.

만일 그것이 없다면, 혼돈에 빠진다. 바로 그런 이유로 당신은 아주 쉽게 창작의 미로 속에서 길을 잃게 된다. 위대한 아일랜드 작가인 제임스 조이스는 글쓰기의 경험을 등산에 비유했다. 당신이 등산을 하면서 볼 수 있는 것이라고는 눈앞에 있는 것, 바로 당신 위에 있는 것뿐이다. 한 번에 오직 한 발자국만 내디딜 수 있다. 당신은 두세 발자국 앞을 내다볼 수도 없고, 어떻게 목적지에 도달할지 알 수도 없다. 오로지 정상에 올라서야 아래를 내려다볼 수 있고, 부분만 보였던 풍경의 전체를 조망할 수 있다.

등산은 좋은 비유다. 시나리오를 쓸 때, 당신은 오직 지금 쓰고 있는 페이지, 그리고 지금까지 쓴 페이지만을 볼 수 있다. 대부분의 경우 당신은 어디로 가야 할지 혹은 어떻게 그곳에 도달할지 알 수 없다. 때로는 그것조차도 알지 못한다. 다음에 써야 할 신은 단지 일종의 모호한 개념에 불과하며, 그것이 제대로 기능할지 아닐지도 알 수 없다. 당신은 문자 그대로 객관성, 즉 전체를 보는 안목을 갖지 못한다.

바로 그런 이유로 패러다임은 매우 중요하다. 패러다임은 당신에게 방향성, 즉 이야기가 진행되는 방향성을 보여 준다. 그것은 마치 지도와 같다. 길을 갈 때, 애리조나를 지나면 뉴멕시코로 이어지고, 텍사스 대평원을 지나면 오클라호마 평원에 도착하지만, 당신이 그곳을 지나친 경험이 없다면 자신이 어디에 있는지 알 수 없을 것이다. 당신 눈에 보이는 것이라고는 오로지 지나가는 차창 유리에 반사되는 태양빛에 작열하는 평평하고 광막한 풍경뿐이다.

당신이 패러다임 안에서 작업할 때, 패러다임 자체를 볼 수는 없다. 바로 그런 이유로 구성점이 매우 중요하다. 구성점은 "액션을 하게끔 만들고 그것을 다른 방향으로 돌리는 우발적 사건, 에피소드, 혹은 이벤트"라고 정의할 수 있다. 시나리오 전체를 통틀어 구성점은 여러 개 존재한다. 그러나 당신이 텅 빈 120장의 백지를 앞에 두고 있을 때, 이야기를 구성하기 위해서 반드시 알아야 할 네 가지는 시작, 구성점 1과 2, 결말이다.

구성점의 기능은 단순하다. 그 기능은 이야기를 앞으로 진행시키는 것이다. 구성점 1과 구성점 2는 이야기의 접점으로 패러다임을 제대로 정착시킨다.

패러다임을 살펴보자.

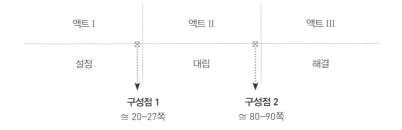

액트 I	액트 II	액트 III
설정	대립	해결

구성점 1
≅ 20-27쪽

구성점 2
≅ 80-90쪽

시나리오를 이야기 포인트의 연결, 또는 이야기 진행으로 본다면, 이야기는 시작에서 출발하여 결말에서 끝난다. 「콜래트럴」, 「델마와 루이스」, 「밀리언 달러 베이비」처럼 선형 구조로 되어 있든, 아니면 「콜드 마운틴」, 「펄프 픽션」, 「디 아워스」처럼 비선형 구조로 되어 있든 마찬가지다. 당신의 이야기 줄기가 선형이든 비선형이든 시나리오는 구성점 1과 2를 통해 제자리를 잡는다.

구조는 시나리오의 토대이자 기초이며 청사진이다. 윌리엄 골드먼의 말처럼 "시나리오는 구조다." 당신이 이야기의 기본 구조를 알지 못한다면 아직 쓸 준비가 안 된 것이다. 바로 그런 이유에서 당신이 종이 위에 한 단어라도 쓰기 전에, 반드시 알아야만 하는 네 가지 요소의 중요성을 강조한 것이다. 그 네 가지는 결말, 시작, 구성점 1과 2이다. 만일 당신이 이 네 가지 요소를 알지 못한다면 곤경에 처하게 된다. 그렇다고 해서 시나리오에 단지 두 개의 구성점만 존재한다는 뜻은 아니다. 전혀 그렇지 않다. 당신이 글쓰기를 시작하기 전에 꼭 알아야만 하는 준비 작업에 대해 말하는 중이다. 일단 당신이 두 개의 구성점이 어떤 것인지 알면, 그 구성점이 이야기 흐름을 제대로 잡아 줄 것이다. 그렇게 되면 당신은 자유와 창의성을 누리며 글쓰기를 시작할 수 있다. 시나리오가 완성되면 열 개에서 열다섯 개 정도의 구성점이 나올 수도

9. 구성점을 찾아라

있는데, 그것들은 대체로 액트 II에 있을 것이다. 다시 말하지만, 구성점이 몇 개인가는 이야기에 달려 있다. 구성점의 목적은 이야기를 앞으로 밀고 나가는 것, 즉 해결을 향해 나가는 것이다. 그것이 구성점의 목적이다.

마이클 만의 강력한 스릴러 「콜래트럴」^{스튜어트 비티 각본}에서, 액션은 육체적 차원과 정서적 차원 양쪽 모두에서 이루어진다. 톰 크루즈가 맡은 역인 빈센트는 하룻밤 사이에 다섯 명을 살해해야 한다. 그는 맥스^{제이미 폭스}에게 기사 역할을 강요하고, 그의 생명까지 위협한다. 그러나 운전을 잘해 주는 대가로 돈은 넉넉히 주기로 한다. 맥스가 알게 되는 만큼 우리도 무엇이 벌어지는지 가늠한다. 액션은 명확하고 정교하며 인물의 직관과 변화에 따라 결말까지 진전된다. 영화는 깔끔하고, 군더더기가 없으며 긴박하다. 시나리오 전체를 통해 '군더더기'나 불필요한 것들이 전혀 없다.

시나리오의 추동력은 구성점에서 구성점으로 쉼 없이 전진하는 것이다. 실제로 인물의 변화와 이야기의 흐름은 상호 작용하며, 각각의 물리적인 우발적 사건은 인물의 다양한 측면을 드러내 준다. 제이미 폭스가 연기한 택시 기사는 강력하고 극적인 영역을 통과한다. 그는 수동적인 겁쟁이에서 행동하는 남자로, 몽상가에서 성취하는 자로 변한다. 물론 여기에서 아이러니는 맥스가 악당에 의해서 이런 변화를 강요당한다는 것이다. 톰 크루즈가 제이미 폭스의 과거의 삶을 파괴했을 때, 제이미 폭스는 새로운 삶을 쟁취한다.

시나리오는 빈센트가 로스앤젤레스 공항에 도착해서 미지의 공범과 검은 가방을 교환하는 데서 시작된다. 뒤이어 숏이 바뀌면, 맥스가 저녁 운행을 준비하면서 택시를 세차하는 장면으로 연결된다. 그는 애니^{제이다 핀켓 스미스}를 태우는데(이 또한 우발적 사건이다.), 시내로 주행하는 동안 그들은 이야기를 하면서 호감과 매력을 서로 느낀다. 그는 애니를 연방 정부 건물에 내려 주는데, 그녀는 내리면서 자신이 큰 사건을 맡아 '밤새워 일하는' 검사라고 말하며 맥스에게 명함을 건넨다. 그는 다른 손님, 즉 빈센트를 태운다. 빈센트는 부동산 문제로 하룻밤에 다섯 군데를 가야 한다며 그를 기사로 고용한다. 그리하여 로스앤젤레스에서 또 다른 밤이 시작된다.

빈센트와 맥스는 로스앤젤레스에 대한 이야기를 나누며 서로 조금씩 알게 된다. 그들은 첫 번째 목적지에 도착한다. 맥스가 빌딩 뒤 골목에서 기다리는데, 갑자기 부서지는 소리가 크게 나더니 시체가 차 앞유리로 떨어진다. 맥스는 기절초풍한 채 이 믿을 수 없는 광경을 바라본다. 비록 빈센트가 "그 사람을 죽인 건 총알과 추락이야."라고 말하지만, 맥스는 빈센트가 사람을 죽였다는 사실에 놀란다.

여기가 구성점 1로, 시나리오에서 핵심적인 우발적 사건이다. 이것은 전체 시나리오가 앞으로 나아가게 해 준다. 왜냐하면 이제 맥스는 자기 의지와 상관없이 빈센트가 다른 목표를 찾아가는 데까지 운전을 해 줄 수밖에 없다. 그는 실질적으로 인질이다. 이제 본격적인 이야기가 시작된다.

두 개의 물리적 액션이 이야기 속에서 진행된다. 첫째, 그들이 도시를 돌아다니는 과정에서 맥스는 빈센트에게서 도망가려고 한다. 둘째, 빈센트는 일을 하고 있고 계약을 존중한다. 그들이 목표를 찾아다닐 때, 우리는 맥스가 감정적 변화를 겪으면서 물리적 행동에 반응하는 모습을 보게 된다. 이러한 변화는 계속 단계를 밟아 가면서 변형된다. 처음 그는 수동적이고 유약하고 소심했다. 택시 회사 상사에게 꼼짝 못할 정도로 겁도 많았다. 그러던 그는 약간의 용기를 내어 도망치려고 한다. 그러나 빈센트가 가방을 빼앗으려고 두 사람을 죽일 때, 그는 무력하게 바라볼 수밖에 없다. 그들은 나이트클럽에 재즈 음악이나 들으러 온 손님인 척하고 들어간다. 하지만 그 안에는 빈센트의 다음 살해 대상이 있었다. 우리에게 어떤 기대를 하게 하다가 다른 쪽으로 주의를 돌리게 하는 것은 멋진 접근법이다. 이제 맥스는 병원에 있는 엄마에게 향한다. 다시 한 번 그는 빈센트의 가방을 갖고 도망가려고 한다. 그러나 상황이 여의치 않자 가방을 길에 던져 버린다. 그의 행동, 그의 힘이 나오기 시작한다. 그는 이제 홀로 서는 것이다.

가방 사건 이후 빈센트는 일종의 벌로 맥스에게 범죄 조직의 보스인 펠릭스를 만나도록 시킨다. 그리고 그날 밤 마지막 대상이 될 두 사람에 대한 정보를 얻어 오게끔 한다. 긴장한 맥스는 극적인 상황 속에서 자신의 힘을 급하게 키운다. 그리하여 그는 펠릭스를 위협하고 결국 살아 돌아온다. 이것이 물리적 액션이 정서적 반응을 유발시키는 또 다른 우발적 사건이다.

경찰은 맥스가 이 모든 살인 행각에 책임이 있다고 생각하여 그를 나이트클럽까지 쫓아간다. 그리고 그곳에서 춤을 추는 많은 사람을 사이에 두고 격렬한 총격전이 벌어진다. 맥스는 도망가려 한다. 마침 맥스의 무죄를 믿는 한 경찰관이 그를 안전한 곳으로 데려가려고 한다. 이때 경찰과 함께 있는 맥스를 본 빈센트는 총으로 경찰을 쏘고 맥스를 끌고 나온다.

이제 빈센트가 죽일 사람은 하나다. 이 지점에서 두 가지 일이 해결되지 않은 채 남아 있다. 먼저 어떻게 맥스가 빈센트로부터 살아서 탈출할 것인가다. 다른 하나는 어떻게 빈센트가 마지막 목표를 살해하는 것을 막는가다. 나이트클럽에서 도망치면서 빈센트는 맥스에게 리무진 사업을 하려는 것은 결코 성공하지 못할 환상일 뿐이라고 말한다. 처음으로 맥스는 자신이 12년간 꿈만 꾸고 살았음을 깨닫는다. 이제 그의 꿈은 완전히 산산조각 났다. 그리고 그는 지금 빈센트에게 붙잡힌 시련이 끝나면 그의 생명도 끝장날 것이라고 생각한다. 그는 모든 것을 포기하고 그 순간을 위해 살기로 결심한다. 여기서 변화가 일어난다. 그에게 로스앤젤레스 거리를 전력 질주하도록, 즉 그의 발이 액셀러레이터를 밟도록 한 힘은 이런 그의 통찰에서 나왔다. 그는 이제 바퀴를 통제할 수 없다. 그리고 차는 도로 분리대를 들이받는다. 차는 공중으로 튀어오르고 엄청난 충격으로 다시 땅에 꽂히며 구른다. 여기가 구성점 2다.

빈센트는 다 부서진 차에서 기어 나와 황급히 사라진다. 맥스는 전복된 차에서 겨우 기어 나와 그날 초저녁에 택시에 태웠던 애니의 사진을 본다. 그리고 그녀가 빈센트의 마지막 희생자가 될 수 있음을 깨닫는다. 사실 빈센트가 처음에 그녀가 근무하는 빌딩에 있었던 이유는 바로 그 때문이었다. 맥스는 애니에게 이를 알리기 위해 달린다. 이제 우리는 영화의 마지막 추격 시퀀스로 진입한다.

이 두 구성점은 이야기 속 각 부분의 위치를 잡아 준다. 구성점 1은 이야기의 시작이다. 첫 번째 살인이 일어나고 빈센트가 그 범인인 것을 아는 지점이다. 구성점 2에서는 차가 부서지고 맥스가 빈센트에게 대항하며 애니를 구하기 위해 필요하다면 그를 죽이려 하는 부분이다. 각 구성점은 인물들에게 작용하는 정서적, 물리적 힘 두 가지에 연결된다. 외부 사건은 인물의 정서, 즉 내적 삶에 영향을 준다. 그리고 시나리오를 다음 액션을 향해 움직이도록 만든다.

다시 한 번 강조한다. 구성점은 주요 인물의 기능이며, 이야기를 진행시킨다. 그것은 인물의 변화를 일으키고, 행동을 증폭시킨다. 빈센트는 냉혹하고 비도덕적인 사람으로 옳고 그름에 대한 개념이 없다. 그는 단지 자기 일을 할 뿐이며, 그 일에 능숙하다. 그는 세상을, 그리고 그 세상 안에 있는 모든 사람을 '우주의 우연적 존재'일 뿐이라고 본다. 인간에게 있어 중요하고 의미 있는 것은 없다. 왜냐하면 우리는 단지 광대한 우주 속의 미량의 먼지일 뿐이기 때문이다. 만일 우리의 존재에 의미가 없다면 우리의 생명도 의미가 없는 것이다. 그래서 인간의 생명을 앗아 가는 것은 중요한 문제가 아니다.

「콜래트럴」은 구성점이 어떻게 이야기의 흐름에 개입해서 내용을 진행시키는지, 그리고 인물의 정서적, 물리적 변화에 영향을 주는지 보여 주는 좋은 영화다. 인물이 하는 선택은 이야기의 과정과 결과를 알맞게 결정해 준다. 맥스와 빈센트의 상호 작용과 그들이 하는 선택은, 그들을 독특하고 비상한 방식으로 함께 엮어 내면서 시각적이고 서스펜스 넘치는 이야기의 역동성을 살려 낸다.

물론 인물 간의 관계와 상호 작용은 이야기의 흐름과 구성에서 중심적이다. 「차이나타운」의 예를 들어 보자. 미스터리 탐정물로서 「차이나타운」은 각 구성점이 처음부터 액션을 움직이게 하도록 신중하게 구성되어 있다.(기티스가 가짜 멀레이 부인에게 고용되는 구성점에서 에벌린 멀레이가 살해당하는 구성점까지.)

시나리오는 "누가 멀레이 부인의 남편의 정부인가?"라는 질문에서 시작한다. 기티스는 멀레이를 쫓아 여러 저수지를 살핀다. 그리고 한 젊은 여자와 함께 있는 그를 발견한다. 그는 사진을 찍고 사무실로 돌아온다. 그가 관여할 사건은 끝난 것이다. 그러나 다음 날 그는 누군가 이 이야기를 사진과 함께 신문에 흘린 것을 알게 된다.

누가 그랬을까? 왜 그랬을까?

기티스가 사무실로 돌아오자 사무실에 한 여성이 그를 기다리고 있다. 그녀는 "저를 전에 본 적이 있나요?"라고 묻는다. 그녀는 자기가 진짜 멀레이 부인이라고 말한다. 그녀는 그를 고용한 적이 없으니 고소를 하겠고 그의 면허증을 빼앗겠다고 한다. 그러나 만일 그녀가 진짜 멀레이 부인이라면 누가 그를 고용해서 멀레이가 어떤 사람과 외도를 하는지 밝혀 달라고 했단 말인가? 그리고 왜 그런 부탁을 했단 말인가? 일종의 '애정 스캔들'로 뉴스 1면을 장식한 것을 보며, 그는 자신이 누군가에게 모함을 받고 있다고 판단한다. 누군가 그를 함정에 빠뜨린다고 생각하고 누가 왜 그러는지 밝히려 한다.

액트 I의 끝 부분이다.

극적 행동 단위 속의 특정 순간이 행동에 끼어들어 그것을 다른 방향으로 유도한다. 진짜 멀레이 부인이 나타난 것이다. 그것이 이야기 흐름에서 핵심적인 우발적 사건이다.

영화 속에 진짜 멀레이 부인이 등장하자 이야기는 사건을 일단락시키는 방향에서 기티스가 면허증을 빼앗길 수도 있는 상황으로 급전된다. 그는 누가 음모를 왜 꾸몄는지 알아내야만 한다.

액트 II는 기티스가 멀레이의 집을 찾아가는 데서 시작된다. 멀레이는 부재중이다. 그러나 멀레이 부인은 그곳에 있다. 그들은 몇 마디를 나누고, 멀레이 부인은 남편이 오크패스 저수지에 갔을 거라고 알려 준다.

기티스는 오크패스 저수지를 찾아간다. 그곳에서 그는 예전 동료였던 에스코바르 경위를 만난다. 그는 기티스에게 멀레이이 물에 빠져 죽었고 이것은 명백히 살인이라고 말한다.

멀레이의 죽음은 기티스에게 또 다른 문제(혹은 장애물)를 가져다 준다. 패러다임의 중간 부분 액트 II는 극적 맥락에서 대립이다.

기티스의 극적인 요구는 누가, 그리고 왜 그를 모함하는지 알아내는 것이다. 그래서 로버트 타운은 그의 극적 요구를 방해하는 장애물을 만든 것이다. 멀레이는 죽었다. 그러나 그가 살해되었음을 후에 밝혀

낸다. 누가 살해했을까? 이것이 구성점이다. 액트 Ⅱ 중간에 위치한 구성점이다.「차이나타운」의 중간 부분 액트 Ⅱ에는 이런 종류의 구성점이 열 개나 있다.

멀레이의 죽음은 이야기를 앞으로 진전시키는 우발적 사건이다. 기티스는 의도와 상관없이 이제 완전히 이 사건에 개입되어 버렸다. 나중에 그는 "아이다 세션입니다."라고 하는 이상한 전화를 받는다. 가짜 멀레이 부인이었다. 그녀는 그에게 신문에 난 부고가 음모를 꾸민 자와 연관되어 있음을 말해 준다. 그리고 그녀는 전화를 끊는다. 곧이어 아이다 세션은 살해당한 채 발견된다. 그리고 에스코바르 경위는 기티스가 이 사건에 연루되었다는 사실에 확신을 갖는다.

물이라는 단서가 이전에 여러 번 나와서, 기티스는 그것을 추적해 보기로 한다. 그는 페르난도 밸리의 토지 소유자가 누군지 체크한다. 그러고는 토지 대부분이 최근에 팔렸다는 사실을 발견한다.

기티스는 조사에 착수한다. 그러나 그가 물에 독약을 탄 사람이라고 생각하는 농부들에게 공격을 당한다. 그가 정신을 차리고 나자 농부들에게 전화를 받고 온 에벌린 멀레이가 거기에 있다. 로스앤젤레스로 돌아온 기티스는 아이다 세션이 알려 준 신문 부고란의 이름 중 하나가 그 계곡의 거대한 토지를 소유한 사람이라는 사실을 알게 된다. 이 사람은 마비스타홈이라는 양로원에서 죽은 것으로 되어 있다. 기티스와 에벌린 멀레이는 양로원으로 향한다. 기티스는 이 밸리 토지의 새로운 소유자들 대부분이 그 양로원에 살고 있는데, 정작 본인들은 토지 구입 사실조차 모르고 있다는 것을 알게 된다. 모든 것이 음모다. 그들은 양로원을 나서다가 기티스를 노리는 괴한들에게 린치를 당한다. 그러나 에벌린이 기지를 발휘해 기티스를 차에 태우면서 위기에서 가까스로 벗어난다.

이 사건과 에피소드는 모두 구성점이다. 모두 이야기를 앞으로 진전시킨다.

에벌린은 집으로 돌아와 기티스의 코에 난 상처를 치료해 준다. 그는 그녀의 눈에 흐린 색의 점이 있다는 것을 발견한다. 그리고 그녀에게 다가가 키스를 하고 사랑을 나눈다.

그 후 그들은 침대에 누워 대화를 나눈다.

전화벨이 울린다. 그녀는 통화를 하다가 갑자기 당황하며 전화를 끊는다. 그녀는 갑자기 '중요한 일'이 생겼다고 하며, 기티스에게 떠나라고 말한다.

이 지점에서 우리는 아직 두 가지 사실을 모른다. 첫째, 시작 부분에 멀레이가 살해당하기 전 그와 같이 있었던 소녀가 누군지, 둘째, 누가 기티스를 모함했고 왜 그랬는지를 말이다. 기티스는 이 두 질문에 대한 답이 연관되었다는 것을 안다. 멀레이를 죽인 사람이 누구든 간에 그가 기티스를 모함했을 가능성이 크다. 왜일까? 우리는 아직 알 수 없다.

무언가 다가오고 있다. 무엇일까? 기티스는 알고 싶다. 그래서 그는 로스앤젤레스의 에코파크에 있는 집까지 에벌린을 미행한다. 그는 에벌린의 집에서 되돌아오다가 연못 바닥에서 안경을 발견한다. 그는 에코파크 집으로 다시 와서 에벌린을 만난다. 그녀는 그에게 그 소녀는 자기 여동생이라고 말했다가 나중에는 딸이라고 말한다. 기티스는 그녀의 뺨을 때린다. "나는 진실을 알고 싶다고." 그는 말한다. 그는 그녀의 뺨을 재차 때린다. 그리고 마침내 에벌린은 그 소녀가 "나의 딸이자 나의 여동생이에요."라고 털어놓는다. 열다섯 살 때, 그녀는 근친상간의 희생자가 되었다. 그녀는 딸이자 여동생인 소녀를 돌보면서 자신의 아버지인 노아 크로스에게 말하지 않았다. 이제 우리는 그 소녀가 누구인지 안다. 두 번째 의문에 대해 생각해 보자. 누가 안경을 썼는가? 희생

9. 구성점을 찾아라

자인가? 살인자인가? 일단 기티스가 진실을 알게 되자 그는 에벌린의 도망을 도우려 한다. 그런데 기티스가 떠나려는 신의 마지막 부분에서 에벌린은 자기 남편은 안경을 쓰지 않았다고 말한다. 결론은 하나다. 노아 크로스는 살인자의 배후다. 이것이 그가 찾던 마지막 답이며 이야기의 '결말', 즉 해결이다.

기티스는 노아 크로스에게 전화를 해서 그 자신이 '소녀'를 데리고 있다고 말한다. 그리고 에벌린의 집에서 만나자고 청한다. 여기서 기티스는 그 사람이 멀레이와 다른 사람들의 죽음에 책임이 있다는 것을 알게 된다. 더불어 모든 워터 스캔들에 책임이 있는 사람이 노아 크로스라는 것도 안다. 왜일까? "기티스 씨, 그것이 미래입니다. 미래를 만드는 방식은 간단합니다. 물을 로스앤젤레스로 끌어오든지 로스앤젤레스를 물이 있는 곳으로 끌고 가든지 하는 거지요."라고 크로스가 말했기 때문이다.

이것이 이 영화의 극적 열쇠다. 이것은 멋지게 작동한다. 돈, 영향력, 권력이 부패한 힘이라는 전제가 수립된다. 기티스는 "당신이 누구든 사람을 죽이고 나서 그 죄에서 벗어나려면 부자여야 해."라고 말한 적이 있다. 누구든 충분한 돈과 권력을 쥐고 있다면, 그 사람은 어떤 잘못이든 심지어 살인에서도 자유로울 수 있다는 것이다.

기티스는 차이나타운으로 간다. 거기서 크로스는 자기의 딸이자 손녀에 대한 권리를 주장할 것이다. 에벌린이 영화 끝에서 죽자 크로스는 딸/손녀를 데려간다. 사실상 살인죄에서 벗어난 것이다. 아이러니하게도 차이나타운에서 기티스가 경찰복을 벗게 된 비슷한 일이 반복된다. "나는 누군가를 도우려 했는데 결국은 그 사람에게 해를 끼치는군." 그가 벌써 했던 말이다.

다시 원점으로 돌아왔다. 기티스는 어쩔 도리가 없다. 시나리오의 마지막 말은 마치 영화 속임을 의식한 듯, 분위기 있게 표현된다. "잊어버려 제이크, 차이나타운이잖아."

액트 Ⅰ과 액트 Ⅱ 끝 부분에서 구성점은 행동에 작용을 하고 그것을 다른 방향으로 가게 만든다. 구성점은 이야기 진전에서 핵심을 이루며, 이야기를 다음 단계로 이동시킨다. 그리고 이야기를 극적 해결로 향하게 한다.

간단한 연습을 위해 영화관에 가거나 DVD, 케이블 방송으로 영화를 보라. 그리고 스스로 액트 Ⅰ과 액트 Ⅱ에서 구성점을 찾아보라. 당신이 보는 모든 영화는 구성점을 갖고 있다. 당신은 그저 발견하기만 하면 된다. 구성점을 찾아내려면, 영화가 시작하고 20~30분 정도 지난 지점을 확인하라. 그리고 행동 포인트가 무엇인지 판단하라. 자신에게 무슨 일이 일어나고 있는지 물어보라. 그리고 이 행동 포인트 부분에서 이야기에 어떤 변화가 생기는지 보라. 그 지점에서 사건과 에피소드가 발생할 것이다. 그것이 무엇인지 언제 발생하는지 보라.

액트 Ⅱ에서도 같은 것을 해보라. 대략 80~90분이 경과했을 때, 이야기 흐름에서 발생하는 일을 체크해 보라. 어떤 사건, 에피소드, 우연적 일이 그 시간대에 일어나는가? 이것은 아주 좋은 연습이 될 것이다. 당신이 연습을 하면 할수록 파악하기가 쉬워질 것이다. 곧 그것은 당신 의식의 한 부분이 될 것이고, 당신은 구조와 이야기 사이의 근본적 본질을 파악하게 될 것이다. '극적 해결을 이끄는 일련의 우연적 사건, 에피소드'라는 정의의 극적 구조가 당신을 이야기의 흐름 속으로 안내할 것이다. 구성점은 이야기 흐름을 결정하는 우발적 사건이나 에피소드다. 그것들은 내러티브 줄기의 기초를 제공한다.

「매트릭스」와 「델마와 루이스」에서도 구성점에 해당하는 것을 확인해 보자.

액트 I	액트 II	액트 III
설정	대립	해결

구성점 1　　　　　　　　구성점 2

우리는 액트 I과 액트 II의 끝 부분에서 구성점을 찾을 수 있다.

「매트릭스」에서 오프닝 신은 주먹질, 권총 발사, 폭발 등 흔한 액션을 보여 주지 않는다. 완전히 독특한 시퀀스로 영화가 시작된다. 방탄복을 입고 있는 여러 명의 무장 경찰과 한 사람이 맞선다. 우리 눈앞에 물리적으로 놀라운 몸의 움직임이 펼쳐진다. 트리니티는 도약하고 공중 한가운데에 떠 있다. 그러고는 벽을 타고 탈출한다. 그녀는 지붕과 지붕 사이, 건물과 건물 사이를 뛰어다닌다. 한 공간에서 다른 공간으로 공중을 넘나들며 중력을 무시한다. 거기서 전화를 받기 위해 거대한 쓰레기 트럭과 경주를 한다. 그녀는 아슬아슬하게 전화를 받고 트럭이 전화 부스 안으로 돌진한다.

와! 이렇게 사람을 꼼짝 못하게 하는 장면이 있을까? 우리는 트리니티가 누군지, 그녀가 '좋은 사람'인지 '나쁜 사람'인지 모른다. 또한 이야기가 무엇에 관한 것인지, 어떻게 그녀가 그런 식으로 탈출할 수 있는지도 알지 못한다. 그러나 시작 부분의 이 자극적 사건은 확실히 우리의 주의를 집중시킨다.

이 지점에서 우리는 이야기가 무엇에 관한 것인지, 누구에 관한 것인지 모른다. 우리는 여기서 이야기를 앞으로 진전시키기 위해 필요한 정보와 약간의 설명을 필요로 한다. 이것은 다음 부분에서 알게 될 것이다. 주요 등장인물인 네오는 컴퓨터 스크린에서 나오는 "흰 토끼를 따르라."라는 말을 듣고 깨어난다. 문 쪽에서 노크 소리가 들린다. 어깨에 흰 토끼 문신을 새긴 소녀가 서 있다. 그는 그녀를 따라 클럽으로 향한다. 거기서 트리니티를 만나 매트릭스에 대해 묻는다. 그러나 그녀는 어느 것도 설명하지 않는다. 다만 그에게 위험에 처해 있다고 말한다. "그들이 당신을 지켜보고 있어요." 그리고 그녀는 강조한다. "진실은 저 바깥에 있어요, 네오. 그리고 진실이 당신을 찾고 있어요. 진실은 당신을 찾아낼 겁니다. 만일 당신이 그걸 원한다면요." 그리고 그녀는 가 버린다.

매트릭스란 무엇인가? 모피어스_{로렌스 피시번}는 우리가 이중의 우주에 살고 있고, 매트릭스는 실제 현실이며, 인간은 그것을 실제라고 받아들이도록 프로그램된 상태라고 말한다. 사실 '실제' 세계는 파괴되었으며 인공 지능, 기계 종족, 컴퓨터에 의해 새로운 실질적 현실의 형태로 재창조되었다.

여기서 영웅의 여정이 시작된다. 저항군 지도자 모피어스는 진실을 밝히고 기계의 굴레에서 인간을 해방시키기 위해 매트릭스에 대항하는 일에 헌신한다. 모피어스는 '그(The One)'를 찾으면 자신들이 승리할 수 있다는 예언을 믿는다. '그'는 인간의 해방을 위한 전쟁을 지휘할, 신 같은 능력을 부여받은 인간이다. 그는 네오가 '그'일 것이라고 믿는다. 모피어스는 네오에게 마음과 몸은 하나로 합쳐져 있으며, 그것들이 분리된 실체라 해도 당신의 마음을 다스리면 현실을 조정할 수 있고 따라서 운명을 바꿀 수 있다고 말한다.

이것은 현실에 적용되면서 생각이나 실천에 있어서는 초현대적인 특성을 갖는 고대 동양 철학의 가르침이다. 『햄릿』이나 『바가바드 기타』에 등장하는 아르주나처럼 네오는 그의 운명을 선택해야 한다. 이 선택이라는 주제, 즉 당신이 살고 싶어 하는 현실을 선택한다는 주제는, 영화 내내 반복해서 등장하는 모티브다. 다음 날 네오가 직장에 갈 때 그는 선택을 해야 한다는 이야기를 듣는다. 일상적인 대낮의 토머스 앤더슨이 될지, 아니면 진정한 자아이며 운명적인 반군의 일원인 밤의 네오가 될지를 말이다. 네오는 사무실에 도착하자 소포 하나를 받는데, 갑자기 휴대 전화가 울린다. 모피어스다. 그는 네오에게 "그들이 너를 쫓고 있다. 이 건물에서 나가는 길은 두 가지밖에 없다. 창밖의 받침대를 이용해서 도주하든지, 인질로 잡혀 포로가 되어 나가든지 둘 중 하나다. 햄릿이나 아르주나처럼 네오는 스스로 내키지 않는 영웅의 자세를 취한다. 그가 다른 더 높은 수준의 의식을 획득하기 전까지 그는 먼저 자신을, 자신의 운명을 수용해야 한다.

그는 포로가 되어 떠난다. 그리고 나중에 금속으로 된 벌레가 그의 몸속 깊이 심어진다. 트리니티와 다른 대원들이 네오를 다리 아래에서 차에 태운다. 그들은 네오의 몸에서 벌레를 제거한다. 그러고는 네오를 모피어스에게 데려간다. 이 고대적 요소와 미래적 요소의 융합은 매트릭스에서 사용되는 다양한 명칭 속에서 구현된다. 반군의 배의 이름은 네부카드네자르다. 이는 기원전 5세기의 유명한 바빌로니아 왕의 이름에서 유래한다. 그는 고대 사원을 부수고 다시 지은 것으로 유명하다. 그는 파괴자이자 건설자다. 고대 신화에서 모피어스는 잠의 왕이다. 그는 깊은 잠에 빠진 우리의 꿈을 만들어 낸다. 물론 네오는 '새롭다'는 의미다. 그리고 트리니티는 종교적 의미를 지닌다. 이러한 신화적 요소가 이야기에 통찰력을 부여하고 차원을 높여 준다.

이 지점에서 이야기는 행동과 설명에 의해서 앞으로 나아간다.

네오가 '그'가 되기를 수용했을 때, 그는 진정으로 '그'가 된다. 다시 말해 우리가 진실이라 믿는 것이 진실이다. 그리고 이것은 구성점 1을 만든다.

그는 처음으로 모피어스와 구성점 1에서 대면한다. 둘이 만날 때 핵심적 사건, 즉 모피어스가 네오에게 선택을 제안하는 일이 일어난다. 파란색 알약을 받아서 보통의 현실을 수용할 것인지, 아니면 빨간색 알약을 받아서 진실을 받아들일 것인지 선택해야 한다. 네오는 주저하지 않는다. 그는 빨간색을 받는다. 실제 현실이라는 공간과 다른 세상 사이로 그가 떨어지면서 현실은 변한다. H. R. 기거의 그림처럼 어지럽고 자극적인 이 시퀀스에서 네오는 제한된 정신의 굴레에서 벗어나 다시 태어난다. 마침내 네오가 모피어스와의 수련을 통해 무제한적 자아라는 자원을 처음 사용할 때까지 그는 태아로서 육체와 마음을 모두 제어해야 한다.

구성점 1은 이야기의 진정한 시작이다. 그것은 행동에 개입해 액트 II로 흘러간다. 액트 II는 맥락상 대결이다. 그래서 네오는 극적 욕구, 즉 매트릭스에 대해 스스로 깨닫기까지 계속 장애물을 만난다. 구성점 1은 이 기능을 완수한다.

네오가 오라클을 만나는 것은 이야기의 중간 포인트다. 그녀는 위대한 인물이다. 내가 처음 영화를 볼 때, 나는 그 배역은 길게 흩날리는 백색 수염을 가진 매우 현명하고 나이 든 남자일 것이라고 예상했다. 그런데 실제 배역은 쿠키를 굽는 중년 여성이었다. 나는 이 점을 재미있고 놀라운 경험으로 기억한다. 이것은 재미있는 경험이었다. 그녀가 가볍게 네오에게 '그'라고 생각하냐고 묻는다. 네오는 고개를 젓는다. 그리고 네오는 "나는 단지 보통 사람입니다."라고 말한다. 다시 한 번 그의 신념 체계, 즉 그의 마음의 한계가 그를 가둔다. 그녀가 "안타깝다."라고 말한다. 네오가 "왜 그러냐."라고 묻는다. "왜냐하면 모피어스는 당신이 '그'라고 믿거든요. 그는 맹목적으로 당신을 위해 자기 목숨도 희생할 수 있어요. 당신은 선택을 해야 해요. 당신이 모피어스의 생명을 가져갈 수 있어요. 다른 한편 당신 자신의 생명을 잃을 수도 있어요. 당신 둘 중 한 명은 죽어야 해요, 누가 되든. 그건 당신에게 달렸어요." 오라클의 말이다.

그녀는 그가 믿는 것을 반사하는 '거울'이다. 오라클은 그녀가 보는 그의 내부에 대해 말한다. 그가 선택을 하기만 하면 '그'라는 망토를 두를 수 있다는 것을 이해한다. 오로지 우리는 제한된 자아의 개념을 버릴 때만 해방으로 나아갈 수 있다. 주저하는 영웅은 그(녀)의 실제 존재의 도전에 응답해야 한다. 마치 햄릿과 아르주나가 자신들을 명예롭게 하는 길을 선택하고 자신의 운명을 받아들인 것과 똑같은 방식으로 말이다. 그가 좋아하든 아니든 네오는 '그'다. 그는 '시간을 교정하도록' 선택된 '그'다.

스미스 요원이 모피어스를 감옥으로 데려갈 때, 네오는 그를 구조하기로 결심한다. "오라클이 내게 이런 일이 일어날 것이라고 말했어요. 그녀는 나에게 선택을 해야 한다고 말했지요." 시나리오 초고에는 그는 잠시 멈추고 "나는 모피어스가 생각하는 그런 사람이 아닐 수도 있어요. 그러나 만일 내가 그를 도우려고 노력하지 않는다면, 내가 나라고 생각하는 사람조차도 될 수 없어요. 나는 그를 구하러 갈 겁니다."라고 외치는 것으로 처리되었다. 그가 자신을 이런 방식으로 선언했을 때가 그 자신을 '그'로 받아들인 첫 단계다. 그리고 여기가 구성점 2다. 이것은 이야기의 해결로 이어진다.

구성점 1에서 모피어스는 네오에게 운명의 존재를 믿는지 묻는다. 네오는 "아니오."라고 답한다. 그는 "내가 내 인생을 조절할 수 없다는 생각은 맘에 안 들어요."라고 답한다. 그가 그것을 믿든 안 믿든, 그가 알든 모르든, 이제 그는 자신의 운명을 손에 쥐었다.

모피어스를 구조한 후 네오는 매트릭스에서 적시에 빠져나오지 못하고 엄청난 격투 끝에 스미스 요원에 의해 죽는다. 트리니티가 네오의 무력한 시체 위에 서서 오라클이 그녀에게 했던 말을 한다. 그녀가 '그'를 사랑하게 될 것이라는 말. 비록 네오는 죽었지만 그녀는 온 마음으로 사랑은 육체보다 강하다고 믿는다. 그녀는 그에게 키스를 하고 그가 '일어나기'를 기원한다. 그러자 네오가 눈을 뜨고 부활한다. 기적인가? 물론이다. 그러나 조지프 캠벨이 『신화의 힘』에서 말했듯, 진정한 영웅은 다시 태어나기 위해 죽어야 한다. 일단 네오는 죽었고 그래서 다시 태어날 수 있었던 것이다. 어떻게? 우리가 믿든 안 믿든 그것은 중요하지 않다. 기꺼이 불신이라는 태도를 거두어 보자. 그는 마음의 한계를 극복했다. 그는 '그'라는 옷을 입기로 한다.

「매트릭스」는 처음으로 아시아 영화에 영향을 받은 블록버스터다. 그리고 그것은 미래 영화의 전조가 되었다. 테크놀로지는 우리 삶보다 더 큰 범주의 고전적·신화적 이야기 속으로 통합되어 들어간다. 「매트릭스: 리로디드」와 「매트릭스: 레볼루션」이 첫 작품의 창의적 수준에 도달하지 못했다는 점은 안타까운 일이다.

「콜래트럴」처럼 「델마와 루이스」도 인물의 변화를 다루는 영화다. 루이스가 레스토랑에서 밤새 일을 하고 업무를 마무리하는 부분에서 영화가 시작된다. 아침이다. 그녀는 델마에게 전화를 한다. 델마는 아침 식사를 준비하고 있다. 우리는 즉시 델마가 어떤 사람인지 알아본다. 그녀의 아침은 냉동된 초코바일 뿐이다. 조금만 보아도 델마는 살림을 잘하는 여자가 아님을 알 수 있다. 루이스는 그녀가 산으로 주말여행을 떠날 준비가 되었는지 묻는다. 델마는 남편 대릴에게 아직 이야기하지 않았다고 말한다. 그러나 정작 그가 오자 그녀는 전화를 급히 끊는다. 그녀의 남편은 어떤가? 그는 자기중심적인 속물 같다. 델마는 그에게 물어볼까 주저하다가 그만두기로 한다. 그러고는 루이스와 주말에

갈 장소에 대해서만 생각한다.

남편이 일터로 향하자 델마는 짐을 꾸린다. 그리고 멋진 영화적 편집을 통해 두 사람이 같은 일을 다른 방식으로 하고 있는 것을 보여 준다. 우리는 그들이 하는 행동을 통해서 그들이 누구인지 본다. 여기 델마가 짐을 꾸리는 방식이 있다. 그녀는 옷장 앞에 서 있다. 그저 며칠 간의 여행인 데도 무엇을 가져가야 할지 모른다. 그래서 그녀는 모든 것을 꾸린다. 속옷, 양말, 파자마, 청바지, 스웨터, 티셔츠, 몇 벌의 드레스 등 그녀는 옷장 속에 있는 대부분의 옷가지를 가방에 쑤셔 넣는다. 게다가 그녀는 랜턴과 신발 몇 켤레도 챙긴다. 추가로 쥐의 꼬리를 잡아당기듯 권총의 손잡이만 살짝 들어 가방에 넣는다. 그녀가 짐을 싸는 장면에서 우리는 무엇을 알 수 있을까?

이제 루이스가 짐을 싸는 방식이다. 그녀는 침대 위에 여행 가방을 올려놓는다. 모든 것이 완전히 정리되어 있다. 그녀는 옷을 가지런히 개어 두었다. 시나리오는 이렇게 쓰고 있다. "세 벌의 하의, 한 벌의 속옷, 바지 두 개, 스웨터 두 개, 모피 겉옷, 나이트가운 하나. 그녀는 산속 캠프를 위해 짐을 꾸린 것이다. 그녀의 방은 가방만큼이나 단정하게 정돈되어 있다. 추가로 양말 한 켤레를 더 가방에 넣고 여행 가방을 닫는다." 나가는 길에 그녀는 남자 친구 지미에게 전화를 건다. 그런데 전화가 자동 응답기로 넘어가자 화를 내며 그의 사진을 뒤집어 놓는다. 그녀는 싱크대로 가서 유리잔을 씻고 물기를 닦는다. 그리고 선반 위에 얹는다. 그러고는 자신의 멋진 차 T버드를 타고 떠난다. 오점 하나 없다. 우리는 그녀가 짐을 싸는 장면에서 그녀의 특성에 관해 무엇을 알게 되는가? 영화는 행동이다.

그녀는 델마를 태우고 주말여행을 떠난다. 그런데 델마가 그녀에게 먹을 것 좀 사게 잠깐 차를 세우자고 한다. 그들은 아주 적절한 이름이 붙여진 실버 불렛(Silver Bullet)이라는 바에 들어선다. 시나리오 10쪽 부근에서 발생하는 사건이다. 우리는 이미 이야기가 누구에 관한 것인지 알고, 그들의 삶에서 남자와의 관계는 어떤지 안다. 우리는 루이스가 그녀의 남자 친구 지미에게 자신의 태도를 보여 주려 여행을 떠난 것임을 안다. 음악가인 그녀의 남자 친구는 3주간 집을 비웠는데도 전화도 하지 않는다. 그녀는 화가 나서 그가 돌아올 때 집에 있고 싶지 않았다. 그가 어떨지 보자.

나는 『네 편의 시나리오Four Screenplays』를 쓰기 위해 칼리 쿠리와 인터뷰를 한 적이 있다. 그녀는 "지미는 진중하고 책임감 있는 관계에 겁을 내는 사람입니다. 그런데 루이스는 결혼을 원하고 모든 관습적인 삶을 원합니다. 그러나 그녀의 기대는 그에게 거부당합니다. 기본적으로 그는 그녀가 진정으로 원하는 것을 해 주지 못한다는 문제가 있습니다. 나는 그녀의 느낌을 보여 주고 싶었습니다. 왜냐하면 그녀는 지금 일어나는 모든 일에 대해 책임을 느끼고 있기 때문이지요. 그녀는 그와 게임을 합니다. 그가 여행에서 돌아올 때 그녀는 그곳에 없을 것입니다. 그리고 이것은 그녀가 솔직하지 않아서 일어나는 일입니다."

그녀의 관계에서 솔직하지 못하다는 것은 결국 다음에 일어나는 사건으로 이어진다. 솔직하지 못한 것은 좋은 덕목이 아니다. 즉 세상의 도덕적·윤리적 원칙에 기반한 옳은 행동이 아니다. 다시 말해 이성적이지 않다. 델마와 루이스는 바로 간다. 마실 것을 주문하고 그들의 관계에 대해 말한다. 마침 할랜이 다가와 그들 곁에 편하게 앉는다. 급기야 델마에게 집적댄다. 루이스는 그를 밀어낸다. 그러나 잠시 후 그가 돌아오고 델마는 그와 춤을 추러 나간다. 그는 계속 그녀에게 술을 권한다. 결국 속이 불편해진 그녀를 데리고 할랜은 주차장으로 향한다.

9. 구성점을 찾아라

그리고 거기서 '다정스럽게' 가볍게 나누던 키스가 추한 행동으로 변한다. 그는 델마를 강간하려 한다. 거의 그가 원하는 대로 될 뻔했다. 그녀를 덮치고, 속옷을 벗기려 한다. 어디선가 찰칵 소리가 난다. 이내 총이 프레임 안으로 들어와 그의 머리를 겨눈다. 루이스였다. 그녀는 그에게 멈추라고, 이게 웃긴 일이냐고 다그친다. 그는 고함을 지르면서 그녀들을 자극한다. 그러자 루이스는 "총을 빼 들고 얼굴을 향해 쏜다." 그는 즉사한다.

구성점 1, 즉 진정한 이야기의 시작 부분이다. "이 우발적 사건, 에피소드가 행동을 다른 방향으로 이끈다." 기분 좋게 시작된 주말여행은 강간 시도와 살인으로 끝난다. 이제 델마와 루이스는 도망쳐야 한다. 다른 영화에서 다른 인물들처럼 그들도 고속 도로를 질주한다. 이과정에서 그들은 자신이 진정 누구인지 깨닫게 되고, 궁극적으로 그들의 삶과 행동에 대한 책임을 지게 된다. 「델마와 루이스」는 로드 무비다. 그렇다. 더불어 이 영화는 자아 성찰과 자기 발견의 여행이다.

그들의 극적 요구는 이제 바뀌었다. 이제 법을 피해 멕시코로 향해 갈 뿐 되돌아올 수 없다. 깊고 긴 침묵 속에서 그들은 차에서 걸어나온다. 가장 기억에 남는 장면이다. 그녀는 이제 이것이 지구상에서, 이 삶에서 그녀의 마지막 밤이 될 것임을 안다. 완벽한 침묵 속에서 이것을 깨닫는 것이 구성점 2다. 다음 신에서 루이스와 델마는 이런 느낌과 생각을 공유한다. 델마는 루이스가 했던 일에 대해 고마움을 느낀다. 왜냐하면 할랜은 그녀를 괴롭힌 존재이기 때문이다. 두 여성은 우정과 용서로 단단하게 묶여 있다.

아름다운 순간이다. 침묵 속에 쏟아지는 별들 아래서, 시간을 초월해 존재하는 장소에서, 그들은 자기 자신과 자신의 운명을 받아들인다. 처음으로 그들은 돌아갈 길 따위는 없다는 것을 이해한다. 이 장면의 침묵은 폭풍 전야의 휴식이다. 그리고 침묵은 말보다 더 효과적으로 기능한다.

이 작은 신이 액트 Ⅱ 끝 부분의 구성점이다. 이야기는 액트 Ⅲ, 즉 해결로 이동한다. 이 지점에서 우리는 다음 이야기가 무엇인지 아직 모른다. 그들이 붙잡힐까? 또는 멕시코로 안전하게 도주할까? 더 근본적 문제로 그들은 과연 죽게 될 것인가, 살아남을까? 이제 이야기의 나머지 부분에서 그들은 서로에 대한 감정을 확인하고 그들의 행동에 대한 충분한 책임을 진다. 여기에서부터 델마와 루이스에게 원점으로 되돌아간다는 것은 있을 수 없다. 남겨진 선택은 없다. 남은 선택은 죽음뿐이다.

구성점이 극적 순간, 중요한 신이나 시퀀스일 필요는 없다. 구성점은 「델마와 루이스」의 구성점 2처럼 침묵의 순간일 수도 있고, 「콜래트럴」의 구성점 1처럼 액션 시퀀스일 수도 있다. 또 「매트릭스」에서처럼 일련의 대화일 수도 있고, 「차이나타운」에서처럼 이야기 흐름에 영향을 주는 결정의 순간일 수도 있다. 구성점은 당신이 구성점이 되어야 한다고 선택하는 한 지점이다. 그것은 긴 신일 수도, 짧은 신일 수도 있다. 그것은 침묵의 순간일 수도, 액션의 순간일 수도 있다. 그것은 단지 당신이 쓰는 시나리오에 따라 달라진다. 그것은 작가의 선택이다. 구성점은 이야기의 필요에 의해 지시되는 사건, 에피소드, 우발적 계기다.

구성점에 대한 지식과 미스터리는 시나리오 쓰기에서 필수적 요구 사항이다. 당신이 120장의 빈 종이를 대할 때 각 액트 끝 부분의 구성점이 극적 행동의 열쇠 역할을 한다는 것을 기억하라. 그들은 모든 것을 함께 묶어 낸다. 구성점은 푯말이며, 목표이고 목적이다. 그리고 일련의 극적 행동의 연결 속에서 만들어지는 각 액트의 목적 지점이다.

10 ——— 신을 구성하라

릭 "우리 둘 다 당신이 빅터와 같이 있어야 한다는 것을 마음속 깊이 알고 있어요. 만일 당신이 그와 함께 비행기를 타지 않으면 당신은 후회할 겁니다. 당장 오늘이나 내일은 후회하지 않을 수도 있지만 아마 곧 일생 동안 후회하게 될 겁니다."

일자 "우리는 어떻게 되는 거죠?"

릭 "우리는 항상 파리에 있을 거예요. 우리는 파리를 기억하지 못했지. 당신이 카사블랑카에 오기 전에 우리는 잊었었소. 우리는 지난밤 그리로 돌아갔어요. …… 일자, 난 그리 고귀하지 못해요. 그러나 이 미친 세상에서 콩깍지만 한 언덕 꼭대기에 세 명이 같이 올라갔을 때 문제가 뭔지는 쉽게 알 수 있어요. …… 언젠가 당신은 그걸 이해하게 될 거예요. 자, 당신을 봐요."

—「카사블랑카」(줄리어스 엡스타인, 필립 엡스타인, 하워드 코치)

10. 신을 구성하라

영화 「카사블랑카」를 본다는 것은 대단한 경험이다. 이 영화는 우리의 의식 깊은 곳에 자리 잡으며, 흔치 않은 마술적 순간을 경험케 해 준다. 무엇이 이렇게 위대한 영화를 만들었을까? 무엇이 이 영화를 우리의 수많은 영화 경험 속에서 그렇게 생생하고 돋보이게 만들었을까? 물론 다양한 요소가 있을 것이다. 개인적 견해로는 매 순간 더 높은 선을 위해 자신의 삶을 희생하는 릭이라는 인물이 중요한 요소라고 생각한다. 조지프 캠벨은 『천의 얼굴을 가진 영웅』에서 영웅은 "다시 태어나기 위해 죽는다."라고 했다.

「카사블랑카」의 시작 부분에서 릭은 일자라는 잃어버린 여인에 대한 감정으로 인해 고통받으며 과거 속에 살고 있다. 그녀가 그의 삶에 다시 등장했을 때, 릭은 이렇게 말한다. "세상의 모든 곳 중에서 다른 데도 아닌 허름한 내 술집으로 그녀가 걸어 들어왔다." 우리는 이제 그가 과거를 다시 마주하고 품어야 할 시간이 되었다는 것을 안다.

무엇 때문에 험프리 보가트는 이 영화에서 뚜렷한 인상을 남겼을까? 그의 영화 속 페르소나와 역할 자체가 결합된 결과다. 그것은 보가트를 신화적 위치로 올려놓았다. 시나리오를 통해 줄리어스 엡스타인과 필립 엡스타인, 그리고 하워드 코치는 거칠고 두려움이 없으며, 강력한 도덕적 중심을 잡고 있는 동시에 부드러운 마음을 가진 인물을 그리려 했다. 그는 '착한 남자'이며 영화의 결말에서 빅토 라즐로폴 헨레이드와 일자잉그리드 버그먼를 리스본으로 탈출시켜 자신의 개인적 애정보다 더 고귀한 목적인 독일에 대한 저항을 계속하게 한다. 그는 "난 그리 고귀하지 못해요. 그러나 이 미친 세상에서 콩깍지만 한 언덕 꼭대기에 세 명이 같이 올라갔을 때 문제가 뭔지는 쉽게 알 수 있어요."라고 일자에게 말한다.

이러한 릭의 선택은 스스로를 변화시킨다. 그는 나치에 저항하는 동맹군에 도움을 주기 위해 일자에 대한 개인적 사랑을 희생시킨다.

"영웅은 자신보다 더 큰 어떤 것에 자신의 삶을 바치는 사람이다." 조지프 캠벨은 말한다. 만일 신화나 문학을 통해 고전적 '영웅'의 전형을 본다면, 릭 또한 행동으로 현대적 영웅의 모습을 보여 준 예가 될 것이다. 아리스토텔레스는 "인생은 행동 속에 존재한다. 그리고 인생의 끝에서 우리는 행동의 질을 보는 것이 아니라 행동의 양식을 본다."라고 말했다. 햄릿, 『바가바드 기타』의 아르주나, 「매트릭스」의 네오에게도 같은 것이 적용된다. 의심과 공포를 극복한 인물은 그들 자신을 버리고 행동한다. 그들을 '영웅적 인물'의 영역으로 끌어올리는 것은 바로 이런 행동이다.

릭의 마음이 어떠했든, 이야기를 앞으로 진전시킨 것은 인물의 행동이다. 고대 인디언 경전에서는 이를 덕, 즉 올바른 행동이라 일컫는다. 그리고 이것이 이 영화에서 보가트를 영웅적 인물로 이끄는 행동이다. 고귀하게 구현된 그의 영혼, 그의 성숙이 시대와 문화와 언어의 모든 장벽을 뛰어넘어 인간성의 상징이 되었다.

좋은 신은 좋은 영화를 만든다. 당신이 좋은 영화를 떠올릴 때 영화 전체가 아닌 신을 기억한다. 「싸이코」를 떠올려 보라. 어떤 신이 떠오르는가? 물론 그 유명한 샤워 신일 것이다. 그것은 고전이다. 신은 시나리오에서 가장 중요한 요소다. 신은 무언가가 발생하는 곳, 어떤 특별한 사건이 발생하는 곳이다. 그것은 극적(혹은 코미디적) 행동의 특별한 단위, 특별한 부분이다. 딩신은 그것을 단위로 하여 이야기를 한다.

당신의 신을 종이 위에 써 내려가는 방식은 전체 시나리오에 영향을 끼친다. 시나리오는 영화 경험에 앞서 읽기라는 경험을 제공한다.

신의 목적은 두 가지다. 즉 이야기를 앞으로 진전시키거나 또는 인물에 대한 정보를 드러낸다. 만약 신이 그 둘 중 하나를 만족시키지 못하거나 이 둘 다를 만족시키지 못하면 그런 신은 시나리오에서 의미가 없다.

신은 원하는 만큼 짧을 수도, 길 수도 있다. 그것은 기본적 이야기의 박자이고 이야기를 나아가게 하는 힘이다. 또 신은 장소와 시간 요소를 옮기는 역할을 하기도 한다. 그것은 「쇼생크 탈출」에서 앤디 듀프레인의 탈옥 장면 같은 복잡한 플래시백 신, 또는 내가 즐겨 쓰는 용어로 '현재를 떠올리기(flashpresent)'일 수도 있다. 신이란 당신이 원하는 어떤 것이든 될 수 있다. 그것이 신의 묘미다.

신의 길이를 결정하는 것은 이야기다. 따라야 할 규칙은 단 하나다. 당신은 이야기를 써라. 필요에 따라 신이 짧아질 수도, 길어질 수도 있다. 단지 이야기만 믿어라. 그러면 이야기가 신이 알아야 할 필요가 있는 모든 것을 말해 줄 것이다.

수년간 강의를 하면서 모든 것에 규칙이 있기를 원하는 사람들이 있다는 사실을 알았다. 예를 들어 시나리오나 영화의 액트 I에 열여덟 개의 신이 있다면 그들은 반드시 액트 I에 신이 열여덟 개가 되어야 한다고 생각할 것이다. 다음과 같은 질문 때문에 한밤중에 전화를 받은 적이 많았다. "제 원고가 너무 긴 것 같아요.", "액트 I이 35쪽입니다." 혹은 "나의 구성점 1이 19쪽에 나와요." 등등. 그리고 내 귀에 힘겨운 숨소리가 들리더니 "제가 무엇을 해야 할까요?" 하는 맥 빠진 질문이 뒤따른다.

나는 항상 같은 답을 한다. "그래서 어떻다고요?", "당신의 액트 I이 너무 길면 어때서요?", "구성점 1이 19쪽에 있는 것이 어때서요?" 슈퍼마켓의 코너 분류를 따라가듯 숫자에 연연하며 시나리오를 쓸 수는 없다. 중요한 것은 페이지 숫자가 아니라 시작·중간·결말이라는 시나리오 형식이다. 패러다임은 절대적인 것이 아니라 단지 가이드일 뿐이다. 그런 식으로 시나리오를 쓰는 것은 도움이 되지 않는다. 이야기가 당신이 알 필요가 있는 것이 무엇이며, 당신이 쓸 필요가 있는 신은 무엇인지, 당신이 쓰지 말아야 할 신은 무엇인지 말해 주도록 믿음을 가져라.

우리는 두 가지 다른 관점에서 신 분석에 접근할 것이다. 첫째, 우리는 신의 일반론, 즉 형식을 볼 것이다. 그러고 나서 당신이 신에 포함시켜야 할 요소와 구성 부분으로 신을 만들어 나가야 하는 특별한 사항을 검토할 것이다.

둘째, 형식을 보자. 모든 신에는 시간과 장소라는 두 가지 요소가 필요하다. 이 두 요소가 발생하는 일에 전체적 맥락을 부여하고 연결시켜 준다. 모든 신은 특별한 장소와 특별한 시간에 발생한다.

당신이 쓰고 있는 시나리오에서 신은 어떤 장소에서 발생하는가? 사무실에서? 차에서? 해변에서? 산에서? 번잡한 도시에서? 신이 위치하는 곳은 어디인가? 그 신은 내부에서 일어나는가, 아니면 외부에서 일어나는가? 실내, 실외를 표시하라.

다른 요소는 시간이다. 신이 벌어지는 때는 낮인가 밤인가? 아침인가? 오후인가? 한밤중인가? 당신은 반드시 낮인지 밤인지 써야 한다. 그러나 간혹 더 특별한 시간을 지칭하고 싶을 수도 있다. 새벽, 이른 아침, 늦은 아침, 한낮, 해 질 무렵, 땅거미 질 때 등 조명이 매 시간대마다 다르게 사용되기 때문에 이런 구별이 필요하다. 적절한 시간 묘사는 촬영 감독이 그 신을 위한 적절한 조명을 설치하는 데 도움을 준다. 그러나 그 일이 수고스럽다고 느껴지면 그때는 밤, 낮만 지시해도 좋다.

따라서 다음과 같이 신은 시작된다.

'거실 내부-밤' 또는 '거실 외부-낮.'

시간과 장소는 이야기의 맥락을 잡아 준다. 이 두 가지 기본 요소는 당신이 신을 구성하고 쓰기 시작하기 전에 알아야 할 사항이다. 만일 시간이나 장소가 바뀌면 신은 새롭게 시작된다. 왜 그런 것인가? 당신이 이들 요소 중 하나를 바꿀 때마다 신의 조명을 바꿔야 하며 항상 카메라의 위치도 조정해야 한다. 이것은 조명, 돌리 트랙, 전기 장비, 다른 많은 요소의 변화를 의미한다.

예를 들어 보자. 「차이나타운」의 처음 10쪽을 보는 동안 우리는 컬리가 제이크의 사무실에서 매우 화가 나 있는 모습을 볼 수 있다. 기티스가 그에게 그의 아내가 다른 사람과 정사를 나누었다는 사실을 알려 주었기 때문이다. 기티스는 그에게 싸구려 위스키 한 잔을 건네고, 그들은 사무실을 나와 대기실로 들어간다.

그들이 기티스의 사무실에서 나와 대기실로 들어갈 때 새로운 신이 시작된다. 장소가 바뀌었기 때문이다. 한 장소에서 다른 장소로, 즉 사무실에서 대기실로의 이동은 새로운 신을 의미한다. 그것은 조명과 카메라의 새로운 설치를 요구한다.

기티스는 그때 동료의 사무실로 호출된다. 거기서 가짜 멀레이 부인을 조우한다. 비록 같은 행동이 일어나지만 동료 사무실 신도 새로운 신이다. 신의 장소는 다시 바뀌었다. 기티스의 사무실, 대기실, 다른 동료의 사무실. 그런데 여기서 행동은 계속된다. 기티스는 가짜 멀레이 부인에게 고용된다. 사무실 시퀀스를 구성하는 세 개의 다른 신이 있었던 것이다.

만일 집에서 일어나는 신이라면, 침실에서 주방으로, 다시 거실로 옮겨 갈 경우 당신은 세 개의 다른 신을 만든다. 침실 신은 남자와 여자를 보여 준다. 그들은 열정적으로 키스를 한 후 침대로 향한다. 어두웠던 창이 밝아진다. 그다음 막 일어나는 커플을 볼 수 있다. 이것도 새로운 신이다. 왜 그럴까? 시간이 바뀌었기 때문이다. 그것은 빛의 변화, 즉 조명의 위치 변화를 의미한다. 새로운 위치다.

당신의 인물이 밤중에 차를 몰고 산으로 갈 경우 여러 장소에서 그를 보여 주면 그에 따라 신도 바뀐다. 예를 들어, '산 외부-밤'에서 '산길 정면-밤' 같은 식으로 말이다.

카메라의 위치를 바꿔야 하는 물리적 필요가 생긴다. 물리적 위치의 변화는 한 세트를 부수고 다른 세트를 만들라고 요구하기도 한다. 각 신은 카메라 위치의 변화를 일으키고, 따라서 신의 물리적 구성 요소의 변화를 불러온다. 그래서 영화 스태프들은 많을 수밖에 없고 영화를 찍는 비용 또한 치솟게 된다. 임금이 올라가면 영화 제작비도 상승하고 결국 영화 티켓 값도 오르게 될 것이다. 이 글을 쓰는 시점에서 주요 영화 제작 비용은 분당 1만 달러, 혹은 그 이상이다.(물론 독립 영화의 제작 비용은 다르다.)

신의 변화는 시나리오에 필수적이다. 신은 행동의 세포이자 씨앗이다. 거기서 모든 일이 일어난다. 그것을 통해 영화 속 모든 이야기를 할 수 있다.

　신은 당신이 하려는 이야기 유형에 따라 다른 방식으로 만들어질 수 있다. 여러 유형의 신을 만드는 과정에서 시작·중간·결말과 연관하여 행동을 구성할 수 있다. 인물이 어떤 장소로 들어온다. 레스토랑, 학교, 집 등등. 대부분의 시나리오가 그러하듯, 신은 일련의 선형적 시간에 따라 펼쳐진다. 「차이나타운」에서는 기티스와 가짜 멀레이 부인이 시작과 끝 부분에 나온다. 우리는 시작에서 행동에 대한 정보를, 중간에서 주요 부분을, 결말에서 또 다른 부분을 보여 줄 수 있다. 아니면 「본 슈프리머시」나 「보통 사람들」에서처럼 한 신으로 시작하다가 플래시백으로 이동하고, 또다시 현재로 돌아와 실제 시간으로 끝이 나는 경우도 있다. 「델마와 루이스」에서 델마가 편의점에서 강도 행위를 하는 신이 좋은 예다. 그 신은 델마가 편의점에서 뛰쳐나오면서 루이스에게 "가…… 어서 가." 하며 소리치는 것으로 시작된다. 루이스는 무슨 일이냐고 묻고, 우리는 델마가 편의점에서 강도 행각을 하는 비디오 장면을 보게 된다. 그다음에 우리는 경찰서에서 경관이 그 폐쇄 회로 비디오를 보는 장면을 본다. 다시 카메라는 현재로 넘어오고 루이스와 델마가 도망가는 장면을 잡는다.

　거듭 말하지만 규칙이란 없다. 이야기에 따라 규칙을 만들면 된다. 종종 어떤 상황에서는 시작·중간·결말이라는 신의 행동 축을 따라가는 것이 좋다. 그 경우 신을 보여 주기 위해 일련의 행동의 부분·조각·파편을 사용하면 된다.

　모든 신은 적어도 독자나 관객에게 이야기에 필요한 정보 요소를 보여 주어야 한다. 신의 목적은 이야기를 앞으로 진행시키거나 인물에 관한 정보를 보여 주는 것임을 기억하라. 하나의 신이 하나 이상의 정보를 주는 경우는 드물다. 한 신에서 두세 가지 이상의 정보를 주는 시나리오를 읽은 적이 많은데, 이럴 경우 정보가 너무 많다. 이렇게 되면 내러티브 흐름이 매끄럽지 않고 혼동이 일어난다.

일반적으로 두 종류의 신이 있다. 하나는 액션 신에서처럼 시각적으로 무언가가 일어나는 것 ─ 예를 들어 「매트릭스」의 오프닝 혹은 「콜드 마운틴」에서의 전투 신이 그것이다. 다른 하나는 「카사블랑카」에서처럼 한 사람의 독백이나 여러 사람의 대화로 이루어진 신이다. 혹은 「차이나타운」의 훌륭한 신들, 「로얄 테넌바움」이나 「매그놀리아」의 놀랍도록 창조적인 신에서 이러한 예를 볼 수 있다. 대부분의 신들은 이두 가지를 결합하고 있다. 일반적으로 대사 신에서도 액션이 보이며, 액션 신에서도 보통 대화가 포함된다.

시나리오의 1쪽은 대략 영상의 1분에 해당하는데 대사 신들은 2~3쪽 이상의 길이를 필요로 한다. 이는 2~3분간의 상영 시간에 해당한다. 믿기지 않겠지만 2~3분이란 상영 시간으로는 엄청난 양이다. 로맨틱 코미디에서 대화 신을 17쪽이나 쓴 학생을 본 적이 있다. 당연히 너무 길다. 제동을 걸었고 3쪽 반으로 줄였다. 대화 신이 강력한 배경 액션으로 강조되는 때도 있다. 맥스가 더 빨리 속도를 내며 운전을 하다가 도로 분리대에서 경찰차와 충돌하는 「콜래트럴」의 신이 그렇다.

당신의 신 안에서는 어떤 특별한 일이 벌어진다. 인물의 감정이 변화한다거나, 또는 결론으로 도달하는 과정에서 A에서 B로 움직인다. 이야기가 행동의 내러티브 라인, 플롯에 따라 A에서 B로 움직인다. 「잉글리쉬 페이션트」, 「본 슈프리머시」, 「디 아워스」, 「메멘토」에서처럼 영화의 어떤 부분들이 플래시백으로 제시된다 해도, 결국 이야기는 항상 앞으로 진전한다.

「디 아워스」에서는 세 가지 이야기가 플래시백으로 나오며 서로 연관되지만 이야기는 앞으로 진행된다. 세 가지 이야기에서 주요 인물은 아침에 일어나 저녁까지 활동한다. 기본적으로 이 영화는 세 명의 주요 인물의 삶 가운데에서 하루의 이야기를 다루고 있다. 영화 전체는 이야기의 내적 부분으로 플래시백을 사용하면서 구조화된다. 플래시백은 이야기·인물·상황에 대해 관객의 이해를 확장시키기 위한 방법으로 사용되는 기술이다. 플래시백의 목적은 신과 같다. 그것은 이야기를 앞으로 움직이게 하거나 정보를 준다.

당신은 어떻게 신을 만들어 낼 것인가?

우선 배경을 창조하고 나서 내용을 결정하라. 신의 목적은 무엇인가? 왜 그 신이 그곳에 있어야 하는가? 어떻게 그 신이 이야기를 발전시킬 수 있을까? 그 신에서는 무슨 일이 일어날까? 그 신이 시작되기 전에 등장인물은 어디에 있었을까? 그 신에서 어떤 감정의 힘이 인물에게 작용하는가? 그 감정적 힘이 이 신의 목적에 영향을 주는가?

연기자는 때로 그가 그 신에서 무엇을 하며, 그가 어디에 있었고, 그 신 이후에 어디로 가는지 발견함으로써 신을 이해한다. 신 안에 그의 목적은 무엇인가? 왜 그는 그곳에 있어야 하는가? 이야기를 앞으로 진전시키기 위해서인가, 아니면 그 인물에 관한 정보를 주기 위해서인가?

시나리오 작가로서 당신은 왜 그 인물이 그 신에 등장해야 하는지, 어떻게 인물의 행동과 대사가 이야기를 발전시키는지 알고 있어야 한다. 신 안에서 인물에게 무슨 일이 일어나고 어떤 일이 진행되는지 시나리오 작가는 알아야 한다. 즉 월요일 오후 사무실에서부터 수요일 저녁까지 무슨 일이 있어났는지 알고 있어야 한다. 작가인 당신이 모른다면 누가 알겠는가?

신의 배경을 만들어 내고 극적인 목적을 설정한 후, 대사 한 줄씩, 액션 한 신씩을 써 내려가면서 신을 구성할 수 있다. 배경을 창조함으로써 내용을 창조할 수 있다.

그럼, 당신은 그걸 어떻게 해낼 것인가?

먼저 신 내부의 요소와 내용물을 찾아보자. 당신 인물의 직업, 또는 사생활의 어떤 측면을 보여 줄 것인가?

휴스턴의 NASA로부터 달에서 가져온 돌을 훔치려는 세 인물의 이야기로 돌아가 보자. 그 일을 꾸민 인물을 보여 주는 신을 써야 한다. 지금까지 그들은 의논만 해 왔다. 이제 그들은 행동에 옮기기로 결정한다. 이것이 배경이라면 이제는 내용을 만들 차례다.

이 신은 어디에서 벌어지는가?

집에서? 술집에서? 차 안에서? 공원을 산책하다가? 분명한 것은 조용한 곳, 예를 들어 고속 도로를 달리는 렌터카 같은 곳에서일 것이다. 그 정도면 된다. 그러나 시각적 접근이 필요하다. 아무래도 영화는 시각적이기 때문이다.

연기자들은 흔히 독특한 분위기로 연기한다. 그들은 속이 들여다보이는 방법이 아닌 불투명한 방법으로 신에 접근한다. 예를 들어 그들은 점잖은 태도 이면에 분노와 화를 감추고 부드럽게 웃으면서 '분노'를 연기한다. 말런 브랜도는 이 역할의 전문가다.

신에 접근할 때, 그 신을 독특한 분위기로 만들고, 시각적으로 좀 더 흥미롭게 만들도록 극화시키는 방법을 찾아보라. 「실버 스트릭」에서 콜린 히긴스는 꽃에 대해 이야기하는 클레이버그와 진 와일더의 러브신을 썼다. 이 신은 멋지게 처리되었다. 「상하이에서 온 여인」에서 오슨 웰스는 상어가 노니는 수족관에서 리타 헤이워스와 사랑을 나누는 신을 연출했다.

달에서 가져온 돌의 이야기에서 결정을 내리는 장소를 고속 도로 위 차와 같은 조용한 장소가 아니라 밤에 사람들이 붐비는 장소로 잡는다고 가정해 보자. 이 신에 서스펜스 효과를 넣을 수도 있다. 등장인물 중 한 인물이 당구공을 치면서 계획을 말한다. 이때 우연히 경찰이 들이닥쳐 주변을 살핀다. 이 신이 극적인 긴장감을 더한다. 히치콕은 항상 이런 방법을 사용했다. 시각적으로 여덟 개의 당구공이 흩어지는 데서 시작해서 테이블에 둘러서서 범행을 계획하는 인물을 하나씩 소개할 수도 있다.

가족 간에 감정적 균열이 생기는 것을 보여 주는 신을 쓴다고 가정해 보자. 어떻게 해낼 수 있을까?

먼저 그 신의 목적을 세운다. 이 경우 우리는 어떻게 각 구성원들이 서로 연결되어 있는지, 가족 관계를 보여 주길 원한다. 그다음, 그 신은 어떤 장소에서 언제 벌어지는가? 밤일 수도 있고 낮일 수도 있다. 차에서든, 걸어가면서든, 영화관에서든, 집안 거실에서든, 어디서든 신이 벌어질 수 있다.

「아메리칸 뷰티」에 레스터와 그의 가족 관계가 무너지는 모습을 보여 주는 훌륭한 신이 있다. 레스터와 아내 캐럴린, 그의 딸 제인이 우리가 이미 본 하루 일과를 마친 후 저녁 식사를 하고 있다. 시나리오 작가 앨런 볼은 집안 식당으로 그 신의 장소를 결정했다. 그 장소는 아름다워 보인다. 낮은 등, 멋있게 꾸며진 테이블, 타오르는 촛불, 배경에 흐르는 「유 아 뷰티풀You are too beautiful」과 같은 로맨틱한 음악, 테이블 위 활짝 핀 장미들. 간단히 말해 모든 것이 멋져 보인다. 최소한 겉보기에는 그러하다. 그것은 노먼 록웰의 그림 속 한 장면일 수도 있다. 그것이 배경이다.

이 신의 목적은 무엇인가? 그것은 가족 관계의 역학 관계를 보여 주려는 것이다. 모든 것이 외면적으로는 훌륭해 보이지만 내면에서는 무슨 일이 일어나는가? 먼저 제인은 음악에 대해 불평한다. "엄마, 우리가 이런 엘리베이터 음악이나 들어야겠어요?" 여기에 캐럴린이 "지금

먹으려 하는 이 영양가 있고 맛난 음식을 네가 준비해 준다면, 너도 네가 원하는 음악을 들을 수 있어."라고 답한다. 레스터는 제인에게 학교 생활이 어땠는지 묻는다. 제인은 "별일 없었어요."라고 답한다. "그 대답뿐이야?"라는 질문에 그녀는 부모를 쳐다본다. 그러고는 제인은 더는 아빠의 말을 들으려 하지 않는다. 그녀는 "저한테 몇 개월 동안 이야기하신 적도 별로 없잖아요."라고 말한다. 그리고 그녀는 식탁에서 일어난다. 캐럴린은 레스터를 냉소적으로 바라본다. 그리고 레스터는 "아니 당신이 올해의 엄마라고? 당신은 애를 마치 회사 직원처럼 다루는군. 아니 우리 둘 다 회사 직원처럼 다룬다고."라고 중얼댄다. 그도 갑자기 식탁에서 일어나 주방으로 발걸음을 옮긴 후 딸 제인과 분위기를 바꿔 보려고 한다. 캐럴린은 멋진 분위기의 식탁에 홀로 남겨진 채, 존 콜트레인과 조니 하트먼이 부르는 「유 아 뷰티풀」의 후렴구를 듣는다.

대단한 신이다! 이 신은 우리에게 내면뿐 아니라 외면도 보여 준다. 우리는 그 집 안으로 들어가 완전히 파탄 직전인 가정을 본다. 인물들은 서로에 대한 불만뿐 아니라 자신에게 내재된 불만까지 드러내 보인다. 작은 것으로 많은 것을 보여 준다. 이 신은 완벽하게 배경을 설정했고, 그 내용을 통해서 무너진 가족의 모습을 보여 준다.

당신이 하나의 신을 쓸 준비가 되면, 우선 목표를 세우고 신에 포함될 구성 요소를 찾아라. 그다음에 내용을 결정하라. 당신이 레스토랑 신을 원한다고 해 보자. 어떤 구성 요소를 효과적으로 사용할 수 있을까? 아마도 웨이터가 감기에 걸렸을 수도 있다. 이제 막 감기에 걸리는 것으로 시작할 수도 있다. 혹은 그(녀)가 레스토랑 일이 너무 많아 과로했을 수도 있다. 직장에 나가기 전에 주변의 주요 인물과 갈등이 있었을 수도 있다. 아니면 주변 테이블의 연인이 조용히 말싸움을 시작하다가 다른 인물과 엮일 수도 있다. 인물들에 영향을 줄 수 있는 어떤 일이 일어나게 하라. 인물들의 내면에서든 레스토랑 안에서든 갈등의 형태를 만들어 내는 데 사용할 요소를 찾아보라.

신의 내용은 배경의 한 부분이 될 수도 있다. 이야기가 당신 위에 있는 것이 아니라 당신이 이야기의 위에서 조정할 수 있도록 하라. 작가로서 당신은 자신이 내리는 창조적 결정에서 선택하고 책임지는 것을 연습해야 한다. 결국 이야기의 흐름을 결정하는 것은 내러티브 속 인물의 선택이다. 신의 맥락에서 당신은 당신이 쓰는 묘사를 통해서 톤·느낌·분위기에 영향을 줄 수 있다. 「콜래트럴」에서 시나리오 작가 스튜어트 비티는 로스앤젤레스를 간단하면서도, 변화무쌍한 표현으로 이렇게 묘사했다. "노란색 물결, 은빛 리본들, 크롬선이 반짝이는 곳, 헤드라이트는 과거를 휩쓸고 흰빛이 되어 퍼진다. 브레이크 등이 붉은빛을 번쩍인다. 머리 위의 형광 빛은 반사되어 액체처럼 건물의 유리창을 따라 흘러간다." 도시의 모습에 대한 묘사다. 이 문체는 영화적 현실감을 높여 주는데, 도시의 맥박이 쿵쿵 뛰는 것을 우리가 보고 경험한다는 느낌을 준다. 그리고 감독인 마이클 만은 여기에 훌륭하게 생명을 불어넣었다.

「콜래트럴」액트 II 끝 부분의 구성점은 액션 신이다. 거기서 빈센트는 한국인이 운영하는 나이트클럽에서 혼란스러운 총격전이 오간 이후에 택시를 타고, 맥스의 꿈을 산산조각 낸다. 이 부분은 어떻게 대화가 하나의 신 안에서 긴장을 강화시킬 뿐 아니라 인물의 모습을 드러내는지 보여 주는 좋은 예다. 그 신에서 빈센트는 로스앤젤레스 경찰국 형사 마크 러팔로에게서 맥스를 빼낸다. 빈센트는 맥스를 낚아채 다시 택시에 태우고, 차는 도심을 향해 질주한다.

실외. 공중 숏: 로스앤젤레스 도시 풍경-밤

카메라가 위에서 밑으로 내려온다. 올림픽 도로 위에 안개 낀 듯 가로등이 비친다. 택시는 동쪽을 향해 가는 유일한 차다. 그 밖의 모든 차는 서쪽으로 가고 있다. 구급차 번쩍거림.

실내. 맥스의 차-맥스

놀라서 넋이 완전히 나간 채…… 결국 택시의 앞 좌석에 앉는다. 단 하나의 택시만이 동쪽으로……

빈센트 많이도 출동했네. 폴란드 기병대만 빼고 전부 출동했군.

빈센트에 의해 좌지우지되는 맥스의 시간은 악몽이다. 마치 영원히 이럴 것 같다. 이제 빈센트는 깨닫는다.

빈센트 괜찮아? 내가 널 구해 줬잖아. 어쨌든 우린 살았어. 나한테 감사해야 하는 거 아닌가? 아니지. 그저 진정하라고. 말하고 싶지 않아? 내가 꺼질까?
맥스   (잘 들리지 않게) ……꺼져.

빈센트는 창밖에 집중한다. 응급차가 줄지어 있다. 하늘을 올려다본다. 경찰 헬리콥터가 여러 대 떠 있다.

외부. 거리. 익명의 택시

동쪽을 향해 간다. 모든 다른 차들이 뒤로 사라져 간다.

빈센트   (O.S.) 오케이

            (비트)

            ……피. 시체에서 흐르는 액체. 죽음이 느껴지나? 깊게 호흡을 해

            봐. 기억하라고. 우리는 어쨌든 다 죽는 거야…….

맥스   (O.S.) 패닝을 죽여야 했어?

빈센트   (O.S.) 패닝은 또 누구야?

실내. 택시

맥스   그 경찰 말이야!

            (비트)

            왜 그래야 했지? 상처만 입힐 수도 있었는데…… 그도 가족이 있

            고 부모도 있을 텐데……. 또 아빠 없이 자랄 아이들도 있겠지. 그는

            나를 믿어 줬어. 착한 사람이었는데…….

빈센트   그가 널 믿어 줬으니까 내가 그를 구해야 했다고?

맥스   꼭 그래서가 아니야.

빈센트   그래. 그건.

맥스   그래. 그게 뭐가 문제야?

빈센트   난 직업이라 이 일을 하는 거야.

맥스   직업이라고…….

빈센트   시내로 가.

10. 신을 구성하라

맥스	시내 어디?
빈센트	수학 잘했나? 난 다섯 명을 쏘기로 했네. 이제 넷을 쐈어.
맥스	(한숨을 쉬며) 하나 더.
빈센트	가자고!
맥스	날 죽이고 다른 택시를 찾지 그랬어?
빈센트	네가 잘 하고 있잖아. 어쨌든 우린 한배를 탔어.
	(비트)
	……운명이 서로 얽혀 버렸어. 우주의 섭리라고나 할까.
맥스	말도 안 되는 소리.
빈센트	말도 안 된다고?
	(비트)
	너도 그런 데 능하지. 너도 자신을 속였잖아. 나는 그냥 쓰레기를 제거하는 거야. 나쁜 놈들을 죽이는 거라고.
맥스	그건 당신이 한 말일 뿐이고.
빈센트	날 믿나?
맥스	그들이 뭘 했기에?
빈센트	난들 알겠나?
	(비트)
	그렇지만 그 사람들은 꼭 검찰 측 증인같이 생겼어. 아마도 연방 정부가 누군가를 기소했고 그 사람은 기소당하고 싶지 않았겠지.
맥스	그게 이유인가?
빈센트	그게 이유겠지만, 이유 따윈 없어.
	(비트)
	좋은 이유, 나쁜 이유 그런 거 없어. 살다 보면 다 죽는 거야.
맥스	당신은 어떤데?

빈센트   (위를 바라보며) 난 관심 없어.

빈센트는 창밖을 주시한다.

빈센트   (계속해서) 이봐, 조심해. 수백만의 행성과 수천만의 별 중에 한순
            간 반짝하는 것, 그게 우리라고. 우주의 미아가 된 거지. 우주는 우
            리를 신경 쓰지 않아. 경찰? 너? 나? 누가 신경 쓰겠어.
맥스   얼마나 받고 이 일을 하는 건가? 돈을 많이 주나?
빈센트   응.
맥스   나중에는 뭘 하지?
빈센트   나중에?
맥스   충분히 돈을 번 후에는 뭘 할 거지?
빈센트   라이트 켜.
맥스   계획이 있나? 이 비극에서 벗어날 계획이라도 있냐고?

빈센트는 어떤 게임의 계획도 갖고 있지 않다. 그가 움직이는 것에는 어떤 목표
도 없다. 그는 의미 없는 움직임 속에서 하나의 주체일 뿐이다.

맥스   (계속해서) 똑같은 일을 또 하지는 않겠지. 목적도 없이. 아침에 깨
            어나 눈을 떴을 때. 거기 누가 옆에 있을까? 집에 누가?
빈센트   아니 나는 그냥 행복한 얼굴을 하고, 또 하루 일과를 보낼 거야.
맥스   당신은 별 볼 일 없는 사람이야. 정말 그렇다고 생각해. 당신은 살아가
            는 기준도 없어. 그렇지? 무슨 일이 있었던 거야? 왜 날 죽이지 않았지?
빈센트   로스엔젤레스의 모든 택시 중에서 난 맥스를 만난 거지. 지그문트
            프로이트가 닥터 루스를 만난 것처럼.

맥스   질문에 대답이나 해 봐.

빈센트   거울 속의 너 자신이나 들여다봐.

         (공격적으로) 종이 타월로 택시나 닦으면서 네 리무진 회사는 언제
         차리는 거야? 돈을 얼마나 모았지?

맥스   상관할 것 없잖아.

빈센트   언제 하지? '언젠가는 내 꿈이 실현되겠지?' 하면서 언제 하냐고?

         (비트)

         그러다 어느 날 넌 깨서 다 지난 일임을 깨달을 거야. 넌 갑자기 늙
         어 있고 말이야. 그리고 그 일은 너한테 일어나지 않은 거지. 앞으로
         도 안 될 것이고. 꿈은 어제의 일인 거야. 다 없어진 거지. 또다시 넌
         거짓말을 하겠지. 그건 일어날 수도 없는 일이었다고. 그러고는 그
         걸 기억의 바깥으로 밀어내겠지. 그러고는 남은 일생을 소파에 앉
         아 텔레비전이나 보고 살 거야.

         (비트)

         (계속해서) 살인에 관해서 나한테 말하지 마. 넌 이 택시 안에서 너
         자신을 죽인거야. 매일 조금씩…….

맥스는 한마디 한마디 빨아들이듯 듣는다.

빈센트   (계속해서) 일단 링컨 타운 카에 계약금만 내면 되었을 텐데 왜 하
         지 않고 있었지? 왜 계속 택시만 몰고 있었냐고? 그 여자한테도 그
         래. 여자한테 전화도 못했지.(맥스가 빈센트를 만나기 전에 차에 태웠
         던 애니 제이다 핀켓 스미스를 지칭하며)

속도계 바늘이 급히 40을 넘어선다.

빈센트   속도 줄여.

맥스   (그의 말을 무시하며) 그랬어야 했는데, 다른 사람은 그랬는데.

         (비트)

         나 자신의 길을 걸어 보려 했지. 다시 태어나서 그래 보는 거야. 완
         벽해지는 거야. 그거 알아? 모든 위험을 제거하고 한번 언제든 해
         보는 거야.

속도계 바늘이 60을 넘어선다.

빈센트   빨간불이야.

맥스   그런데 말이야. 상관없잖아. 도대체 뭐가 문젠데. 이 넓은 데서 우리
         는 별 볼 일 없는 존재지. 이 우주에서 미아잖아. 내 뒷자리에 앉은
         정신병자가 그렇게 말했지. 그것을 알게 해 준 것, 그거 하나는 감사
         해야겠네. 지금까지는 그렇게 생각해 본 적이 없거든.

택시는 교차로에서 빨간불을 무시하고 질주한다.《로스앤젤레스 타임스》운송
트럭이 브레이크를 밟았지만 맥스가 스쳐 지나가며 겨우 충돌을 피한다.

빈센트   빨간불이랬지.

맥스가 백미러로 본다.

맥스   이제야 알겠네. 뭐가 문제야. 문제 될 것 없지. 그러니 가 버려. 이제
         바꿔 보라고. 잃을 것도 없지?

빈센트의 권총이 맥스의 머리를 겨눈다. 맥스는 웃는 듯한 표정이다.

빈센트   속도 줄이랬지.

맥스   왜? 뭘 할 건데? 총을 쏜다고? 우리 둘 다 죽으려고? 쏴 보라고.

빈센트   속도 줄여!

맥스   빈센트?

그들의 눈빛이 백미러에서 교환된다. 빈센트 모습이 맥스의 시야에 잡힌다. 이미 맥스는 앞을 보고 있지 않다. 더 이상 잃을 게 없는 사람의 눈빛이다.

맥스   죽어 버리라고.

맥스는 브레이크를 밟고 핸들을 오른쪽으로 가파르게 꺾는다.

실외. 거리-오른쪽 바퀴

키 낮은 분리대를 치고 끝 부분은 통제를 잃고, 앞 오른쪽으로 한 바퀴 돌아 자동차가 뒤집히며 거리로 나뒹군다. 다른 차를 치고, 유리가 깨지고 뒤집히며 천천히 멈춘다. 도로 위로 부동액이 흘러나온다.

그러고 나자 아무 소리도 들리지 않고 움직임도 없다.

그리고 우리는 그 남은 여파를 본다. 와! 말이 실질적으로 공격해

온다. 말은 폭발적이고, 빠르고 매우 격렬하고 또 감정적으로 통찰력까지 있다. 대화는 생생하며, 날카롭고 페이지를 정신없이 넘기게 한다. 무엇보다도 맥스의 직관이 여러 방식으로 사람을 사로잡는다.

그 신은 코리아타운 나이트클럽에서의 총격전 이후 시작된다. 앞서 있었던 혼돈의 총격전의 여파로 긴장이 감돈다. 차에 속도가 붙고 맥스와 빈센트가 서로 말을 주고받으면서 차 안의 팽팽한 긴장감은 정점으로 치닫는다. 맥스가 그 악몽에서 살아 놀아간다 해도 그에게 남은 희망은 거의 없다.

첫째, 신은 갈등과 서스펜스로 가득 찬 채 흥미로울 뿐 아니라, 신의 진정한 목적을 잘 묘사한다. 신은 주요 인물에 관한 정보를 줄 뿐 아니라 이야기를 앞으로 끌어간다. 이 신에서 맥스와 빈센트는 시내로 돌진하고, 인물들이 한 꺼풀 한 꺼풀 벗겨진다. 그러면서 그들의 개인사와 다각적 관점이 드러난다. 빈센트에 따르면 우리의 존재는 하찮고 사소하며 우주의 미아일 뿐이다. 기본적으로 인생은 무의미하고 목적이 없다. 이 신은 액트 Ⅱ의 종결 부분에 나오는 것으로, 결말인 액트 Ⅲ로 이끈다. 차가 충돌한 이후 남아 있는 의문은 간단하다. 맥스가 살아남아 빈센트가 다섯 번째 사람(이제 맥스는 그 대상이 애니라는 것을 안다.)을 죽이는 것을 저지할 수 있을까?

이 신은 인물을 드러낸다. 빈센트는 맥스의 헛된 꿈을 드러낸다. 빈센트가 말했듯, 지금까지 맥스는 '언젠가는 이루겠지.' 하는 꿈속에서 살았다. 언젠가 그는 아일랜드 리무진 사업을 시작할 것이다. 언젠가는 꿈속에서 여성을 만날 것이다. 언젠가 그는 한 인간으로서 이 모든 것을 이룰 것이다. 그것은 그저 먼 언젠가의 일일 뿐이다. 빈센트는 그에게 존재하는 것은 현재, 지금, 이 순간일 뿐이라는 것을 보여 준다. '언젠가'를 기다린다는 것은 완벽을 꿈꾸는 것과 같다. 이건 변명이다. '언젠가'는 나의 멘토인 장 르누아르의 말을 인용하면 "현실이 아니라 마음에만 존재하는" 개념이다.

이 두 인물이 대립점에 설 때 어떤 힘이 이들에게 작용하는가? 나이트클럽에서 저격수는 모든 난관을 뚫고 네 번째 대상을 죽인다. 이제 맥스는 그를 다섯 번째 대상에게 데려다 줘야 한다. 맥스는 인질처럼 잡혀 있고 선택의 여지는 없다. 쉽게 탈출할 수도 없다. 빈센트의 마지막 임무가 끝나면 맥스를 죽이거나 혹은 맥스가 빈센트를 죽일지도 모른다.

당신은 이 신이 그저 하나의 대화 신만이 아님을 알 것이다. 맥스와 빈센트는 코리아타운 나이트클럽에서의 광적인 총격전에서 벗어나 속도를 내며 달리는 택시 안에 있다. 외부에는 외적 긴장, 즉 경찰, 다른 차, 헬리콥터, 교통 신호등이 있다. 이런 요소가 맥스와 빈센트의 행동을 방해하면서 갈등의 원천이 되고 둘 사이의 거친 대화에 긴장감을 더한다.

이 신에서 볼 수 있는 것이 하나 더 있다. 처음에 맥스는 택시 배차 담당 상사에게 쩔쩔매고 엽서에 있는 사진을 보며 '언젠가'에 대한 꿈만 꾸고 사는 겁쟁이로 묘사된다. 그러나 그는 차츰 변화를 겪으면서 마침내 정복하기 어려워 보였던 일과 마주 선다.

이는 저절로 생겨난 것이 아니다. 영화의 도입부터 점차적으로, 한 단계 한 단계 쌓아 올려진 것이다. 맥스를 곤란한 입장에 처하게 해 놓고는 상사에게 대놓고 막말을 하며 저항하게 만든 것은 빈센트다. 맥스는 빈센트의 서류 가방을 거리에 던질 만큼 충분한 힘을 키워 간다. 그리고 그는 마약계의 거물인 펠릭스와 대면했고, 또 살아 돌아왔다. 이런 일을 심각하게 받아들이기에는 너무 터무니없다고 여기는 사람도 있을 수 있다. 그런데 내 생각에는 이런 것들이 효과적으로 영화 속에서 작동한다. 이제 맥스는 빈센트의 부추김에 의해 자동차를 전복시키고 자신이나 빈센트를 죽일 만큼, 빈센트가 마지막 임무를 수행하는 것을 막을 정도의 용기를 가지게 되었다.

간단히 말해, 이 신에서 우리는 달리는 택시 안 공포와 혼동의 한가운데서 일어나는 맥스의 변화를 볼 수 있다. 이 신은 영화의 궁극적인 결론을 이끌어 간다. 맥스는 그에게 부과된 인물의 변화를 완수한다.

놀라운 신이다.

같은 원리가 코미디에도 적용될 수 있을까? 코미디는 상황을 만들어 내고 사람들에게 어떤 상황에 행동하고 서로 반응하게 한다. 코미디에서 인물들이 웃도록 해서는 안 된다. 그들은 자신이 하는 행동을 진지하게 믿어야 한다. 그렇지 않으면 그 행동은 어거지가 되고 재미도 없다.

「애니 홀」의 노천 레스토랑 신을 떠올려 보자. 애니^{다이앤 키턴}는 앨비^{우디 앨런}에게 단지 그의 친구로 남고 싶으며 더 이상 관계를 지속할 수 없다고 말한다. 둘 다 어색한 태도를 취함에 따라 희극적 효과가 높아지는 동시에 긴장감을 더하게 된다. 그는 레스토랑을 나서서 차를 몰다가 다른 차와 부딪치자 경찰 앞에서 운전 면허증을 찢어 버린다. 우디 앨런은 이 상황에서 극적인 효과를 최대한 사용하고 있다.

이탈리아 영화로 마르첼로 마스트로얀니가 주연한 「이탈리아식 이혼」을 생각해 보자. 코미디와 비극은 동전의 양면과 같다. 마스트로얀니는 성적 요구가 지나치게 강한 여성과 결혼했지만 그녀와의 잠자리가 신통치 않다. 한편 그는 자신에게 반한 관능적인 사촌을 만난다. 그는 이혼하려 하지만 교회는 받아들이지 않는다. 이탈리아 남자로서 무엇을 할 수 있을까? 교회가 인정하는 이혼은 부인이 죽은 경우뿐이다. 그러나 아내는 말 그대로 너무 건강하다.

그는 부인을 죽이기로 결심한다. 이탈리아법에 따라 그녀를 죽이고도 명예롭게 빠져나갈 수 있는 유일한 길은 그녀가 부정을 범했을 경우다. 그는 부정한 아내의 남편이 되어야만 한다. 그래서 그는 부인의 정부를 구하러 다닌다.

이것이 상황이다!

숱한 우스꽝스러운 순간을 겪은 후, 마침내 그녀는 부정을 저지른다. 이탈리아식 명예는 그가 행동을 취하기를 요구한다. 그는 부인과 부인의 정부를 쫓아서 에게해의 어느 섬까지 따라간다. 무려 총을 들고서 말이다.

인물은 상황이라는 그물에 잡혀 과장된 신중함 속에서 그들의 역할을 연기한다. 그 결과 최고의 코미디가 만들어졌다. 우디 앨런은 "코미디에서 가장 나쁜 것은 우스꽝스러운 행동을 하는 것"이라고 말한다.

드라마에서와 같이 코미디 역시 "현실 속 현실적 인물"에 의존한다. 신을 써 나갈 때, 그 신의 목적을 찾아내고 그 신을 적절한 시간과 장소 안에 위치시켜라. 그러고 나서 그 신의 기능을 발휘하게끔 하는 내용 혹은 요소를 찾아내라.

모든 신은 시퀀스와 마찬가지로 명확한 시작·중간·결말이 있다. 만일 신의 구성 요소를 시작·중간·결말로 나누면, 당신은 시각적으로 효과적인 작은 행동을 만들어 낼 수 있을 것이다. 「콜래트럴」에서 우리는 신 전체를 보았다. 맥스와 빈센트가 시내로 향하는 시작, 그들이 대화를 나누는 중간, 그리고 맥스가 차의 속도를 높여 결국 전복시키는 결말이 그것이다.

언제나 전체 신을 보여 줄 필요는 없다. 시작·중간·결말에서 몇 부분만을 보여 줄 수도 있다. 하나의 신이 전체를 다 묘사하는 경우는 드물다. 「내일을 향해 쏴라」와 「대통령의 음모」를 비롯해 많은 영화의 시나리오를 쓴 윌리엄 골드먼은 그 신의 목적이 분명해지는 마지막 순간까지 행동을 설정하지 않는다고 말했다.

작가로서 당신은 이야기를 진행시키기 위해 신을 어떻게 만들까를 통제할 수 있을 것이다. 당신은 당신이 보여 줄 신의 어떤 부분을 선택하면 된다.

———————

배경을 창조함으로써 신을 만들어 내라. 그리고 내용을 만들어라. 신의 목적을 찾아라. 그리고 그 신의 목적에 맞는 장소와 시간을 찾아라. 드라마를 만들어 낼 내적·외적 갈등을 만들기 위해, 신 내부의 내용물과 요소를 찾아라. 드라마는 갈등이라는 것을 기억하고 찾아내 보라.

당신의 이야기는 항상 앞으로 나아간다. 한 단계 한 단계, 신을 이어 가며 결론으로 향해 간다. 일단 당신이 무엇을 해야 할지 알게 되면 다음 단계를 준비하라. 다음 단계는 바로 시퀀스를 쓰는 일이다.

10. 신을 구성하라

11 ─────── 시퀀스를 고민하라

"구조가 형식을 따르는 것이 아니라
형식이 구조를 따른다."

—I. M. 페이(건축가)

11. 시퀀스를 고민하라

상호 작용이란 시스템에 대한 연구다. 즉 시스템의 독립적인 각 부분이 전체적으로 어떻게 작동하는지에 관한 연구다. 인본주의 과학자 버크민스터 풀러는 다각형 격자를 짜 맞춘 돔의 창안자로 알려졌는데, 전체와 부분의 관계를 상호 작용이란 개념으로 강조했다.

시나리오는 하나의 시스템을 이루는 여러 요소가 모여 만들어진다. 시나리오란 각각의 요소가 하나의 총체를 이루기 위해 모인 것이다. 태양계는 태양 주위를 도는 아홉 개의 행성으로 이루어졌고, 인간의 순환 시스템은 몸의 모든 기관이 하나로 연결되어 작용한다. 또한 스테레오 시스템은 프리앰프, 튜너, 턴테이블, 스피커, 바늘과 바늘꽂이, CD/DVD 플레이어, 카세트덱 등으로 구성된다. 이 모든 요소를 정해진 방식으로 조정하면 시스템은 전체적인 기능을 발휘한다. 우리는 스테레오 시스템의 각 구성 요소보다는 이 시스템의 소리나 질 또는 실현 기능에 관심을 갖는다.

시나리오 역시 이런 시스템과 같다. 시나리오는 인물과 행동, 극적 장치로 연결되는 통합된 시스템이다. 우리는 시나리오가 잘 쓰여졌는지 그렇지 못한지에 관심을 갖고 평가한다.

시나리오는 시작과 끝, 구성점, 숏과 특수 효과, 로케이션과 음악, 시퀀스로 이루어진 시스템이다. 이 모든 요소가 인물과 행동의 극적인 추진력에 의해 결합되어, 이야기는 특정한 방식으로 정리되고 시나리오라는 전체성을 창출하면서 시각적으로 펼쳐진다. 시나리오는 영상으로 꾸며진 이야기이기 때문이다.

시퀀스는 시나리오에서 가장 중요한 요소다. 시퀀스는 시작과 중간, 그리고 결말이 하나의 아이디어로 엮어진 신의 결합이다. 그것은 같은 아이디어에 의해 연결되어 모아진 몇몇 신의 집합이다. 그것은 시나리오의 골격이나, 척추와 같은 것으로서 모든 것을 함께 엮어 낸다.

「씨비스킷」에서 제독(War Admiral)이란 말과의 경주 장면을 기억하는가? 그것은 다소 긴 시퀀스로 제독과 씨비스킷 사이의 경주까지 이어진다. 하나의 시퀀스 안에 또 하나의 시퀀스가 있는 것이다. 이 시퀀스는 제독의 소유주인 사무엘 리들이 경주마 대회에서 씨비스킷과 대결하기로 동의하면서 시작된다. 씨비스킷 팀은 여러 지역을 거쳐 핌리코에 도착하고 경주마 제독이 연습하고 있는 모습을 본다. 그들은 제독의 크기와 속도에 자극을 받아 씨비스킷에게 좀 더 강점이 필요하다고 생각한다. 이것이 그 시퀀스의 시작이다.

중간을 보자. 팀원들은 언론의 광적인 관심을 피하기 위해 씨비스킷을 밤에 훈련시킨다. 그들은 화재 사이렌을 빌려서 말이 빨리 출발하는 것에 익숙해지도록 훈련시킨다. 경주가 시작되기 직전에 기수인 레드토비 맥과이어는 친구에게 호의를 베풀다가 다리가 부러진다. 다른 기수를 찾아야 할 상황이다. 씨비스킷은 더 훈련을 받아야 하는 상황이고 병원에 있는 레드는 다루기 힘든 씨비스킷을 타야 하는 새 기수인 조지 울프를 가르쳐야 한다.

이 부분의 마무리가 이 시퀀스 내 진짜 시퀀스다. 경주 자체는 시작과 중간, 결말로 나뉜다.

'경주'라고 불리는 시퀀스다. 경주의 시작 시퀀스의 시간적 배경은 경주가 벌어지는 날이다. 팬들이 도착하고 톰 스미스^{크리스 쿠퍼}, 기수 조지 울프^{실제 기수인 게리 스티븐스}, 찰스 하워드^{제프 브리지스}는 이 믿을 수 없는 경주를 준비하며 마지막 몇 분간 토론을 한다.

중간은 실제 경기 자체다. 말이 출발 지점 앞에 선다. 벨이 울린다. 경주가 시작된다. 우리는 전 국민적 관심이 트랙을 돌아 달리는 두 마리 말에 집중되어 있는 것을 본다. "경주는 NBC를 통해 중계되고 있습니다. 회사들도 반나절 근무만 하게 되어 직장인들도 방송을 들을 수 있습니다." 내레이터의 말이다. 시나리오 작가인 게리 로스는 대공황기 미국 시민들이 이 경주를 듣기 위해 라디오 앞에 모여 있는 스틸 사진들을 삽입했다. 대공황기 시민에게 이 경주는 매우 중요했다. 프랭클린 루스벨트 대통령조차도 이 경주를 보았다고 한다.

경주 자체는 멋진 영화적 스타일과 서스펜스를 보여 준다. 우리는 앞뒤로 왔다 갔다 하며 두 말이 다투어 달리는 것을 본다. 그리고 씨비스킷이 질주하며 다른 큰 말을 앞서 가고 5마신(말의 몸길이) 차이로 이긴다. 기쁨에 겨워 사람들이 서로 포옹하고 소리를 지르며 기뻐한다. 레드는 병원에서 이 중계를 듣는다. 씨비스킷이 우승마 축하식장 안에 들어오고 기자 등 수많은 사람에 둘러싸인 채 시퀀스는 마무리된다.

놀라운 시퀀스다. 우리는 시작과 중간, 결말을 분명하게 볼 수 있다. 경주 시퀀스 자체는 시작과 중간과 결말을 가지고 있다. 이것은 잘 구성된 시퀀스다. 이 시퀀스는 이야기를 앞으로 나아가게 하면서 인물에 대한 정보를 준다.

시퀀스는 하나의 아이디어에 의해 연결된 여러 신의 결합이다. 그 것은 보통 한두 개의 단어로 표현된다. 추적, 경주, 선거, 모임, 도착, 출발, 대관식, 은행 강도 등. 시퀀스는 몇 마디로 표현할 수 있는 특별한 맥락을 가진다. 예를 들어 씨비스킷과 제독의 경주는 하나의 극적 행동의 단위이며 블록이다. 그것은 일정 지점에 내용을 담고 있는 배경이자 개념이다. 마치 커피나 물, 차, 우유, 주스 등이 하나의 잔에 담겨 있는 것과 같다. 일단 시퀀스의 배경을 만들면 거기에 필요한 내용, 즉 특별한 세부 사항과 구성 요소를 설계하라.

시퀀스는 시나리오의 핵심이다. 왜냐하면 그것은 한 공간에 내러티브 행동의 본질적인 부분을 담아내기 때문이다. 마치 줄 하나에 하나의 다이아몬드가 있는 목걸이와 같다. 문자 그대로 일련의 신을 한데 묶어서 극적 행동이라는 덩어리를 만들어 내는 것이다.

「대부」의 시작 부분에 배치된 결혼 시퀀스를 기억하는가? 빈센트에게 붙들린 애니를 맥스가 구하는 「콜래트럴」의 마지막 액션 시퀀스를 기억하는가? 「콜드 마운틴」 시작 부분의 전투 시퀀스는 두 개의 뚜렷한 시간, 즉 과거와 현재를 통합해 내고 있지 않은가? 캐럴린이 "난 오늘 이 집을 팔겠어."라고 말하는 「아메리칸 뷰티」에서의 부동산 관련 시퀀스도 기억하는가? 「로얄 테넌바움」에서 가족에 대한 정보를 얻는 오프닝 시퀀스, 「반지의 제왕: 왕의 귀환」의 마지막 전투 시퀀스 등도 떠올려 볼 수 있다.

「매트릭스」에서 네오와 트리니티가 모피어스를 구출하는 시퀀스를 떠올려 보자. 그들은 건물 로비에 도착한다. 거기서 내부로 들어가 스미스에게 붙잡힌 모피어스가 있는 층으로 올라간다. 그들은 안으로 들어가 모피어스를 구출하고 밖으로 나와 탈출에 성공한다. 시작과 중간, 결말 모든 것이 '구출'이라는 한 단어로 한 공간에서 조합된다.

시나리오를 쓸 때, 이 개념을 이해하는 것이 중요하다. 시퀀스는 전체 조직의 기반을 이루며 형식과 틀을 짜는 것으로, 시나리오의 중요한 블록이다.

우리 시대의 시나리오는 '극적인 이야기로 연결되고 묶여진 일련의 시퀀스다.'라고 정의할 수 있다. 앨런 볼, 리처드 라그라베네스, 웨스 앤더슨, 로버트 타운, 스티븐 클로브스, 프랭크 대러본트, 론 바스, 제임스 캐머런, 게리 로스, 스튜어트 비티 같은 현대 시나리오 작가들이 이미 그렇게 영화를 만들었다. 스탠리 큐브릭의 서사물인 「배리 린든」은 여러 개의 시퀀스로 이루어져 있다. 제임스 캐머런의 「터미네이터 2: 심판의 날」, 그리고 스티븐 스필버그의 「미지와의 조우」 또한 그런 경우다.

시나리오를 쓰기에 앞서, 당신은 네 가지를 알아야 한다. 시작과 액트 Ⅰ 끝 부분의 구성점, 액트 Ⅱ 끝 부분의 구성점, 그리고 결말이다. 위와 같은 특별한 부분을 어떻게 처리할 것인지, 그리고 인물과 행동에 무엇이 필요한지 준비가 갖추어졌을 때, 당신은 시나리오를 쓸 준비가 된 것이다. 그 전에는 불가능하다.

항상 그렇지는 않지만 때로는 이 네 가지 요소 자체가 시퀀스다. 「대부」는 결혼 시퀀스로 시작한다. 당신은 하나의 시퀀스를, 「매트릭스」에서 네오가 모피어스를 만나 빨간 알약을 선택하는 것과 같은 시퀀스를 액트 Ⅰ 끝 부분의 구성점으로 사용할 수도 있다. 당신은 「매그놀리아」에서 폴 토머스 앤더슨이 구성한 것처럼 하나의 시퀀스를 만들 수도 있다. 거기서 열아홉 명의 등장인물이 깊은 감정적 스트레스 상태에서 에이미 만의 「와이즈 업Wise up」을 부른다. 하나의 시퀀스가 창조적으로 만들어진 좋은 예다. 당신은 영화의 끝 부분을 「씨비스킷」에서 게리 로스가 했던 방식으로 극적 시퀀스로 만들 수도 있다. 또 웨스 앤더슨과 오언 윌슨이 「맥스군 사랑에 빠지다」에서 그랬듯이, 연극 공연으로 마무리할 수도 있다.

당신이 원하는 방식대로 시퀀스를 쓸 수 있다. 캔버스에 행동을 재료로 해서 그림을 그린다고 생각해 보면 얼마든지 창조적일 수 있고 무한한 방식이 있을 수 있다. 한 편의 시나리오에 몇 개의 시퀀스가 있어야 한다는 법칙은 없다. 열두 개, 열여덟 개, 이런 특정한 숫자는 의미가 없다. 당신의 이야기가 당신에게 몇 개의 시퀀스가 필요한지 말해 줄 것이다. 프랭크 피어슨은 「뜨거운 오후」에서 열두 개의 시퀀스를 생각하고 썼다. 그는 네 가지, 즉 시작, 두 개의 구성점, 그리고 결말을 생각하며 시작했다. 그러다가 여덟 개의 시퀀스를 추가하면서 시나리오를 마무리했다.

생각해 보라!

원하는 대로 많든 적든 당신의 시퀀스 숫자를 정할 수 있다. 법칙은 없다. 다만 시퀀스에는 아이디어(idea)와 배경(context)이 있다는 것만 알면 된다. 당신은 일련의 신과 내용을 만들어 내면 된다.

대부분의 액션 영화는 이야기를 앞으로 계속 진행시키는 일련의 시퀀스로 구성된다. 액션 장르는 영화 시장에서 꾸준한 수요가 있다. 만일 당신이 어느 회사의 연간 제작 일정을 보게 된다면 최소한 그 절반이 액션 영화로 채워진다는 사실을 알 수 있을 것이다.

액션 영화와 액션 시퀀스를 쓰는 것은 그 자체로 중요한 기술이다.

그래서 나는 여러 번에 걸쳐 논스톱 액션이 많은 시나리오를 읽었다. 사실 이런 시나리오에서 인물화는 거의 찾아볼 수 없고 액션이 많으며 때로는 반복적이라 지루하기까지 하다. 독자나 관객은 폭력적인 언어와 영상에 압도당하고 정신이 없어질 것이다. 때로는 강력한 개인적 액션 시퀀스가 있는 좋은 액션 시나리오를 만날 때도 있다. 그러나 전제가 약하고 예전 영화에서 차용된 것이 많다. 액션 영화에는 '새로운 모습'이 필요하고 좀 더 흥미로운 개념이 도입되어야 한다.

왜 그럴까? 플롯이나 인물, 그리고 액션 자체에 문제가 많기 때문이다. 일부 시나리오 작가들은 액션 시나리오를 쓰는 데 천부적인 재능이 있다. 그러나 다른 일부는 인물에 대해 쓰는 것이 훨씬 편할 수도 있다. 당신이 어떤 종류든 액션 영화 혹은 액션 시퀀스가 있는 시나리오를 쓰기 전에, 액션 영화란 무엇이며 그 본질이 무엇인지 이해해야 한다. 언젠가 내 학생 중 한 명이, 인질로 납치당한 과학자를 구하기 위해 외국으로 파견된 해군 함장에 관한 시나리오를 쓴 적이 있다. 전제는 좋다. 처음에 이야기를 앞으로 끌고 나갈 좋은 액션 시퀀스를 만들 기회가 많이 있었다. 그 학생은 그 점을 활용했다. 그의 전체 시나리오는 액션 신으로 이어졌다. 이야기는 번개처럼 빠르게 진행되었다. 그러나 그리 썩 훌륭하지는 않았다. 왜 그랬을까? 그는 재미있는 주요 인물을 만들어 내지 못했다. 그는 주요 인물에 대해 잘 알지 못했다. 대사의 대부분은 이야기를 앞으로 진행시키기 위해 억지로 만들어 낸 설명뿐이었다. 과학자를 구출하러 간 사람에 대해 알려 주는 것이 없었다. 그가 누구인지, 어디 출신인지, 그의 삶에 작용하는 힘과 그의 생각과 느낌이 무엇인지 알 수 없었다.

이러한 사례는 숱하게 많다. 당신이 「본 슈프리머시」나 「콜래트럴」 같은 액션 영화 시나리오를 쓰려면 액션과 인물에 초점을 맞춰야 한다.

이 두 가지가 영화 속에 있어야 하며 서로 상호 작용해야 한다. 그렇지 않으면 계속 문제가 생긴다. 흔히 발생하는 문제는 액션이 이야기를 압도하여 인물을 약화시키는 것이다. 그 결과 아무리 시나리오를 잘 쓴다 해도 영화는 극적이지 않고 재미없게 된다. 또한 정상과 계곡 사이에 적절한 균형이 있어야 한다. 계곡 지점에서 독자나 관객이 잠시 쉬면서 숨을 몰아쉴 수 있도록 말이다.

액션 시퀀스를 쓰기 위해서는 분명 기술이 필요하다. 잘 만들어진 액션 영화에는 특성, 속도, 서스펜스, 긴장이 있어야 한다. 많은 경우 유머도 있어야 한다. 「콜래트럴」에서 맥스와 빈센트의 상호 변화에는 통찰력이 있으면서 유머도 녹아 있다. 「다이하드」^{제브 스튜어트와 스티븐 드 수자}에서 혼잣말로 중얼대는 브루스 윌리스가 분한 인물, 또는 「스피드」^{그레이엄 요스트}에서 고속 도로의 큰 틈새를 가로질러 가는 버스도 그런 예다. 「쥬라기 공원」^{데이비드 코엡} 같은 액션 영화 「도망자」^{데이비드 투이와 제브 스튜어트}나, 「붉은 10월」^{래리 퍼거슨, 도널드 스튜어트} 같은 영화는 독특한 액션과 그 액션을 보여 주는 인물을 통해 선명한 인상을 남겼다. 그러나 극장에서 흔히 볼 수 있는 수많은 액션 영화에 나오는 냉혹한 자동차 추격전이나 폭발 장면 같은 것은 쉽게 잊혀진다. 모두 똑같아 보일 뿐이다.

액션 영화 시나리오를 쓰는 핵심은 액션 시퀀스를 쓰는 것이다. 1990년대에 가장 영향력 있었던 액션 영화인 「터미네이터 2: 심판의 날」^{제임스 캐머런, 윌리엄 위셔}은 모든 것이 여섯 개의 주요 액션 시퀀스로 모아지도록 구조화되어 있다. 첫 번째 주요 시퀀스에서는 터미네이터, T-1000, 존과 사라를 소개한 후, 젊은 존 코너가 터미네이터에 의해 구조된다. 두 번째 시퀀스에서는 터미네이터와 존이 그의 어머니를 감옥에서 구해 낸다. 세 번째 시퀀스는 엔리크 주유소에서 무기를 준비하는 '휴식 시간'이다. 네 번째 시퀀스에서 사라는 미래를 기계 시대로 만들어 버릴 마이크로칩 개발자 마일즈 다이슨을 죽이려 한다. 다섯 번째 시퀀스는 사이버다인 시스템의 포위 공격을 보여 준다. 그리고 마지막 여섯 번째 시퀀스에서 그들은 탈출하고 추격당하다가 강철 공장 안에서 이야기가 마무리된다. 전체 세 개의 액트는 문자 그대로 하나의 긴 논스톱 액션 시퀀스를 구성한다.

이 여섯 개의 핵심 시퀀스가 전체 이야기를 묶어 준다.(구조의 기능) 그러나 이 구조의 틀 안에서 제임스 캐머런과 윌리엄 위셔는 재미있는 인물뿐 아니라 역동적이고 흥미를 유발하는 전제를 만들어 냈다. 특수 효과도 그렇지만 영화 자체가 기억에 남을 액션 영화다. 그리고 폐허가 된 주유소에서의 '휴식 시간'을 반드시 기억해야 한다. 이 시간 동안 우리는 숨을 쉴 수 있고 인물에 대해 더 많이 알 수 있다. 그리고 다시 달리는 것이다.

잘 만들어진 액션 영화의 요소는 무엇인가? 바로 액션 시퀀스가 지닌 에너지다. 「블리트」와 「프렌치 커넥션」에 나오는 추격 신을 기억하는가? 하워드 호크스의 「붉은 강」에 나오는 소몰이 장면, 「와일드 번치」의 끝 부분에서의 걸음걸이, 「매트릭스」의 마지막 신, 「내일을 향해 쏴라」에서 부치와 선댄스가 바닥을 기어 강에 뛰어드는 장면 등 멋진 액션 시퀀스의 예는 무궁무진하다. 위대한 액션 시퀀스를 쓰는 핵심은 그것이 어떻게 설계되는가에 달려 있다. 시퀀스는 하나의 아이디어에 의해 연결된, 시작과 중간과 결말이 있는 여러 개 신의 결합이라는 것을 기억하라. 이미 언급했지만 시퀀스는 하나의 아이디어로 묶인 복합체다. 추적 시퀀스, 웨딩 시퀀스, 파티 시퀀스, 전투 시퀀스, 애정 시퀀스, 폭풍 시퀀스 등등.

시퀀스를 설계하는 바람직한 방법 중 하나는 그 시퀀스를 역동적이고 흥미로우며 관심을 사로잡는 다른 많은 요소를 가지고 작업해 보는 것이다. 영화감독으로서 샘 페킨파를 가장 좋아하는 이유는 시퀀스를 만들어 내는 그의 방식이 좋아서다. 그 방식을 나는 '이미지의 모순'이라고 일컫는다. 우리가 예상하지 못했던 것이 나오고, 액션의 핵심에 영향을 끼친다. 내가 가장 좋아하는 예는 「와일드 번치」의 오프닝 시퀀스다. 간단히 요약하긴 힘들다. 강도 또는 은행 강도 정도. 그것이 배경이다.

이 시나리오는 파이크 비숍윌리엄 홀든이 이끄는 무법자들이 군인 복장을 하고 작은 마을로 말을 타고 들어가는 것으로 시작한다. 그들은 전갈을 굽는 어린이들(다음의 일을 알려 주는 소소한 시각적 장치)을 지나친다.

와일드 번치가 마을로 들어올 때 그들은 텐트 아래 서 있는 목사를 본다. 그 목사는 "너나 네 자손들이 회막에 들어갈 때에는 포도주나 독주를 마시지 말아서 사망을 면하라. 이는 너희 대대로 지킬 영영한 규례라."(「레위기」 10장 9절)라는 구절을 통해서 알코올의 악을 설파한다. "여호와의 관유가 너희에게 있은즉 너희는 회막문에 나가지 말아서 죽음을 면할지니라. 그들이 모세의 명대로 하니라."(「레위기」 10장 7절) 거의 모든 페킨파의 영화에서 알코올은 곧 악이라는 언급이 나온다. 물론 그는 결코 이처럼 하나의 신만으로 메시지를 던지지는 않는다. 일단 금주 행렬이 시작되고, 그 이후 분출되는 행동을 통합하면서 페킨파 감독은 각각의 요소를 담아낸다.

무대 묘사를 통해 파이크란 인물이 즉시 드러난다.

파이크는 사려 깊고, 스스로를 갈고닦은 총잡이다. 그는 자신의 내부에서 발생하는 변화 또는 자기 주변을 둘러싼 변화 외에는 어떤 것도 두려워하지 않으며 폭력에 집착한다. 실수하지 마라. 파이크는 영웅이 아니며 우리와는 다른 가치관을 지니고 있다. 그는 총잡이이자 범죄자이며, 은행 강도이며 살인자다. 그는 울타리, 장식품, 전보, 더 좋은 학교에 관심이 없다. 그는 자기 삶의 방식에 맞는 존재 가치만 믿는 아웃사이더이며 사회의 배덕자다.

파이크란 인물은 갑자기 동정심을 보여 주기도 한다. 그들 일당이 은행에 들어갈 준비를 할 때 그는 우연히 작은 체구의 나이 든 여성과 맞닥뜨린다. 그녀가 짐을 떨어뜨린다. 모든 사람이 꼼짝 않고 정지 상태에 있을 때 파이크가 짐을 들어 그녀를 돕는다.

은행 강도는 액션 시퀀스를 만드는 것 이상의 역할을 한다. 페킨파는 그의 인물과 상황을 주제에 맞춰 설정한다. 그 주제란 '변하는 땅에서 변하지 않는 사람들'이다. 파이크와 더치^{어니스트 보그나인}, 두 주요 인물 사이의 관계가 즉각 설정된다. 첫 신에서 우리는 그들이 말을 타고 서 있다가 서로 싸우는 것을 본다. 그들 사이에는 역사가 있다. 그들은 은행과 기차를 털 날짜가 다가오고 있음을 안다. 그들은 죽느냐, 감옥에 가느냐, 멕시코의 작은 마을에서 빈약한 존재로 살아가느냐 하는 것 외에는 대안이 없는 미래로 빨려 들어가고 있다.

오프닝 시퀀스에는 세 가지 분리된 요소가 있다. 강도, 금주 행렬, 그리고 와일드 번치를 잡으려고 매복해 있는 현상금 사냥꾼이 그것이다. 은행 건너편 지붕 위에 데크 손톤^{로버트 라이언}이 이끄는 현상금 사냥꾼이 와일드 번치가 도착하기를 오랫동안 기다리고 있다. 이글거리는 태양 아래 그들은 덥고 피곤한 나머지 짜증이 나기 시작한다. 그러나 와일드 번치를 잡거나 죽이기만 하면 엄청난 보상금을 손에 거머쥘 수 있다.

강도 행위가 시작되면서 이 모든 요소가 작동한다. 주마등같이 펼쳐지는 액션 신 속으로 이 모든 요소가 모아져 폭발하는 것은 시간문제다.

이질적인 요소를 하나의 액션 시퀀스로 통합해 내는 능력이야말로 페킨파가 다른 액션 영화감독보다 한 수 위라는 증거다. 은행 안에서 번치 패거리 중 한 명인 엔젤이 길 건너 태양빛에 반사되는 소총을 보게 된다. 파이크와 더치는 즉시 매복한 사람들이 있음을 알게 된다. 곧바로 금주 행렬을 방패 삼아 나이 든 사람, 어린이 밴드 행렬과 뒤섞여 시간을 번다. 다시 소동이 일어난다. 거리는 온통 혼란스럽다. 강도 무리가 말을 쫓고, 현상금을 쫓는 사람들은 불을 지르고 그 불속에서 남녀노소가 서로 충돌한다.

모든 시각적 구성 요소를 사용해서 우리를 꼼짝 못하게 만드는 대단한 시퀀스다. 때로 시나리오가 뜻대로 기능을 못하면서 뭔가 문제가 있고 지루해 보일 때가 있다. 그러면 이야기를 움직이게 하기 위해, 긴장을 더하기 위해, 일정 정도 액션 시퀀스를 추가할 생각을 해 보라. 간혹 이야기에 생명력을 불어넣기 위해 격렬하면서도 창의적인 선택을 해야 할 때도 있다. 만일 당신이 그렇게 하고자 한다면 사용할 재료를 검토해 보라. 그리고 떠오르는 액션이 원래 개념과 잘 맞아떨어질 것인지 아닌지 검토해 보라. 사용할 재료들은 당신의 이야기 흐름에 맞아야 하고 잘 흡수되어 들어가야 한다. 그러고 나서 당신 최고의 능력을 발휘하여 실행해 보라. 쉬운 방식, 즉 자동차 추격, 키스, 총질, 살인 시도 등은 그 자체만 주목받을 뿐 별 도움이 되지 않는다.

「스파이더맨」, 「미션 임파서블」, 「쥬라기 공원」, 「로스트 월드」 등 몇 편의 시나리오만 이야기해도 이름이 떠오를 데이비드 코엡은 "좋은 액션 시퀀스를 쓰는 핵심은 누군가가 '달린다.'라고 말하기 위해 더 많은 방법을 찾는 것이다. 또 액션 시퀀스는 더 많은 동사를 사용하는 것이다. 가능성을 봐야 한다."라고 말한다. 그는 바위 뒤로 숨는다. 그는 미친 듯이 계곡에서 걸어 올라 바위로 간다. 그러한 상황이 나를 흥분시킨다. 서두른다, 빨리 걷는다, 질주한다, 뛰어든다, 멀리 뛴다, 점프한다, 발사한다, 쏜다 등등. 특히 쏜다는 동사는 액션 영화 시나리오에 자주 등장할 것이다.

데이비드 코엡은 이렇게 말했다. "액션 신에서 독자는 때때로 글자를 따라 그들의 눈을 억지로 움직인다. 왜냐하면 영화로 볼 때 엄청 흥미로웠을 것이, 읽을 때도 반드시 그만큼의 흥미를 주는 것은 아니기 때문이다. 나는 도전해야 한다고 생각한다. 뭔가 날아가는 속도가 영화 속 속도로 느껴지게 하라. 그래서 액션 시퀀스를 읽을거리로 만들고, 독자가 마음에서 그림을 그려 낼 수 있도록 만들라."

액션 시퀀스를 쓰는 최고의 방법은 무엇인가?

기획하라. 처음에서 중간을 거쳐 끝에 이르기까지 액션을 배치해 보라. 시나리오를 쓸 때 단어들을 신중하게 선택하라. 액션은 장문이나 아름다운 문체를 사용할 필요가 없다. 액션 시퀀스는 강력하고 시각적으로 써야 한다. 독자가 마치 스크린으로 보는 것처럼 액션을 보게 해야 한다. 그러나 만일 너무 적게 쓰고 충분히 살을 붙이지 못한다면 액션의 선이 작아지고 좋은 액션 시퀀스에 있어야 할 강력함이 증발한다. 우리는 어두운 극장에 앉아 있는 모든 사람을 하나로 묶어 낼 정도의 '감정 공동체', 흥분과 공포와 큰 기대를 가지고 자리에서 꼼짝 못하게 만들 움직이는 이미지에 관해 말하고 있다. 위대한 액션 시퀀스를 보자. 「콜드 마운틴」의 오프닝 신, 「위트니스」에서 액트 Ⅲ의 총격전, 「터미네이터 2: 심판의 날」의 액션 시퀀스, 「반지의 제왕: 두 개의 탑」의 결말 시퀀스, 「반지의 제왕: 왕의 귀환」에서의 마지막 전투 시퀀스, 「콜래트럴」의 마지막 부분, 「와일드 번치」의 열차 강도와 마지막 총격전 등을 꼽을 수 있다. 바로 이들이 세부 사항까지 꼼꼼히 신경을 쓰며 엄격하게 집중된 상태에서 기획되고 배치된 시퀀스들이다.

여기 훌륭한 액션 시퀀스가 있다. 그것은 날카롭고, 깔끔하며 정돈되어 있고, 효과적이며, 시각적으로 훌륭하고, 세부 사항에 함몰되지 않는다. 「쥬라기 공원」의 작은 공간에서 벌어지는 사건이다. 그 신의 장소는 엄청난 열대 폭풍이 막 들이닥친 코스타리카의 어느 섬이다. 공룡 배아를 밀반출하려는 직원들이 그 위험한 공원의 안전 시스템을 고장 낸다. 두 아이와 변호사 제나로가 타고 있는 차와 샘 닐과 제프 골드블럼이 타고 있는 차, 이렇게 원격 조정되는 전기차 두 대가 공룡의 이동을 통제하는 전기 울타리 근처에 꼼짝 못하고 서 있다. 섬 전체가 정전이 되고 아이들은 겁에 질린다. 그들은 초조하게 기다린다.

———————————

팀은 안경을 벗는다. 그러고는 계기판 옆에 놓인 두 개의 플라스틱 컵을 본다. 컵 속의 물이 동심원을 그리면서 흔들린다.

— 그러다가 멈춘다. —

— 다시 흔들린다. 리드미컬하게.

발자국 소리같이.

붐. 붐. 붐.

제나로는 눈을 찌푸린다. 그 또한 그것을 느낀다. 그는 백미러를 본다.

안전 표지판이 위아래로, 양옆으로 흔들린다.

제나로도 똑같이 흔들리는 것을 본다. 백미러에서도 흔들리는 것이 보인다.

붐. 붐. 붐.

제나로   (불확실한 태도로) 아, 아마도 전기가 다시 들어오는 거겠지.

팀은 뒷자리로 가서 야간용 투시경을 다시 쓴다. 그는 돌아앉아 창문 옆을 본다. 염소가 묶여 있던 자리가 보인다. 아니면 묶여 있었던 자리일 수도 있다. 체인은 아직 거기 있다. 그러나 염소는 거기 없다.

뱅!

그들 몸이 모두 자리에서 붕 떴다. 무언가가 차의 선루프를 세게 치자 렉스가 비명을 지른다. 그들은 위를 본다.

제나로   오, 세상에, 세상에.

팀이 입을 벌린 채 다시 옆 창문을 통해 밖을 보았는데, 어떤 소리도 들리지 않는다. 그는 투시경으로 동물의 발톱을 본다. 아주 크다. '전기를 통하게 한' 울타리 선을 잡고 있다. 그는 투시경을 벗고 창문에 얼굴을 댄다. 점점 위를 올려다본다. 그다음 뒤쪽을 향해 머리를 돌린다. 선루프를 본다. 염소의 다리가 있다. 그는 알 수 있다.

티라노사우루스 렉스다. 이 공룡의 서 있는 키는 8미터 정도이고, 코부터 꼬리까지는 12미터 정도로 크다. 상자 같은 머리만 1.5미터 정도다. 먹다 만 염소가 렉스의 입 바깥으로 나와 있다. 렉스는 먹다 만 염소를 다시 뒤집어 한입에 삼킨다.

매우 감동적이다. 이것은 우리를 영화 끝까지 이끌고 가 줄 액션 시퀀스의 시작이다. 우리는 문자 그대로 액션이 펼쳐지는 것을 본다. 문장들은 얼마나 짧은가? 거의 스타카토에 가깝다. 그리고 종이 위에 '여백'이 얼마나 많은가. 이것이 액션 시퀀스가 잘 읽히도록 하는 방법이다.

독자와 인물은 동시에 같은 것을 경험한다. 우리는 '일대일'로 묶여진다. 그래서 우리는 인물들이 경험하는 것을 함께 경험할 수 있다.

분명한 액션에는 시작·중간·결말이 있다. 한순간 한순간이 액션의 줄기를 만들어 낸다. 시작부터 계기판 옆의 컵이 흔들린다. 우리는 여기서 무언가가 진행되고 있음을 안다. 무슨 일인지는 모른다. 시퀀스가 인물의 공포를 어떻게 표현했는지 보라. '붐. 붐. 붐.' 사운드가 커지면서 그 순간의 분위기를 고조시키고 상상력을 자극한다. 문체는 시각적이며, 단어와 문장이 짧게 끊어진다. 절대 길지 않다. 아름답게 구성된 문장들이다. 물론 스티븐 스필버그는 이런 종류의 시퀀스를 영화로 잘 만들어 내는 거장이다. 「미지와의 조우」의 오프닝 시퀀스도 완벽한 예다.

지금까지 모든 것은 드러나지 않은 채 오로지 공포만이 우리에게 최악의 상황을 예상케 한다. 염소는 긴장을 강화시키는 또 다른 장치다. 일반적으로 좋은 액션 시퀀스는 천천히, 이미지 하나로, 말 하나로,

상황을 고양시킨다. 그리고 액션이 빨라지면서 흥분이 고조된다. 속도를 잘 살려야 긴장이 조성된다. 그것이 「스피드」에서처럼 추적 시퀀스가 되든, 「세븐」에서처럼 스릴러 시퀀스이든, 「델마와 루이스」에서처럼 할랜을 죽일 때이든, 「크림슨 타이드」에서처럼 긴급 명령을 기다리는 순간이든 모두 그렇다. 염소가 사라진 이후를 주목해 보자. 체인이 흔들거린다. 갑자기 '뱅!' 소리가 나고 우리는 자리에서 들썩이게 된다. 그때 우리는 '몸에서 분리된 염소 다리'를 본다. 인물들에게 공포가 고양되는 지점이다. 더불어 우리의 손바닥에도 땀이 흥건해지고 입이 마른다. 앞으로 다가올 것, 즉 티라노사우루스를 예상하면서 두려움에 떨게 된다.

매우 잘 썼다. 대대로 작가들은 액션 시퀀스를 끼워 넣으면서 인물의 나약함을 드러내려 할 것이다. 결국 인물화를 따로 할 필요가 없다. 때로는 액션 시퀀스를 너무 세밀하게 쓴 탓에 과도한 말 때문에 몰입에 방해가 되기도 한다.

어쩌면 당신은 인물을 묘사하는 시퀀스를 통해 내러티브를 만들어 나가길 원할 수도 있다. 좋은 예가 「아메리칸 뷰티」에서 '집을 파는' 부분이다. 거기서 캐럴린은 자신이 팔고자 하는 집에 대해 설명한다. 이 시퀀스에서 훌륭한 점은 일련의 시도를 통해 시퀀스의 액션을 진전시킨다는 것이다. 그 신 내부의 갈등에 주목하자. 이전에도 여러 번 말했듯, 모든 드라마는 갈등이다. 갈등이 없으면 액션도 없다. 액션이 없으면 인물도 없다. 인물이 없으면 이야기가 없다. 이야기가 없으면 시나리오는 존재할 수 없다.

그 시퀀스는 캐럴린이 '집 팝니다.'라는 간판을 자기 집 앞마당 잔디 위에 세우면서 시작된다. 그녀는 차에서 인상을 찌푸린 채 짐을 내리면서 트렁크 문을 세차게 닫는다. 집 안에 들어와서는 옷을 벗고 속옷 차림으로 격렬한 몸짓으로 청소를 한다. 그러고는 주문을 외우듯 반복해서 "난 이 집을 팔 거야. 난 이 집을 팔 거야."라고 중얼거린다. 주방 조리대를 문질러 닦더니 천장 팬의 먼지를 닦기 위해 사다리에 오른다. 그리고 유리창을 통해 뒷마당의 잔디를 내다본다. 진공청소기로 카펫을 청소한다. 해야 할 일은 다 해치운다.

이것이 그 시퀀스의 '시작'이다. '중간'은 그녀가 그날의 첫 방문객들을 우아한 미소로 맞이하며 현관문을 여는 것으로 시작된다. 그녀는 "환영합니다. 저는 캐럴린 번햄입니다."라고 말한다. 그녀는 엄격해 보이는 부부를 주방으로 안내하고, 다른 커플은 침대로 안내하고, 남자같이 생긴 30대로 보이는 두 여성에게는 바깥 풀장을 보여 준다. "광고에서는 이 풀이 호수 같다고 했지요. 호수 같은 것은 없고 벌레만 있네요. 나무를 별로 심지 않았네요."라고 한 여자가 말하자, 캐럴린은 "저는 훌륭한 정원사지요."라고 답한다. 그 여자들은 들으려 하지 않는다. "제 말은 호수를 생각하고, 폭포도 생각하고, 열대 지역 느낌도 생각하고, 뭐 그랬다는 말입니다." 그러자 다른 한 여자가 냉소적으로 말한다. "이건 그냥 시멘트 구멍이네요." 그 말에 캐럴린은 웃으면서 "차고에, 횃불 도구도 있어요."라고 말한다.

방을 보여 주고, 거실·주방·침실·풀장을 차례로 보여 주면서 동선이 어떻게 지속되는지 주목해 보라. 네 개의 다른 장소에서 네 쌍의 다른 커플이 등장한다. 캐럴린이 하루 종일 집을 안내하는 모습을 보여 준다. 집을 보여 준다는 단일한 행동이 바로 이 시퀀스의 주제다. 사실 이것은 몽타주라고 할 수 있다. 일련의 숏이 동시에 시간·장소·행동을 연결시키면서 짜여졌다.

캐럴린이 그날의 일을 마치고 버티컬 블라인드를 닫으면서 이 시퀀스는 끝이 난다. 그러고는 조용히 서 있는 그녀의 얼굴에 블라인드가 그림자를 만든다. 그녀는 울기 시작한다. 짧게 툭 툭 끊어지는 울음 소리를 낸다. 자신을 주체하지 못하는 모습이다. 갑자기 그녀는 자신의 뺨을 때린다. "그만해." 그녀는 자신에게 말한다. 그러나 눈물이 계속 흐른다. 그녀는 다시 자기 뺨을 때린다. "왜 이렇게 약한 거야, 그만해. 그만!" 그녀는 울음이 멈출 때까지 반복해서 자신의 뺨을 때린다. 그녀는 거기 서서 이제 길고 고른 숨을 쉬고 마침내 자신의 감정을 통제한다. 그리고 다시 평상시의 모습으로 돌아온다. 그녀는 조용히 걸어 나가며 관객을 빈 방의 어둠 속에 남겨 둔다.

이 특별한 시퀀스에서 우리는 그녀라는 인물에 대해 무엇을 알게 되는지 보라. 그녀는 "나는 오늘 이 집을 팔 거야."라는 뜻을 이루지 못했다. 우리는 그녀가 할 수 있는 최선의 노력을 다했다는 것을 안다. 그러나 충분하지 않았다. 그녀는 자신이 실패했다고, 자신은 실패자라고 생각한다. 바로 그녀가 약하다는 것을 보여 준다. 그렇게 그녀는 눈물을 훔치고 아무 일도 없었다는 듯 걸어 나온다.

그러나 독자나 관객으로서 우리가 이 시퀀스를 통해 알게 된 점을 살펴보자. 그녀는 자기 존중을 할 줄 모르고, 자신에 대한 애정이 약한 여자, 그리고 일이 이뤄지지 않은 것을 자기 탓으로 돌리는 여자다.

대단하다. 시작·중간·결말이 있는, 하나의 아이디어로 연결된 단 한 개의 시퀀스에서 이런 내용이 나온 것이다.

행동과 인물이 함께 엮여져 시나리오의 초점을 분명하게 만든다. 더 좋은 독서 경험과 더 좋은 관람 경험을 제공한다.

시퀀스는 이야기를 만들어 내는 중요한 구성 단위다. 다음 단계는 시나리오를 구성하는 것이다.

12 ——— 줄거리
설정하기

조반니 "이제 내가 더 이상 쓸 수 없다는 것을 알아. 무엇을 쓸지
몰라서가 아니라 어떻게 쓸지 몰라서야. 사람들은 이런 걸
'위기'라고 하지. 그런데 내 경우 문제가 내 안에 있어. 내 삶
전체에 영향을 끼치는 어떤 문제가 있어."

— 「밤(La Notte)」(미켈란젤로 안토니오니)

12. 줄거리 설정하기

만일 시나리오를 극적 결론에 이르기 위해 연관된 사건과 에피소드를 선형적으로 배열하는 것이라고 정의한다면, 어떻게 이야기를 구성할 것인가? 시나리오에 통합된 이야기 구성을 위해 우리 머릿속에 떠오르는 대화의 조각들, 모든 생각과 아이디어와 단어와 신을 어떻게 가장 잘 결합시킬 수 있을까?

이야기 흐름을 어떻게 만들 수 있을까?

시작 부분부터 출발해 보자. 구조를 만든다(structure)라는 동사는 마치 다리를 놓는 것과 같다. 그것은 '무언가를 세우고(build), 연결하기 (put together)'다. 명사의 정의는 '부분과 전체의 관계'다. 둘 다 이야기 구성에 적용된다. 지금까지 우리는 네 가지 기본 요소, 즉 시작과 결말, 그리고 시작과 중간의 끝에 위치한 구성점에 대해 논의했다. 페이드인 이라는 단어를 쓸 수 있기 전에, 시나리오의 한 단어라도 종이에 쓰기 전에, 당신은 네 가지를 알아야 한다.

네 가지란 무엇일까? 패러다임을 보자.

여기에서 우리는 액트 Ⅰ, 액트 Ⅱ, 액트 Ⅲ, 시작·중간·결말을 볼 수 있다. 시작은 오프닝 신이나 시퀀스에서 시작해서 액트 Ⅰ의 구성점 1까지 간다. 중간은 구성점 1에서 시작해서 구성점 2까지다. 결말은 구성점 2에서 시작해서 시나리오 끝까지 계속된다. 각 액트는 극적인 액션의 한 단위, 블록을 이루며 설정·대립·해결로 이어지는 맥락과도 관련이 있다.

액트 Ⅰ은 시나리오의 시작에서 액트 Ⅰ의 끝부분에 있는 구성점까지 가는 극적인(혹은 코미디적) 행동의 한 단위다. 여기도 시작과 결말 지점이 있다. 그러므로 액트 Ⅰ은 전체에서는 부분이지만, 그 자체로는 완결된 전체를 이룬다. 시작에도 행동의 완전한 단위로서 시작·중간·결말이 있다. 그 자체로 한 단위다. 대략 시나리오로 환산하면 20~25쪽 분량이다. 끝은 구성점 1이다. 사건과 에피소드 등이 행동에 영향을 주며, 이 경우 액트 Ⅱ의 방향을 바꾸기도 한다. 극의 맥락에서 볼 때, 액트 Ⅰ은 장소에 내용을 담은 것으로 설정에 해당된다. 이 극적 행동의 단위에서 당신은 이야기를 설정한다. 즉 주요 인물을 소개하고 극적 전제(이야기의 바탕)를 만든다. 그리고 극적 상황에 대해 개괄적 묘사를 한다.

액트 Ⅱ 또한 전체이며 완전하고 자기 완결적인 행동 단위다. 그것은 구성점 1의 끝에서 시작되어 액트 Ⅱ 부분의 구성점까지 계속된다. 이 부분 역시 중간의 시작과 중간의 중간, 중간의 끝으로 구성된다.

이것은 대략 60쪽 정도에 해당하는 양으로 액트 Ⅱ의 끝에 위치한 구성점은 대략 80~90쪽 사이에서 발생하며 행동을 액트 Ⅲ로 몰아간다. 극의 맥락으로 볼 때는 대결에 해당한다. 극의 행동 단위에서 인물은 그(녀)의 필요를 충족시키는 것을 방해하는 장애물을 연속해서 만난다. 일단 인물의 극적 요구, 인물이 원하는 것을 결정하면 당신은 그것에 대한 장애물을 만들어 낼 수 있다. 그다음의 이야기는 극적 요구의 충족을 가로막는 방해 요소를 극복하는 것이다.

액트 Ⅲ은 시나리오의 결말, 해결 지점이다.

구성점 2

　액트 I과 액트 II처럼 액트 III도 극적 행동의 전체 단위다. 그 내부에 시작과 중간과 끝(결말 부분의 끝)이 있다. 대략 20~30쪽 정도의 분량이다. 그리고 극 맥락에서는 해결 지점이다. 해결이란 문제의 '해결'이란 뜻임을 기억하라. 이것은 단지 시나리오가 끝나는 부분의 특정 신이나 특정 숏을 뜻하는 것이 아니라, 이야기 구성을 마무리한다는 뜻이다.

　각 액트에서 우리는 액트의 시작에서 앞으로 나아가 액트의 끝 부분의 구성점으로 간다. 이는 각 장이 방향을 가진다는 뜻이다. 방향이란 처음에서 시작해서 구성점에서 끝나는 전개 방향이다. 액트 I과 액트 II 끝 부분의 구성점은 당신의 목표 지점이다. 그것은 시나리오를 구성하거나 만들 때 당신이 가려고 하는 바로 그 지점이다.

　당신은 행동의 개별 단위, 즉 액트 I, 액트 II, 액트 III를 통해 시나리오를 구성한다.

　시나리오를 어떻게 구성할까?

　3×5 크기의 카드를 사용하자. 카드 한 묶음을 사서, 카드 한 장에 각 신이나 시퀀스의 기본 아이디어 또는 시나리오를 쓸 때 도움이 될 만한 간단한 묘사를 써 넣어라.(다섯 장이나 여섯 장이 넘지 않도록 하라.) 시나리오의 30쪽당 열네 개의 카드가 필요할 것이다. 처음에 열네 개가 넘으면 액트 I에 훨씬 더 양이 많아질 것이다. 만일 그 이하라면 너무

적어서, 다음 설정을 위해 더 많은 것이 필요할 것이다.

예를 들어, 만일 「델마와 루이스」로 액트 I을 구성해야 한다면 카드에 다음과 같은 내용을 쓸 수 있을 것이다. 카드 1: 루이스는 일하는 중이다. 카드 2: 루이스가 델마를 부른다. 카드 3: 델마가 대릴과 함께 있는데, 그에게 여행에 관해 묻지 않는다. 카드 4: 델마와 루이스는 짐을 꾸린다. 카드 5: 루이스가 델마를 차에 태운다. 카드 6: 그들이 산으로 운전해 간다. 카드 7: 델마가 멈추기를 원한다. 카드 8: 그들이 먹을거리를 사기 위해 실버 불렛 바에 들어간다. 카드 9: 할랜이 델마에게 접근한다. 카드 10: 그들이 마시며 말한다. 카드 11: 할랜과 델마는 춤을 추고 그녀는 속이 안 좋다. 카드 12: 할랜이 델마를 밖으로 데리고 나간다. 카드 13: 할랜이 델마를 겁탈하려 한다. 카드 14: 루이스가 할랜을 죽인다.

이것은 행동에 대한 간단한 요약이지 시나리오 자체는 아니다. 이것은 이야기를 구성하는 과정이다. 이런 식으로 당신은 효과적으로 이야기를 만들고 조합시킬 수 있다.

시나리오를 구성하는 것은 시나리오를 쓰는 것과 다르다는 점을 이해해야 한다. 이 두 가지는 다른 과정이다. 비록 나중에 시나리오를 쓸 때 달라지겠지만 구성 과정에서는 하나의 카드에 하나의 신을 쓰도록 하라.

「콜래트럴」에서 맥스가 병원에 있는 어머니를 방문한 시퀀스를 예로 들어 보자. 카드 위에 이야기를 구성할 때 당신은 이렇게 쓸 것이다. "맥스가 병원의 어머니를 방문한다." 그러나 비록 카드에는 이렇게 썼지만 직접 시나리오를 쓸 때는 전체 시퀀스를 다 쓰고 하나의 아이디어와 연결된 일련의 신을 다 써 내려갈 것이다. 만일 당신이 영화를 보았다면 '어머니를 방문한 빈센트'가 하나의 시퀀스임을 알 수 있을 것이다. 맥스와 빈센트가 병원에 도착한다. 빈센트는 맥스의 어머니 옆에서 그녀에게 따뜻한 말을 건넨다. 맥스는 빈센트의 가방을 들고 도망친다. 빈센트가 그를 쫓는다. 빈센트와 그가 마주 선다. 맥스는 굴하지 않고 길가에 가방을 던진다. 이 부분은 이렇게 대략 일곱 개의 신이 된다.(영화에서는 더 길다.) 그리고 이 모든 신이 '어머니를 방문한 맥스'라는 하나의 아이디어에서 나온 것이다.

당신의 인물이 가슴에 고통을 느껴서 병원으로 향하는 내용으로 이야기가 진행된다고 해 보자. 하나의 카드에 '병원에 가다.'라고 쓸 수 있다. 그러나 실제로 시나리오를 위해 이 카드를 쓸 때는 「콜래트럴」처럼 전체 시퀀스가 된다. 당신의 인물이 병원에 도착한다. 의사가 그를 검진한다. 의사는 엑스레이 검사, 심전도 검사, 뇌파 검사를 한다. 친구나 가족이 찾아온다. 병실을 배정받지만 같은 병실의 환자가 마음에 들지 않는다. 의사는 환자 상태에 대해 가족들과 의논한다. 당신의 인물은 심각한 상황일 수도 있다. 이 모든 것을 각 장의 카드에 쓸 수 있는데 그런 식으로 '병원에 가다.'라는 시퀀스는 구성된다.

한 신당 카드 한 장이다. 그러나 이것이 나중에 직접 시나리오를 쓸 때는 그대로 적용이 안 되고 모순이 드러날 수도 있다. 나의 멘토인 장 르누아르는 "내가 나 자신과 모순이 되는가?"라고 물은 적이 있다. 그때는 모순을 받아들여라. 당신이 카드를 쓸 때 당신은 그저 카드를 쓰고 있을 뿐임을 기억하라. 나중에 시나리오를 쓸 때 실제로 시나리오를 쓰는 것이다. 그 두 가지는 별개다.

이야기를 구성할 때, 카드를 사용하면 쉽고 효과적일 수 있다. 원하는 만큼의 카드를 사용하라. 「젊은 사자들」과 「베켓」을 각색한 에드워드 안할트는 이야기 구성을 위해서 쉰두 장의 카드를 사용했다. 왜 쉰두 장인가? 그 숫자만큼의 카드를 그가 가지고 있었기 때문이다. 「퀸카로 살아남는 법」을 쓴 티나 페이는 쉰여섯 장을, 「북북서로 진로를 돌려라」, 「사운드 오브 뮤직」, 그리고 「가족 음모」를 쓴 어니스트 리먼은 어느 영화에서든 쉰두 장에서 100장 사이의 카드를 사용했다. 「뜨거운 오후」를 쓴 프랭크 피어슨은 단지 열두 장의 카드를 사용했는데, 그는 기본적으로 카드에 12시퀀스만 쓰면서 이야기를 구성했다.

나는 대략 시나리오 30쪽당 열네 장의 카드를 쓸 것을 제안한다. 즉 액트 I에 열네 장, 액트 II 앞 부분에 열네 장, 액트 II 뒷부분에 열네 장, 그리고 액트 III에 열네 장이다. 왜 열네 장인가? 적당해서다. 수년에 걸쳐 미국과 해외에서 수천 명의 학생을 가르치면서, 액트 I에 카드가 몇 장 사용되는지를 보면서 작가가 액트 I에 대해 많은 이야깃거리를 가지고 있는지 아닌지를 파악할 수 있게 되었다. 만일 작가가 열다섯 장 또는 열여섯 장을 가지고 있다면, 난 즉각 그가 너무 많이 사용한다고 이야기할 것이다. 열두 장 또는 열세 장의 카드를 사용한다면 너무 빈약하니 작가는 인물과 플롯에 더 깊은 차원을 부여하기 위해 몇 개의 신을 더 만들어야 한다고 지적할 것이다. 때로 작가들은 열한 장이나 열두 장의 카드를 사용하고는 시나리오를 쓸 때 더 보충하겠다고 말하기도 한다. 가끔 그게 가능하기도 하지만 대부분 쉽지 않다.

시나리오를 가르치거나 써 본 경험을 통해 내가 발견한 이상한 일들이 있다. 이야기를 구성하기 위해 필요한 신이나 시퀀스를 만들어 내는데 카드가 일종의 '심리적' 안내자 역할을 하게 된다는 것이다. 나는 때때로 다른 색의 카드를 사용하기도 한다. 액트 I용, 액트 II용, 액트 III용 이런 식으로 말이다.

카드를 사용하는 것은 유용한 방법이다. 당신은 바꾸고, 더하고, 없앨 수 있는 절대적 자유가 있다. 또 그것들을 원하는 대로 재배치할 수도 있다. 카드를 사용하는 것은 간단하고 쉬우며 효과적이다. 이것은 시나리오를 구성할 때 엄청난 동기 부여가 된다.

때로 컴퓨터에 1, 2, 3, 4…… 등으로 개요를 잡는 식으로 쓰는 사람도 있다. 이것도 하나의 방법이다. 그러나 이것은 다소 제한적일 수밖에 없다. 이 경우 갑자기 다른 생각이 들 때 신들을 옮기거나 다른 순서로 재배치하기 어렵다. 파이널 드래프트(Final Draft) 버전 6이나 버전 7 소프트웨어는 신별로 카드를 만들도록 도와준다. 이 소프트웨어를 통해서 당신은 일단 카드를 사용한 다음에 원하는 대로 재배치할 수 있다.

그러나 나는 여전히 카드를 이리저리 바꿔 가는 방법을 선호한다. 손에 카드를 들고 마음대로 이리저리 배치해 보는 것이 훨씬 수월하다. 그러나 당신에게 맞는 방법을 선택하라.

처음 시나리오를 구성할 때, 그 안에 들어가길 원하는 모든 신을 우선 적어 보길 제안한다.(전작 『시나리오 작가의 워크북The Screenwriter's Workbook』에서 이에 관해 좀 더 자세히 쓴 바 있다.) 그 신이 무엇에 관한 것인지 확인할 몇 단어만 적고 순서 없이 놔두어라. 당신은 이미 시작과 구성점 1을 알고 있다. 카드는 한 장부터 열네 장이다. 이미 시작점과 끝 지점이라는 두 장의 카드를 당신은 가지고 있다. 필요한 것은 액트 I의 행동을 채울 열두 장의 카드다. 각 액트의 극의 배경을 만들고, 내용을 결정하면서 시나리오 구성 연습을 해 보자. 우선 각 행동의 극적인 배경을 창조하는 데서부터 시작해 보자. 그러면 그 배경 속에 내용을 불어넣을 수 있다. "모든 작용은 그와 동일한 운동량의 반작용을 갖는다."라는 뉴턴의 운동 제3법칙을 이미 언급했다. 이 법칙은 물리적 사물의 본질에 관한 단순한 이해를 담고 있지만 그것이 받아들여지기까지 600년이 넘게 걸렸다. 이 원리는 시나리오를 구성하는 데도 적용된다. 우선 당신은 주요 인물의 극적 요구가 무엇인지 알아야 한다. 주요 인물이 무엇을 얻고 달성하고자 하는가? 그 답이 각 신에 적용될 수 있다. 일단 인물의 극적 요구가 있으면 당신은 그 요구와 대립하는 장애물을 만들어 낼 수 있다.

다시 한 번 강조한다. 모든 드라마는 갈등이다. 갈등이 없으면 행동이 없다. 행동이 없으면 인물도 없다. 인물이 없으면 이야기도 없다. 그리고 이야기가 없으면 시나리오도 없다. 인물의 본질은 행동이다. 행동이 인물이다. 영화는 행위다. 인물이 행하는 것이 그(녀)를 나타낸다. 행동이 반드시 그(녀)가 말하는 것일 필요는 없다.

우리는 작용과 반작용의 세계 속에 살고 있다. 만일 당신이 차를 운전하는데(작용) 누군가 당신 앞에 끼어든다. 당신은 어떤 행동(반작용)을 취할 것인가? 일단 경적을 심하게 눌러 댈 것이다. 끼어든 차를 몰아내기 위해 주먹을 흔들며 속도를 낼 것이다. 이 모든 것이 운전자의 작용과 반작용이다.

작용과 반작용은 우주의 법칙이다. 만일 당신의 인물이 시나리오 속에서 어떤 행동을 취하면 무언가 혹은 누군가 당신의 인물이 반작용을 하게끔 행동을 취할 것이다. 그러면 당신의 인물은 다른 반작용을 유발시키는 또 다른 새로운 행동을 취할 것이다.

시나리오에서 인물이 어떤 행동을 하면 누군가 그에 대응하는 반작용을 하기 마련이다. 작용에서 반작용으로, 반작용에서 다시 작용으로 거듭되면서 이야기는 각 부분의 끝에 위치한 구성점으로 나아가게 된다.

미숙한 작가나 초보 작가들은 흔히 인물들이 자신들의 극적 요구보다는 환경 자체에 반작용하는 것으로 묘사한다. 이렇게 되면 주요 인물은 글에서 사라지기 쉽다. 이것이 시나리오를 쓰는 과정에서 주요한 문제다. 인물의 본질은 행동이다. 당신의 인물은 단순히 반작용을 하는 것이 아니라 행동을 해야 한다. 다시 한 번 강조한다. 사람이 하는 것은 그(녀)가 말하는 것이 아니고, 그(녀)의 상태도 아니다. 이런 점이 첫 페이지에서부터, 첫 단어에서부터 즉각 적용되어야 한다.

그에 관한 좋은 예를 「본 슈프리머시」에서 찾을 수 있다. 제이슨 본맷 데이먼은 자신을 죽이려는 누군가의 행동에 대해 지속적으로 반응한다. 그는 상대가 누군지, 왜 그러는지 알지 못한다. 그는 공격에 반응하고 공격한다. 그래서 그는 능동적으로 행동하기 전에 반응만 보인다. 같은 상황을 「맨츄리안 캔디데이트」대니얼 파인. 딘 조르가리스에서도 볼 수 있다. 이 영화에서 덴젤 워싱턴은 영화가 시작할 때 매복 공격이라는 우발적인 사건에 반응한다. 나중에 그는 계속 꿈을 꾸기 시작하면서 과거 자신과 분대원들에게 일어났던 일을 찾아 나서도록 그를 부추긴다. 이제 그는 무언가를 시도하고 능동적이 된다. 「코드 네임 콘돌」로렌초 셈플, 데이비드 레이피엘에서 조셉 터너로버트 레드퍼드는 맨해튼에 있는 CIA 세포 조직을 위해 일한다. 액트 I에서는 사무실에서 일상적인 일을 보여 준다. 어느날 터너가 동료들을 위한 점심을 사러 갈 순서가 됐다. 비가 내리기 시작해서 그는 후문으로 나가 레스토랑으로 향한다. 그가 점심을 사 가지고 돌아왔을 때는 모두 죽어 있었다. 살해당한 것이다. 그는 CIA에 전화를 한다. 액트 I 끝 부분의 구성점이다. 터너는 반응을 한다. 그가 노출될 수 있는 모든 장소, 특히 집에서 피하라는 지시를 받는다. 그는 침대에 죽어 있는 동료를 발견하고 나서 어디로 가야 할지, 누구를 믿어야 할지 알 수 없다. 그는 상황에 반응(반작용)하고 있다. 그는 히긴스클리프 로버트슨에게 전화해서 친구 샘월터 맥긴이 자신을 본부로 데려다 줄 것을 요청하는 순간부터 행동한다. 이것이 실패하자 레드퍼드는 페이 더너웨이를 납치해서 총을 겨누고, 그녀가 자신을 그녀의 아파트로 데려가도록 명령한다. 그는 그곳에서 휴식을 취하고 생각을 정리한 후, 어떤 행동을 취할 것인지 결정한다.

행동이 무언가를 하는 것이라면, 반응은 행동이 낳은 결과다. 「쇼 생크 탈출」에서 앤디는 아내와 정부를 살해한 혐의로 기소된다. 종신형 판결을 받고 쇼생크 교도소로 이송된다. 그는 그곳의 계급 구조에 적응하는 법을 배워야 한다. 교도소에서 첫날밤, 다른 죄수가 자신의 무죄를 주장하면서 울고 불며 자신의 상황에 반응한다. 그 죄수는 교도관에게 끌려 나가 무자비하게 매를 맞는다. 그는 행동했고 그 결과 죽게 된다. 여기서 죽음은 행동에 대한 결과다.

잠시 후 앤디는 샤워를 한다. '시스터즈'라는 이름의 패거리가 그에게 집적댄다. 앤디는 무시한다. 그 순간부터 앤디는 그들의 표적이 된다. 그는 얻어맞고 급기야 성폭행을 당한다. 그 과정에서 그는 할 수 있는 한 최선의 방어를 한다. 그는 아무 말도 하지 않는다. 그는 그 상황에 단조롭게 반응한다.

그는 구성점 1까지 아무것도 하지 않고 아무 말도 하지 않는다. 구성점 1은 그가 레드에게 다가가 "당신은 뭐든 할 수 있는 사람이라고 들었어요."라고 말하는 순간이다. 이것이 앤디가 처음으로 입을 연 순간이다. 즉 그가 행동을 한 것이다. 이 대화를 계기로 두 사람 사이에 관계가 생기고 앞으로 두 사람은 서로 지원해 준다.

행동과 반응, 이 둘은 동전의 양면이다.

좋은 시나리오는 첫 페이지, 첫 단어에서 설정이 만들어진다. 액트 I은 하나의 행동 단위로서 이야기의 주요 요소가 조심스럽게 통합되면서 구성되기 시작하는 곳이다. 이 행동 단위 속의 사건이 진정한 이야기의 시작인 액트 I 끝 부분의 구성점으로 유창하게 흘러가야 한다.

간혹 시나리오가 올바르게 시작하지 않고 이야기를 더 빠르게 진전시키기 위해 인물과 사건에 계속 무언가를 덧붙이는 경우가 있다. 최근 시나리오 처음 10쪽에 열다섯 명이나 되는 인물을 소개하고 있는 원고를 읽은 적이 있다. 무엇, 누구에 관한 이야기인지 알 수가 없었다. 이야기는 행동의 표면에서 겉돌았다. 구조 전체를 관통하지 못하고, 진부하고 예측 가능하며 자연스럽지 않은 이야기가 되어 버렸다.

왜 이렇게 되었을까? 여러 곳을 다니며, 많은 학생을 가르치면서 나는 충분한 준비 없이 시나리오에 접근하는 사람들이 많다는 것을 알게 되었다. 그들은 행동과 인물의 관계를 탐색하고 발전시킬 충분한 시간 없이 시나리오를 빨리 쓰기만 열망한다. 그래서 그들은 아주 작은 정보만을 가지고 액트 I을 쓰기 시작하고, 거기에 생각을 더하려 한다. 그들은 자기들의 이야기가 진정 무엇에 관한 것인지, 다음에 무엇이 나올지 알아 가는 데 많은 시간을 소모한다. 그래서 그들은 이야기가 나중에 분명해지길 희망하면서도 정작 액트 I에서 이야기 초점을 잃어버린다.

좋은 방법이 아니다. 씨를 뿌린다고 저절로 경작되고 물과 양분이 공급되는 것은 아니다. 시나리오 작가는 이야기를 처음 10쪽에 써 놓은 후 길을 잃고는 다음에 무엇을 해야 할지 알지 못한다.

준비와 연구는 시나리오를 쓰는 과정에서 필수적이다. 작가는 주요 인물이 누구인지, 극의 전제가 무엇인지(이야기가 무엇에 관한 것인지), 극적 상황(행동을 둘러싼 환경)이 무엇인지 분명하게 알고 정의해야 할 책임이 있다. 만일 당신이 쓰려는 이야기를 제대로 알지 못하고, 필요한 조사를 충분히 하지 못했다면, 당신은 사건을 이야기에 억지로 끼어 넣을 위험에 빠진다. 그렇게 되면 각각의 요소는 제 기능을 잃어버리고, 내러티브의 실타래가 엉킨다.

때로는 이야기가 너무 빈약하여 더 많은 플롯이 필요해지는 상황이 발생할 수도 있다. 그렇다고 시나리오에 더 많은 인물과 흥미로운 사건을 집어넣는 것이 해결책이 될 수는 없다. 더 많은 사건과 더 많은 장애물이 중요한 것이 아니다. 오히려 이것은 문제를 키울 뿐이다.

작가가 더 빨리 더 자극적으로 출발하려는 충동 자체가 문제다. 만일 당신이 독자나 관객을 처음 10쪽에서만 사로잡으려 한다면, 모든 인물과 장애물, 다른 인물과의 관계가 처음 10쪽 안에 자극적으로 고착되어 버린다.

너무 많고, 너무 빠르다. 많다는 것이 반드시 좋은 것은 아니다. 만일 당신이 「쇼생크 탈출」이나 「반지의 제왕」, 「씨비스킷」, 「아메리칸 뷰티」, 「이 투 마마」, 「델마와 루이스」, 「양들의 침묵」 같은 시나리오를 쓰고 싶다면 이야기 구성의 모든 요소가 설정에 어울리는 적절한 위치를 찾았는지 확인하고, 극적 행동이 처음 10쪽 안에 언급되도록 해야 한다. 극적 요소는 단순하고 직접적이다. 액트 I은 전체 맥락에서 볼 때 설정 부분이다.

「쇼생크 탈출」은 감옥 안에서 앤디의 생활을 다룬다. 그리고 오프닝 시퀀스에서 자극적인 사건을 보여 준다. 앤디의 재판과 판결 내용뿐 아니라 앤디가 수감되기 전에 일어난 부인과 정부의 살인 사건이 설정된다. 우리는 왜 그가 감옥에 갔는지, 그의 죄는 무엇인지 알아야 한다. 이 이야기의 세 가지 가닥, 즉 살인·재판·판결이 훌륭하게 교차하면서 직조된다. 그래서 우리는 그가 실제 살인을 저지르는 것을 결코 본 적이 없지만, 배치된 사건 자체가 그가 유죄 판결을 받게끔 되어 있다고 판단하게 된다.

다른 시나리오 작가라면, 대화 방법을 사용하여 이야기에 접근할 수도 있을 것이다. 감옥에 수감되는 앤디로 시작하고, 그다음에 레드와의 관계를 보여 주면서 앤디의 이야기를 조각내어 들려줄 수도 있을 것이다. 레드가 우리에게 보이스 오버로 정보를 주고, 앤디는 교도소 내 인물과 섞이지 못한다. 걸을 때 "그는 별 신경을 안 쓰며 걱정 없는 듯 보이며, 공원에서 산책을 하듯 천천히 걷는다." 처음 몇 신에서 앤디는 레드에게 자기 부인에게 일어난 살인 배경에 대해 설명할 수 있다. 이야기를 설정할 때, 이런 접근도 있을 수 있다. 그러나 이 방법은 보여 주기보다는 설명하는 경향이 강하다.

「아폴로 13」은 처음 10쪽에서 상황을 만들어 내는 데 필요한 내러티브의 모든 가닥을 설정해 놓았다. 아폴로 1호에 탄 세 명의 우주인이 화재 사건으로 죽는 뉴스를 보여 준 후, 시나리오는 사람들이 닐 암스트롱이 달 위를 걷는 것을 보며 다정하게 모여 있는 파티 장면으로 옮겨 간다. 그저 몇 마디 말로 우리는 이 사람들이 현재 NASA 프로그램의 우주인들이며, 짐 로벨톰 행크스의 꿈은 달에 착륙하는 것임을 알 수 있다. 몇 쪽이 넘어가면 우리는 로벨의 부인이 로벨이 우주에 다시 가는 것에 대해 깊은 공포를 느낀다는 것을 포함해서 알 필요가 있는 모든 것을 알게 된다.

극적인 사건이 10쪽에서 일어난다. 여기서 로벨은 집으로 돌아와 우주 비행 계획이 원래보다 앞당겨질 것이라는 뉴스를 전하며 가족을 놀라게 한다.(원래 시나리오상의 이 신은 NASA의 우주인들이 임무를 전달받는 장면에서 로벨을 보여 준다. 그러나 그것은 극의 속도를 낮추기 때문에 삭제되었다.)

이제 임무를 전달받은 부분에서 다음 10쪽은 그가 임무 수행을 위해 훈련을 받고 준비하는 것에 초점이 맞춰진다. 이로써 우리는 우주인들이 그들의 우주 비행을 위해 무엇을 준비하는지 제대로 알게 된다. 구성점 1은 우주로 날아가는 장면이다.

「아폴로 13」은 행동과 대사를 통해 첫 페이지에서부터 인물과 이야기를 설정하는 고전적 시나리오의 훌륭한 사례다. 시나리오의 시작을 로벨과 우주선에 탈 사람들이 임무를 듣는 것으로 쉽게 시작할 수도 있었을 것이다. 만일 그런 식으로 시나리오가 시작되었다면, 설명으로 이루어진 정보가 처음 10쪽의 극적 행동 단위의 대부분을 차지했을 것이다.

제인 오스틴의 19세기 소설이 원작인 「센스 앤 센서빌리티」^{엠마 톰슨}는 많은 정보의 나열로 시작 부분을 빨리 채웠을 수도 있다. 처음 몇 페이지에서 내시우드 가의 관계나 아버지의 죽음, 그리고 이것이 세 딸에게 어떤 영향을 주었는지 등 배경 이야기를 추가했을 수도 있다. 그러나 이것을 다 집어넣게 되면, 액트 I치고는 너무 과중한 정보일 것이다. 그럼에도 우리가 이 이야기를 온전히 설정하기 위해서 그와 같은 내용을 담아내야 한다.

엠마 톰슨은 어떻게 이 문제를 다뤘는가? 우리는 보이스 오버로 가족에 대한 이야기를 듣고, 임종 직전 병상에 누워 있는 아버지 모습을 보게 된다. 그러고는 이 집안의 재산이 자동적으로 아들에게 상속됨을 알게 된다. 그는 죽어 가는 아버지에게 세 누이를 잘 돌보겠노라고 약속한다. 그러나 장례식 이후 며느리가 남편에게 물려받은 재산에 대해 다른 계획을 가지고 있음이 드러난다.

처음 10쪽에 많은 정보가 제시되었다. 그러나 이것은 내레이션과 영상 모두를 통해 제시되었고, 우리는 남은 세 딸과 어머니가 매우 빈곤한 상황에 처하게 되었음을 알게 된다. 액트 I의 나머지는 어떻게 그 가족이 이 상황에 대처하는지를 다룬다. 그리고 우리는 계속 이어지는 신을 통해 그들의 생활 모습을 본다. 물론 딸들은 그들을 돌봐줄 남편이 필요해서 결혼을 해야 한다. 결혼이 가능해 보였던 엘리너^{엠마 톰슨}와 에드워드^{휴 그랜트}는 맺어지지 않는다. 딸들은 오빠가 차지한 집을 포기하고 시골로 이사한다. 이곳이 구성점 1이다.

만일 모든 배경 정보가 대화를 통해서만 알려졌다면, 이야기 전체에서 설명이 차지하는 비중이 너무 컸을 것이다. 말이 너무 많고 인물들은 수동적이고 반응만 하게 되며, 신들은 너무 길고 설명적이 되었을 것이다. 그 결과 내러티브 행동은 이야기를 진전시키지 못했을 것이다.

극의 행동 단위로 이야기를 구성하라. 액트 I을 시작하라. 극의 행동의 완전한 단위로서 이야기는 오프닝 신과 시퀀스로 시작된다. 그리고 액트 I의 끝 부분에 있는 구성점으로 끝난다. 콜린에 관한 이야기를 만들어 보자. 그는 천재적인 컴퓨터 사기술로 월 스트리트 회사에서 100만 달러 이상을 횡령한 혐의로 부당하게 기소되었다. 시나리오에서 그는 진짜 범인을 추적하고 그(녀)를 법정에 세운다.

3×5 카드를 사용하자. 각 카드에 단어와 묘사하는 문장을 써 내려가라. 첫 번째 카드에서 우리는 자극적인 사건을 만들어 내길 원한다. 그래서 카드 1에 '특수 효과의 컴퓨터 시퀀스'라고 쓰자. 사기극이 벌어지는 장소이자 방법이다. 다음 카드 2에 '콜린이 회사로 간다.' 카드 3에 '콜린이 사무실에 도착한다.' 카드 4에 '콜린이 고객을 만난다.' 카드 5에 '큰 주식 거래가 이뤄진다.' 카드 6에 '콜린은 고객을 만난다.' 카드 6에 '콜린이 파티에서 부인/여자 친구와 함께 있다.' 카드 8에 '사무실, 100만 달러 횡령이 발견된다.' 카드 9에 '고위직 임원과 긴급회의가 이루어진다.' 카드 10에 '경찰이 조사한다.' 카드 11에 '언론이 이 사실을 안다.' 카드 12에 '콜린이 초조해한다. 그의 구좌에서 횡령 사실이 발견된다.'라고 쓴다. 다음에는 무슨 일이 일어날까? 카드 13에 '콜린이 경찰 조사를 받는다.'라고 쓰자. 그러면 그다음은? 카드 14는 구성점 1로서 '콜린이 횡령으로 체포된다.'라는 내용이다.

한 단계, 한 단계, 신이 계속되면서 시작부터 '콜린이 횡령으로 체포되다.'라는 액트 끝 부분의 구성점까지 이야기를 구성하라. 마치 퍼즐을 맞추듯이 말이다.

카드 14에서 당신은 구성점 1의 끝을 관통하면서 액트 I에서 극적 행동의 흐름을 지시했다. 액트 I의 카드를 완성하면, 쓴 것을 다시 살펴보라. 마치 플래시 카드를 보듯이 작성했던 카드를 검토해 보라. 이일을 여러 번 반복해 보라. 당신은 곧 정확한 행동의 흐름을 파악할 것이다. 당신은 여기서 몇 단어를 바꾸고, 저기서 글이 쉽게 읽혀지도록 몇 단어를 바꿀 것이다. 이야기 구성에 익숙해져야 한다. 자신에게 액트 I의 이야기, 즉 설정에 대해 말해 보라.

카드를 다 작성하고 보니, 너무 많이 쓴 것 같다는 생각이 들더라도 걱정하지 마라. 만일 몇 개의 카드의 액션을 한 개의 카드로 종합할 수 있다면 이야기 구성에서 사건을 통합된 전체로 연결할 수 있을 것이다. 카드로 구상하는 것에 대해 겁내지 마라. 적당하다는 판단이 들 때까지 카드 순서를 바꿀 수 있다. 순서에 얽매이지 마라. 그것들을 필요에 맞게 배치, 재배치하라. 카드는 당신을 위해 있는 것이다. 그것을 이야기 구성에 사용하라. 그러면 당신은 항상 어디로 향하는지 알 것이다. 쓰는 것을 두려워 마라. 이야기의 조직과 흐름에 초점을 맞추라.

액트 I의 카드를 완성하면, 시퀀스 순서대로 벽이나 마룻바닥에 정열해서 놓아 보라. 그리고 카드를 보면서 시작부터 액트 I의 끝에 있는 구성점까지의 이야기를 말로 설명해 보라. 이 작업을 계속하다 보면 이야기가 창조적 과정 속에 짜여지는 모습을 볼 수 있다.

액트 II도 같은 식으로 해 보라. 액트 II는 극의 맥락에서 대립이라는 점을 명심하라. 당신의 인물은 이야기를 통해서 그의 요구를 확실히 추구하고 있는가? 극적 갈등을 만들어 내기 위해서 장애물을 만들어야 한다는 것을 항상 기억하라.

카드를 다 작성했으면 액트 I에서 했던 것과 같은 작업을 되풀이

하라. 액트 Ⅱ의 처음부터 구성점에 이르는 카드를 검토하라. 자유 연상이 가능하도록 당신 자신을 열어 놓고, 떠오르는 생각을 카드에 적어 넣도록 하라. 그리고 이를 반복하라.

액트 Ⅱ의 시작에서 이야기의 중간 지점까지 열네 장의 카드를 사용하라. 중간 지점은 이야기의 진행 지점, 사건, 에피소드 등으로 60쪽 부근에서 발생한다. 그것은 신일 수도, 시퀀스일 수도, 주요 사건일 수도 있으며, 또는 대화일 수도 있다. 그 기능은 이야기를 앞으로 나아가게 하는 것이다.(이에 대해 『시나리오 작가의 워크북』에서 자세히 언급했다.) 그리고 중간 지점에서 액트 Ⅱ의 구성점까지 다시 열네 장의 카드를 사용해 보라. 그러면 당신은 액트 Ⅲ의 열네 장의 카드로 이야기 구성을 마무리할 수 있다.

이제 카드를 늘어놓고 검토해 보라. 당신 이야기의 진전을 구조화시켜라. 그리고 그것이 가능한지 살펴보라. 바꾸는 것을 두려워하지 마라. 내가 인터뷰한 적이 있는 편집 기사는 중요한 창조 법칙을 알려 주었다. "이야기의 배경 속에서 기능을 발휘하지 못하던 시퀀스는 나중에 가서 그것이 어떤 기능을 발휘하는지 가르쳐 준다."

그것은 고전적인 법칙이다. 많은 명작이 우연히 만들어지기도 한다. 처음에는 기능을 발휘하지 못하던 신이라도 결국에는 어떻게 기능하는지 알게 될 것이다.

실수를 두려워하지 마라.

카드를 만드는 데 어느 정도 시간이 소요될까?

며칠이면 된다. 일주일 이상은 아닐 것이다. 내 경우에는 며칠이면 되었다. 액트 Ⅰ에 하루, 약 4시간 정도였다. 액트 Ⅱ와 액트 Ⅲ에 하루를 쓴다.

그러고는 그것을 마룻바닥에 펼쳐 놓거나 벽에 붙이고 작업을 시작한다. 스스로 만족할 때까지 이야기의 진행과 인물을 여러 번 검토하는 데 2~3주를 보낸다. 이 기간 동안 하루에 2~4시간 동안 일한다. 나는 신을 옮기거나 수정하면서 카드를 여기저기 옮기고, 행동을 하나씩 검토한다. 카드 이용법은 융통성이 있어서 당신이 원하는 대로 할 수 있다.

카드 사용은 시나리오를 구조화시키는 데 최대한의 유동성을 허락한다. 그렇다면 언제 쓰기 시작할까? 그것은 당신이 느낄 수 있다. 이야기에 자신이 생길 때, 무엇이 필요한지 알게 되며, 몇몇 신에 대한 시각적 이미지가 떠오를 것이다. 카드 시스템이 이야기를 구성하는 데 유일한 방법인가?

아니다. 이야기를 구성하는 데는 여러 가지 방법이 있다. 일부 작가들은 컴퓨터에 숫자를 써 나가면서 신의 목록을 만들기도 한다. (1) 빌이 사무실에 있다. (2) 빌이 존과 바에 있다. (3) 빌이 제인을 본다. (4) 빌이 파티에 간다. (5) 빌이 제인을 만난다. (6) 빌과 제인은 서로 좋아하고 같이 나가기로 한다. 앞에서 언급했듯이, 이 방법을 적극 권하지는 않는다. 왜냐하면 신들을 재배치하기가 쉽지 않기 때문이다.

다른 방법은 트리트먼트(약간의 대화를 포함해서 당신의 이야기에서 일어나는 것들에 대한 내러티브 시놉시스)를 써 보는 것이다.

이런 윤곽 잡기(outline) 방법은 특히 텔레비전에서 사용된다. 이 방법으로 당신은 세밀한 내러티브 진전에 따라 이야기를 할 수 있다. 이 경우 대사가 기본을 이루는데, 이야기에 따라 28~60쪽 정도의 분량을 차지한다. 대부분의 윤곽 잡기 구성은 30쪽을 넘지 않는다. 왜 그럴까?

"제작자의 입이 피곤하기 때문이다."

이 표현은 낡은 할리우드식 농담인데, 그 속에는 진실이 담겨 있다.

어떤 방법을 사용하든, 당신은 이제 카드에 이야기를 요약하는 것에서 직접 이야기를 써 나가는 데까지 갈 준비가 된 것이다.

당신은 이야기를 처음부터 끝까지 알고 있다. 이야기는 시종일관 부드럽게, 그리고 명확하게 구조화되어 진행된다. 당신은 카드만 보면 된다. 눈을 감고 이야기가 전개되는 것을 그려 보라.

이제 당신은 쓰기만 하면 된다.

이야기의 끝과 시작, 그리고 액트 Ⅰ과 액트 Ⅱ에 위치한 구성점을 결정하라. 카드를 가지고 시나리오의 시작부터 써 보라. 자유 연상을 사용하라. 신에 대한 어떤 생각이 떠오르면 무조건 카드에 써 넣어라. 구성점을 향해 이야기를 구성하라.

카드를 이용해서 실험해 보라. 카드는 당신을 위해 있는 것이다. 이야기가 기능을 발휘하도록 자신의 고유한 방법을 창조해 보라. 바로 이 작업을 실행해 보라.

13 ──── 시나리오의 형식을 알자

"때로 자연법칙은 매우 단순하다.
그 법칙을 알기 위해서는 과학적 생각의 복잡함을 넘어서야 한다."

— 리처드 파인먼 (노벨 물리학상 수상자)

13. 시나리오의 형식을 알자

몇 년 전 7주에 걸쳐 시나리오 워크숍을 진행한 적이 있다. 참석자 중한 명이 NBC 텔레비전의 유명 뉴스 리포터였다. 뉴욕 대학을 졸업한그는 스탠퍼드 대학에서 저널리즘 학위를 받고 그 분야에서 정석대로꾸준히 일하다가 자신이 선택한 직장에서 유능한 리포터가 되었다. 그는 나에게 다가와 저널리즘에서 쌓은 능력을 시나리오 쓰는 데 활용해보고 싶다고 했다. 그는 많은 이야깃거리를 알고 있었고, 그중 많은 것이 이미 세상에 뉴스로도 소개되었는데, 자신은 시나리오로도 성공해서 돈도 벌 수 있을 것이라고 말했다. 그는 시나리오를 쓰고 싶어 했다.또 인맥을 활용해서 시나리오 원고를 '적절한 사람(누가 되었든)'에게 보내서 많은 돈을 받고 팔고 싶다고 했다. 이후 일이 어떻게 진행되었는지추측할 수 있을 것이다.

어쨌든 그는 할리우드 꿈을 꾸었다.

모든 사람이 시나리오 작가가 되고 싶어 한다.

처음 몇 주간 그에게는 재능이 있으며, 열심히 일하고 훈련도 잘되어 있다고 판단했다. 그렇다. 그는 적절히 잘 쓰면 좋은 시나리오를 만들어 낼 좋은 아이디어를 가지고 있었다.

여기에는 '적절히 잘 쓰면'이라는 전제가 깔려 있다.

그는 시나리오를 쓰기 원했다. 그러나 그는 자신의 언어로 시나리오를 쓰고 싶어 했다. 그는 오늘날 영화 산업에서 전문적으로 시나리오 작가들이 쓰는 방식이 아니라 자기 방식으로 쓰길 원했다.

그는 전문적 뉴스 종사자였기 때문에 그 분야에서 잘 아는 형식으로 쓰기로 결정했다. 그것이 그에게는 가장 편했다. 그가 원하는 방식은 '뉴스 포맷'이었다. 그는 신에 대한 묘사나 설명은 종이의 왼쪽 여백에 쓰고, 시각적 묘사나 행동 지시 등은 오른쪽에 쓰는 방식을 활용했다. 대사는 왼쪽 여백에 쓰면서 시나리오를 써 내려갔다. 적절한 시나리오 형식은 아니었다. 뉴스 미디어에는 맞을지 모르지만 영화 산업에는 적절하지 않았다.

그는 시나리오의 첫 페이지를 읽고 중요한 문제가 있음을 알게 되었다. 그는 시각적·감정적 차원의 호소력을 발휘하지 못했다. 나는 그가 처음으로 돌아가 적절한 시나리오 형식으로 이야기를 써야 한다고 말했다. 그는 자신이 이야기를 말하는 방식으로 쓰겠다며 거절했다. 나중에 그 충고를 스스로 터득하려니 생각하면서 나는 더 이상 말하지 않았다. 그래서 그는 뉴스 형식으로 계속 써 내려갔고, 나는 그가 쓴 것을 나중에 적절한 시나리오 형식으로 바꿀 때 문제가 있을 것이라고만 계속 말했다. 그는 내 말을 믿지 않았다. 그는 자신의 글을 나중에 시나리오 형식으로 바꾸는 데 어려움은 없을 것이라고 단호하게 말했다. 우리는 서로를 바라봤다. 그리고 나는 즉각 그의 꿈은 할리우드의 현실에서 무너져 버릴 것임을 알았다. 그래서 그가 액트 I을 마쳤을 때, 그에게 써 놓은 것을 시나리오 형식으로 바꿔 보라고 요청했다. 언젠가는 그 일을 해야 하니 지금 해 보는 것이 좋겠다고 권유했다.

며칠간 그에게서 연락을 받지 못했다. 그리고 얼마 후 그가 다른 지역으로 가야 하는 임무가 생겼다는 전화를 받았다. 그와 대화를 나누는 중 나는 가능한 격려하면서 그가 어떤 방식으로 작업을 하는지, 문제는 없는지 물었다. 그는 머뭇거리고 말을 더듬었다. 그가 진실을 알게 되었다고 짐작할 수 있었다. 시나리오는 특별한 형식이 있다. 그리고 만일 당신이 다른 형식으로 쓰나가 언젠가 시나리오 형식으로 바꿀 수 있다고 생각하면서 그 형식을 무시한다면, 당신에게도 이야기에도 좋을 수 없다. 궁극적으로는 시나리오에 좋지 않다. 돌이 고체이고 물이 액체인 것처럼 시나리오에는 시나리오만의 형식이 있다.

그 후 몇 주 동안 그에게서 소식이 없었다. 다음 학기가 되자 곧 그가 원고를 가지고 왔다. 그의 원고를 내미는 태도에 주저함과 의심이 있음을 느낄 수 있었다. 읽고 나니 그가 왜 그랬는지 알 수 있었다. 그의 시나리오는 행동의 내러티브 라인 없이 에피소드 같을 뿐이었다. 그리고 시각적으로 매우 지루했고 따분했다. 시나리오로서 좋지 않았고 그 자신도 그것을 잘 알고 있었다. 그는 쓰고 싶어 했을 뿐이지 어떻게 해야 할지 방법을 몰랐던 것이다. 결국 실패한 것이다. 그는 자기가 원하는 방식으로 이야기를 말하는 능력은 있었지만, 그것이 시나리오 형식과는 맞지 않았다. 그에게는 그것이 문제였다. 그는 결코 돌아오지 않았다. 지금까지 나는 그가 그 시나리오를 완성했는지 알 길이 없다.

이 사례의 교훈은 무엇인가? 만일 당신이 시나리오를 쓰고 싶다면, 그에 맞는 방식으로 하라. 그는 시나리오를 쓰길 원했다. 그러나 적절한 형식을 배우는 것을 거부했다. 시나리오 형식은 독특하며 구체적이다. 그것은 단순하지만 어렵다. 왜일까?

널리 알려진 보편적 전제를 보자. 시나리오를 쓸 때, 감독이나 다른 스태프가 어떻게 영화를 찍을지 알도록 카메라에 대한 지시를 하며 쓰는 것은 시나리오 작가의 의무다.

그런데 이 전제는 틀린 것이다.

작가의 할 일이란 시나리오를 쓰는 것이고, 독자가 계속 페이지를 넘기도록 만드는 것이다. 신이나 시퀀스가 어떻게 영화로 만들어질지 결정하는 것은 작가의 일이 아니다. 감독이나 촬영 감독, 편집자에게 뭘 어떻게 하라고 말할 필요는 없다. 당신은 시나리오를 쓰면서 그들에게 시각화를 위한 충분한 정보를 주면 된다. 그러면 감독과 스태프는 충분한 '소리와 열정'으로 언어에 생명을 부여할 것이다. 그리고 그들은 시각적·극적 행동을 생생하고 통찰력 있게, 그리고 감성을 실어서 보여 줄 것이다.

독자에게 당신의 시나리오를 읽지 않을 변명거리를 주지 마라.

시나리오 형식은 전문적 시나리오 작가와 그렇지 않은 사람을 구별해 준다. 독자로서 나는, 원고를 읽지 않게 되는 이유를 찾는다. 적절한 형식으로 쓴 시나리오를 발견할 때, 나는 판단을 한다. 그러고는 전망 있는 작가, 풋내기 작가라고 쓴다. 첫 번째 교훈은 간단하다. 당신은 독자들의 도움 없이는 할리우드에서 원고를 팔 수 없다. 그들에게 당신의 시나리오를 우습게 여길 이유를 제공하지 마라.

모든 사람은 시나리오 형식이 무엇인지에 대한 개념을 가지고 있다. 시나리오를 쓸 때, 카메라 앵글을 같이 써 줘야 한다고 말하는 사람도 있다. 그들에게 왜 그런지 질문해 보라. 그들은 "그래야 감독이 어떻게 영화를 찍을지 안다."라고 중얼댈 것이다. 그들은 힘만 들이며 의미 없는 '카메라 앵글 써 주기'를 하는 것이다. 롱 숏, 클로즈 숏, 다양한 줌, 팬과 돌리에 대한 지시 등 다양한 카메라 앵글에 대한 지시로 원고지를 가득 채우는 작가들이 있다. 이것은 시나리오 작가가 뭘 해야 할지 모르는 초보자임을 드러내는 것이다.

1920년대와 30년대, 감독은 연기 지도만 하고 시나리오 작가가 촬영 감독을 위해 모든 카메라 앵글을 쓰기도 했다. 요즘은 그렇지 않다. 그것은 시나리오 작가의 일이 아니다.

스콧 피츠제럴드가 좋은 예다. 미국의 20세기 작가로서 천부적인 재능을 지닌 피츠제럴드는 시나리오를 쓰기 위해 할리우드로 왔다. 그는 불행하게도 실패했다. 그는 카메라 앵글과 영화 기술을 배우려 했고, 거기서 얻은 것을 시나리오에 적용했다. 그의 시나리오 중 어느 한 편도 다시 쓰지 않고는 영화화되지 못했다. 그의 시나리오 중 유일하게 영화로 제작된 것은 1930년대 조앤 크로퍼드가 주연한 「배신」이다. 그러나 역시 완전히 마무리되지는 못했다. 이 시나리오는 시각적인 푸가처럼 짜여진 아름다운 것이었지만, 액트 Ⅲ가 미완성인 데다 스튜디오 천정에 가득 찬 먼지처럼 막연했다.

시나리오를 쓰려는 많은 사람이 이러한 피츠제럴드의 요소를 가지고 있다. 시나리오 작가는 카메라 앵글과 세밀한 숏에 대해 써야 할 책임이 없다. 그것은 작가의 일이 아니다. 시나리오 작가의 일은 감독에게 무엇을 찍을지 말하는 것이지, 어떻게 찍을지 말하는 것이 아니다. 당신이 어떻게 각 신을 찍을지 특별히 써도, 감독은 그것을 무시할 것이다. 감독이 그러는 것도 정당하다.

작가의 일은 원고를 쓰는 것이다. 감독의 일은 시나리오를 영화로 만들어 내고 종이 위의 단어를 영화 이미지로 바꿔 내는 것이다. 촬영 감독의 역할은 그 신을 찍고, 카메라의 위치를 잡아서 이야기를 영화적으로 포착해 내는 것이다.

영상이 만들어지는 과정은 이렇다. 언젠가 「씨비스킷」 세트장을 방문한 적이 있었다. 재능 있는 감독 게리 로스가 한 신을 위해 토비 맥과이어와 제프 브리지스에게 연기 리허설을 시키고 있었다. 그동안 촬영 감독인 존 슈워츠먼은 카메라 위치를 잡는 준비를 하고 있었다.

게리 로스는 토비 맥과이어와 제프 브리지스 옆에 앉아서 신의 배경을 검토하고 있었다. 존 슈워츠먼이 스태프에게 조명을 어디에 놓을지 말하고 있었다. 로스, 맥과이어, 브리지스는 신에 대한 계획을 세우고 있었다. 누가 이 선에서 움직일지, 누가 이 신호에 들어오는지, 누가 마구간의 문을 여는가 등등. 일단 계획이 세워지자 슈워츠먼은 '렌즈'를 갖고 그들을 따라다니며 첫 카메라 앵글을 잡았다. 로스가 브리지스와 맥과이어와의 준비를 끝내자 슈워츠먼은 그에게 자신이 생각하는 카메라 위치에 대해 말했다. 로스도 동의했다. 그들은 원하는 위치에 카메라를 세우고, 배우들이 그 신을 위해 여러 번 리허설을 하고, 다시 카메라가 조정되었다. 이제 찍을 준비가 된 것이다.

영화는 집단적 매체다. 사람들은 영화를 만들기 위해 함께 일한다. 카메라 앵글에 대해 걱정하지 마라! 채프먼 크레인 위에 50밀리미터 렌즈를 끼운 파나비전 카메라의 복잡한 움직임을 묘사하지 마라!

당신의 일은 원고를 쓰는 것, 신별로 숏별로 쓰는 것이다.

숏이란 무엇인가?

숏은 행동의 기본 단위다. 기본적으로 숏은 카메라가 보는 것이다.

신은 한 개 혹은 여러 개의 숏으로 이루어져 있다. 얼마나 많은 숏인지, 어떤 종류의 숏인지는 중요하지 않다. 숏에는 여러 종류가 있다. 당신은 '태양이 산 위로 떠오른다.'와 같은 신에 대한 묘사를 쓰면 된다. 그러면 감독이 '산 위로 떠오르는 태양'의 느낌을 시각적으로 표현하기 위해 한 개, 세 개, 혹은 열 개의 다른 숏을 사용할 수 있다.

신은 마스터 숏, 혹은 특정 숏의 용어를 사용해서 쓸 수 있다. 마스터 숏은 일반적 공간(방, 거리, 로비 등)을 표현한다. 특정 숏은 방의 특정한 부분(예를 들어 특정 거리의 특정 가게의 앞문 등)을 나타낸다. 「아메리칸 뷰티」에서의 신은 대개 마스터 숏으로 제시된다. 「콜드 마운틴」의 시나리오에서는 특정 숏과 마스터 숏 두 가지 다 사용한다. 만일 당신이 마스터 숏으로 대화 신을 쓰길 원한다면, '실내, 레스토랑─밤'이라고 쓰면 된다. 그리고 인물이 카메라나 숏에 대한 지시 없이 말하게 하면 된다.

당신은 원하는 대로 일반적 제시를 할 수도 있고, 특정한 부분을 제시할 수도 있다. 하나의 신이 하나의 숏이 될 수도 있다.(거리에 차가 달린다.) 혹은 일련의 숏(몇몇 구경꾼이 지켜보는 가운데 연인들이 길거리 모퉁이에서 다투고 있다.)으로 이루어질 수도 있다.

숏이란 카메라가 보는 것이다.

시나리오 형식의 다른 부분을 보자.

---

(1) 외부. 애리조나 사막─낮

(2) 타는 듯한 태양빛이 지구를 달군다. 모든 것이 황폐하고 평평하기만 하다. 지프차 한 대가 사막을 가로질러 달리고, 멀리서 흙먼지가 구름같이 올라온다.

(3) 움직임
지프차가 산쑥 지대와 선인장 사이로 달린다.

(4) 실내. 지프차에 어울리는 조 차코

(5) 조는 거침없이 운전한다. 앤디가 그의 옆에 앉아 있다. 20대 중반의 매력적인 여성이다.

(6) 앤디

(7) (소리 지르며)

(8) 얼마나 더 가야 해요?

조　　　　몇 시간 더. 괜찮아?

(9) 그녀는 피곤해하면서 미소 짓는다.

앤디　　　참을 만해요.

(10) 갑자기 차가 요란한 소리를 낸다. 그들은 근심 어린 표정으로 서로를 바라본다.

────────────

간단하다. 그렇지 않은가?

이 예를 검토해 보자. 첫 줄에서 우리가 어디에 있는지 알 수 있다. 낮 시간의 애리조나 사막이다.

오전일 수도, 오후일 수도 있다. 그 이상 특별할 필요는 없다. 이것은 신의 제목이라고 할 수 있다.

다음 한 줄 건너뛰고, 신의 양 여백 사이에 행을 이어서 묘사나 행동을 쓴다.

묘사란 우리가 보는 것을 쓴다는 뜻이다. 많은 경우, 시나리오 작가 지망생들은 독자가 인물의 감정과 생각을 알아야 할 필요가 있다는 듯, 인물에 대한 다양한 생각이나 느낌을 무대 묘사란에 적는다. 만일 우리가 손짓이나 얼굴 표정을 통해서 볼 수 없고 대화를 통해 들을 수 없는 것이라면 굳이 쓰지 마라. 독자에게 인물의 머릿속에 무슨 생각이 흐르는지 알려 줄 필요는 없다.

인물의 이름은 전체를 페이지 앞이나 중간에 쓴다. 만일 특별한 육체적·감정적 행동을 묘사하고 싶으면 괄호를 활용하라. 인물은 소리 지른다, 눕는다, 화가 나서, 주저하며, 행복해하며, 슬퍼하며, 체념한 듯 등 이 모든 용어는 인물이 대사를 어떤 느낌으로 표현할지 묘사한다. 그리고 그것들을 괄호 안에 쓰면 된다. 시나리오를 쓸 때, 나는 괄호 안에 여러 가지 무대 지시를 사용한다. 인물이 어떻게 반응하길 원하는지 알기 위해서다. 그러나 원고가 완성되고, 시나리오를 검토하면서 이 모든 무대 지시 사항을 제거한다. 배우들은 내가 그들에게 그렇게 하길 원하는 방식이 아니라, 그들이 원하는 방식으로 연기할 것이다.

대사는 페이지 가운데 행을 이어 쓴다. 대사란 인물이 말하는 것이다. 시나리오를 쓸 때 가장 의미 있는 것은, 글로 표현되지 않은 신의 숨은 의미가 가끔 표현된 것보다 더 중요하다는 점이다. 대사는 시나리오에서 두 가지 기능을 한다. 그것은 이야기를 진행시키거나 인물에 대한 정보를 준다.

이것이 현재 올바르면서도 전문적인 시나리오 형식이다. 몇 가지 법칙이 있지만 단지 가이드라인에 불과하다.

1. 신의 제목이라고 불리는 것은, 일반적이거나 특정한 시공간을 나타낸다. '실외'란 공간은 외부, 즉 애리조나 사막 가운데 어디, 특정한 장소이고, 시간은 낮이다.

2. 한 줄을 띄어서 인물과 장소, 그리고 그들의 행동을 묘사한다. 인물과 장소에 관한 묘사는 간단하게 한다. 그리고 행동을 묘사하는 문단도 몇 문장 이내로 쓴다. 반드시 그렇게 하라는 말은 아니다. 단지 제안이다. 종이 위에 여백이 많을수록 보기에 좋다.

3. 사이를 두고 쓰인 '움직임'은 카메라 초점을 바꾸는 것을 뜻한다.(이것은 카메라에 대한 지시가 아니라 제안이다.)

4. 지프 내부-한 줄 띄운다. 지프 외부에서 내부로의 변화가 있다. 조 차코라는 인물에 초점을 맞춘다. 그는 숏의 대상이다.

5. 새로 등장하는 인물은 정확하게 묘사해야 한다.

6. 인물의 대사는 일반적인 묘사와 정확하게 구별해서 써야 한다.

7. 인물이 말할 때 상태는 말하는 인물의 이름 밑 괄호 속에 써 넣는다. 단 괄호를 너무 남발하지 말고 필요할 때만 사용한다.

8. 대사는 가운데에 쓴다. 그래서 인물이 말하는 것이 묘사에 둘러싸여 페이지의 가운데 블록을 형성하도록 한다. 여러 줄의 대사는 행간 여백 없이 쓴다.

9. 무대 지시는 연기자가 신 안에서 하는 것을 포함한다. 어떤 종류의 반응이든 침묵이든 어떤 것이든 마찬가지다.

10. 음향 및 음악 효과는 정확하게 묘사해야 한다. 음향 및 음악 효과를 지나치게 사용하지 마라. 영화 제작의 마지막 단계는 필름에 음악과 효과음을 넣는 것이다. 이 단계를 마치면 바꿀 수 없다. 보통 작업 스케줄이 늦어지고, 사운드 효과와 음악 편집자들은 각 숏과 신에 무엇이 필요한지 검토해 볼 충분한 시간이 없다. 편집 기사는 스크립트를 읽으며 음악 및 음향 효과를 넣을 곳을 찾게 되는데, 쉽게 찾을 수 있도록 정확하게 기록해야 한다. 음향 효과를 과도하게 쓰지 마라. 특정 음악을 특정 음악가에게 요청하라고 지시하지 말고 '노라 존스의 노래 같은 것을 듣는다.' 식의 제안만 하라. 이렇게 보이고 느껴지면 좋겠다는 방식으로 그 느낌만 제안하라. 당신이 특별히 특정 노래나 음악을 예외적으로 사용하고 싶을 수도 있겠지만, 예산에 비해 비용이 많이 들 수도 있다. 그저 당신이 적절하다고 생각하는 것을 '제안'만 하라.

영화에는 두 가지 차원이 있다. 영상과 소리가 그것이다. 소리를 넣기 전에 영상으로서의 필름은 완성된다. 그다음 이 두 가지가 합쳐진다. 영상과 소리의 결합은 길고 복잡한 과정이다. 요즘은 디지털 기술의 폭넓은 사용과 컴퓨터 그래픽 이미지, 즉 CGI의 발전으로 멀티미디어 효과를 폭넓게 사용한다. 플래시 포워드, 플래시백, 기억, 옛 사건의 파편을 사용한다. 그러나 필름으로 영화를 찍든 디지털로 찍든 두 가지 차원의 원리는 그대로 남아 있다. 스타일의 차이를 보기 위해 「보통 사람들」과 「본 슈프리머시」, 그리고 「메멘토」를 비교해 볼 수 있다. 이 세 편의 영화 모두 인물이 잃었던 기억을 되찾으려고 한다.

11. 신의 마지막에 '컷'이나 '디졸브(하나는 점점 어두워지고 하나는 점점 밝아지면서 겹쳐지는 것을 뜻한다.)' 혹은 '페이드아웃(화면이 점점 어두어지는 것)' 등을 써 넣는다. 여기에서 페이드아웃이나 디졸브는 감독

이나 편집 기사의 결정 사항으로, 시나리오 작가가 고심해서 정할 필요는 없다. 그러나 만일 당신의 시나리오가 그 용어를 사용할 때 더 잘 읽힐 것이라 생각하면 그렇게 하라.

이것이 기본적인 시나리오 형식이다. 그것은 단순하다. 그러나 어렵다. 왜냐하면 각 시나리오는 독특하고 수많은 방법으로 시각화될 수 있기 때문이다. 감독에게 무엇을 할지 그것을 어떻게 할지에 대해 말하지 마라.

시나리오 작가 지망생에게 이것은 새로운 형식이다. 그러니 어떻게 쓸지 배울 시간을 가져라. 실수를 두려워하지 마라. 익숙해지는 데는 시간이 필요하다. 그러나 당신이 더 많은 시간을 할애할수록 그것을 얻기는 더욱 쉬워진다. 시나리오 형식에 대한 감을 잡기 위해 한 시나리오의 10쪽 정도를 베껴 써 보는 학생들도 있다. 어느 시나리오를 택해도 좋다. 그냥 하나를 선택해서 10쪽을 컴퓨터에 베껴 써 보라. 원한다면 시나리오 소프트웨어가 도움이 될 것이다. 파이널 드래프트가 최고의 시나리오 소프트웨어다. 톰 행크스, 앨런 볼, 스티븐 보초, 줄리 테이머, 제임스 브룩스, 앤서니 밍겔라 같은 전문가들이 이것을 사용한다.

앞에서 언급했듯이, 카메라 앵글에 대해 쓰는 것은 시나리오 작가의 과제가 아니다. 사실 '카메라'라는 단어는 현대 시나리오에서는 자주 사용되지 않는다. 그러나 "카메라에 대한 언급 없이 카메라가 찍는 숏을 어떻게 묘사할 수 있느냐?"라고 반문하는 사람도 있을 것이다. 그에 대한 해답은 숏의 주제를 찾아내라는 것이다.

당신의 얼굴 위에 있는 눈인 카메라는 무엇을 보는가? 각 숏의 프레임 안에서 어떤 일이 일어나는가? 만일 빌이란 사람이 그의 아파트에서 나와 차로 걸어간다면, 숏의 주제는 무엇이 될 것인가? 빌인가? 아파트인가? 차인가? 빌이 이 숏의 주제다. 만일 빌이 차를 몰고 시내로 나갈 경우, 이 숏의 주제는 무엇인가? 빌인가, 차인가, 거리인가? 특별히 차 내부를 묘사할 필요가 없는 한, 이 숏의 주제는 차다. 일단 숏의 주제를 결정하면, 그 숏 내에서 벌어지는 시각적 행위를 묘사할 준비가 된 것이다.

나는 시나리오에서 카메라에 대한 지시 대신 사용할 용어를 수집했다. 카메라에 관한 용어를 사용해야 좋을지 의심스러우면, 사용하지 않는 쪽을 택하라. 카메라를 대신할 용어를 찾아보라. 숏을 묘사할 일반적인 용어는 당신의 시나리오를 단순하고, 효과적이며, 시각적으로 만들어 줄 것이다.

시나리오 용어 목록
(카메라 지시 대신 사용할 용어들)

규칙: 숏의 주제를 찾아라.

용어	뜻
앵글(Angle On)	인물 · 장소 · 물건 — 예를 들어 아파트를 나서는 **빌에게 앵글**.
중심(Favoring, 숏의 주제)	역시 인물 · 장소 · 물건 — 아파트를 나서는 **빌을 중심으로**.
다른 앵글(Another Angle)	숏의 변형 — 아파트를 나서는 **빌의 다양한 모습**.
넓은 앵글(Wider Angle)	신에서의 초점 변화 — **빌의 앵글**에서, **넓은 앵글**로는 빌과 그의 주변을 포함한다.
새로운 앵글(New Angle)	숏의 또 다른 변형, 흔히 보다 영화적으로 보이기 위해 사용된다. — 파티에서 춤추는 **빌과 제인의 새로운 앵글**.
인물의 시점(Point of View)	인물에게 보이는 대로 찍는 것 — 제인과 춤추는 **빌의 앵글, 제인의 시점**에서 빌이 웃는 모습이 보인다. 카메라 시점과 일치할 수 있다.
역앵글(Reverse Angle)	인물 시점의 반대에 해당하는 시점의 변화 — 예를 들어, 제인을 보는 빌의 시점에 대한 제인의 **역앵글**은 제인이 빌을 보는 것을 잡는다.

13. 시나리오의 형식을 알자

어깨 넘어 찍기(Over the Shoulder Angle)	흔히 인물 시점과 역앵글 숏을 말한다. 인물의 뒷모습이 프레임 전경에 보이고, 인물이 보는 것은 프레임의 배경에 놓인다. 프레임이란 카메라의 윤곽선으로, 때로는 '프레임선'이라고도 한다.
이동 숏(Moving Shot)	숏 내부의 움직임에 초점을 맞춘 것. 사막을 가로지르는 지프의 모습을 담은 것은 이동 숏이다. 제인 쪽으로 걸어가는 빌. 전화를 받으러 가는 테드. 이상은 모두 이동 숏으로, 이동이 카메라의 트러킹이든, 패닝이든, 줌이든, 크레인을 이용한 것이든 구애받지 말고 **이동 숏**이라고 써 넣으면 된다.
투 숏(Two Shot)	숏 내에서 두 인물이 보여질 경우 ── 문 앞에서 이야기하는 빌과 제인의 **투 숏**. 여기에 제인의 룸메이트가 등장하면 **쓰리 숏**(Three Shot)이 된다.
클로즈 숏(Close Shot)	강조를 위해 사용되는 숏. 제인의 룸메이트를 노려보는 빌의 클로즈 숏. 「차이나타운」에서 기티스가 코에 칼을 맞는 부분에 로버트 타운은 **클로즈 숏**이라고 썼다. 로버트 타운은 시나리오 전체를 통해 몇 번만 클로즈 숏을 사용했다.
인서트(Insert)	**무언가** ── 사진, 신문, 제목, 시계, 전화번호 등을 클로즈 숏으로 신 안에 삽입시키는 것.

이러한 용어에 대한 지식은 안정적으로 용어를 선택할 수 있는 위치에서 시나리오를 쓸 수 있도록 도와준다. 따라서 당신이 카메라에 대한 특별한 지식이 없더라도 무엇을 써야 할지 알 수 있다.

현대 시나리오의 형식을 눈여겨 살펴보라. 액션 영화 「더 런」의 오프닝 시퀀스 첫 페이지를 다음에서 볼 것이다. 이 영화는 로켓 보트 분야에서 세계 수상 신기록에 도전하는 사람에 관한 이야기다. 시나리오는 액션 시퀀스로 시작한다.

형식을 관찰하라. 각 숏의 주제를 살펴보고, 각 숏이 시퀀스를 짜기 위해 어떻게 연결되는지를 관찰하라.

다음에서 '첫 번째 시도'는 시퀀스의 제목이다. 이 시퀀스에서는 수상 기록에 도전하는 첫 번째 시도를 보여 준다.

「더 런」

페이드인:

첫 번째 시도

워싱턴 뱅크스 레이크 외부 - 동트기 전

다양한 앵글

동트기 몇 시간 전, 별과 보름달이 새벽하늘을 비추고 있다.

뱅크스 레이크의 물결이 그랜드 쿨리 댐의 콘크리트 벽에 부딪힌다. 달빛이 호수물에 비친다. 사위가 조용하고 평화롭다.

갑자기 요란한 트럭 소리가 들린다.
헤드라이트의 클로즈 이동 숏.

픽업 트럭이 프레임 속으로 들어온다. 커다란 트레일러를 운반하는 트럭의 모습이 보인다. 방수포를 뒤집어쓴 화물칸이 나타난다. 현대 조각물이나 미사일 혹은 우주선처럼 보이는 물체가 있다. 모두 세 개다.

다른 앵글

13. 시나리오의 형식을 알자

일곱 대의 트럭으로 이루어진 사륜 대열이 3차선 고속 도로를 천천히 달린다. 픽업 트럭과 사륜차가 선두를 달린다. 다른 차들이 그 뒤를 따른다. 맨 뒤에는 트럭과 트레일러가 따라간다. 차에 '사가 맨스 콜로뉴(Saga Men's Cologne)'라고 쓰여 있다.

앞서 달리는 사륜차 내부

차 안에 세 명이 앉아 있다. 라디오에서는 컨트리 음악이 감미롭게 흘러나온다. 스트럿 보먼이 운전하고 있다. 그는 날씬한 몸매에 표정이 풍부한 텍사스 출신으로, 금속 기술 분야의 최고 기술자이며 미시시피 서부의 기계 마법사로 통한다.

라이언 월스가 창가에 앉아 동트기 전의 어둠을 심각하게 바라보고 있다. 의지가 강하고 고집이 세어 보이는 월스는 뛰어난 보트 디자이너이자 괴팍한 천재이며 레이스 운전가다. 이 세 가지는 모두 맞는 말이다.

(2쪽)

뒷자리에 앉은 로저 달턴은 조용한 남자로, 안경 낀 모습이 로켓 시스템 분석가처럼 보인다.

차 행렬은 가로수로 경계 지어진 고속 도로를 따라 그랜드 쿨리 댐 쪽으로 전진한다. 이 댐은 뱅크스 레이크로 알려져 있다.(실제로는 프랭클린 D. 루스벨트 레이크다.)

뱅크스 레이크 외부 ‐ 새벽

차 행렬이 멀리서 나타나면서 하늘이 밝아진다. 차들은 새벽이 오기 전 행진을 벌이는 불나비처럼 보인다.

보트하우스 앵글

차들이 도착해서 주차한다. 앞섰던 트럭이 멈추자 몇 명이 뛰어내린다. 다른 사람들이 그 뒤를 따른다.

기다란 막사가 호수 근처에 지어진다. 보트하우스는 의자, 전등, 연장 도구로 차 있다. 두 대의 캠핑용 트레일러가 근처에 주차한다.

다른 앵글

몇 명의 사람이 차에서 내려 여러 가지 연장을 작업장으로 가져간다.

사륜차 앵글

스트럿이 차를 주차한다. 라이언이 먼저 내리고 이어서 로저가 내린다. 라이언은 보트하우스 쪽으로 걸어간다.

새로운 앵글

《스포츠 월드》와 지방 방송국 스포츠 기자들이 커다란 TV 컨트롤 차에서 내려 장비를 준비한다.

넓은 앵글

FIA라는 글자가 인쇄된 셔츠를 입은 다양한 계층의 공식 인사들과 시간 기록을 측정하는 사람들이 전자시계와 기록판, 디지털 계기판, 부표 등을 설치한다. TV 컨트롤 모니터의 비디오 영상이 모든 행동을 잡고 있다. 이 시퀀스의 분위기는 천천히 시작해서 점차 긴장감을 조성한 뒤 로켓 보트가 뜨는 시퀀스로 이어진다.

(3쪽)

캠핑카 내부 – 동튼 직후

라이언이 자신의 석면 경주복을 입는다. 스트럿이 그를 도와준다. 라이언은 '사가 맨스 콜로뉴'란 글씨가 선명한 경주복을 입는다. 스트럿이 잘못된 부분을 바로잡아 준다. 두 사람이 시선을 교환한다.

이 장면 위로 다음과 같은 소리가 들린다.

TV 아나운서 라이언 윌스를 소개합니다. 여러분도 알다시피 윌스는 초고속 경주용 보트의 디자이너로, 티모시 윌스 회장의 아들이기도 합니다. 그는 리 테일러가 세운 시속 286마일의 수상 기록에 도전하기 위해 '사가 맨스 콜로뉴'에 가입했습니다. 라이언은 그 밖에도 세계 최초로 로켓 보트를 디자인으로…….

보트하우스 앵글

보트하우스에서 보면 미사일처럼 보이는 눈부신 로켓 보트가 나타난다. 이 로켓 보트는 디자인이 멋져서 조각 작품처럼 보인다. 보트에 승선할 사람들이 보트를 물속에 드리워진 선착장으로 인도한다. 이런 모습 위로 TV 아나운서의 설명이 계속된다.

TV 아나운서(목소리)　　　어떤 사람들은 로켓 보트가 작동하지 않을 거라는 말까지 하시만, 이 보트가 얼마나 빨리 날릴 수 있는지에 대해서는 밝혀진 바가 없습니다. 그러나 월스는 이 보트로 시속 400마일은 쉽게 갈 수 있다고 밝혔습니다. 물론 월스가 이 보트를 설계하고 만들었으니까 당연한 말이겠지요. 그러나 우선 가장 큰 모순은 스폰서를 맡은 사가에서 이 보트를 운전한 사람을 한 명도 탑승시키지 않은 점입니다. 이 보트가 너무 혁신적이어서 안전을 보장할 수 없기 때문입니다. 바로 그때 전 수상 비행기 조정 선수인 월스가 나타나 이 작업에 도전하겠다고 밝혔습니다.

TV 조정실 - 봉고차 안

TV 모니터 스크린이 보인다. 카메라는 그중에서 아나운서가 기자 회견장에서 라이언 월스를 인터뷰하는 장면에 초점을 맞춘다.

(4쪽)

라이언(TV 스크린에서)　　　보시다시피 나는 이 보트의 한조각 한조각을 만들어 제작했습니다. 나는 이 보트의 구조를 손바닥을 들여다보듯이 훤히 알고 있습니다. 만일 내가 조금이라도 문제가 발생할 것을 안다면, 그것은 나 자신을 죽이는 것과 다름없습니다. 이 보트가 안전하다고 생각하지 않는다면 운전하지 않을 것입니다. 누군가 다른 사람이 운전하더라도 결과는 마찬가지겠죠. 바로 이것이 이 보트에 대한 설명입니다. 위험할 거라고요?

TV 아나운서(TV 스크린에서)   조금 걱정스럽지는 않습니까?

라이언(TV 스크린에서)   물론입니다. 그러나 난 이 일을 해낼 수 있다고 확신합니다. 그런 확신이 없다면 이 자리에 있지도 않겠죠. 그것은 나의 선택이고, 나는 수상 속도 신기록을 세울 수 있다고 확신하며, 당신이 그 후에 나를 다시 인터뷰할 수 있도록 오래 살 겁니다.

이렇게 말하며 라이언은 웃는다.

올리비아 앵글

라이언의 부인 올리비아는 옆에 비켜서서 신경질적으로 입술을 잘근 잘근 씹고 있다. 그녀는 두려움을 표현하고 있다.

TV 조정실 봉고차 외부 - 이른 아침

라이언과 인터뷰를 했던 아나운서는 TV 조정차 옆에 서서 말한다.

TV 아나운서   몇 년 전까지만 해도 라이언 윌스는 뛰어난 수상 비행기 선수였습니다. 그는 사고로 병원에 입원한 후 수상 비행기 선수를 포기했습니다. 여러분들이 기억하듯이…….

출발 지점 앵글

물속에 드리워진 선착장이 보인다. 견인 보트가 걸려 있다.

(5쪽)

로켓 보트에 연료가 주입된다. 엔진과 연결된 긴 호수에 산소 탱크 두 개가 달려 있다. 로저는 연료 주입을 감독하고 있다.

라이언 앵글

라이언이 캠핑카에서 나와 로켓 보트 쪽으로 걸어간다. 스트럿이 라이언과 함께 있다.

TV 아나운서(목소리)　　우리는 지금 그랜드 쿨리 댐 오른편에 위치한 워싱턴 동부 뱅크 레이크에 있습니다. 바로 이곳에서 라이언 윌스는 수상 속도 신기록에 도전하기 위해 로켓 보트를 운전할 역사적인 최초의 인물이 될 것입니다.

출발 지점

라이언은 선착장으로 내려가 보트 속에 발을 내딛는다.

속도 측량실

여러 개의 디지털 속도 측정 기기들이 '0'에 다가가고 있다.

TV 조정실 봉고차 - 내부

TV 모니터 앞에 앉은 PD가 TV 취재를 준비하고 있다. 그의 앞에는 여덟 개의 스크린이 놓여 있고, 각 스크린은 다른 영상을 보여 준다. 승무원, 목표점, 호수, 측량기, 군중 등. 그중의 한 스크린은 출발 준비를 하는 라이언을 보여 준다.

TV 아나운서(목소리)　　라이언과 같이 모험에 참가하게 될 스트럿 보먼은 기계
　　　　　　　　기술자로…….

스트럿 앵글

스트럿은 견인 보트에 서서 손에 워키토키를 든 채 라이언을 조심스럽게 관찰하고 있다.

TV 아나운서(목소리)　　라이언의 또 다른 협력자 로저 달턴은 달에 우주선을 파
　　　　　　　　견하는 제트 추진 연구소의 과학자로 로켓 시스템 분석가입니다.

로저 앵글

로저는 연료의 양을 측정하고 다른 세부 엔진을 살펴본다. 모든 것이 준비된 상태다.

(6쪽)

라이언은 조정실로 들어간다. 스트럿은 그 옆 견인 보트에 있다.

로켓 보트 내부

라이언은 앞에 놓여 있는 조정판에 붙어 있는 세 개의 측량기를 체크한다. 라이언이 '연료 유출'이라고 쓰여 있는 측량기의 스위치를 넣자 바늘이 뛰어올랐다가 멈춘다. 그가 '수류 흐름'이라고 쓰여 있는 스위치를 작동하자 다른 바늘이 움직인다. 붉은 스위치에 불이 들어오고 '무장'이라는 글자가 나타난다. 라이언은 바퀴 소성 엔신에 손을 올려놓고, '줄력' 버튼에 손가락을 놓는다.

라이언은 측량기를 체크하고, 숨을 깊이 몰아쉰다. 이제 준비가 되었다.

TV 아나운서(목소리)　이제 라이언은 준비가 되었습니다.

여러 가지 앵글

카운트다운의 모습을 보여 주는 여러 가지 앵글이 승무원과 속도 측량관, 구경꾼들을 보여 준다. 전자 계기판이 '0'을 가리키고 있다. TV 카메라맨들이 막 비상하려는 새를 촬영하기 위해 분주히 움직이고 있다.
스트럿은 라이언을 바라보며 출발 신호를 주기 위해 기다리고 있다.

라이언의 클로즈업

헬멧에서 라이언의 눈만이 반짝인다. 강한 집중과 높은 강도의 긴장감이 흐른다.

속도 측량실

　　　　　　　　　　　　13. 시나리오의 형식을 알자

속도 측량관들이 대기하고 있다. 그들의 시선은 측량 기기들과 호수의 보트에 집중되어 있다.

호수

사방이 조용하다. 속도를 측량하는 부표 세 개가 거리 측정용으로 떠 있다.

도착 지점

로저와 다른 두 사람이 코스를 내려다보면서 점처럼 보이는 보트를 바라보고 있다.

TV 취재팀

TV 취재팀은 긴장감이 감도는 가운데 대기하고 있다.

(7쪽)

라이언의 시점

라이언은 코스를 내려다보고 있다. 그의 앞에는 '무장'이라는 버튼만이 선명하게 보인다.

스트럿-라이언

스트럿은 다시 한 번 엔진을 체크한다. 라이언은 준비가 되었고, 그는 다시 속도 측량기를 체크한다. 출발 신호만이 남았다. 그는 라이언에게 엄지손가락을 들어 올리며 라이언의 신호를 기다린다. 라이언은 엄지손가락을 들어 보인다. 스트럿은 라이언에게 워키토키로 무언가를 말한다.

스트럿   타이밍 준비(그는 카운트다운을 시작한다.) 열! 아홉! 여덟! — 다섯! 넷! 셋! 둘! 하나! 출발.

타이밍 부표가 붉은색, 노란색, 초록색으로 세 가지 종류의 빛을 반사한다.

라이언

라이언이 '동작' 스위치를 올리자 갑자기 로켓 보트가 움직이며 물 표면을 가르고 지나가는 모습이 프레임을 스치고 지나간다.

보트

보트는 미사일처럼 호수의 끝을 향해 날아간다. 시속 300마일 이상을 내며 달리는 보트는 수면 위를 날아간다.

인터컷

짧은 컷으로 스트럿, 올리비아, 시속 측량관들, 로저의 모습과 TV 조정실 안에 있는 TV 모니터 스크린이 보인다.

라이언의 시점

주변의 광경이 빙빙 돌면서 비추어져 마치 온 세상이 침묵 속에 침몰한 것 같은 느낌이 빠른 속도의 영상으로 보여진다.

(8쪽)

속도 측량기의 전자 숫자판이 넘어가는 데 따라 보트가 전진한다.

여러 가지 앵글

보트가 목표 지점을 향해 돌진해 간다. 속도 측량관, 구경꾼, 숨막히게 돌아가는 시계의 모습이 보인다.

라이언

라이언은 바퀴 조정 장치를 잡고 있다. 갑자기 그의 손이 보트 진동에 따라 스위치를 잡는 것이 보인다.

TV 아나운서(목소리)　　매우 강한 추진력입니다.

속도 측정실

디지털 숫자가 번개 같은 속도로 넘어간다.

라이언의 시점
보트가 서서히 가라앉으며 주위의 모습이 흔들린다. 무언가 잘못되었다.

호숫가에서 본 풍경

보트의 꼬리가 불안정하게 흔들거리는 것이 보인다.

스트럿과 올리비아

그들은 보트가 격렬하게 요동하는 것을 지켜본다.

짧은 컷의 연속

구경꾼과 보트의 모습을 번갈아 짧게 보여 준다. 라이언은 핸들에 꼼짝 않고 매달려 있다.

TV 아나운서(목소리)　　잠깐, 무언가 이상합니다. 무언가 이상이 생겼습니다. 보
　　　　　　　트가 흔들리는군요.

라이언

라이언은 정지 버튼을 누른다.

TV 아나운서(신경질적으로)　　라이언은 보트를 멈출 수 없는 모양입니다. 세상에!
　　　　　　　산산조각이 났습니다. 라이언이 산산조각 났습니다. 오! 하느님!

(9쪽)

선실이 공중으로 튀어올랐다가 떨어진다.

보트의 몸체가 물속에 가라앉는다.

스트럿과 속도 측량관, 올리비아는 믿을 수 없다는 듯이 공포에 질려 이 광경을 보고 있다.

보트

보트는 헛바퀴를 돌며 사람들의 눈앞에서 분해된다.

TV 아나운서(목소리)　　라이언은 빠져나오려고 했지만 문이 열리지 않았습니다. 세상에, 어떻게 이런 비극이 일어날 수 있는지…….

여러 가지 앵글

보트 몸체에 부착된 낙하산이 열리지 않는다. 플라스틱 선실에 갇힌 라이언의 몸이 시속 300마일을 넘는 물결에 휩쓸리고 있다. 호수 속에 던진 돌멩이처럼 보트 몸체가 수면에 튕겨 호수를 가로질러 나가고 있다. 사람들은 라이언에게 무슨 일이 일어났는지 짐작만 할 뿐이다. 보트 몸체는 시속 1마일의 속도로 남쪽으로 내려가다가 멈춘다.
사방에 얼어붙는 듯한 침묵이 감돈다. 그리고 잠시 후 구급차 소리가 침묵을 깬다. 모든 사람이 물 위에 떠 있는 라이언의 시신 쪽으로 다가간다. 카메라가 계속 이 모습을 잡다가 컷된다.

위의 시나리오에서 특정 카메라의 기법을 써 넣지 않은 채, 영화적인 글쓰기를 보여 주기 위해 사용한 용어와 짧은 묘사를 눈여겨보라.

형식에 익숙해지기 위해 가능한 많은 시나리오를 읽어라. 시나리오를 읽을 수 있는 웹 사이트가 수없이 많다.

같은 사이트에서 무료로 시나리오를 다운로드받을 수 있다. 검색창에 'screenplays'를 검색해도 좋다. 당신이 다운로드받을 수 있는 많은 사이트와 많은 시나리오가 있다. 시나리오 형식에 맞게 쓰는 것에 익숙해지기 위해, 어떤 원고든 선택하여 어떤 페이지든 펴 보고 10쪽 정도 옮겨 적어 보라. 그런 연습을 하면 형식에 익숙해질 것이다. 숏의 '주제'를 찾아라. 당신이 더 많은 시나리오를 읽을수록 형식에 더욱 익숙해질 것이다.

어떻게 쓸지 배우기 위해 일정 시간을 할애하라. 처음에는 어렵더라도 곧 편해질 것이다. 더 많이 해 볼수록 더 쉽게 배운다. 시나리오 형식에 관해, 당신이 하고 있는 것에 대해 생각할 필요가 없게 되면, 그때는 그것이 당신에게 본성처럼 익숙해졌다는 뜻이다. 물론 시나리오 형식에 맞춰 쓰는 가장 쉬운 방법은 파이널 드래프트 같은 시나리오 소프트웨어를 확보하는 것이다.

일단 형식에 익숙해지면 당신은 다음 단계, 즉 신으로 이동할 수 있다.

14 ——— 시나리오를
쓰자

배그비 "신사 여러분, 오늘 여러분이 이 문을 나가 오른쪽으로 돌아, 차를 타고 25분 정도 가시면 태평양의 파도 소리를 들으실 수 있을 것입니다. 이제 여러분은 거기서 수영도 하고 낚시도 하고 배도 탈 수 있습니다. 하지만 물을 마실 수도 없고, 잔디에 그 물을 줄 수도 없으며, 오렌지를 경작하는 데 그 물을 사용할 수도 없습니다. 기억하십시오. 우리는 해안 바로 옆에 살고 있지만, 또한 사막 옆에 살기도 합니다. 로스앤젤레스는 사막에 세워진 도시입니다. 이 빌딩 아래, 모든 거리 아래, 사막이 있습니다. 물이 없으면 먼지가 피어오를 것이며 마치 우리가 존재하지 않는 것처럼 먼지가 우리를 덮을 것입니다."

—「차이나타운」(로버트 타운)

14. 시나리오를 쓰자

"당신은 로스앤젤레스로 물을 끌어올 수도 있고 로스앤젤레스를 물이 있는 곳으로 끌고 갈 수도 있다."

이것이 영화 「차이나타운」의 바탕을 이루고 있는 전제다. 시나리오 전반에 주제를 관통시키기 위해 행동과 인물을 극화시키는 것이 훌륭한 시나리오 쓰기다. 그러나 로버트 타운이 「차이나타운」을 쓰는 놀라운 여정에 관해 말하는 것은 의심과 혼동, 불확실성에 관한 이야기를 하는 것이다. 시나리오를 쓰는 일은 기쁨과 좌절, 때로는 슬픔으로 가득 찬 놀랍고 신비로운 경험이다. 어떤 날은 기분이 최정점에 있다. 그러다가 다음 날은 기분이 가라앉기도 하고 혼동과 불확실성 속에서 미로를 헤매기도 한다. 어떤 날은 글의 맥락이 잘 짜여지는가 싶더니 어떤 날에는 또 엉망이 된다. 어떻게 그럴 수 있는지, 왜 그러는지 누가 알겠는가? 그것이 바로 창작 과정이다. 분석할 수 없다. 그저 마술 같고 경이롭다고 말할 수 있을 뿐이다.

글쓰기에서 가장 어려운 것은 무엇을 쓸지 아는 것이다. 우리의 출발 지점을 돌아보자. 여기 패러다임이 있다.

시작	중간	결말
액트 I 설정	액트 II 대립	액트 III 해결
구성점 1	구성점 2	

처음에 우리는 주제를 만들어 내는 것에 대해 말했다. 휴스턴의 NASA에 있는 달에서 가져온 돌을 훔치려는 세 명의 이야기를 예로 들어 보자. 우리는 한 명의 중심인물, 한 명 혹은 두 명의 주요 인물을 선택하는 것에 대해 말했다. 그리고 달에서 가져온 돌을 훔치는 것까지 행동을 어떻게 이어 나갈지에 대해서도 말했다. 우리는 끝과 시작, 그리고, 액트 I과 액트 II에서의 구성점을 결정하는 것에 대해 말했다. 그리고 우리는 3×5 카드를 사용해서 우리가 원하는 방향에 초점을 맞추며 이야기를 구성하는 방법에 대해서도 토론했다.

패러다임을 살펴보자. 우리는 무엇을 써야 하는지 안다!

우리는 앞서 일반적인 모든 글쓰기뿐 아니라 시나리오를 쓰는 데 있어 적용 가능한 준비 형식을 완성했다. 그것은 형식이며 구조다. 이제 당신은 당신의 이야기 가운데에서 시나리오의 형식인 패러다임에 어울리는 요소를 선택할 수 있다. 즉 당신은 무엇을 써야 하는지 안다. 이제 당신에게 남은 일은 글을 쓰는 것뿐이다!

이제까지 창작 과정이나 글쓰기 경험에 대해 어떤 말이 전해지고 쓰였든 간에, 그것은 결국 하나의 사실로 압축된다. 글쓰기는 당신 자신의 개인적 경험이다. 누구의 경험도 아닌 당신 자신의 경험이다.

영화는 작가의 공로로 만들어지는 것이라고 생각하는 사람들이 많다. 한 편의 영화를 만드는 데 많은 사람의 노력과 공헌이 필요하지만 시나리오의 여백을 메꿀 수 있는 건 오로지 작가뿐이다. 그러나 작가는 앉아서 종이의 여백을 메워야 하는 사람일 뿐이다.

글을 쓴다는 것은 날이면 날마다 원고지 뭉치나 컴퓨터 앞에 앉아 종이 위에 이야기를 기록하는 힘든 작업이자, 매일매일 해야 하는 일상적인 일이다. 당신은 그러한 작업에 몰두하지 않으면 안 된다. 잘 써지는 날도 있고 그렇지 않은 날도 있기 마련이다.

글을 쓰기 전 당신이 글을 쓸 수 있는 시간을 확보해야 한다.

하루에 얼마나 많은 시간을 글 쓰는 데 보내야 할까?

그것은 당신에게 달려 있다. 나는 하루에 대략 4시간가량, 일주일에 5일간 작업한다. 스튜어트 비티는 아침 9시부터 오후 6시까지 1시간 정도 쉬고 하루에 8시간 정도 글을 쓴다. 로버트 타운은 하루에 4시간에서 5시간씩 일주일에 6일을 글을 쓰는 데 보낸다. 하루에 12시간을 쓰는 작가도 있다. 또 스스로 이야기를 완전히 파악할 때까지 사람들에게 반복해서 말을 해 주는 작가도 있다. 그다음 그들은 '몰입해서' 2주 만에 글을 쓴다. 이후 그것을 다듬고 고치는 데 또 몇 주를 보낸다.

대부분의 사람들은 시나리오를 쓰는 데 하루에 2~3시간 작업한다. 이상적이긴 하나 여건에 따라 불가능할 수도 있다. 나는 종종 시나리오 수업 중 학생들에게 만일 당신이 종일 근무해야 하는 직장에 다녀야 하고, 출근 전이나 후에 1~2시간도 글을 쓸 여유가 없다면, 마음 속에 생각이라도 계속 품고 있으라고 조언한다. 작가는 이야기 구조, 인물, '다음에 일어날 일'에 대해 지속적으로 생각할 필요가 있다. 때로는 학생들에게 카드를 들고 다니며 지하철이나 버스 안에서 자료를 반복해서 보라고 말한다. 출퇴근 운전 중, 점심시간, 간식 시간 등에 녹음기를 가지고 다니며 틈틈이 기록하는 것도 기억을 유지시키는 데 큰 도움이 될 것이다. 잠자기 전에도 당신의 아이디어나 대화를 들어 보라. 그러면 기억 속에 생생한 이야기가 계속 흐르게 될 것이다. 그러다 주말에 2~3시간 집중해서 작업해 보라.

시나리오를 쓰기에 가장 적합한 시간은 언제일까? 우선 당신의 일과표를 살펴보라. 당신이 종일 근무해야 하는 사람이거나 집안일을 해야 한다면 글 쓰는 시간은 제한될 수밖에 없다. 당신이 글을 쓸 수 있는 최적의 시간을 찾아야 한다. 당신은 아침에 일이 잘되는 유형의 사람인가? 아니면 오후가 되어야 비로소 완전히 정신이 깨어 일할 준비가 되는가? 늦은 밤이 적당할 수도 있다. 당신에게 맞는 시간을 찾아보라.

출근하기 전에 일어나 몇 시간가량 글을 쓸 수도 있다. 아니면 퇴근하고 집에 일찍 돌아와 긴장을 푼 다음, 몇 시간 동안 쓸 수도 있다. 어쩌면 밤 10시나 11시경에 글쓰기를 원할지도 모른다. 혹은 일찍 잠자리에 든 다음 새벽 4시경에 일어나 글을 쓸 수도 있다. 만약 당신이 돌봐야 할 가족이 있는 가정주부라면 모든 식구가 집을 나간 뒤인 오전이나 오후 3~4시경에 글쓰기를 원할 수도 있다. 밤이든 낮이든 간에, 홀로 2~3시간가량 낼 수 있는 시간을 결정하는 것은 누구도 아닌 바로 당신 자신이다.

그리고 홀로 있는 몇 시간은 말 그대로 홀로 있는 몇 시간이 되어야 한다. 전화를 걸거나 받지도 말아야 하고, 친구와 커피를 마시는 일도 없어야 하며, 잡담도, 집안일도 하지 말아야 한다. 그리고 당신의 남편이나 부인, 연인, 혹은 아이들로부터 어떠한 요구도 받아서는 안 된다. 글을 쓰기 위해 아무런 방해 없이 2~3시간가량 홀로 있는 시간이 필요하다.

글을 쓰는 것은 일상적인 일이다. 당신은 하루하루 숏을 늘려 가고, 신을 늘려 가고, 페이지를 늘려 가야 한다. 스스로 목표를 정한다.

하루에 3쪽 정도 쓰는 것이 합리적이고 현실적이다. 만약 시나리오의 분량이 120쪽 정도이고 하루에 3쪽씩, 일주일에 5일 동안 글을 쓴다면, 대략 6주 내에 초고를 끝낼 수 있다는 말이 된다. 일단 글을 쓰는 과정에 들어가면 며칠 동안 10쪽을 쓰거나 6쪽을 쓰는 과정을 겪게 된다. 어쨌든 적어도 하루에 3쪽은 써야 한다는 점을 명심하라. 물론 그 이상도 좋다.

만약 당신이 결혼을 했다거나 함께 지내는 가족이 있다면, 이마저도 어려울 수 있다. 도움이나 격려 못지않게 적당한 공간과 개인적인 시간이 필요하다.

일반적으로 가정주부는 다른 사람들보다 더 큰 어려움을 안고 있다. 남편이나 자녀들이 잘 이해해 주지도 않고 큰 도움을 주지도 못한다. 당신이 아무리 오랜 시간 동안 그들에게 글을 써야 한다고 설명해도 아무 소용이 없다. 당신에게 거절하기 힘든 요구가 주어질지도 모른다. 때로 결혼한 이들은 남편에게서 글을 쓰지 못하도록 위협을 받을 수도 있다. 때로 아이들은 동물로 변한다. 남편과 아이들은 가정 내 일상적인 삶이 방해받는 것을 좋아하지 않는다. 흔히 남편과 아이들은 (물론 무의식적으로) 단지 얼마간의 시간과 공간, 그리고 자유만을 원하는 엄마에게 떼를 쓰기도 한다. 이 문제를 해결하기란 힘들다. 당신이 주의하지 않으면 죄책감과 좌절감 등에 시달려, 쉽게 감정의 희생물이 되고 만다.

당신이 글을 쓰고 있는 동안에는 아무리 당신 곁에 사랑하는 연인이 있다 할지라도 당신의 마음과 집중력은 그에게서 수천 킬로미터 떨어져 있어야 한다. 당신의 인물들이 고도로 긴장된 극적인 상황 가운데 놓여 있다는 사실을 가족들은 신경 쓰지도 않고, 이해하지도 못한다. 간식이나 식사, 혹은 세탁, 쇼핑과 같은 일상적인 일로 인해 집중력

　　　　　　　　　　　　14. 시나리오를 쓰자

을 깨뜨려서는 안 된다.

집안일에 신경 쓰지 마라. 당신의 연인은 당신을 이해하고 있으며 도와줄 것이라고 말하겠지만, 사실은 그렇지 못할 것이다. 정말 힘들 것이다. 그들이 그러기를 원치 않아서가 아니다. 그들이 글 쓰는 경험을 이해하지 못하기 때문이다.

시나리오를 쓰는 데 필요한 시간을 갖는 것에 죄의식을 느끼지 마라. 당신이 글을 쓰고 있을 때, 당신의 부인이나 남편, 혹은 연인이 화를 내거나 이해하지 못할 수 있다는 사실을 예상하고 있어야 한다. 그러면 그런 일이 생겨도 문제 될 것이 별로 없다. 마음의 준비만 되어 있다면 말이다. 글을 쓰고 있는 동안만은 자유로워야 한다. 장차 힘들 시기를 예상하라. 그러면 그러한 일이 일어난다 해도, 당신은 무너지지 않을 것이다. 모든 남편과 부인, 연인과 친구, 그리고 자녀에게 해 주고 싶은 말이 있다. 그대의 남편, 부인, 혹은 부모가 시나리오를 쓰는 경우, 그들은 당신의 애정과 도움을 필요로 한다.

시나리오를 쓰려는 그들 자신의 욕망을 탐구할 수 있게끔 그들에게 기회를 주라. 그들은 글을 쓰고 있는 동안, 대략 3개월에서 6개월에 걸쳐 쉽사리 침울해지고 감정이 격해지는가 하면, 마음이 차분하지 못하게 되기도 하며 소원한 느낌이 들 정도로 냉담해지기도 한다. 당신은 자신의 일상적인 삶이 방해받게 되면 분명 달갑지 않게 여길 것이다. 이로써 상황이 불편하게 변해 간다. 당신은 기꺼이 그들에게 그들이 쓰려는 것을 쓸 수 있는 공간과 기회를 줄 수 있는가? 당신의 삶이 방해받을지라도, 글을 쓰는 데 전력하고 있는 상대를 북돋을 수 있을 만큼 그들을 사랑하는가?

만일 대답이 '아니오.'라면 그 문제에 대해 이야기해 보라. 애써 머리를 짜내 양쪽이 만족할 수 있는 방안을 모색해 보라. 그다음 서로 기운을 북돋워 주어라. 글 쓰는 것은 외롭고 고독한 일이다. 타인과의 관계 속에 놓여 있는 개인에게는 글쓰기가 공동의 경험이 될 수도 있다.

글 쓰는 계획을 세워라. 10시 30분에서 정오까지, 혹은 오후 8시에서 10시까지, 또는 9시에서 한밤중까지. 이처럼 계획이 세워지면, 그 외의 방해는 물리칠 수 있다.

며칠 동안 글을 쓸 것인지 결정하라. 만약 당신이 학교에서 온종일 일을 한다거나 결혼 생활이나 그 밖의 일에 묶여 있는 경우, 일주일에 하루나 이틀 작업만으로 시나리오를 쓴다는 것은 거의 불가능하다. 창조적인 힘을 낭비하는 것에 지나지 않는다. 당신은 자신이 쓰고 있는 시나리오에 분명하게 초점을 맞추고 집중해야 한다. 그러기 위해서는 적어도 일주일에 나흘 정도는 시나리오를 쓰는 데 투자해야 한다.

글 쓰는 계획을 확정한 후에야 당신은 자신의 일에 몰두할 수 있다. 마침내 어느 화창한 날, 당신은 글을 쓰기 위해 책상 앞에 앉았다.

제일 먼저 어떤 일이 일어나는가? 바로 '저항'이다.

당신이 '페이드인: 페이드아웃. 거리-낮'이라고 쓰자마자, 당신은 연필을 깎고 싶어진다거나 책상을 정리해야만 할 것 같은, 거짓말 같은 충동에 사로잡히게 된다. 어느새 당신은 글을 쓰지 못한 이유와 변명을 찾고 있다. 그것이 바로 저항이다.

글을 쓰는 것은 일련의 경험이며, 기술과 조정하는 방법을 습득하는 배움의 과정이다. 그것은 마치 자전거를 타거나, 수영을 하거나, 테니스를 치는 것과 같다.

물속에 빠진다고 누구나 수영을 배우는 것은 아니다. 당신은 물 위에 떠 있는 것, 즉 생존하는 법을 배운다. 수영하는 방식을 배운 다음, 비로소 수영을 할 수 있게 된다. 더 많이 할수록 더 익숙하게 된다.

글을 쓰는 것도 마찬가지다. 당신은 우선 저항의 몇 가지 형태를

14. 시나리오를 쓰자

경험하게 된다. 그것은 다양한 방식으로, 미처 예상하지 못한 시간에 그 모습을 드러낸다.

이를테면 처음으로 의자에 앉아 글을 쓰려고 할 때, 당신은 냉장고를 청소하고 싶어질 수도 있다. 아니면 주방 마룻바닥을 닦고 싶을 수도 있다. 조깅을 하거나, 침대 시트를 갈거나 드라이브나, 음식을 먹거나 섹스를 원할 수도 있다. 또한 외출하여 원하지도 않는 옷을 사는 사람도 있을 수 있다. 아니면 화가 나거나 조바심이 나서 특별한 이유도 없이 모든 사람에게, 아니면 어느 누구에게 소리를 지르곤 한다.

이들 예가 저항의 형태다.

내가 가장 즐기는 저항의 형태 중 하나는 앉아서 글을 쓰려고 하는 순간, 갑자기 다른 시나리오에 대한 아이디어가 떠오르는 경우다. 게다가 아주 훌륭한 아이디어 말이다. 매우 참신하고 흥분되는 것이어서, 시나리오를 쓰면서도 지금 무엇을 하고 있는지 모르게 된다. 그렇게 당신은 진지하게 다른 아이디어를 생각하게 된다.

당신은 두 가지, 혹은 세 가지 정도로 보다 나은 아이디어를 얻을 수도 있다. 그러한 경우는 자주 있다. 그것이 굉장한 아이디어일 수 있지만 이 또한 저항의 한 형태다! 그것이 정말 좋은 생각이라면 기록해 둔다. 그저 1쪽이나 2쪽 분량 정도로 그 아이디어를 적어 넣고 보관한다. 만약 당신이 처음의 계획을 포기하고 새로운 아이디어를 좇기로 했다면, 같은 일이 다시 벌어진다는 사실을 알게 될 것이다. 당신이 앉아서 글을 쓰려고 하면, 새로운 생각이 떠오른다. 그리고 당신은 다시 그 새로운 생각에 몰두하게 된다. 그것은 저항이다. 글을 못 쓰게 방해하는 마음의 덫이다.

우리 모두 그런 저항을 경험한다. 그것은 글을 못 쓰게 하는 특별한 이유와 변명의 대가이며, 창조적인 과정을 방해하는 장애물에 불과하다.

어떻게 이 저항을 극복할 것인가? 방법은 간단하다. 만약 당신이 그러한 저항이 생긴다는 것을 알고 있다면, 저항이 생겼을 때 그 사실을 순순히 인정하라. 당신이 냉장고를 청소하고 있다거나, 연필을 깎고 있을 때, 혹은 음식을 먹고 있다면 자신이 하고 있는 그 행동이 바로 저항임을 인식하라. 당신은 저항을 경험하고 있는 것이다! 저항은 대단한 것이 아니다. 실망하거나 죄책감에 빠져 자책할 필요는 없다. 단지 그 저항을 인정하라. 그러면 당신은 그런 과정을 거쳐서 다른 쪽에 이르게 된다. 그러한 저항이 일어나지 않는 것처럼 가장해서는 안 된다. 일단 당신이 당신의 저항을 통제할 수 있다면 글을 쓸 준비가 된 것이다.

처음 10쪽 쓰기가 가장 어렵다. 글이 어설프거나 딱딱하게 되기도 한다. 그러나 상관없다. 이런 상황을 잘 견뎌 내지 못하는 사람도 있을 수 있다. 그들은 자신이 쓰고 있는 글이 형편없다고 생각한다. 그들은 자신이 잘 해낼 수 없으리라고 미리 판단하고 글쓰기를 집어치우는 것이 당연하며 정당한 일이라고까지 믿는다. 실제로 글 쓰는 일 자체를 포기하기도 한다.

글쓰기는 배워 나가는 과정이다. 더 많이 쓸수록 더 쉽게 쓸 수 있다.

처음에는 당신이 쓴 대사가 몹시 마음에 들지 않을 것이다.

대사는 등장인물의 기능 중 하나임을 기억하라. 대사의 목적을 다시 한 번 살펴보자.

대사는,
- 이야기를 앞으로 발전시킨다.
- 인물에 대한 정보를 드러낸다. 결국, 인물은 역사를 가지게 된다.

- 독자에게 필요한 사실과 정보를 전달한다.
- 인물의 관계를 수립하고, 인물을 현실적으로 만든다.
- 인물에게 깊이와 통찰력, 그리고 목적을 부여한다.
- 이야기와 인물의 갈등을 드러낸다.
- 인물의 감정 상태를 드러낸다.
- 그리고 행동에 대하여 언급한다.

처음의 시도는 아마도 과장되거나, 상투적이거나, 단편적이거나 혹은 부자연스러운 느낌을 줄 수도 있을 것이다. 시나리오를 쓰는 것은 수영을 배우는 것과 같다. 물속에서 허우적거리기만 해도 시간이 지나면 차차 익숙해지게 된다.

대략 25쪽에서 50쪽가량 쓰고 나서야 비로소 당신의 인물이 당신에게 말하기 시작한다. 그들이 진정 당신에게 말하기 시작하는 것이다. 대사에 대해서는 걱정하지 마라. 그저 계속 글을 써라. 대사는 언제든지 수정 가능하다.

자신을 이끌어 줄 '영감'을 찾는 사람들은 그것을 결코 발견하지 못할 것이다. 몇 주 혹은 몇 개월이나 걸려 시나리오가 완성되는 반면, 영감은 순간적으로 몇 분 안에, 혹은 몇 시간 만에 떠오르기도 한다. 만약 시나리오를 쓰는 데 100일이 걸린다고 하자. 그 100일 동안 열흘 동안만이라도 영감에 사로잡힌다면 그것은 행운이다. 100일간 영감이 떠오른다거나, 한 달 동안 영감이 떠오르는 일은 있을 수 없다. 당신은 아마도 그러한 경우가 있다고 들었을지도 모르지만, 사실 그것은 무지개 끝에 노다지가 있다는 말처럼 불가능한 일이다. 그건 꿈에 불과하다.

"하지만……." 하고 당신은 말할지도 모른다.

하지만 무엇인가?

글을 쓰는 것은 하루에 2~3시간씩, 일주일에 3~4일간, 하루에 3쪽씩, 일주일에 10쪽씩 써 나가는 하루하루의 일이다. 한 숏씩, 한 신씩, 한 시퀀스씩, 한 쪽씩, 그리고 한 부분 한 부분씩 만들어 나가는 것이다.

당신이 패러다임 속에 있을 때는 패러다임을 볼 수 없다.

카드 시스템은 낭신의 지노자이자 싫삽이이며, 구성섬은 사막을 건너기 전에 마지막으로 들르는 주유소이자 길을 가다가 만나게 되는 검문소이며, 결말은 당신의 종착역이다. 카드 시스템의 좋은 점은 당신이 이러한 점을 의식하지 않고 작업할 수 있게 해 준다는 것이다. 카드는 그 자체의 목적에 부응한다.

12장에서 카드 하나가 한 신이라고 했다. 그러나 당신이 시나리오를 쓰고 있을 때, 그것이 안 맞을 때도 있다. 갑자기 이전에는 생각하지 못했던 더 좋은 새로운 신을 '발견'할 수도 있다. 그러면 그것을 이용하라. 그것은 이제껏 카드에 없던 새로운 신이나 시퀀스로 안내해 줄 것이다. 그렇게 하라. 당신은 몇 쪽 지나지 않아 새로 떠올린 신이나 시퀀스가 적절한지 판별할 수 있을 것이다. 대부분은 몇 쪽을 쓴 후, 무엇을 할지 어디로 가야 할지 모를 수 있다. 다음 카드를 보라. 당신은 카드 위의 다음 신으로 갈 수 있다. 만일 그것이 잘 안 된다 해도 그저 며칠 손해 볼 뿐이다. 줄곧 창조적 에너지를 유지해 왔던 당신이 길을 잃은 것은 아니다.

당신이 장면을 빼거나 아니면 새로운 장면을 첨가하기 원한다 하더라도 문제 될 것은 없다. 그렇게 하면 된다. 당신의 창조적인 정신은 카드 시스템에 익숙해져 있기 때문에, 몇 장면을 빼더라도 이야기의 방향을 놓치지 않고 따라갈 수 있다.

당신이 카드를 가지고 실험할 때는 그것에만 몰두하라. 당신이 글을 쓸 때는 글만 쓰는 게 좋다. 지나치게 카드에 의존하지 마라. 당신을 인도하는 데 사용하되 카드의 노예가 되지는 마라. 만약 당신이 키보드를 누르는 도중 보다 멋지고 보다 풍부한 이야기가 나올 것 같은 순간이 있으면 그것을 그대로 써 나가라.

좋은 시나리오를 만들어 내는 요소는 무엇인가?

여러 가지가 있지만 좋은 드라마 글쓰기의 기초가 갈등이라는 점을 이해하는 것이 가장 중요하다. 재차 강조하지만 모든 드라마는 갈등이다. 갈등이 없으면 행동이 없다. 행동이 없으면 인물이 없다. 인물이 없으면 이야기가 없다. 그리고 이야기가 없으면 시나리오는 나오지 않는다.

극적 갈등은 내적일 수도 있고 외적일 수도 있다. 「디 아워스」, 「차이나타운」, 「맨츄리안 캔디데이트」, 「젊은이의 양지」^{마이클 윌슨과 해리 브라운}, 「콜드 마운틴」, 「아메리칸 뷰티」 같은 영화는 내적 갈등과 외적 갈등 모두 가지고 있다. 외적 갈등은 갈등이 인물 외부에 있는 것으로 인물들은 「콜드 마운틴」, 「콜래트럴」, 「아폴로 13」, 「쥬라기 공원」 같은 영화에서처럼 물리적 (물론 감정적이기도 한) 장애물을 만난다. 소설이나 연극, 시나리오에서 인물과 사건을 통해 이야기 내부에서 갈등을 만들어 내는 것은 모든 글쓰기가 지니고 있는 단순하고도 기본적인 '진리' 중 하나다.

그렇다면 갈등은 무엇인가? 사전상의 의미는 '반대(opposition)'다. 어떤 극적인 신에서든 주요 인물은 누군가의 반대 위치, 무엇인가와 대립하는 입장에 처한다. 갈등은 무엇이든 될 수 있다. 투쟁, 싸움, 전투, 추적, 삶의 공포, 실패나 성공이 가져다주는 공포 등 내적이든 외적이든 모든 종류의 장애물이 다 될 수 있다. 그리고 그것이 감정적이든 물리적이든 혹은 정신적이어도 모두 가능하다.

갈등은 이야기의 중심이다. 왜냐하면 그것은 강한 행동과 강렬한 인물의 핵심이기 때문이다. 시나리오의 기초인 충분한 갈등이 없다면 당신은 지루한 이야기의 수렁으로 빠지게 된다.

계속 글을 써라. 매일 한 쪽씩 한 쪽씩 써 나가라. 그리고 그렇게 글을 쓰는 동안, 당신은 이전에 깨닫지 못한 당신 자신에 관한 것을 발견하게 된다. 예를 들어 당신이 자신에게 일어났던 어떤 것들에 관하여 쓴다면, 과거의 느낌과 감정의 일부분을 다시 경험하게 될 수도 있다. 당신은 고약한 기분이 들 수도 있고, 민감해질 수도 있으며 날마다 롤러코스터를 탄 기분으로 살지도 모른다. 그것에 대해 걱정하지 마라. 그저 계속 글을 써라.

당신은 시나리오의 초고를 마치기까지 세 단계의 과정을 경험하게 된다.

첫 번째 단계는 '종이 위에 단어'를 기록하는 단계다. 이때는 모든 것을 기록하는 단계다. 어떤 장면을 기록하는 것에 대하여 회의가 들거나, 혹은 글을 쓰고 싶지 않은 경우에도 계속 써 나가라. 의심스럽게 여겨지더라도 글을 써라. 그것이 규칙이다. 당신이 글쓰기를 주저하기 시작하면 아마도 90쪽 정도에서 시나리오는 끝나게 될 것이다. 하지만 너무나 짧은 분량이다. 분량을 늘리기 위해 이미 빈틈없이 짜여진 구조 속에 몇 신을 추가한다는 것은 어려운 일이다. 이미 짜여진 영화 대본 속에 신을 추가하기보다는 빼는 것이 쉽다.

이야기를 계속 앞으로 진행시켜 나가라. 당신이 한 신에 대하여 쓴 다음, 그것을 보다 완벽하게 만들기 위해 고치려고 되돌아간다면, 60쪽 정도를 없애 버린 셈이 되며, 자칫 계획 전체를 망칠 수도 있다. 내가 알고 있는 많은 작가들이 이러한 방식으로 초고를 쓰다가 시나리오를 끝내는 데 실패했다. 중대한 변화를 줄 필요가 생긴다면 두 번째 원고에서 시도하라.

신을 어떻게 시작해야 하는지, 그리고 그다음에 무엇을 해야 하는지 잘 모르는 경우가 생길 수도 있다. 카드 위에 있는 신은 알지만, 어떻게 그것을 생생하게 표현해야 할지 모를 수도 있다.

다음에 무엇이 일어날지, 당신 자신에게 물어보라. 그러면 답을 얻게 될 것이다. 답이란 대개 당신의 마음을 스치고 지나가는 최초의 생각이다. 그것을 잡아내 재빨리 종이 위에 옮겨라. 나는 그것을 '창조적인 낚아챔'이라고 하는데, 그것을 종이에 기록하려면 재빠르게 낚아채야 하기 때문이다.

최초의 아이디어를 발전시키고, 보다 나아지게 만들기 위하여 여러 차례 도전을 해야 할 것이다. 만약 최초의 생각이 고속 도로를 달리는 차 안의 신이었는데 그것을 시골이나 해변을 거니는 신으로 바꾼다면, 당신은 창조적인 힘을 잃게 될 것이다. 그러한 일들이 여러 차례 반복되다 보면, 시나리오는 부자연스럽고 인위적인 느낌을 주게 된다. 일이 시원치 않게 진행될 것이다.

글을 쓰는 데는 오직 한 가지 규칙만이 있다. 좋으냐 나쁘냐의 문제가 아니라, 계획대로 잘되어 가는가 하는 문제다. 신은 잘되어 가는가? 만약 그렇다면, 다른 사람이 뭐라고 하든 그대로 계속 써 나가라.

뜻대로 되어 간다면 그 신을 사용하라. 만약 그렇지 못하다면 쓰지 않으면 된다.

만약 당신이 신을 어떻게 넣고 어떻게 빼야 할지 모른다면, 마음 내키는 대로 결합해 보라. 당신의 마음이 자유롭게 움직이도록 내버려두라. 신 속에 몰입하는 가장 좋은 방법이 무엇인지 자신에게 물어보라. 자신을 신뢰하라. 그러면 해답을 찾게 될 것이다.

만약 당신이 문제를 만들어 낸다면, 그 문제에 대한 해결책을 찾을 수 있을 것이다. 당신이 해야 할 일은 답을 찾는 일이다.

시나리오 안의 문제는 항상 해결 가능하다. 만약 당신이 문제를 만들었다면, 당신은 그 문제를 풀 수 있다. 어려움에 부딪히게 되면 당신의 인물에게로 돌아가라. 인물의 전기를 살펴보고, 그러한 상황 속에서 인물인 그 혹은 그녀가 어떻게 행동할 것인가를 그들에게 물어보라. 당신은 답을 얻어 낼 수 있다. 그러기까지는 1분, 1시간, 하루, 며칠, 혹은 일주일이 걸릴 수도 있지만, 결국에는 답을 찾게 된다. 해답은 당신이 기대하지 않은 순간에, 가장 예기치 않은 곳에서 얻는다. 다만 자신에게 끊임없이 질문하라. 이 문제를 해결하기 위해서 어떤 것이 필요한가? 계속 머릿속에서 생각하고, 특히 잠들기 전에 생각하라. 문제에 몰두하라. 그러면 답을 얻게 될 것이다.

글을 쓰는 것은 자신에게 질문을 던지고 답을 얻어 내는 과정이다.

때때로 당신은 신 속으로 빠져들며, 그 신이 더 나아지기 위해 당신이 가야 할 방향, 찾아야 할 내용이 무엇인지 모를 수 있다. 당신은 배경은 알지만 내용은 모른다. 그래서 당신은 같은 신을, 다섯 가지 다른 관점에서 다섯 번이나 다르게 쓰기도 한다. 그러나 이 모든 과정에서 당신은 계속 찾아 실마리를 줄 수 있는 한 줄을 발견하기도 한다.

당신은 그 한 줄을 사용하여 그 신을 다시 쓸 수 있고, 결국 생동감 있고 살아 있는 어떤 것을 만들어 낼 수 있다. 당신은 단지 자신의 방법을 찾기만 하면 된다. 당신 자신을 신뢰하라.

80~90쪽 정도 써 나가면서 해답이 떠오르면, 그 순간 시나리오란 글을 쓰는 그 자체라는 사실을 깨닫게 된다. 당신은 시나리오가 끝날 수 있도록 돕는 매개체에 불과하다. 당신은 다른 아무것도 할 필요가 없다. 글만 쓰면 된다. 시나리오를 쓰는 것은 말 그대로 시나리오를

쓰는 행위다. 지름길은 없다.

'종이 위에 단어'가 되어 나오는 초고를 완성하는 데 6주에서 8주 정도 걸릴 것이다. 그다음 두 번째 단계로 이동할 준비를 한다. 냉정하고도 단호한, 객관적인 눈으로 당신이 쓴 것을 들여다보라.

이것은 시나리오를 쓸 때 가장 기계적인 단계이며, 영감을 느끼는 것과 상관이 없는 단계다. 대략 180~200쪽 정도의 초고를 130~140쪽 정도로 줄일지도 모른다. 장면을 자르거나 새로운 장면을 첨가하거나, 다시 쓰면서 시나리오를 좀 더 나은 형태로 만들기 위한 변형 작업이다. 이러한 작업은 보통 3주 정도 걸린다. 당신이 이러한 일을 마쳤다면 초고를 가지고 세 번째 단계에 접근할 준비가 된 것이다. 이 단계에서 당신은 비로소 자신이 만들어 낸 것이 무엇인지 알게 되며, 또한 이때 이야기의 실체가 갖춰진다. 당신은 지금까지 쓴 것을 다듬고 압축하고 고쳐 쓰고, 적당한 길이로 잘라 전체를 생동감 있게 만든다. 당신은 패러다임 밖에 나와 있으므로, 시나리오가 좀 더 나아지기 위해 무엇을 해야 할지 파악할 수 있다. 이 단계에서는 당신이 만족스럽다고 느낄 때까지 얼마든지 신을 다시 고쳐 쓸 수 있다.

당신이 아무리 많이 고쳐 쓴다고 해도 여전히 한두 신은 원하는 대로 되지 않는 법이다. 당신은 이러한 신이 썩 좋지 않음을 알고 있지만, 독자들은 결코 알아채지 못한다. 독자란 단지 이야기나 완성된 형태만을 볼 뿐 구체적이고 자세한 내용까지 알고자 하지 않는다. 나는 시나리오 한 편을 40여 분에 걸쳐 읽곤 하는데, 산문체로서 그리고 내용으로서 읽기보다는 머릿속에 신을 그려 본다. 당신이 느끼기에 어색한 몇몇 신에 대해서 걱정하지 마라. 그대로 내버려 두라.

당신이 가장 만족스럽게 생각하는 신, 또 재치 있고 기지가 번득이는 행동과 대화도 실제로 사용 가능한 분량으로 줄일 필요가 있다면 여지없이 잘라 내야 한다. 당신은 그 부분에 최선을 다했기 때문에 계속 남겨 두고 싶을 테지만 결국 시나리오에 맞는 최선의 선택을 해야 한다. 나는 내가 이제까지 써 왔던 내용 중 최고의 신만을 모은, '최고의 신'이란 자료를 갖고 있다. 나는 시나리오 분량을 줄이기 위해 그것들을 삭제하지 않을 수 없었다. 시나리오를 쓸 때, 자신에게 엄격해야 한다는 사실을 배워야 한다. 때로는 자신이 쓴 것 중 최고의 것이라 여겨지는 것도 삭제해야 한다는 것을 깨달아야 한다. 제 역할을 못하고 어색한 부분이 있다면, 그것은 그 부분이 제대로 기능하지 못하기 때문이다. 너무 두드러져서 주의를 끄는 바람에 행동의 흐름을 방해하는 신들도 있을 수 있다. 두드러지거나 인상적인 신들은 기억에 남기 마련이다. 모든 좋은 영화에는 항상 기억에 남는 한두 개의 신이 있다. 이들 신은 이야기의 극적 배경 속에서 작용한다. 또한 그것들은 언제라도 즉시 인식 가능한 상징적인 장면이기도 하다. 멜 브룩스는 앨프리드 히치콕의 유명한 장면에서 아이디어를 얻어 영화 「고소공포증」을 만들었다. 나는 지나간 영화에서 유명한 신들의 변화를 항상 알아볼 수 있었다. 그러나 그것들은 대개 그 기능을 발휘하지 못했다.

만약 당신이 '선택한' 신들이 제 기능을 발휘하는지 여부를 알 수 없다면, 일단 제 기능을 발휘하지 못하는 것으로 보는 게 옳다. 당신이 거기에 대해서 생각해야 한다거나 질문을 던져야 한다면, 그것은 제 구실을 다하지 못하고 있다는 뜻이다. 어떤 신이 제 기능을 제대로 발휘하고 있다면, 당신 스스로가 그것을 알 수 있다. 자신을 믿어라.

시나리오를 쓰는 과정에서 감각이 없어지는 것 같은 기분이 들기도 하고, 갑자기 당신의 창조성이 부정과 혼돈의 구름으로 가득 덮여 있는 것 같은 느낌이 들 때도 있을 것이다. 왜 그런 기분이 드는지 알 수 없지만 말이다.

나 자신을 포함해서 대부분의 작가들은 그 느낌을 무시하고 몰아내고 감추려 애쓴다. 그러나 우리가 그 느낌을 몰아내려 할수록, 또 그런 기분이 아예 없는 척할수록, 거짓된 허세를 부릴수록, 우리는 자신이 창조의 미로 속 어딘가에서 길을 잃었다는 사실을 쉽게 깨닫게 된다.

그것이 우리가 '벽'에 부딪치는 순간이다. 거의 모든 작가는 때때로 이 벽을 경험한다. 그리고 그 벽을 강제로 뚫고 지나가기 위해 노력한다. 때로 성공하기도 하지만 실패하기도 한다.

대부분은 쉽게 되지 않는다. 시나리오를 쓰는 단계가 초안 단계이든 재검토 단계이든, 쓰는 과정에서는 스트레스를 받기 마련이다. 물론 우리는 이런 종류의 문제를 다양한 방식으로 조정할 수 있다. 청소하기, 장보기, 설거지하기, 영화 보기 등 어떤 것이든 갑자기 해야 할 '더 중요한 것'을 발견하는 것도 한 방법이다.

물론 이야기 중에서 특히 다루기 어려운 부분도 있다. 그리고 다른 신보다 몇 배 더 노력을 요구하는 신도 있다. 며칠간 특별히 어려운 페이지를 대면하고, 어떤 생각이나 느낌과 씨름한 후, 당신은 작가로서의 능력을 가졌는지에 대해 의심을 품게 될 것이다. 그리고 자신에게 내가 무엇을 할까, 어떻게 다시 길을 찾을까와 같은 많은 질문을 던지고 깊은 생각에 잠길 것이다. 당신은 자신에게 이 일을 해낼 능력과 자질이 있는지 질문하게 될 것이다.

그러고는 어느 날 아침, 당신은 깨어나자마자 갑자기 불확실성이라는 아지랑이가 주변을 감싸고 있고, 지난 며칠간 당신을 사로잡았던 의심이 급기야 화산처럼 폭발하는 것을 느끼게 된다. 곧이어 지금 뭘 하고 있는지 모르겠다는 생각을 하게 된다. 마침내 자신이 어디로 갈지, 무엇을 해야 할지 모른다고 인정한다. 이 순간 당신은 자신이 처한 상태, 즉 멍해지고, 길을 잃고 혼돈스러운 상태에 굴복하는 것밖에 달리 방법이 없다는 생각이 들 것이다.

드디어 시나리오 쓰기의 세계에 온 것을 환영한다.

이야기를 쓸 때, 어떤 감정적 힘이 인물에 작용하는지 알지 못한다면 장애물에 부딪치고, 제자리에서 계속 맴돌다 결국에는 작가의 벽이라는 우물에 빠지기 쉽다.

보통 이런 식이다. 당신은 몰입해서 매일매일 시나리오를 쓰고 있다. 그러나 한 신 혹은 한 시퀀스가 제 기능을 못하는 것 같다. 이유가 궁금할 것이다. 이렇게 저렇게 생각해 본다. 그래도 집중이 잘 안 된다. 당신은 내부에서 일어나는 미묘한 변화를 느끼고 이 신이나 시퀀스가 실패할 것 같다는 의심을 품게 된다. 그리고 당신은 이 문제에 대해 자문하게 될 것이다. "만일 내가 어리석지 않다면, 난 이 일을 할 수 있어."라고 생각한다. 그리하여 당신이 이 문제에 대해 골똘히 생각하고, 급기야 그 문제와 씨름할수록, 시나리오 작가로서 당신의 이미지와 능력은 더욱 약화된다. 마침내 자신과 자신의 능력을 비하하기 시작한다. 이제 당신은 '도랑'에 빠지게 된다. 끝내 자신에 대해 부정적 판단을 내린다.

당신은 "이 주제를 다루지 말았어야 했는데……."라고 생각하거나, "나는 글을 쓰는 데 익숙하지 않아."라고 탄식할 것이다. 곧 불안정한 상태가 심해지면서 "나는 이 시나리오를 써야 할지 그 자체를 모르겠어." 아니면 "아마도 이 일에 재능이 없어." 혹은 "파트너를 찾아서 다른 사람과 함께 써야겠어." 등의 생각을 할 것이다.

그러나 이 모든 생각과 말과 판단의 근저에는, 완전히 '자신의 실수'라고 생각하는 공통점이 있다. 이를테면 할 수 있을 것 같아서 시도했는데 만약 잘 해내지 못했다면, 당신은 "난 이것을 할 능력과 재능이 없어."라고 생각하게 된다. 간단히 말해 자신을 비난한다.

이것이 작가의 벽이라 불리는 상태다. 만일 당신이 이런 딜레마에 빠지고, 이런 의심과 부정적 기분이 당신의 창조적 목소리를 질식시킨 다면, 이제는 비평가에게 말을 건네 볼 시점이다. 당신 내부에 있는 선량한 비평가에게 말할 기회를 주라는 뜻이다.

이것은 누구에게나 시나리오 작가의 마음에 공포를 일으키는 보편적인 문제 중 하나임을 기억하라. 시나리오를 쓰는 한 학생이 어느 날 고문이라도 받은 듯한 요상한 표정을 짓고 교실에 들어왔던 일이 기억난다. 그 학생에게 무슨 문제가 있냐고 물었더니, 그녀는 눈물이 고인 채 심각한 얼굴로 "저는 제가 어디로 가고 있는지 모르겠어요. 완전히 길을 잃었고 혼돈스러워요. 내 글이 엉망이 되었어요. 계속 쓰고 있는데 제자리에서 돌고 있고 무엇을 할지 모르겠어요. 너무나 속상해서 울음이 나올 것 같아요."라고 말했다.

이것은 보편적인 문제다. 여기서 벗어나는 방법은 사람마다 다르고 시나리오마다 다르다. 그러나 가장 먼저 해야 할 일은 당신이 어떤 문제에 봉착했다는 사실을 인정하는 것이다. 당신이 그 문제를 정면으로 대하고 풀어낼 때까지는 사라지지 않을 것이다. 그것이 인생의 진리다.

어떤 경우에는 자기 글에 너무 가까이 다가선 나머지 그것을 더 이상 볼 수 없게 된다. 그래서 나는 그녀에게 우선 쓰는 것을 멈춰 보라고 했다. 그냥 멈춰 보라고. 펜과 종이를 손에서 놓고, 컴퓨터나 녹음기를 끄고 이야기에 대해 일정 시간 숙고해 보라고 했다. 이 이야기는 무엇에 관한 것인가? 주요 인물의 극적 요구는 무엇인가? 이야기의 결말은 어떻게 낼 것인가? 이 질문에 대한 답이 찾아지면 다시 글쓰기를 시작할 수 있다.

쓰던 시나리오로 다시 돌아가라. 그리고는 종이 한 장을 빼 들고 비평가의 페이지라고 써 보라. 시나리오를 다시 쓰기 시작하면서 비판적인 생각이 들고, 부정적인 판단을 하게 되면, 이 비평가의 페이지에 적어 보라. 마치 쇼핑 리스트를 작성하거나 일기를 쓰듯이 적은 내용에 번호를 매기고 라벨을 붙여 보라. "이 페이지들은 끔찍하다.", "내가 지금 뭘 하는지 모르겠다.", "이것은 효과가 없다.", "아마도 누군가 나 대신에 이것을 마무리 줘야 할 것 같다.", "이 인물들은 다 똑같아 보인다.", "내가 비전을 잃었다는 것이 명백하다." 등을 적어 넣을 수 있을 것이다. 당신의 날에 대해 생각, 혹은 비평이 되었든 뭐든 모두 비평가의 페이지에 적어 보라.

당신이 비평가의 페이지를 채우는 첫날, 시나리오는 2쪽 쓰면서 비평적 논평은 4쪽이나 쓸 수도 있다. 둘째 날 당신은 3쪽의 시나리오를 쓰면서 2쪽의 비평을 쓸 것이다. 셋째 날 당신은 4~5쪽의 시나리오를 쓰면서 1~2쪽의 비평만 쓸 것이다.

이 지점에서 글쓰기를 멈추라. 다음 날 비평가의 페이지를 꺼내 순서대로 배열하여 읽어 보라. 첫째 날 쓴 것, 둘째 날 쓴 것…… 계속 당신이 부정적으로 썼던 내용을 읽어 보라. 페이지를 계속 보면서 당신은 매우 흥미로운 사실을 발견할 것이다. 비평가는 항상 같은 것을 말한다. 어떤 신이든, 인물이 누구든, 무엇에 관해 쓰든 그렇다. 대화 신이든, 액션 신이든, 몇 페이지에 있든, 비평가는 언제나 똑같은 말을 한다. 비평가는 동일한 단어들, 동일한 어구들, 동일한 표현들을 사용하고 있다. 모두 똑같다. 당신이 무엇에 관해 쓰든 비평가는 "이 부분은 쓸모가 없다.", "그 외 다른 내용을 써야 한다." 등과 같은 말을 한다.

비평하고, 판단하고, 가치 평가를 할 때, 자신의 마음 또한 흔들리기 마련이다. 마음은 우리에게 최고의 친구가 되거나 혹은 최악의 적이 된다. 무엇이 옳고 그른지, 무엇이 좋고 나쁜지 판단하고 가치 평가를 하는 것에 매몰되어 버린다.

　　　　　　　　14. 시나리오를 쓰자

물론 비평가의 말이 정확할 수 있다. 아마도 어떤 부분은 끔찍하고, 인물들은 평면적인 데다 일차원적이며, 당신이 쳇바퀴를 돌고 있는 것뿐일 수도 있다. 그래서 어떻게 하란 말인가? 혼돈을 느끼는 것은 분명한 방향으로 이동하는 첫 번째 단계다. 제 기능을 하지 못하는 부분은 제 기능을 한다는 것이 무엇인지 알려 준다. 당신이 문제와 씨름을 할 때, 그저 종이 위에 무언가를 써 내려가 보라. 무슨 내용이라도 써 보라. 당신은 항상 되돌아갈 수 있고, 더 좋게 고칠 수 있다. 이것이 모든 작가가 거치는 과정이다. 당신이 '벽에 부딪치고', 원 안에서 쳇바퀴를 돌고, 길을 잃고, 혼돈을 느낀다 해도 그 답은 같다.

비평가에게 목소리를 내게 하라. 만약 당신이 비평가에게 발언을 허락한다면, 그 목소리가 당신 내부로 들어와 상처가 되고, 악화되어 결국에는 곪아 터질 것이다. 당신 자신이 당신의 희생자가 되는 것이 쉬운 길이다.

비평가의 목소리가 당신의 마음 주변을 맴돌고 있음을 인식할 때까지, 당신은 그 목소리의 희생자가 되어야 할 것이다. 그 목소리가 벽을 뚫는 첫걸음이 되어 준다는 점을 인식하라. 비평가의 판단과 가치 평가에 대해 반응하고 결정을 내리는 것, 그리고 비평가가 옳다 그르다고 결론을 내리는 것이 꼭 필요한 일은 아니다. 당신이 글을 쓰는 어떤 단계에 있든 비평가가 당신에게 하는 이야기를 너무 심각하게 받아들이지 마라. 단지 여기에서 깨달아야 할 것은 우리는 항상 창작의 과정에서 길을 잃는다는 점이다. 그리고 우리는 자신에 대한 최악의 비평가라는 사실이다.

'작가의 벽'은 힘센 적이며, 당신을 심하게 절망시킬 것이다. 글을 쓴다는 생각만 해도 기운이 빠지고, 글을 쓴다는 것 때문에 죄의식을 느끼게 된다. 당신이 글을 쓰려고 앉기만 해도 갑자기 머리가 무거워지고 객관성을 잃고 좌절감을 맛보기도 한다.

작가의 벽이란 언젠가 한번쯤은 모두에게 있기 마련이다. 차이는 그것을 어떻게 보고, 다루는가에 따라 달라진다.

이 '문제'를 보는 두 개의 다른 관점이 있다. 하나는 당신의 딜레마를 실제의 문제, 실제의 벽, '극복해야 할' 어떤 것, '뚫고 가야 할' 어떤 것으로 보는 것이다. 그것을 창조라는 날개가 비상하는 것을 방해하는 물리적이며 감정적인 장애물로 인식하는 것이다. 그것이 작가의 벽을 보는 한 시각이다.

그러나 또 다른 시각이 있다. 그러한 시련마저 작가가 경험할 수 있는 한 부분으로 보는 것이다. 결국 그것은 보편적이며, 모든 사람이 그것을 거쳐 간다고 보는 것이다. 그것은 새롭거나 특이한 것이 아니다. 만일 당신이 그 점을 인식한다면, 당신은 창조의 진입로에 도달한 것이다. 그것을 깨달으면, 창조 과정에서 더 높은 수준의 기교까지 접근할 수 있을 것이다. 당신은 이야기에 더 깊이 다가갈 필요가 있다는 것을 알게 된다. 그리고 당신은 풍부하며 잘 짜여지고, 다차원적인 이야기를 만들기 위해 분투해야 한다는 것을 알게 될 것이다.

"사람은 자기가 움켜쥘 수 있는 그 이상까지 뻗어 나가야 한다." 로버트 브라우닝의 말이다. 만일 혼돈스럽고, 어지럽고, 길을 잃은 채, 작가의 벽에 도전을 받는다고 인식한다면, 이 '문제'는 자신을 시험할 기회다. 그리고 자신을 다른 수준으로 비약시킬 수 있는 기회를 가지는 것이다. 그것이 인생 아니겠는가? 이것은 시나리오를 쓰는 과정에서 진화하는 단계다.

만일 당신이 이런 관점을 수용한다면, 당신은 시나리오에 대해 더 깊이 파고들어 갈 것이다. 당신은 글쓰기를 멈추고, 인물의 삶과 행동을 돌아보면서 그를 삶의 다른 요소로 정의하고 명확하게 할 수 있다.

당신은 되돌아보며 새로운 인물에 대한 전기를 쓸 것이다. 인물과 그들의 관계를 정의하고 또 재정의할 것이다. 이것이 결국 당신 이야기의 중추를 이룰 것이다.

예를 들어 만일 당신이 특별한 신을 쓰고 있다면, 당신은 그것을 다시 쓰고 인물에 대한 관점을 바꿀 필요가 있다. 지역을 바꾸거나, 인물을 위해 새로운 행동이나 에피소드를 만들 필요도 있다. 때로 당신은 전체 액트를 다시 구성하면서, 특별한 신이나 시퀀스에서 행동을 다시 만들어 나갈 수도 있다.

매일 한 페이지 한 페이지 계속 써라. 더 많이 쓸수록 더 쉽게 쓸 수 있다. 당신이 글쓰기를 거의 끝마쳤을 때, 대략 끝에서 10∼15쪽 정도가 남아 있을 무렵, 당신 스스로 끝내기를 미루고 있다는 사실을 발견하게 된다. 당신은 한 신과 한 페이지를 쓰는 데 나흘을 소비하게 되고, 피로와 정신적인 나른함을 느끼게 될 것이다. 그것은 자연스러운 현상이다. 당신은 단지 그것을 끝내는 것, 그것을 마치는 것을 원하지 않는 것이다.

그냥 내버려 두라. 당신이 보류하고 있음을 그냥 알고만 있으면 된다. 어느 날 당신은 '페이드아웃' 혹은 '끝'이라고 쓸 것이다. 당신은 글을 마칠 것이다. 글이 끝날 것이다.

시나리오를 쓰는 기술은 말보다는 침묵이 잘 작동하는 지점을 발견하는 것이다. 최근 나의 학생 중 한 명이 말하길, 자신이 한 신을 쓴 후, 앞으로 되돌아가서 다시 봐야겠다는 생각이 들었다고 한다. 무언가 지루함을 준다고 느꼈지만 그것의 실체를 알지 못했다고 한다. 그래서 그는 그 신을 읽고 또 읽었다. 그러나 갑자기 단지 두 줄의 대화로 그 신이 효과적으로 기능하도록 만들 수 있다는 것을 알게 되었다! 이것이 시나리오를 잘 쓰는 방식이다. 당신은 페이지마다 대화가 나오게 해서 일일이 설명하고, 이야기가 진행되도록 일을 떠넘길 필요가 없다. 그저 몇 줄이면 된다. 만일 당신이 그 신을 적절하게만 쓴다면 충분하다.

드디어 초고를 완성한다. 축하를 하고 안도의 순간이 찾아왔다. 시나리오 쓰기가 끝났을 때, 당신은 온갖 종류의 반작용을 경험하게 된다. 먼저 만족감과 안도감을 느낄 것이다. 며칠 후, 당신은 마음이 침울하고 의기소침해져 오랜 시간을 들여 도대체 무엇을 했는지 알지 못하게 된다. 잠도 많이 잘 것이다. 아무런 힘도 남아 있지 않다. 이 상태는 내가 즐겨 말하는 '산후 우울증' 기간이다. 글쓰기는 아이를 낳는 것과 같다. 당신은 특정 기간 동안 어떤 일에 매달려 왔다. 그것이 당신의 한 부분이다. 아침에 눈을 뜨게 하고 밤까지 깨어 있게 만든 장본인이다. 이제 그것은 끝났다. 마음이 가라앉고 침체되는 것은 당연하다. 한 가지 일의 끝은 항상 또 다른 일의 시작이다. 끝과 시작은 하나다. 그렇지 않은가? 글쓰기는 시나리오를 집필하는 경험의 전체적인 모습이다.

15 ——— 각색하는 법을 알자

내레이터 "그가 처음 씨비스킷을 보았을 때 어린 말이 새벽 5시경 안개 속을 걷고 있었다. 나중에 스미스는 말이 자신의 마음속을 보는 것 같다고 말했다. 마치 '넌 도대체 무엇을 보고 있는 거야? 너는 누구라고 생각해?'라고 말하는 것 같았다. 씨비스킷은 작은 말이다. '그래서' 그들은 씨비스킷을 '더 좋은' 말의 파트너로 훈련시키려고 했다. 더 좋은 말과 일대일 대결을 시키면 질 것이기에, 그래서 다른 말로 하여금 이길 수 있다는 신념을 강화시키려고 했다. 그들은 마침내 경주를 시켰고 씨비스킷은 자기가 훈련받은 대로 했다. 그는 패배했다."

—「씨비스킷」(게리 로스)

15. 각색하는 법을 알자

씨비스킷의 이야기는 독특하면서 영감을 준다. 말이 무언가를 성취한 이야기라는 점에서뿐 아니라, 그 성취를 이루어 낸 방식이 탁월했기 때문이다. 1930년대 후반 씨비스킷은 미국 전역의 문화적 아이콘이 되었다. 그는 모두에게 찬사를 받았을 뿐 아니라, 전설적인 존재가 되어 호소력을 지니게 되었다. 그리하여 '씨비스킷'이라는 이름은 스포츠 자체를 초월하기에 이르렀다.

그러나 영화는 육체적으로나 정신적으로 상처 입은 말의 이야기 그 이상이다. 명성이 높아지면서 씨비스킷은 희망의 상징이 되었다. 대공황 시기 한가운데 자신의 신념을 위해 분투하는 세 사람과 말의 이야기가 있다. 씨비스킷은 국가가 믿고 응원하는 대상이 되었고, 사람들은 그 존재 가치를 믿게 되었다. 한 마리의 말로서 씨비스킷은 볼품은 없었다. 다리는 짧았다. 그러나 씨비스킷은 두 시즌 내내 경주에서 하위 랭킹에 머물면서도 항상 유지되는 굴할 줄 모르는 의지가 있었다.

하지만 이 말의 상황은 강력하지만 부드럽고, 인내심 많은 톰 스미스라는 지도자를 만나면서 변하게 된다. 톰 스미스는 사람과 같이 있는 것보다 말과 함께 있는 것을 좋아하며, 개척 정신을 가진 자유의 화신이다. 한편 씨비스킷의 기수인 레드 폴라드는 어린 시절 부모에게 버림받았고, 여러 해 동안 거의 버틸 수 없는 수준까지 실패를 거듭해 온 기수다. 찰스 하워드는 그가 진심으로 사랑했던 유일한 존재인 아들을 잃은 자수성가한 백만장자다.

이 세 사람과 한 마리의 말 사이에 통합, 전체를 향한 감성의 기류가 흐르기 시작한다. 그들은 서로의 필요를 충족시켜 주었다. 찰스 하워드는 아버지 같은 인물이다. 톰 스미스는 선생님 같은 역할을 하고, 레드 폴라드는 기수이자 아들, 행동하는 사람의 역할을 한다. 그들은 한 팀이자 가족이 되어서 씨비스킷이라는 전 세계적으로 알려진 전설을 만들어 냈다. 영화 끝 부분에서 레드 폴라드는 "사람들은 우리가 상처 입은 말을 발견하고 그를 고쳤다고 생각할 거야. 그러나 우리가 그런 것이 아니지. ……씨비스킷이 우리를 치료해 줬어. 우리 모두를 말이야. 그리고 내 생각에는 말이야, 어떤 의미에서는 우리들이 서로를 치유해 준 거지."라고 말한다.

게리 로스는 로라 힐렌브랜드의 베스트셀러 소설인 『씨비스킷』을 각색하여 시나리오를 썼다. 실제 인물과 말, 전설적인 말 경주에 기반을 둔 이야기였다. 소설을 각색한 이 시나리오는 원작의 정신과 진정성 모두에 경의를 표했다. 그것은 전설적인 말의 본성을 포착한 감동적이고 영감을 주는 영화적 경험이다. 나는 처음 그 책을 읽고 너무나 좋았다. 감동적이고, 시사하는 내용도 많았다. 그리고 시나리오 작가인 게리 로스가 전국을 휩쓴 역사적 사건을 소재로 하여 우리를 사로잡는 감동적인 이야기로 만들어 낸 것이 경이로웠다.

무엇이 이 각색 시나리오를 그렇게 훌륭하게 만들었을까? 그리고 소설이나 희곡, 잡지 기사, 뉴스 속 이야기를 시나리오로 만드는 최고의 방법은 무엇일까?

물론 다양한 방법이 있다. 소설이나 다른 자료를 시나리오로 각색할 때, 우선 당신의 작업이 다른 자료에 기반을 둔 원작 시나리오라고 생각해야 한다. 당신은 문자 그대로 소설을 개조할 수 없으며, 소설의 흐름을 뒤바꿀 수 없다. 프랜시스 포드 코폴라가 스콧 피츠제럴드의 『위대한 개츠비』를 각색하면서 이 점을 배웠다. 「컨버세이션」, 「대부」, 「아포칼립스」 같은 유명 영화를 제작한 코폴라 감독은 할리우드에서 가장 역동적이고 마음을 끄는 시나리오 작가 중 하나다. 그가 『위대한 개츠비』를 각색할 때, 그는 소설에 절대적으로 충실한 시나리오를 썼다. 결과는 시각적으로나 극적으로 모두 실패했다. 전혀 영화적으로 기능하지 않았다.

각색은 기술이자 도전이다. '각색하다.'라는 동사는 '한 매체에서 다른 매체로 바꾸다.'라는 뜻이다. '각색은 변화시키고, 조정함으로써 적절하고 알맞게 만드는 능력'으로 정의할 수 있다. 구조와 기능, 형식의 변화를 만들어 냄으로써 무언가를 바꾸는 것이다. 각색은 소설, 책, 연극, 기사, 노래에서 출발할 뿐이다. 그것들은 원천이 되는 자료이며 출발 지점이다. 그 이상은 아니다. 각색은 독립적 기술이다. 소설이든 연극이든 잡지 기사든 신문 기사든 전기든, 현존하는 작품을 각색해서 시나리오로 만드는 작업은 어려운 일이다. 난초과 식물에 관한 소설을 영화적 경험으로 각색하려 한 영화 「어댑테이션」의 주인공 찰리 코프먼은 각색을 마주한 시나리오 작가의 어려움을 연대기적으로 보여 준다. 각색에 능한 작가는 많지 않다. 각각의 형태는 서로 너무 달라서 어떤 각색도 원작 그대로는 접근할 수 없다.

앞서 언급했듯이, 소설에서 극적 행동, 내러티브 라인은 보통 주요 인물을 통해 이야기된다. 독자는 그(녀)의 생각·느낌·기억·희망·공포를 안다. 다른 인물들의 시점으로 이야기가 만들어지는 장도 있다. 그러나 극적 행동은 보통 주요 인물의 머릿속에서, 마음의 기조 속에서 나온다.

물론 시나리오는 다르다. 시나리오는 이미지·대사·묘사로 그리고, 극적 구조의 맥락 속에서 이야기가 전개된다. 영화는 행동이다.

글과 그림, 이 두 가지는 사과와 오렌지처럼 다르다.

모든 시나리오 작가들은 각색의 기술에 대해 서로 다른 접근을 한다. 아카데미 시나리오 부문 수상작인 「보통 사람들」, 「스파이더맨 2」, 「줄리아」의 작가인 앨빈 사전트는 원재료를 자기의 것으로 만들고, 최종적으로 자신의 이야기로 만들기 위해 수차례 읽는다고 한다. 그러고 나서 그는 각 신을 되는 대로 쓴다. 그러고는 바닥에 그 모든 것을 펼쳐 놓고 각각의 신에서 이야기를 구성한다.

「양들의 침묵」, 「주어러」의 아카데미 시나리오 수상 작가인 테드 탤리는 "책을 신별로 조각낸다. 나는 사건의 구조를 만들려고 노력한다. 이 사건이 일어난다, 그리고 이것, 다음 저것이 일어난다. 책에서 중요한 것은 마음에 다가오는 것이다. 그래서 나는 그 신들을 카드에 하나씩 적는다. 그리고 이야기를 만들기 위해 각색에 필요한 것에 집중한다."라고 말한 적이 있다.

탤리가 처음으로 하는 일은 누구에 관한 이야기인지 결정하는 것이다. 그리고 주요 인물에게 작동하지 않는 부분은 잘라 낸다. 350쪽 이상 되는 책을 각색해서 120쪽 정도의 시나리오로 만든다고 할 때, 당신은 냉정하되 원재료와의 통합성을 유지해야 한다. 「씨비스킷」의 작가인 게리 로스는 이를 잘 해냈다. 그는 당시의 느낌과 특징을 포착해야 했을 뿐 아니라, 여러 해에 걸쳐 일어나는 이야기를 상영 시간이 2시간 정도 되는 영화로 다시 짜야 했다. 그러나 원재료에 충실해야 한다. 그리고 특정 시기의 역사적 맥락 속에서 씨비스킷뿐 아니라 세 사람의 삶을 설정하고, 그들이 개인적 차원이든 직업적 차원이든 성공에 이르는 과정에서 수도 없이 나타나는 장애물을 극복해 나가는 여정을 구조화시켜야 한다.

만일 책이나 기사를 시나리오의 필요에 맞추기 위해 각색한다면, 당신은 이야기 구조를 만들기 위해 신을 옮기거나 생략하거나 첨가해야 한다. 이것은 일반적 규칙이다.

"각색 그 자체가 창작이라는 점을 궁극적으로 생각하라. 이상하지 않으면 고치지 마라." 탤리의 충고다. 즉 신이 시나리오의 맥락 속에서 기능한다면, 그것을 바꾸지 말라는 뜻이다. 만일 당신이 이 책 속의 신을 사용할 수 없다면, 당신은 문학적 차원이 아니라 시각적 차원에서 영화가 기능하도록 만들기 위해 새로운 신을 창조해야 한다. 어느 책을 시나리오로 만들기 위해서는 책을 의도적으로 분해해야 한다. 당신은 새로운 신을 만들고, 소설의 두세 개 신을 시나리오 속 한 개의 신으로 통합할 수도 있다. 즉 행동을 앞으로 진행시키기 위해서 변화를 창안해 내야 한다는 뜻이다. 그리고 그 변화에 걸맞은 대사를 창조해야 한다. 왜냐하면 너무 많은 정보에 이야기가 뒤섞일 소지가 있기 때문이다.

"당신은 책의 노예가 될 필요는 없다." 탤리는 말한다. 머릿속으로 내러티브의 어떤 흐름을 원하면 되는 것이지 그것이 당신을 압박하도록 만들어서는 안 된다. 당신은 글을 쓰는 과정에서 소설보다 자신이 구성한 이야기 개요를 더 많이 참조할 것이다. 그리고 초안을 완성하고 나면, 원작 소설은 전혀 참고하지 않게 될 것이다. 시나리오는 그 자체에 관여할 뿐이다. 일단 시나리오로 넘어가면 각색만의 논리를 발전시키기 시작한다.

각색의 핵심은 인물과 상황 사이의 균형을 찾되 이야기의 통합성을 계속 유지하는 것이다. 「씨비스킷」은 훌륭한 각색의 전형이다. 영화를 보면 게리 로스가 원본의 통합성과 영감을 포착한 기술을 알게 될 것이다.

브라이언 헬걸런드는 클린트 이스트우드를 위해 데니스 루헤인의 소설 『미스틱 리버』를 각색했다. 그는 이 책을 시나리오로 바꾸는 도전에 대해 이야기한 적이 있다. 그는 "책을 한 번 읽는다. 우선 감을 잡는다. 그리고 두세 번 더 읽는다. 책에다 강조할 부분은 강조하고, 메모도 하며 읽는다. 여백에다 뭔가를 적어라. 필요 없는 부분은 건너뛴다. 여러 장의 종이를 책에 붙였다 뗀다. 일단 쓸 이야기의 핵심을 찾게 되면 개요를 쓴다. 이때 신을 첨가하고 결합시킨다. 이런저런 변화를 시도한다."

각색의 기술 중 하나는 책의 내적 독백 부분을 외면화시키는 방법을 찾는 것이다. 때로 그 생각을 파악해서 대화로 전환해 내는 방법이 쓰이기도 한다.

작가들이 각색을 할 때 흔히 겪는 난관이 이렇다. 「콜래트럴」의 재능 있는 젊은 작가 스튜어트 비티와 소설을 시나리오로 각색하는 작업을 마친 후 이야기를 나눈 적이 있다.

나는 그가 어떻게 각색에 접근하는지 물어보았다. 제임스 시겔의 소설 『디레일드』를 각색한 그는 이렇게 말했다. "이것의 원작인 스릴러 소설은 아내가 있는 남자가 바람을 피우고, 무방비 상태에서 위협을 받고, 이탈된 상황에 처하는 이야기를 다룬다. 그래서 그에 관한 도덕적 측면도 존재한다. 평범한 일상을 영위하던 보통 사람이 특별한 환경으로 빠져들어 가는 것을 다루는 히치콕의 이야기와 유사하다. 나는 이 책을 처음 읽고 큰 흥미를 느꼈다. 400쪽 분량이었는데 300쪽 정도 읽다 보니 재미있는 영화 한 편으로 만들 수 있겠다는 생각이 들었다. 그런데 180도 다른, 믿을 수 없는 플롯의 변화가 생겨났다. 그것은 시나리오 쓰기에서 '하지 않는다(don't do)' 법칙 중 하나다. 마지막에 이르러 예상치 않았던 플롯 전환을 하는 것은 하지 말아야 한다."

비록 내가 이 책의 나머지 삼분의 일을 없애야만 해도 극 자체는 원작의 혈통에 속한다. 딸이 당뇨병을 앓는다. 엄마와 아빠는 그녀의 생명을 구해 줄 새로 나온 약을 구하기 위해 돈을 모은다. 2차 주택 담보 상환을 해야 하는 데도 딸은 매일 투석을 한다. 그들 모두 스트레스를 받는다. 딜레마라는 고통에 갇힌다. 지옥과 같다. 그래서 작가는 그가 결혼이란 생활에서 벗어나게 만드는 상황을 설정한다. 이것이 기본적으로 설정이다. 이것은 가족 드라마로 출발했다. 그런데 액트 I 끝부분에서 이야기가 격하게 전환된다. 계속 변화가 생긴다.

그에게 각색을 시작하기 전에 책을 몇 번이나 읽었는지 물었다. 그는 두세 번 읽는다고 했다. "첫 번째가 가장 중요하다. 일단 내용을 받아들이는 순간이기 때문이다. 나는 좋은 신, 좋은 대사, 좋은 순간을 쓸 것이다. 이것이 오프닝 신이 될 것이다. 그리고 그 자체가 진행되면서 영화가 거기서 나올 수 있게 해 보라. 그다음 촬영에 들어가기 몇 주 전 다시 책을 읽고 반드시 들어가야 할 것, 좋은 대사, 좋은 순간 같은 것들 중에 혹시 빠진 것이 있는지 확인하라. 나는 책을 두세 번 읽은 후에 세부적인 것을 쓰지 않는다. 그저 아이디어 정도만 기록한다. 차 내부 신, 엘리베이터 신, 집 내부 신, 병원 신 같은 식으로 2~3쪽을 쓴다. 시나리오에서 나는 보통 10쪽 정도 개요를 쓴다. 그리고 보통 5쪽 정도로 줄인다. 5쪽 정도로 줄이면서 1쪽에 액트 I을, 5쪽에 액트 III를 채운다. 그 정도 작업만 한다."

당신이 『콜드 마운틴』(찰스 프레지어의 '내셔널 북 어워드' 수상작으로, 남북 전쟁이 끝날 무렵 두 연인의 육체와 영혼의 생존 문제에 관한 소설이다.) 같은 역사물 각색에 접근할 때는 다른 장애물이 있다. 앤서니 밍겔라는 고향으로의 여행이라는 근저에 깔린 모티브로 각색을 시도했다. 거기서 출발하여 주요 인물, 극적이고도 감성적인 여행, 극적 목적, 일련의 장애물, 희망을 품고 기다리는 여성, 인내, 콜드 마운틴을 상징하는 인만의 심상 등을 생각해 낼 수 있었다. 형제들끼리 싸우고, 형제들과 연인들이 서로 헤어지던 시절, 콜드 마운틴은 사랑의 상징, 즉 마음속에 있는 영혼의 장소가 되었다. 그것은 탈영병인 인만이 귀향 과정에서 견뎌야 할 물리적 여행일 뿐 아니라 영혼의 여행을 나타낸다. 전쟁이 그 여정에 영향을 끼치면서 생존 자체가 불확실하다. 전체 이야기는 전쟁에서 돌아오는 것, 전쟁의 야만성과 혼란이 전쟁의 후방 지역까지 미치는 영향 등에 관한 것이다.

밍겔라는 소설을 읽고 그 내용을 줄이고 압축했다. 그러나 여행의 장애물에 대해서는 그대로 내용을 유지시켰다. 소설에서 인만은 용기, 충성심의 시련을 참고 견딘 후에 고향, 즉 콜드 마운틴으로 돌아와 사랑을 찾는다. 그리고 그들이 함께한 것은 단 하루로 그친다.

각색을 할 때 새로운 인물을 넣거나 빼고, 새로운 사건을 만들어 내야 할 때가 있을 것이다. 때로는 책의 전체 구조를 바꾸기도 해야 할 것이다. 「줄리아」에서 앨빈 사전트는 릴리언 헬먼의 『펜티멘토』의 에피소드에서 전체 영화를 만들어 냈다. 「잉글리쉬 페이션트」는 전체 영화를 소설의 몇 구절에서만 따왔다. 그리고 밍겔라는 스물일곱 차례나 다시 쓰면서 마지막으로 영화가 나오기까지 편집실에서 내용을 다듬었다.

원본과 시나리오는 다른 내러티브 형식을 취한다. 사과와 오렌지처럼 다르다. 소설이나 희곡, 기사, 노래 등을 시나리오로 각색할 때 당신은 하나의 형식을 다른 형식으로 바꾸는 것이다. 당신은 다른 자료에 기초해서 시나리오를 쓴다. 그러나 본질적으로 당신은 별도의 글, 즉 시나리오 자체가 원작인 글을 쓰는 것이다. 당신은 그런 식으로 접근해야 한다.

이것은 피터 잭슨과 프랜 월시, 그리고 필리파 보옌스 등이 「반지의 제왕: 두 개의 탑」에서 했던 방식이다. 「반지의 제왕: 두 개의 탑」은 원작 소설 3부작 중 2부 3, 4권을 바탕으로 한 것이다.

소설 『반지의 제왕: 두 개의 탑』은 책 3권에 나오는 보로미르의 죽음으로 시작한다. 이 부분은 영화 「반지의 제왕: 반지 원정대」 끝 부분에 나오는 극의 절정을 이룬다. 다음 몇 장에서 우리는 어떻게 아라곤과 다른 인물들이 로한까지 가고, 오르크를 탈출하는 메리와 피핀의 모험을 따라가는지, 그리고 트리비어드와 어떻게 운명적 조우를 하게 되는지 보게 된다. 그리고 간달프는 간달프 더 화이트로 돌아온다. 그 다음에 우리는 로한으로 이동을 한다. 거기서 아라곤과 동료들이 세오덴 왕에게 헬름 협곡으로 퇴각하도록 확신을 준다. 이 지점은 『반지의 제왕: 두 개의 탑』의 중간쯤인 3권의 7장에 나온다. 거기에서 오르크와 동료들은 헬름 협곡에서 전투를 치른다. 다음 4장에서는 여행이 계속된다. 3권의 끝 부분에서 간달프와 피핀은 미나스 트리스까지 경주를 한다.

4권 1장에서 프로도, 샘, 골룸이 모도르까지 가는 여행이 나온다. 그리고 개별 장이 뒤에 이어지는데, 여기서는 '운명의 산'에 이르는 여정에서 겪는 장애물과 모험을 다룬다.

3권과 4권에서 일어나는 사건의 진행에 기초해서 시나리오의 구조를 짜는 것은 그리 효과적이지 않다. 최소한 극적인 면에서 그렇다. 당신은 두 개의 다른 영화를 생각해 볼 수 있을 것이다. 하나는 동료들에 관한 것, 다른 하나는 프로도, 샘, 골룸에 관한 것이다. 영화에서 당신은 이야기를 앞으로 나아가게 해야 한다. 이를 위한 최선의 방법은 주요 인물 사이의 사건을 교차 편집으로 계속 보여 주는 것이다. 그러고는 이야기 전체 과정에서 행동의 내러티브 라인을 짜는 것이다. 이 작업은 마치 카펫을 만들기 위해 특별한 실을 짜는 것과 같다. 이야기 구조 속에 항상 움직임이 있어야 한다.

필리파 보엔스는 이렇게 말했다. "우리는 관객이 푹 빠져들 이야기를 만들어야 한다. 그리고 우리가 한 번 따라갔던 사건의 지속적인 진행 과정도 있어야 하며, 이야기의 선을 따라 인물의 감정도 느껴야 한다. 또 어떻게 그것들이 전체적으로 엮이고 연결되는가도 알아야 한다. 이 모든 것이 시나리오 작가가 고민해야 할 부분이다."

피터 잭슨은 또 이렇게 말한다. "반지는 기계에 대한 메타포, 즉 금속 조각이 당신이 행하는 일을 통제하고 명령하는 방식에 대한 메타포다. 「반지의 제왕」의 많은 부분이 당신의 자유를 수호하기 위한 것, 노예화에 대항하는 싸움에 관한 것이다. ……우리의 첫 번째 그리고 가장 중요한 책임은 영화를 만드는 사람으로서의 책임이다. 그래서 우리는 J. R. R. 톨킨이 썼던 모든 것에 충실해야 한다는 강박 관념에 사로잡히지 않았다. ……중심이 되는 이야기는 명백히 아주 위험스러운 반지를 소유하게 된 호빗에 관한 것이다. 그리고 그 호빗은 이 반지가 파괴되어야 한다는 사실을 알게 된다. 그래서 그는 이를 파괴하기 위한 여행을 떠나야 한다. 그것이 바로 「반지의 제왕」의 골격이다. 그리고 우리는 그 골격에 직접적으로든 간접적으로든 의미를 부여하지 않는 사건이나 인물에 대해서 처음부터 냉혹할 권리가 있다."

작가들은 『두 개의 탑』을 시나리오로 각색하기 위해 원본에 접근할 때, 소설에서 발생하는 사건을 일단 채택하여 응집된 이야기 구조로 다듬었다. 그리고 프로도, 샘, 골룸의 이야기를 아라곤, 동료들, 메리와 피핀이 트리비어드로 가는 여정과 교차시킨다. 그다음 그들은 3권 7장에서 일어나는 헬름 협곡의 전투를 다룬다. 그리고 이것을 영화의 끝 부분을 장식하는 가장 흥미로운 클라이맥스로 만든다. 여러 면에서 이 소설을 「반지의 제왕: 두 개의 탑」 시나리오로 각색한 과정은 창의적 이야기 만들기의 중요한 성취다.

각색이 그 자체의 생명력을 갖는 경우가 있다. 아마도 이에 해당하는 가장 독특한 사례는 존 휴스턴의 「말타의 매」일 것이다. 휴스턴은 W. R. 버네트 원작에 험프리 보가트와 아이다 루피노 주연의 「하이 시에라」의 각색을 막 마친 상태였다. 영화는 매우 성공적이었다. 휴스턴은 첫 작품의 시나리오 작성은 물론 감독까지 맡을 수 있는 권한을 부여받았다. 그는 대실 해밋의 「말타의 매」를 리메이크하기로 결정했다. 샘 셰퍼드의 탐정 이야기는 워너 브라더스에 의해 두 번이나 영화화되었다. 한 번은 1931년에 리카르도 코르테즈와 베베 대니얼스가 주연한 코미디로, 또 한 번은 1936년에 워런 윌리엄과 베티 데이비스가 주연한 「악마 숙녀를 만나다」였다. 두 영화 모두 실패했다.

휴스턴은 원작의 분위기가 마음에 들었다. 그는 그것을 해밋 식의 탄탄한 하드보일드, 탐정 이야기로 만들면 영화가 원작이 지니고 있는 통합성을 그대로 살려 내리라고 확신했다. 휴가를 떠나기 직전 그는 책을 비서에게 주면서 다 읽어 보고, 각 신에 내부와 외부를 붙여 보라고 했다. 또 책의 대사를 이용해서 기본적 행동을 묘사해 보는 식으로 그 이야기를 다시 써 보라고 했다.

그가 휴가를 보내는 동안, 비서가 쓴 것이 잭 L. 워너의 손으로 들어갔다. 워너는 이제 막 시나리오 작가 겸 감독을 시작한 휴스턴에게 "마음에 든다. 당신이 진짜 이 책의 묘미를 잘 집어냈어. 시나리오 그대로 찍게. 잘되기를 바라네."라고 했다. 휴스턴은 바로 착수했다. 그리고 그 영화는 미국 영화의 고전이 되었다.

만일 당신이 역사적 사건을 시나리오로 각색한다면, '실제 이야기에 기반을 둔'이라는 말 자체가 일련의 도전을 불러일으킬 것이다.

「대통령의 음모」는 각색의 좋은 예다. 번스타인과 우드워드의 (워터게이트 사건에 관한) 책을 윌리엄 골드먼이 각색한 이 시나리오에는 즉각적으로 선택해야 할 것들이 있었다. 한 인터뷰에서 골드먼은 힘든 각색 작업이었다고 밝혔다.

"나는 단순하지 않게 보이도록 하면서 단순한 방법으로 매우 복잡한 자료를 풀어 나가야만 했다. 나는 책에 없는 이야기를 만들어야만 했다. 적절한 이야기가 어떤 것이었는지 알아내는 것이 중요한 문제였다. 예를 들어, 영화는 책의 절반쯤에 해당하는 홀드먼을 놓치는 데서 끝난다. 우리는 우드워드와 번스타인이 커다란 명예를 얻는 것을 보여 주기보다는 중간에서 끝내는 것이 나을 것이라고 결정했다. 관객은 이미 그들이 진실을 증명해서 부자가 되고 유명해져 언론계의 총애를 받으리란 것을 알고 있다. 「대통령의 음모」의 책 내용을 끝까지 영화화한다는 것이 실수일 수 있다고 판단했다. 그래서 우리는 책의 절반을 조금 지난 부분인 홀드먼을 놓치는 데서 끝냈다. 시나리오에서 가장 중요한 것은 구조를 세우는 일이다. 나는 우리가 밝혀내려 했던 것이 제대로 이루어졌는지 확인해야 했다. 만일 관객이 혼란스러워한다면 우리는 관객을 놓칠 것이기 때문이다."

골드먼은 워터게이트 빌딩을 침입하는 간결하고 서스펜스 넘치는 시퀀스를 시작으로 영화를 만들었다. 처음 이 사건에 의혹을 품은 우드워드^{로버트 레드퍼드}는 재판장에서 고위직 검찰총장을 보게 되고 더욱더 의심을 키우다가, 마침내 이 사건에 빠져든다. 번스타인^{더스틴 호프먼}이 이 이야기에 개입하면서(구성점 1) 그들은 마침내 미국의 대통령을 퇴진시킬 만한 비밀스러운 음모를 밝혀내는 데 성공한다.

윌리엄 골드먼은 「내일을 향해 쏴라」의 시나리오를 쓰면서 겪은 어려움을 이렇게 설명하고 있다. "우선 서부극에 관한 연구는 대부분 정확하지 않기 때문에 거칠다. 서부 이야기를 쓰는 작가들은 처음부터 잘못된 신화적 이야기에 빠져 있다. 실제로 무슨 일이 일어났는지 찾아 내는 것은 힘들다."

골드먼은 8년간 부치 캐시디에 관한 연구를 했는데, "우연히 부치 캐시디에 관한 기사와 책들을 발견했다. 그러나 선댄스에 관한 것은 하나도 없었다. 선댄스는 부치와 남미로 가기 전까지는 무명의 인물이었다."라고 말한다.

골드먼은 부치와 선댄스가 미국을 떠나 남미로 가도록 하기 위해서는 이야기를 바꿔야 할 필요가 있음을 발견했다. 이 두 무법자는 서부의 마지막 영웅이다. 시대가 바뀜에 따라 서부의 무법자는 남북 전쟁 후부터 그들이 누려 온 지위를 더 이상 누릴 수 없게 되었다.

골드먼의 말이다. "영화 속에서 부치와 선댄스는 기차를 약탈하고, 그들의 뒤를 특수 경찰대가 조직되어 쉴 새 없이 뒤쫓는다. 그들은 더 이상 도망갈 수 없으며 남미로도 갈 수 없음을 깨닫고 절벽에서 뛰어내린다. 그러나 실제로 부치 캐시디는 특수 경찰대에 관한 정보를 듣고 종적을 감춘다. 그는 특수 경찰대를 이겨 낼 수 없다는 것과 그것이 자신의 마지막이라는 것을 알았던 것이다. 나는 주인공이 떠나고 도망가는 이유를 정당화해야 했다. 그래서 나는 특수 경찰대를 막강한 존재로 만들었다. 영화의 대부분은 꾸며진 것이다. 나는 몇 가지 사실만을 사용했다. 그들은 기차를 탈취했고, 많은 양의 다이너마이트를 이용해 차량을 박살 냈다. 그들은 뉴욕으로 갔다가 다시 남미로 갔는데, 결국 볼리비아에서 총에 맞아 죽는다. 모든 것이 여기에 묘사한 것보다 더 많이 꾸며진 것이다."

　T. S. 엘리엇은 "역사는 단지 인위적 통로"라고 말했다. 사극 시나리오를 쓸 때, 반드시 거기에 등장하는 인물을 정확하게 묘사할 필요는 없다. 단지 역사적인 사건과 그 사건의 결과에 집중할 필요가 있다.

　시리즈물의 각색은 또 다른 창조적 도전을 요한다. "만일 성공하면 다시 만들어라."라는 할리우드의 오래된 격언이 있다. 그런데 「록키」, 「리쎌 웨폰」, 「다이하드」, 「에일리언」, 「슈렉」, 「터미네이터」 시리즈는 각각 문제점을 안고 있었다.

　나는 『네 편의 시나리오』라는 책에서, 제임스 캐머런이 유명한 전작 「터미네이터」의 속편인 「터미네이터 2: 심판의 날」의 시나리오를 쓰면서 호소했던 어려움에 대해 쓴 적이 있다. 캐머런은 우리 시대의 가장 성공적인 영화 「트루라이즈」와 「타이타닉」을 만들었으며, 새로운 프로젝트뿐 아니라 다큐멘터리 영역까지 모색하고 있다. 나는 그에게 어떤 관점에서 「터미네이터」 속편 제작에 접근했는지 물어보았다. 그는 다른 원작에 기반을 둔 완전히 새로운 시나리오를 쓰는 작업으로 그것을 받아들였다고 말했다. "글을 쓰는 관점에서 나에게 가장 흥미를 주는 것은 인물들이다. 「터미네이터」를 보지 못한 수많은 관객에게도 이야기가 잘 전달되도록 하는 것이 가장 어려운 일이다. 기본적으로 어떤 식으로든 한 인물이 영상에 떠오른다. 그러고는 그 인물에 걸맞은 배경 이야기를 만들어 낸다. 나 자신에게 전작이 없었던 것처럼 시나리오를 써야 한다고 주입한다. 속편은 자신 말고는 아무도 믿을 수 없는 무언가를 만난, 어떤 사람에 관한 이야기이어야 한다. 마치 케빈 매카시가 충격적인 무언가를 보았다고 말하는데 아무도 그걸 믿지 않는 「인베이젼」의 오프닝 신처럼 말이다.

우리가 「터미네이터 2」에서 세라를 처음 만났을 때 그녀는 정신 병원에 갇혀 있었다. 그러나 진짜 의문은 그녀가 과연 미쳤는가 하는 것이다. 과거의 시련이 그녀를 그곳에 있게 만들었을까? 나는 세라라는 인물을 먼 곳까지 밀어붙이길 원했다.

나는 '나쁜 사람이 영웅이 된다.'는 것이 매우 위험한 발상이라는 사실을 안다. 나는 도덕적으로나 윤리적으로 나쁜 사람을 영웅 이미지로 보이지 않게 만드는 방책이 있어야 한다고 생각했다. 그러면서도 그 인물의 가장 위대한 요소를 사용해야 했다.

「터미네이터」의 극적 요구는 그를 방해하는 사람이나 대상을 죽이고 종식시키는 것이다. 그는 컴퓨터 사이보그이기 때문에 스스로 자신의 본성을 바꿀 수 없다. 오직 인간 혹은 다른 로봇만이 그 프로그램을 바꿀 수 있다. 그래서 나쁜 사람을 좋은 사람으로 바꾸는 것은 극적 상황, 즉 행동을 둘러싼 환경이 바뀔 것을 요구한다.

"핵심은 어린이다." 왜냐하면 존 코너가 왜 그런 강한 도덕적 기준을 갖게 되었는지 설명할 필요가 있기 때문이다. 터미네이터가 공원에서 총을 쏘는 것을 보았을 때의 상황이 존의 이후 행동을 촉발시킨다. 나는 모두가 본인을 위한 자신만의 도덕적 코드를 고안해 낼 수 있다고 생각한다. 그리고 그것은 보통 당신이 배운 것, 세상에서 당신이 본 것, 읽은 것, 그리고 당신 자신의 내적 요소 등에 기반해서 10대 때 형성된다.

존 코너는 직관적으로 무엇이 옳은지 안다. 그러나 그것을 명확히 표현하지는 못한다. 존은 "당신은 사람들을 죽일 수 없어요."라고 말한다. 터미네이터는 "왜 그렇지?"라고 묻는다. 그러나 아이는 그 질문에 대답하지 못한다. 그는 계속 일종의 윤리적·철학적 질문을 받는다. 그러나 그가 말하는 모든 것은 "당신은 그저 하면 안 된다."라는 것이다.

캐머런은 이렇게 말한다.

캐머런은 또 "우리를 인간으로 만드는 것은 무엇인가? 우리를 인간으로 만드는 것은 도덕적 코드다. 인간의 형상을 하고 우리처럼 행동하지만 사실은 인간이 아닌 가공의 기계와 우리를 구별 짓는 것은 무엇인가?"라고 질문한다.

그래서 캐머런은 감정적 축을 이동시키기 위해 속편의 배경을 바꾼다. 그는 살인 기계를 미래 혁명의 지도자가 될 어린 존 코너의 보호자로 바꾼다. 그는 이제 '보호자'이기 때문에 누군가를 죽이는 것은 옳지 않다는 소년의 명령에 복종해야 한다. 옳지 않은 이유는 터미네이터가 스스로 알아내야 한다. 양철 인간은 심장을 얻는다. 그것은 속편의 맥락에서 타당해 보인다. 그리고 「터미네이터 2: 심판의 날」은 영화적으로 흥행에 성공했다.

연극 작품을 시나리오로 각색하는 것은 어떤가? 몇 가지 원리가 있다. 그것은 다른 형태다. 그러나 같은 방식으로 접근할 수 있다. 거기에는 무대와 객석을 구분하는 프로시니엄 아치가 있고, 무대·배경·세트가 그 아치라는 제한 구역 안에 영원히 고정된다. 관객은 '제4의 벽'이다. 우리는 공연 중에 인물과 상황을 살핀다. 또 우리는 그들의 생각과 느낌, 그리고 감정을 듣는다. 우리는 이야기 속에서 내러티브 방향을 안다. 그러나 연극의 실제 행동은 인물이 하는 말을 통해서 일어난다. 말하자면 극적 행동이라는 언어를 통해서다. 연극은 말이 주도한다.

셰익스피어는 당시 무대의 제한을 '쓸모없는 교수대', '나무 쪼가리'라고 부르며 관객에게 "마음으로 느끼고 무대에서 벗어나라."라고 요구했다. 셰익스피어는 영국 초원 위에 텅 빈 하늘을 마주 보고 정렬한 군대의 장관을 좁은 무대 위에서 재현할 수 없다는 사실을 알고 있었다. 「햄릿」을 완성했을 때 그는 비로소 무대라는 제한에서 벗어나 위대한 무대 예술을 창조할 수 있었다.

연극을 시나리오로 각색할 때는 연극 속에서 암시되거나 언급된 사건을 시각화해야 한다. 연극은 언어와 극적인 대화로 구성된다. 테너시 윌리엄스의 「욕망이라는 이름의 전차」, 「뜨거운 양철 지붕 위의 고양이」, 아서 밀러의 「세일즈맨의 죽음」, 유진 오닐의 「밤으로의 긴 여로」의 경우, 행동은 무대라는 한정된 공간에서 일어난다. 배우들은 거기에서 독백을 하거나 대화를 나눈다. 어떤 연극이든 잘 관찰해 보라. 샘 셰퍼드의 「굶주린 계급의 저주」나 에드워드 올비의 「누가 버지니아 울프를 두려워하랴?」 혹은 헨리크 입센의 걸작들도 마찬가지다.

연극의 행동은 말로 설명되는 것이기 때문에, 당신은 거기에 시각적 차원을 덧붙여야 한다. 텍스트에 등장하는 장면과 대사를 조합해 무대에서 벌어지는 중요한 신을 써 나가면서 그것들을 구성하고 짜 맞추어야 한다. 행동을 시각화할 수 있는 대사들을 찾아보라.

영화 「세일즈맨의 죽음」은 아서 밀러가 쓴 연극 속의 대화를 사용하여 사건이 발생하는 그대로 보여 준 좋은 예다. 윌리 로만이 사장에게 접근하는 신이 있다. 사장은 윌리 로만이 거의 35년간 보필했던 사람의 아들이다. 그는 사장에게 앞으로 사무실에서 일할 수 있을지 새로운 자리를 얻을 수 있을지에 대해 물어보려고 왔다. 이제 윌리 로만의 '아메리칸 드림'은 산산조각 났다. 그러나 윌리 로만은 세일즈맨일 뿐이고 다른 것은 할 줄 모른다.

윌리 로만은 하워드에게 사무실에서 할 수 있는 일에 대해 묻는다. 처음에 그는 일주일에 65달러를 요구했다. 그러다 주급을 50달러까지 낮춘다. 결국 그는 굴욕감을 느끼면서 주급을 40달러로 낮출 수밖에 없게 된다. 그리고 윌리 로만은 "이것이 사업입니다. 모든 사람은 자신의 수준만큼만 받을 수 있어요."라는 대답을 듣는다. 윌리 로만의 매출 실적은 근래 들어 좋지 않았다. 윌리 로만은 회상에 잠겨 하워드에게 자신이 왜 세일즈맨이 되었는지를 말한다. "제가 소년이었을 때, 아마 열여덟, 열아홉 살 즈음 저는 이미 길거리에 서 있었습니다. 그때 저는 마음속으로 세일즈가 저의 미래가 될 수 있을지 질문을 했었지요."

그는 잠시 멈추었다가 계속한다. "그때 난 파커 하우스에서 한 세일즈맨을 만났어요. ……그의 이름은 데이브 싱글맨이었지요. 연세가 여든네 살이었지요. 그는 자기 사무실을 얻게 되었고, 초록색 벨벳 슬리퍼를 신고 있었습니다. 결코 그 모습을 잊을 수가 없어요. 그리고 그는 전화기를 들더니 바이어에게 전화를 했어요. 여든네 살의 나이에도 돈을 벌고 있었어요. 내가 그 모습을 봤을 때, 세일즈라는 것은 사람이 원할 수 있는 최고의 직업이라 생각했지요. 여든네 살의 나이에 서른 곳쯤 되는 도시들을 방문할 수 있고, 전화로 일하고, 여러 사람들의 도움을 받고, 그들에게 기억되며 사랑받을 수 있는, 이렇게 만족스러운 일이 또 있을까요? 그거 아세요? 그가 죽었을 때, 그가 보스턴으로 향하면서 뉴욕, 뉴헤이븐, 하트퍼드의 기차 안에서 초록색 슬리퍼를 신은 채 세일즈맨으로 죽었을 때, 수백 명의 세일즈맨과 바이어들이 그의 장례식에 참석했습니다."

그것이 윌리 로만의 꿈이다. 그것이 그를 매일 아침 일어나 거리로 나가게 한 힘이다. 그가 할 일이 고갈되었을 때, 그의 꿈은 죽은 것이고, 인생 또한 살 가치가 없어졌다. 우리가 희곡을 영화로 각색하고 있다면, 이 부분에 주목해야 한다. 「쇼생크 탈출」에서 앤디 듀프레인의 대사를 떠올려 보자. "희망은 좋은 것입니다. 아마도 세상에서 제일 좋은 것일 겁니다. 좋은 것은 사라지지 않습니다." 그러나 윌리 로만의 경우처럼 만일 꿈이 현실에서 무너진다면, 그리고 모든 희망이 사라진다면, 무엇이 남을까? 세일즈맨의 죽음이다.

여전히 그 연극과 그 영화는 각각 자신의 영역에 속해 있다. 희곡 작가와 영화 제작자 모두에게 찬사를 보낼 만하다. 당신이 한 사람의 인생을 시나리오로 각색한다고 가정해 보자. 살아 있는 사람이든 죽은 사람이든 그를 이야기하는 전기적 시나리오가 효과적이기 위해서는 선택적이어야 하고 초점이 분명히 맞춰져야 한다. 만일 당신이 전기를 쓴다면 해당 인물의 삶은 단지 출발점일 뿐이다. 예를 들어 피터 셰퍼가 쓴 「아마데우스」는 볼프강 아마데우스 모차르트와 안토니오 살리에리와의 관계에서 몇 가지 사건만을 다룬다.

인물의 삶에서 단지 몇 개의 사건만을 선택하라. 그리고 그것을 극적 이야기 흐름 속에 구조화시켜라. 「간디」^{존 브릴리}는 현대 성인에 관한 이야기로, 간디의 삶 중에서 특정 세 시기만을 다루고 있다. 첫째, 그가 법학생이었을 때, 어떻게 영국이 인도를 노예화시켰는지 경험하는 시기다. 둘째, 그가 비폭력 저항 운동을 시작했을 때다. 셋째, 그가 이슬람교도와 힌두교도 사이에 평화를 심으려고 노력하는 시기다. 「아라비아의 로렌스」^{로버트 볼트와 마이클 윌슨}와 「시민 케인」은 인물의 삶에서 단지 몇 가지 사건만을 선택해 극적 방식으로 구조화시킨 또 다른 예다.

얼마 전 예전 제자가 여성으로서는 최초로 주요 일간지 편집국장이 된 사람의 일생을 영화화할 권리를 얻어 냈다. 그녀는 시나리오 속에 모든 것을 담으려 했다. '매우 흥미롭다는 이유로' 주인공의 유년기를, 그리고 '그녀가 유명해진 이유를 보여 준다'는 이유에서 그녀가 편집국장이 되기까지의 과정과 몇 가지 이야기를 모두 묘사하려 했다.

나는 그 제자에게 주인공의 생애에서 몇 가지만을 추려 내서 그것에 초점을 맞추라고 설득했다. 하지만 그녀는 너무 주관적이어서 객관적인 사실을 볼 수 없었다. 그래서 나는 그녀에게 과제를 내주었다. 주인공의 인생을 4~5장 이내의 이야기로 요약해 오라고 했다. 그녀는

26장을 써 왔는데, 거기에는 주인공의 삶이 절반 정도만 묘사되어 있었다. 그녀는 이야기를 구성할 수 없었다. 그녀는 주인공의 연보를 써 왔는데 지루하기 짝이 없었다. 나는 그런 상태로는 시나리오가 불가능하므로, 주인공의 직업적 생활에서 한두 가지 중요한 사건에 초점을 맞추라고 했다. 몇 주 후 그녀는 어떤 것이 중요한지 선택할 수 없다고 고백했다. 자신의 우유부단함에 낙담해서 그녀는 결국 절망적인 상태에서 작업을 포기했다. 그녀는 어느 날 내게 울면서 전화를 해 왔고, 나는 그녀에게 다시 본래 자료부터 시작해서 주인공의 생애에서 가장 중요한 사건 세 가지를 선택하라고 충고했다.(시나리오를 쓴다는 것은 선택이라는 점을 기억하라.) 만일 필요하다면, 주인공인 인물에게 자신의 생애와 직업에서 가장 중요했던 것이 무엇이었는지 물어보라고 했다. 결국 그 제자는 주인공이 최초의 여성 편집국장이 될 수 있었던 계기에 기초해서 시나리오를 쓸 수 있었다. 결국 그것이 시나리오를 작성하는 기초가 되었다.

당신의 이야기를 묘사하는 데 120쪽 정도의 분량만이 주어져 있다고 하자. 당신은 이야기 속에서 시각적이고 극적인 내용물로 드러나고 밝힐 수 있는 사건을 신중하게 선택해야 한다. 시나리오는 이야기의 극적 요구 조건에 기초해서 써야 한다. 결국 소재는 소재에 불과하다. 소재란 단지 출발점이며, 소재 자체가 목표점은 아니다.

기사나 뉴스의 이야기를 시나리오로 쓸 때, 기자들은 어려움을 겪곤 한다. 아마도 영화에서 극적 이야기를 구성하는 방법이 기사 작성의 구성 방법과 정확히 반대의 경우에 해당하기 때문일 것이다.

기자는 사건에 관련된 사람들을 인터뷰하거나 자료를 연구해서 정보를 모으고 사실을 확인해서 기사를 쓴다. 일단 사실이 확인되면 이야기를 짐작할 수 있다. 더 많은 사실을 얻을수록 더 많은 정보를 얻을 수 있다. 기자는 그것을 모두 사용하거나 그중 일부를 사용하거나 혹은 전혀 사용하지 않을 수도 있다. 일단 기자는 사실을 수집하면, 기사를 어떤 시점에서 쓸 것인지 정하고, 그 소재를 뒷받침하는 사실만을 사용하면서 이야기를 써 나간다.

그것이 좋은 기사 작성법이다. 그러나 사실은 시나리오의 이야기를 뒷받침할 뿐이다. 당신은 이야기를 창조해야 한다. 기사 작성은 특수한 것에서 일반적인 것으로 신행된다. 당신은 먼저 사실을 모으고 이야기를 찾는다. 시나리오는 정반대다. 먼저 일반적인 사실에서 특수한 것으로 진행된다. 우선 이야기를 찾고 그 이야기가 잘 진행되도록 사실을 모은다.

한 저명한 기자가 전국에서 발행되는 잡지에 기고하여 논쟁을 일으켰던 자신의 기사를 시나리오로 각색한 적이 있다. 그는 사실에 관한 모든 자료를 갖고 있었지만, 좋은 시나리오를 위해 필요한 요소를 극적으로 구성하는 데는 큰 어려움을 느꼈다. 그는 적절한 사실과 적절한 세부 사항에 너무 집착한 나머지 30쪽 이상을 쓸 수 없었다. 그는 막다른 골목에 이르렀고, 매우 낙심한 나머지 어떤 것이 좋은 시나리오인지조차 판단할 수 없었다.

그는 기사는 기사대로, 시나리오는 시나리오대로 쓸 수도 없었다. 그는 소재 자체에 충실하려 했지만 소용이 없었다.

많은 사람이 신문 기사를 소재로 하여 시나리오나 TV 드라마 대본을 쓰고자 한다. 만일 당신이 신문 기사를 시나리오로 각색하려 한다면, 시나리오 작가의 관점에서 접근해야 한다. 이것은 무엇에 관한 이야기인가? 주인공은 누구인가? 결말은 어떻게 처리할 것인가? 무고한 살인죄로 체포된 남자에 관한 이야기일 경우, 그가 유죄인지 아닌지는 재판 결과로 증명될 것인가? 혹은 경주용 차를 디자인하고 제작하는 남자에 관한 이야기일 경우, 결국 그가 그 분야의 챔피언이 될 것인가? 혹은 당뇨병 치료 요법을 개발한 의사에 관한 이야기인가? 혹은 근친상간에 관한 이야기인가? 누구에 관한 이야기인가? 무엇에 관한 이야기인가? 이런 질문에 답할 수 있을 때에만 비로소 그것을 기초로 극적인 구성을 할 수 있다.

신문 기사나 실제 이야기를 시나리오로 각색할 경우, 법적인 문제가 발생할 수 있다. 우선 저작권을 얻어야 한다. 그것은 잡지사나 신문사, 그리고 저자와 협의함으로써 그 사건에 관련된 사람들을 인터뷰할 수 있는 권리를 얻는다는 것을 뜻한다. 대부분의 사람들은 영화나 TV 드라마를 제작하는 데 우호적인 편이다. 만일 문제가 있다면 이런 종류의 일은 전문가인 변호사와 의논할 수 있다.

당신은 대본의 판권을 가질지도 모르는 상태에서 시나리오나 개요를 먼저 쓰고 싶어 할 수도 있다. 당신을 강하게 이끌 만한 자료가 있을 수도 있다. 그것이 무엇인가? 우선 탐색하라. 당신은 기사나 특정 이야기에 기초해서 시나리오를 쓰기로 결정하고, 그것을 어떻게 외면화시킬 수 있을지 차차 알고 싶어 할 수도 있다. 만일 진짜 마음에 든다면 그것을 관계자에게 선보이길 바랄 것이다. 그런 일을 하지 않으면 시나리오를 영상으로 제작할 방법을 찾을 수 없을 것이다.

모든 시나리오 작가에게는 한 가지 규칙이 있다. 그들이 통째로 각색을 하든, 단지 몇 마디를 써 보는 것이든 간에 그 규칙이라는 것은 "그냥 계속 써 보라."다. 스튜어트 비티는 이렇게 말한다. "당신이 시나리오 작가로서 할 수 있는 가장 훌륭한 일은 쓰고, 쓰고, 또 쓰는 것이다. 나는 시나리오 작가를 희망하는 사람들에게 할리우드에서 가장 가치 있는 상품은 값싼 재능이라고 말한다. 그것은 당신이 시나리오 지망생으로서 당신 자신인 것이다. 영화화가 불가능하다고 생각하는 것은 바람직하지 않다. 사람들에게는 항상 기회가 있다. 그리고 재능을 가진 자로서 당신은 충분한 가치가 있다. 모든 훌륭한 시나리오를 읽어라. 「차이나타운」을 읽어라. 포기하지 마라." 우리에게 영감을 주는 말이다.

각색의 좋은 기술은 무엇인가? 각색은 원작과 다른 것이다. 책은 책이고, 연극은 연극이며, 기사는 기사다. 그리고 시나리오는 시나리오여야 한다. 각색은 항상 그 자체가 원작인 시나리오다. 다만 다른 자료에 기초를 둔 것일 뿐이나. 원작과 시나리오는 다르다. 마치 사과와 오렌지처럼.

아무 소설책이나 펼쳐서 몇 페이지를 읽어 보라. 어떻게 행동이 묘사되고 있는지 관찰하라. 그것은 인물의 머릿속에서 묘사된 것인가? 혹은 대화로 설명되고 있는가? 묘사는 어떻게 되어 있는가? 희곡에서도 같은 방법으로 실험해 보라. 인물들이 자신들에 관해 어떻게 설명하는지, 행동이 어떻게 묘사되는지 관찰하라. 여기에서는 대사가 중요하다. 그다음에 시나리오 몇 페이지를 읽어 보라. 그리고 시나리오에서 외부적 세부 묘사와 사건, 그리고 인물이 목격한 것이 어떻게 묘사되고 있는지 관찰하라.

16 ——— 공동 작업에 대해 알아야 할 것

공동 작업하다(collaborate; 자동사)

1) 다른 사람과 함께 일하다.

2) 문학 영역에서 협동하다. 예) 그들은 소설을 함께 썼다.

—『랜덤 하우스 사전』

16. 공동 작업에 대해 알아야 할 것

장 르누아르는 종교적 열정을 방불케 할 정도로 열렬하게 영화를 사랑했다. 그는 영화에 대해 이야기하는 것을 좋아했고, 주제의 범위는 한이 없었다. 내가 르누아르의 지도를 받던 해에 그는 무대·미술·연기·문학 등의 경험을 이야기해 주었고 영화까지 상세하게 알려 주었다. 그는 영화가 문학이 될 잠재력을 가지고 있지만, 결코 진정한 '예술'로 받아들여지기 힘들다고 주장했다.

내가 무슨 뜻인지 묻자, 그는 '예술'에 대한 진정한 정의를 내릴 때 "예술은 한 개인의 유일한 시각으로 이뤄진 것이다. 영화는 그 정의에 맞지 않는다."라고 대답했다. 그는 영화를 만들 때, 한 사람이 모든 것을 할 수 없다고 설명했다. 한 사람이 시나리오를 쓰고, 감독을 하고, 촬영하고, 편집하는 등 거의 모든 일을 할 수는 있다. 찰리 채플린이 그랬다. 그러나 영화감독이 모든 역할을 다 연기할 수 없고, 모든 사운드를 녹음할 수 없으며, 영화를 만들기 위해 조명 등 수많은 세부적 기술이 요구되는 영역을 혼자서는 할 수 없다고 설명했다. 영화를 찍을 수는 있지만 현상은 할 수 없다. 그는 그런 작업을 특별한 영화 작업실에 요청해야 한다. 그런데 때로는 그가 원하는 방식대로, 자신의 예술적 시각에서 판단하는 수준대로 완성되지 않을 수도 있다고 했다.

르누아르는 배경과 전통 때문에 영화가 위대한 예술이기는 해도, 문학·회화·음악만큼 '진정한' 예술이 되지 못한다고 느꼈다. 왜냐하면 너무나 많은 사람이 영화 제작 과정이나 최종 결과에 직접적으로 관여하기 때문이다.

르누아르는 이렇게도 말했다. "예술은 감상자에게 창작자와 합치되는 기회를 주어야 한다. 한 사람이 모든 것을 할 수는 없다. ……진정한 예술은 그러한 기능을 할 때 존재할 수 있다."

영화는 공동 작업이 필요한 매체다. 영화 제작자는 다른 사람들의 관점이 영화에 반영되기를 원한다. 영화를 만드는 데 요구되는 기술적 영역은 극도로 전문화되었다. 그리고 최신 기술이 계속 등장하고 있다. 최근 10년간 컴퓨터 그래픽 기술 분야만 돌아보아도 알 수 있다. 제임스 캐머런이 「터미네이터 2: 심판의 날」을 통해 참신한 영화 기술을 훌륭하게 선보이지 않았다면, 우리는 오늘날 활용하는 '컴퓨터 모핑 기술'을 알지 못했을 것이다. 만일 우리에게 그런 기술이 없었다면, 「쥬라기 공원」은 나올 수 없었을 것이다. 만일 「쥬라기 공원」이 없었다면, 「포레스트 검프」를 만들 수 없었을 것이다. 「포레스트 검프」가 없었다면, 「토이 스토리」를 볼 수 없었을 것이다. 이런 기술적 진보는 「매트릭스」, 「니모를 찾아서」, 「샤크」, 「폴라 익스프레스」, 「인크레더블」로 계속 이어져 갔다.

오늘의 혁명이 내일의 진화가 된다. 영화는 예술이자 과학이다. 때로 시나리오 작가의 비전은 제임스 캐머런이 「터미네이터 2: 심판의 날」(내 생각에 이 영화는 1927년 사운드가 도입되었을 때만큼이나 영화사에서 혁명적인 것이다.)에서 했던 것처럼 새로운 과학적 약진이라는 결과를 만들어 내기도 한다. 매 시기, 다른 상황에서 과학적 발명은 사물을 바라보는 새로운 방식을 자극한다. 시나리오 작가 케리 콘란의 「월드 오브 투모로우」는 아주 적합한 예다. 머지않아 이 영화는 영화 제작의 기술적 영역을 혁명적으로 발전시킬 것이다. 그것은 문자 그대로 영화를 가정의 컴퓨터 영역으로 가져왔다. 가까운 미래에 젊은 영화감독들은 집에서 영화를 만드는 기술과 기법을 배우게 될 것이다.

영화의 진화 과정에서 과학과 기술, 예술 사이에는 역동적인 상호 관계가 있었다. 만일 우리가 영화의 미래를 믿는다면, 우리 모두는 '푸른 불빛'을 갈망했던 제이 개츠비가 될 수 있다.

만일 르누아르의 생각대로라면 우리가 혼자서 할 수 있는 유일한 일은 시나리오를 쓰는 것이다. 당신은 많은 것을 필요로 하지 않는다. 단지 펜과 종이, 혹은 컴퓨터와 어느 정도의 시간만으로 충분하다. 때로는 혼자서 쓸 수도 있지만, 다른 사람과 같이 쓸 수도 있다. 바로 공동 작업을 하는 것이다.

그것은 당신의 선택에 달려 있다. 각각의 장단점이 있다.

혼자 쓰는 장점은 명백하다. 당신이 쓰기를 원하는 것과 그것을 쓸 때 원하는 방법, 그리고 원하는 시간에 대해 간섭받을 일이 없다. 다시 말해 당신의 계획과 당신 자신만 있으면 된다. 적어도 이 단계에서는 방해할 사람이 없다.

혼자 쓰는 방식의 문제점 또한 명백하다. 당신은 흰 종이, 혹은 빈 컴퓨터 화면을 응시하면서 방 안에 혼자 있다. 다음에 무슨 일이 일어날지, 당신이 무엇을 어떻게 말하고 싶어 하는지 묘연해지는 순간이 있다. 때로는 대사가 진부하고, 인위적이며 관객도 바로 예측할 수 있는 경우도 있다. 만일 당신이 마음속으로 생각했던 대로 일이 진행되지 않으면 좌절·우울·분노가 덮치게 된다. 또 자신의 글이 한심하다며 자기 비하를 할 수도 있다. 끝내 당신은 글쓰기가 실패했다고 여기며 "난 이 일을 할 수 없어. 충분치 않아. 재능이 없어. 이야기가 진부하다." 등의 생각을 하게 될 것이다. 당신이 농담하고 있다고 생각할 사람은 없다. 반복 연습이 중요하다.

많은 경우 작가들은 부정적인 생각, 불확실한 느낌을 피하기 위해 힘을 합친다. 필요성이 공동 작업을 강제하는 경우도 있다.「반지의 제왕」을 제작하기 위해서 피터 잭슨, 프랜 월시, 필리파 보옌스 등이 공동 작업을 했다. 피터 잭슨은 한 인터뷰에서 이렇게 말했다. "시나리오 작업은 내가 시간을 얼마만큼 쓸 수 있느냐 하는 문제와 연관되어 있다. 처음 촬영을 시작하기 전에 우리는 함께 시나리오를 썼다. 우리는 같은 방에 앉아 신을 썼다. 나는 컴퓨터 앞에 앉아 자판을 두드렸다. 왜냐하면 궁극적으로 영화를 감독할 사람으로서 만일 내가 묘사적 문장을 쓴다면, 그것이 내 머릿속에서 영화를 상상할 첫 번째 기회라고 생각했기 때문이다. 프랜 월시는 직접 손으로 쓰며 작업을 한다. 그는 대사를 쓴다. 필리파 보옌스도 같은 일을 하는 데 다만 컴퓨터로 작업한다. 나는 앉아서 대사를 읽으면서 그 주변에 묘사적 문장을 쓴다. 나는 시나리오 작가로서가 아니라 감독으로서 생각한다. 일단 내가 촬영에 들어가면, 촬영이 진행되는 동안 원고를 재검토한다. 그러나 내가 실질적으로 시나리오 집필 과정에 참여할 시간은 다른 작가에 비해 훨씬 적다. 필리파 보옌스와 프랜 월시가 그 일을 한다. 나는 그들이 한 작업에 반응을 보이며 그저 "좋아 완벽해."라고 말한다. 시나리오 팀으로서 내가 하는 공동 작업의 내용은 피드백을 하고, 아이디어를 말하는 것이 대부분이다. 나는 일단 말을 해놓고는 촬영을 계속 진행한다. 주말에는 원고 작업을 한다.

때로는 프로듀서와 제작사가 아이디어를 가지고 와서 반영하라고 하기도 한다. 그러면 당신은 프로듀서뿐 아니라 감독과 공동 작업을 하는 것이다. 「레이더스」에서 로런스 캐스던(당시 크레디트에 이름이 오른 유일한 시나리오 작가이며, 「제국의 역습」 개작을 했다.)이 조지 루카스와 스티븐 스필버그를 만났다. 루카스는 그의 반려견 이름을 「인디아나 존스」의 주인공^{해리슨 포드} 이름으로 사용하길 원했다. 그가 아는 다른 정보는 영화의 마지막 신이 광대한 군용 지하 창고일 것이라는 점이었다. 마치 「시민 케인」의 지하실이 거대한 예술 창고였듯이, 그곳은 수천 개의 비밀을 간직한 박스로 가득 차 있을 것이다. 당시 루카스는 「레이더스」에 대해 그것밖에는 몰랐다. 스필버그는 거기에 신비로운 요소를 덧붙이길 원했다. 세 사람은 사무실에 틀어박혀 2주를 보냈다. 마침내 그들은 대강의 이야기를 들고 나타났다. 그리고 루카스와 스필버그는 다른 프로젝트를 위해 떠났고, 캐스던이 사무실에 남아 「레이더스」를 썼다.

작가들은 여러 가지 이유에서 공동 작업을 한다. 경우에 따라 다른 사람들과 함께 일하는 것이 더 쉽다고 생각하는 사람들도 있다. 대부분의 드라마 작가들은 팀으로 작업을 한다. 「새터데이 나이트 라이브(SNL)」, 「위기의 주부들」, 「CSI: 마이애미」, 「CSI: 뉴욕」 같은 프로그램에서는 다섯 명에서 열 명이 스태프로 같이 작업을 하면서 에피소드를 쓴다. 코미디 작가는 개그맨인 동시에 관객이 되어야 한다. 우디 앨런과 닐 사이먼 같은 재능 있는 몇 사람만이 방에 홀로 앉아서 우스운 것과 그렇지 않은 것을 구별할 수 있다.

당신이 시나리오를 공동 작업하기로 결정할 때, 다음의 세 단계를 구별하는 것이 중요하다. 첫째, 우선 공동 작업의 기본 규칙을 세운다. 둘째, 시나리오를 쓰는 데 필요한 준비를 하는 것이다. 셋째, 다음 시나리오를 쓰는 것이다. 이 세 가지 모두 필요하다. 일단 공동 작업을 하기로 결정했으면 시야를 넓히는 것이 좋다. 예를 들어, 당신은 잠재력 있는 협력자를 좋아하는가? 당신은 그 사람과 함께 여러 달 동안 하루에 몇 시간씩 일해야 하므로 그 또는 그녀와 함께 즐겁게 지내는 것이 좋다. 그렇지 않으면 문제를 안고 시작하게 될 것이다.

공동 작업은 관계다. 일대일의 관계다. 둘 혹은 그 이상의 사람들이 시나리오를 창작하기 위해 함께 일하고 있다. 시나리오의 창작이 공동 작업의 목표이고, 그것을 위해 모든 힘을 쏟아야 한다. 공동 작업자들은 시나리오의 창조가 목표라는 점을 아주 빨리 잊어버리는 경향이 있다.

때때로 작가들은 서로 옳다는 명분과 여러 가지 이기적인 싸움으로 어려움에 부딪히게 되므로 공동 작업에 앞서 당신 자신에게 몇 가지 질문을 하는 것이 좋다. 예를 들어, 왜 공동 작업을 하는가? 왜 당신은 협력자와 공동 작업을 해야 하는가? 그 사람과 함께 일하기로 결정한 이유는 무엇인가? 더 쉽기 때문에? 더 안전해서? 아니면 외롭지 않기 때문에? 불안에서 벗어날 수 있기 때문에?

시나리오의 공동 작업을 하는 모습이 어떤 것인지 생각해 본 적이 있는가? 대부분 한 사람이 식사를 준비하는 주방장처럼 방 안을 빠르게 걸으며 단어와 구절을 큰소리로 말하면, 다른 누군가가 미친 듯이 자판을 두드리며 받아 적는 모습을 상상할 것이다. '시나리오 팀'은 보통 말하는 사람과 받아 적는 사람으로 구성된다.

당신은 위와 같은 방법을 생각하는가? 1920년대와 1930년대에 모스 하트와 조지 S. 코프먼 같은 시나리오 팀은 이와 같은 방법을 사용했으나, 이제는 더 이상 이 방법을 사용하지 않는다. 요즘은 피터 잭슨이 「반지의 제왕」을 쓸 때, 다른 시나리오 작가들과 함께 작업했던 방식을 비롯하여 다양한 방식이 있을 것이다.

모든 사람이 다양한 방법으로 일한다. 자기가 좋아하거나 싫어하는 고유의 스타일과 방법이 있다. 나는 공동 작업의 가장 좋은 예가 엘턴 존과 버니 토핀의 경우라고 생각한다. 그들의 명성은 공동 작업에 힘입은 바 큰데, 버니 토핀이 가사를 쓰면, 세계 어딘가에 머물고 있는 엘턴 존이 그 가사에 곡을 붙이고 편곡해서 녹음한다. 이 예는 특수한 것으로 규칙은 아니다.

공동 작업을 하고 싶으면, 작업할 올바른 방법을 찾아야 한다. 올바른 스타일, 올바른 방법, 올바른 진행 순서 등 여러 가지를 시도하면서, 시행착오를 거치며 당신과 협력자에게 가장 바람직한 방법을 찾는 경험을 해 보는 것이 좋다. 내 친구인 영화 편집 기사는 "기능을 발휘하지 않는 시퀀스들은 당신에게 기능을 발휘하는 것이 어떤 것인지 보여 준다."라고 말한 적이 있다.

공동 작업을 하는 데 규칙은 없다. 규칙을 만들고, 그대로 그것을 조정해야 한다. 마치 결혼처럼 규칙을 만들고, 인정하고, 유지해야 한다. 당신은 항상 다른 사람과 관계를 맺고 있다. 공동 작업은 50 대 50의 비율로 일을 동등하게 나누어 갖는 것이다. 공동 작업에는 네 가지 기본 역할이 있다. 작가, 연구자, 타이피스트, 편집자. 어느 위치나 똑같이 중요하다.

공동 작업이 당신이나 당신의 협력자에게 어떤 것인가? 당신은 공동 작업에서 무슨 일을 하는가? 당신의 협력자는 무엇을 하는가? 필요하면 예정된 협력자와 앉아서 어떻게 같이 작업할 것인가에 대해 2~3쪽에 걸쳐 편하게 써 보라. 그리고 서로 바꿔 읽고 다시 써 보라. 당신이 그가 쓴 내용을 읽고, 그는 당신이 쓴 내용을 읽고, 그렇게 당신 둘이서 해낸 것을 같이 읽어 보라.

마음을 터놓고 대화하라. 누가 컴퓨터 앞에 앉을 것인가? 당신은 어디서 일을 할 것인가? 언제 누가 무엇을 할 것인가? 당신 둘이 하루에 함께 일하기 가장 좋은 시간은 언제인가? 누가 먼저 일하고 나서 작업한 것을 이메일로 보내 상대편이 편집하도록 할 것인가, 아니면 반대로 할 것인가? 아니면 같은 시간, 같은 장소에서 할 것인가?

이야기하고 토론하라.

기본 규칙을 세워라. 해야 할 일의 목록을 작성하고, 두세 번 혹은 그 이상 도서관을 찾거나 인터뷰하는 것도 넣어야 한다. 일을 조직하고 세분하라. "나는 이 일이 마음에 들어서 이 일을 할 것이오. 당신은 그 일을 하시오." 하고 싶은 일을 하라. 도서관을 이용하고 싶으면 그렇게 하라. 협력자가 인터뷰를 하려고 하면, 그에게 하게 하라. 이 모두가 시나리오를 쓰는 과정이다.

작업 일정표는 세웠는가? 당신은 직업이 있는가? 그렇다면 언제 공동 작업을 할 것인가? 어디에서 할 것인가? 두 사람 모두에게 편리한지 확인하라. 당신이 직업을 갖고 있고, 가족이 있거나 동거 중이면 공동 작업은 때로 어려워진다. 이런 문제를 해결하도록 하라.

당신은 아침에 일하는가, 오후에 일하는가, 아니면 밤늦게 일하는가? 아침에 일이 가장 잘되는가, 아니면 오후에, 밤에? 잘 모르겠다면 그중 특정 시간대를 정해 시도해 보고, 결과를 살펴보라. 효과가 있으면 계속하라. 그렇지 않으면 다른 방법을 시도해 보라. 당신과 당신의 협력자 모두에게 가장 좋은 방법을 택하라. 서로 격려하라. 당신과 협력자 모두 같은 일, 즉 완벽한 시나리오를 쓰기 위해 일하고 있다.

두 사람 모두에게 알맞은 시간표를 조사하고 세우는 데만 2주가 필요하다.

두려워하지 말고, 잘되지 않는 일이 있더라도 해결하려고 노력하라. 그것을 목표로 삼아라. 실수를 해 보라. 시행착오를 거쳐 공동 작업을 해 나가라. 그리고 기본적인 규칙이 세워질 때까지 진지하게 시나리오를 쓸 생각은 하지 마라.

이제 해야 할 마지막 일은 시나리오를 쓰는 것이다.

시나리오를 쓰기 전에 소재를 준비해야 한다. 당신은 어떤 종류의 이야기를 쓰는가? 정열적인 사랑 이야기를 담은 모험담이 흥미로울 것인가? 당신 스스로 알아내야 한다. 동시대 이야기인가? 역사극인가? 시대극인가? 소새를 조사하기 위해 무엇을 해야 하는가? 법적 절차를 거쳐야 하는가? 당신이 혼자서 한 일이 어떤 것이든지 일단 하면 그것을 협력자에게 이메일로 보내라. 다시 말하지만, 공동 작업은 50 대 50의 비율로 작업하는 것이다. 이야기를 발전시키려면 함께 작업하는 것이 가장 좋다. 전체 시나리오를 그저 몇 문장으로 말해 보라. 주제와 행동과 인물을 정하라. 그리고 그것을 장르에 맞는 방식으로 다시 접근하라. 어떤 종류의 이야기를 쓸 것인가? 액션 어드벤처, 스릴러, 러브 스토리, 드라마, 로맨틱 코미디? 당신이 해야 할 첫 번째 일은 당신이 쓰려는 이야기의 종류를 명확히 하는 것이다. 이야기는 어디서 시작하고 어디서 끝이 나는가? 행동 라인은 어떤가? 누가 주요 인물인가? 무엇에 관한 것인가? 당신의 이야기가 고속 도로 건설 과정에서 고대 유물을 발견한 고고학자에 관한 것인가? 당신의 인물이 갖는 극적 요구는 무엇인가? 어떤 갈등을 담을 것인가? 내적 갈등(공포, 감정, 통제력의 상실)인가, 아니면 외적 갈등(육체적 부상, 전쟁에서의 공격, 자연재해, 생존 문제)인가? 만일 당신이 미스터리를 쓴다면 당신은 누가 왜 범죄를 저질렀는지 아는가? 이들이 당신이 알아야 할 바로 첫 번째 사항이다. 그리고 나서 당신은 이야기를 구성할 수 있다.

당신은 이야기의 끝, 이야기의 결말을 아는가? 당신은 시작을 아는가? 구성점 1, 구성점 2는 아는가? 당신이 그것을 모른다면, 누가 알겠는가? 당신과 협력자 모두 어디로 가야 할지 알아야 하고, 그곳으로 가는 가장 좋은 방법을 결정해야 한다.

누구에 관한 이야기인가? 등장인물의 전기를 써라. 각 등장인물에 대해 협력자와 이야기를 해도 좋다. 그리고 협력자가 다른 사람의 전기를 쓰는 동안 당신도 다른 인물의 전기를 써라. 아니면 당신이 인물의 전기를 쓰고 협력자가 편집해도 좋다. 인물을 알아야만 한다. 그들에 대해 이야기하라. 그들이 누구인지, 그들이 어디 태생인지 이야기해 보라. 빈 항아리를 가득 채워라. 채우면 채울수록 더 잘 꺼낼 수 있다.

인물에 관한 작업을 한 후에 카드를 활용해서 이야기를 구성하기 시작하라.

이야기를 펼치기 시작하라. 이야기의 시작과 끝, 구성점 1, 구성점 2를 안다면 당신은 이야기를 펼쳐 나갈 준비가 된 것이다. 토론하라. 이야기하라. 논쟁하라. 이야기를 알고 있는지 확인해 보라. 이야기에 동의할 수도, 동의하지 않을 수도 있다. 당신은 이런 방법을 원하지만 협력자는 다른 방법을 원할 수도 있다. 의견의 일치를 보지 못하면, 두 가지 방법으로 이야기를 써라. 그리고 이야기가 잘되어 가는지 보라. 완성된 작품, 즉 시나리오를 향해 써 나가라. 항상 시나리오에 집중하라.

시나리오를 쓸 준비가 되어도 일이 꼬일 수 있다. 준비해라. 종이 위에 어떻게 쓰려고 하는가? 어떤 기교를 사용할 수 있을까? 이 단어보다 저 단어가 왜 더 좋은가? 누가 그렇게 말하는가? 내가 옳고, 당신이 틀리다는 것이 하나의 관점인 것처럼 당신이 옳고, 내가 틀리다는 것은 또 다른 관점이다.

나는 그간 공동 작업을 여러 번 해 보았다. 그 작업은 매번 달랐다. 어느 한 프로젝트를 누군가 다른 사람과 함께할 때, 나는 임무 사항을 작성한다. 우리가 시나리오를 통해 무엇을 얻기 원하는가? 예를 들어, 최근에 과학 서사 모험담인 시나리오를 쓸 때 나는 협력자와 '독자의 마음을 사로잡고, 자리에서 벌떡 일어날 정도로 흥분시킬 만한' 이야깃거리가 나오길 원했다. 그리고 우리는 '시나리오에 집중하기'에 동의했다.

그리고 우리는 함께 시퀀스를 위한 카드를 펼치기 시작했다. 우리는 끝과 시작과 구성점 1, 구성점 2를 알고 있었다. 우리는 몇 주간에 걸쳐 한 주에 두세 번 만나서 영화의 낱낱 순간과 시퀀스, 전체 구조화의 다른 방식 등에 관한 아이디어, 대사, 노트를 주고받았다. 우리는 이러한 작업을 마치고, 그것들을 한 뭉치의 카드로 만들어 신과 시퀀스에 대한 생각을 적어 내려가기 시작했다. 우리는 카드를 배열했다. 이와 같은 과정을 통해 우리는 이야기의 구조상 각각의 사항이 어디에 위치해야 할지 걱정하지 않아도 되었다.

우리는 자료를 준비하는 데 3주에서 6주 정도 보냈다. 조사하고, 인물의 내용을 채우고, 이야기를 구성하고 공동 작업의 방식을 만들어 나갔다. 그것은 흥미로운 경험이었다. 이 과정에서 당신은 때로는 마술 같기도 하고, 때로는 지옥 같기도 한 새로운 관계를 만들 수 있다.

우리가 인물과 이야기에 대해 가장 기초적인 작업을 완수하고 나니, 특수 효과의 마법사이자 나의 협력자인 짐은 도무지 거절할 수 없는 매력적인 작업 요청을 받았다. 할리우드의 블록버스터 영화 「스파이더맨 2」였다. 우리는 둘 다 그 작업에 적어도 10시간 내지 12시간을 투자해야 한다는 것을 알고 있었다. 그에게는 멋진 일이었지만, 우리의 공동 작업에는 호재일 수 없었다. 그것이 우리의 프로젝트를 촉박하게 만들 것이라는 사실을 알고 있었다. 그래서 우리는 이야기를 구성하고 조직하며, 그 이야기 축을 따라 내러티브를 구조화시키는 일을 열심히 했다. 그가 새로운 일을 시작할 때까지 매우 빡빡한 일정이었다.

16. 공동 작업에 대해 알아야 할 것

일단 그가 자신의 작업 부분을 마치고, 마감 시간에 안도하자, 우리는 일주일에 한 번 전화로 체크를 했다. 나는 자료의 일부를 준비하고, 우리가 조사한 것에 기반해서 시퀀스를 썼다. 매주 그는 내가 보낸 자료를 검토하고, 편집하고, 재검토한 후 나에게 보냈다. 그리고 그는 나머지 시간을 가족과 보냈다.

몇 달 뒤, 마침내 우리는 주말에 같이 작업을 할 수 있었고, 자료를 검토한 후 서로가 액트 I 초안을 어떻게 썼는지 파악할 수 있었다. 나는 이미 오프닝 시퀀스를 썼다. 도발적인 우발적 사건이었다. 그는 액트 I을 쓰길 원했다. 그는 그 부분을 마무리하고, 나에게 이메일을 보냈다. 나는 편집을 했고, 그에게 다시 돌려보냈다. 이제 그가 원하는 대로 변화를 주었다. 이런 식으로 우리는 그 프로젝트를 마무리했다. 그가 「스파이더맨 2」를 작업한 것보다 우리의 공동 작업이 더 오래 걸렸다. 그러나 우리는 계속 시나리오 초안을 의식하며 지냈다. 시나리오의 초안은 거의 6개월 후, 다른 작업을 마치고 난 후 3주 만에 완성되었다. 이 시기부터 우리는 이메일로 원고를 주고받고, 재검토하고, 신을 덧붙이고, 토론하고, 제안하며 마침내 최종 초안을 완성했다. 첫 초안은 1년이 넘게 걸렸다. 그리고 또 서너 달을 다시 쓰는 데 보냈다.

이것이 우리가 했던 공동 작업의 내용이다. 일단 작업 스케줄을 잡고, 어떻게 작업을 할지 결정하고 나면 수월하다. 그러나 우리가 항상 마음속으로 기억해야 할 것은 어떻게 우리가 최선을 다해 시나리오 쓰는 일에 충실할 것인가다. 한 줄에서도, 한 신에서도 우리는 이기적인 태도를 보이지 않았다.

공동 작업 과정에서 지켜야 할 핵심 원칙이 있다면, 바로 시나리오에 충실해야 한다는 것이다. 공동 작업은 함께 일하는 것을 뜻한다.

공동 작업 또는 관계의 열쇠는 의사 전달이다. 서로 이야기를 해야 한다. 의사 전달 없이는 공동 작업이 불가능하다. 잘못되면 오직 오해와 부조화만 있을 뿐이다. 두 사람은 시나리오를 쓰고 완성하기 위해 함께 일해야 한다. 시나리오 쓰기에서 벗어나고 싶은 순간이 올 것이다. 시나리오 쓰는 일이 그만 한 보람은 없다고 생각할 수도 있다. 당신이 옳을지도 모른다. 이런 생각은 단지 심리적인 색채를 띤 것이다. 우리는 기본적으로 날마다 불안, 불확실성, 죄의식, 판단력 등과 싸워야만 한다. 이것을 잘 다루어야 한다! 글쓰기는 당신 자신을 더 배우는 것이다. 기꺼이 실수하고 서로에게 배우라.

30쪽 단위로 일하는 것이 좋다. 당신이 액트 I을 쓰고, 협력자가 편집한다. 협력자가 액트 II의 앞부분 절반 정도를 쓰고, 당신이 편집한다. 당신이 액트 III을 쓰고, 협력자가 편집한다. 이런 식으로 당신의 협력자가 무엇을 쓰는지 보고, 당신은 편집과 글쓰기를 번갈아 한다. 당신의 협력자도 마찬가지 방식으로 번갈아 한다.

때로는 협력자의 글에 비판을 가해야 할 때도 있을 것이다. 어떻게 당신이 그(녀)가 쓴 부분이 좋지 않다고, 그(녀)가 그 부분을 다시 생각하는 것이 낫다고 말할 수 있을까? 말하기 전에 다시 한 번 생각해 보는 것이 좋다. 당신의 판단에 협력자의 감정이 좌우된다는 점을 기억하라. '당신이 판단한 만큼 당신도 판단을 받는다.' 다른 사람을 존중하고 (희망을 가지고) 지지하는 것이 좋다. 먼저 하고 싶은 말을 결정하고, 어떻게 가장 잘 말할 수 있는지 생각해 보라. 말하고 싶은 것이 있으면, 먼저 당신 자신에게 말해 보라. 당신이 하려는 말을 상대방이 당신에게 한다면 기분이 어떻겠는가?

결혼 생활처럼 공동 작업의 규칙은 의사소통과 복종이다. 결국, 그것은 배우는 경험이다.

때로 액트 II로 넘어가기 전에 시작 부분을 고쳐야 한다. 과정은 똑같다. 글쓰기는 글쓰기다. 소재를 대강 정리해서 쓰기 시작하라. 소재는 세련되게 다듬을 수 있다. 한 페이지 한 페이지를 완벽하게 하려고 너무 애쓰지 마라. 어차피 언젠가는 수정에 수정을 거듭하게 될 테니 말이다. 아주 좋지 않을 수도 있다. 그래서 어떻다는 말인가? 일단 쓰는 것이 중요하다. 그러면 더 좋게 다듬을 수 있다.

액트 I이 완성되고 꽤 잘 조직된 말끔한 초고가 나오면, 차분히 읽어 보고 편집하라. 어떤가? 여기 다른 신이 필요할까? 이 신은 자를까? 대사가 더 선명해져야 할까? 분량을 더 늘릴까? 어디를 좀 더 다듬을까? 극적 전제가 뚜렷한가? 대사와 이미지 둘 다 괜찮을까? 설정은 적절한가? 이 지점에서 당신은 몇 줄을 첨가할 것이고, 여기저기 신과 몇 마디 대사를 바꿀 것이다. 그리고 때로는 시각적 측면을 스케치해 보기도 할 것이다.

초고를 완성하면, 되돌아가서 다시 읽어 보라. 당신이 쓴 것을 보라. 쓴 것을 전체적으로 보아야 하고, 소재에 대해서 종합적으로 볼 수 있어야 한다. 새로운 신을 덧붙이고 새로운 등장인물을 만들고, 가능하다면 두 신을 하나로 만드는 것이 필요할지도 모른다. 그렇게 하라!

이것이 시나리오 쓰기의 전 과정이다.

당신이 결혼을 했고, 배우자와 공동으로 작업하기를 원한다면, 다른 상황이 연출될 수도 있다. 예를 들어 결혼 생활이 원만하지 않으면, 당신은 공동 작업을 수월하게 풀어 나갈 수 없다. 공동 작업이 결혼 생활의 일부분이 되기 때문에, 불화가 생기면 작업에 부정적인 영향을 끼칠 수 있다. 당신은 눈감고 모른 체할 수 없으며, 아무 일도 없는 것처럼 행동할 수 없다. 그 점을 해결해야 한다.

결혼한 친구 중 부부 기자가 있는데, 그들은 함께 시나리오를 쓰기로 했다. 그때 그녀는 새로운 일자리를 찾는 중이었고, 남편은 업무로 바빴다. 그녀는 시간적 여유가 있었기 때문에 먼저 시나리오를 쓰기로 결정하고, 조사를 시작했다. 그녀는 도서관에서 책을 읽고, 인터뷰를 했으며 소재를 구성했다. 그녀는 "누군가 이런 일을 해야 한다!"라는 말 때문에 그 일을 꺼려하지 않았다.

조사가 끝날 무렵 남편은 자신의 일을 마쳤다. 그들은 며칠 쉰 다음 침착하게 공동 작업을 시작했다. 그의 첫마디는 "당신이 쓴 것을 좀 봅시다."였다. 그리고 그는 소재를 평가하기 시작했는데, 마치 그것이 자신의 임무인 것처럼 보였고, 협력자인 그의 아내에 의해서가 아니라 낯선 어느 조사자에 의해 글이 쓰인 것처럼 행동했다. 그녀는 화가 났으나 아무 말도 하지 않았다. 그녀가 모든 일을 다 했는데, 이제 와서 그가 그 프로젝트를 유보하고 있는 것이다.

문제는 이렇게 시작되었고, 상황은 악화되었다. 그들은 어떻게 함께 일할 것인가에 대해 이야기하지 않고, 그저 함께 일할 것이라고만 생각했다. 기본적인 규칙도 세우지 않았고, 누가 무엇을 언제 할지 결정하지도 않았으며 작업 시간표도 세우지 않았다.

작가로서 그녀는 아침에 일을 하며 매우 빠르게 쓴다. 많은 여지를 남기면서 재빠르게 단어를 배열하고 만족스러울 때까지 다시 본다. 그렇게 원고를 서너 번 다시 쓴다. 반면 그는 밤에 작업을 하고, 글을 느리게 쓰는 편이다. 한 단어 한 단어 숙고하면서 섬세하고 구체적으로 어구를 다듬며 쓴다. 그래서 그가 쓴 초고는 거의 최종 원고에 가깝다.

그들은 모두 전문 작가지만, 공동 작업을 하기로 결정하고 실제적으로 일을 함께 하면서는 어떤 결과를 얻게 될지 숙고하지 않았다. 그녀는 예전에 한 번 공동 작업을 해본 경험이 있었고, 그는 비슷한 상황을 겪어 본 적이 없었다. 그들은 모두 상대방이 한 일에 대한 기대치가 있었지만, 서로 어떻게 의사소통을 해야 할지 몰랐다. 결혼한 상태에서 당연히 쉽게 진행되리라 생각했지만 결국 그 대가는 컸다.

그들은 마음을 가다듬고 이야기를 설계하고, 작업 일정을 세웠다. 그녀는 이미 자신이 조사한 액트 I 부분을 쓰고, 남편은 액트 II를 쓰기로 했다.

그녀는 쓰기 시작했다. 이것이 그녀의 첫 시나리오였기 때문에 걱정스러운 점이 없지 않았지만, 낯선 형식이 주는 저항을 극복하려 노력했다. 그녀는 처음 10쪽을 썼고, 그에게 읽어 보라고 했다. 그녀는 자신이 제대로 하고 있는지 궁금했다. 그녀가 이야기를 올바르게 만들었는가? 이것이 그들이 토론하고 이야기했던 것이었나? 등장인물은 실제 상황 속 실제 인물다운가? 그녀의 걱정은 당연한 것이었다.

그녀가 처음 10쪽을 그에게 주었을 당시 그는 중간 부분의 두 번째 장면을 쓰고 있었다. 그는 그 자신의 문제를 가지고 있었고, 자신의 스타일을 찾기 시작했기 때문에 그녀가 쓴 10쪽을 읽고 싶어 하지 않았다. 그가 쓰고 있었던 신은 힘든 것이어서 며칠 동안 그 신에 매달려 있었다.

그는 그녀가 쓴 것을 받아 들고 한쪽에 치워 둔 채 아무 말도 하지 않고 자신의 일을 다시 시작했다. 그녀는 자기가 쓴 소재를 읽도록 그에게 며칠간의 여유를 주었다. 마침내 그가 읽지 않았다는 사실을 알고, 그녀는 화를 냈다. 결국 그는 그날 밤에 읽겠다고 아내와 약속했다. 그래서 그녀는 적어도 잠시 동안은 화를 누그러뜨릴 수 있었다.

그녀는 다음 날 아침 일찍 일어났다. 그는 전날 밤늦게까지 글을 썼기 때문에 아직 자고 있었다. 그녀는 커피를 마시고, 잠시 동안 글을 쓰려고 했다. 그러나 아무 소용이 없었다. 그녀는 공동 작업자인 남편이 자신이 쓴 글에 대해 어떻게 생각하는지 알고 싶었다. 그가 왜 그렇게 늦게까지 검토했을까?

그녀는 생각할수록 궁금증이 더해졌다. 그녀는 그의 의견을 알아야만 했다. 결국 그녀는 결심했다. 그가 눈치채지 못한다면 불쾌해하지 않을 것이다. 서둘러 그녀는 그의 서재로 가서 살그머니 문을 닫았다.

그녀는 책상으로 가서 자신이 쓴 10쪽 위에 그가 어떤 평을 써 놓았는지 보려고 원고를 샅샅이 뒤지기 시작했다. 원고를 찾았지만, 아무것도 쓰여 있지 않았다. 표시도, 단평도, 아무것도 없었다. 그는 읽지 않았던 것이다! 화가 난 그녀는 그토록 그를 지체하게 만드는 요인이 무엇인지 알아내려고 그의 원고를 읽기 시작했다.

바로 그때 층계에서 시끄러운 소리가 났다. 갑자기 문이 부서질 듯 열리더니 남편이 문 앞에 우뚝 서서 소리쳤다. "책상에서 물러서!" 그녀는 설명하려 했지만 그는 들으려 하지 않았다. 그는 그녀가 훔쳐보고, 간섭하고, 개인의 자유를 침범했다고 비난했다. 그녀는 분노와 흥분을 더 이상 참지 못했고, 대화를 그만두었다. 그들은 격렬하게 싸웠다. 원망, 실망, 공포, 불안, 불확실함 속에 그들은 소리 지르며 싸웠다. 심지어 개까지 짖기 시작했다. 공동 작업의 절정에서 그는 그녀를 거실로 끌고 나온 다음 서재 밖으로 내쫓았고, 그녀가 보는 앞에서 문을 요란스럽게 닫았다. 그녀는 구두를 벗은 채 문을 두드리며 서 있었다. 구두 굽흔적이 아직도 서재 문에 남아 있다.

이제 그들은 그 일에 대해서 웃을 수 있다. 하지만 당시에는 그렇지 못했다. 그들은 며칠 동안 서로 말을 하지 않았다.

그들은 중요한 경험을 했다. 그들은 공동 작업을 하면서 싸우지 말아야 한다는 것을 배웠다. 함께 일하는 것을 배웠고, 좀 더 인격적이고 전문적인 수준에서 논의하는 것을 배웠다. 긍정적으로 서로를 지지하고 평가하는 방법을 배웠다. 그들은 서로 존중하는 법을 배웠다. 누구든 자기만의 글쓰기 스타일을 가질 수 있어서, 다른 사람이 그 스타일을 바꿀 수 없으며, 오직 지지만 할 수 있다는 사실을 배웠다. 그녀는 단어를 세련된 문장으로 만드는 그의 방식을 존중하게 되었다. 그는 언제나 빠르고 분명하고 정확하게 일을 끝내는 그녀의 글 쓰는 방식을 존중하고 칭찬하게 되었다. 어려운 문제가 생기면 어떻게 서로에게 도움을 청해야 하는지를 배웠다. 그들은 서로에게 배웠던 것이다. 시나리오를 완성했을 때, 그들은 만족감과 성취감을 느꼈다. 그들은 실제적 차원에서뿐 아니라 감정적 차원에서도 함께 일하는 것을 배웠다.

공동 작업은 '함께 일하는 것'을 뜻한다.

공동 작업을 하기로 결정한다면, 다음 세 가지 단계로 글쓰기 과정을 계획하라. 기본적인 규칙과 준비, 그리고 소재를 글로 풀어내는 기법, 이것이 바로 세 가지 단계다.

17 ——— 시나리오가
완성된 후에
해야 할 일

"할리우드는 격려를 받다가
죽을 수도 있는 유일한 곳이다."

— 도로시 파커

17. 시나리오가 완성된 후에 해야 할 일

시나리오를 완성한 후 당신은 시나리오로 무엇을 할 수 있을까?

첫째, 당신은 시나리오가 제대로 기능을 발휘하는지 아닌지 알아내야 한다. 당신이 그것을 돌에 새겨 넣든, 그것으로 도배를 하든 당신은 그것이 잘 기능하는지, 의도한 것을 잘 썼는지 보기 위해 일종의 피드백 작업을 할 필요가 있다. 그것이 쓸 만한지 진짜 확신할 수 없다면, 어떠한 판단도 할 수 없다. 당신은 지나칠 정도로 자기 글에 함몰되어 있어서 정확한 판단을 할 수 없으며, 주관성의 미로에서 길을 잃기 쉽다.

물론 가까운 친구에게 그것을 읽어 보라고 보내기 전에 먼저 해야할 일은 컴퓨터에 저장하거나 복사를 해 두는 일이다. 이 작업을 분명하게 해 둬야 한다. 컴퓨터에 저장하는 것이 안전하다. 만일 인쇄한 원본만 있다면, 누구에게든 원본은 주지 말아야 한다. 당신은 언제나 필요한 원고 복사본을 가지고 있어야 한다.

최근 나는 전문가의 참고인 자격으로 한 소송을 지켜보았다. 그 소송은 자신의 하드 드라이브에만 시나리오 원고를 보관했던 것과 관련된 문제를 다룬 것이었다. 그 작가는 자신이 억울하다고 생각했다. 그는 독일 프로덕션과 공동 작업과 관련한 거래를 하면서 복사본을 그 회사에 보냈다. 뒤이어 그는 DSL 라인을 설치하고, 자신의 원고를 더 빠르고 효율적으로 보낼 수 있길 원했다. 그래서 그는 지역 통신 회사에 설치를 요청했다. 그러나 설치 기사는 그의 하드 디스크가 꽉 차서 라인을 설치할 수 없다고 했다. 무심코 그 작가는 하드 디스크를 전부 비웠고, 이후 어떤 일이 있어났을지 상상할 수 있을 것이다. 하드 드라이브 전체를 비웠으니 작가는 저장해 둔 모든 것을 잃게 되었다. 그는 복사본마저 없었기 때문에 독일 회사는 해당 프로젝트를 그만두게 되었다. 작가는 아무것도 가진 것이 없었다. 그는 첫 페이지, 한 단어부터 시나리오를 다시 써야 했다.

황당한 일처럼 들리는가? 그러나 사실이다. 이야기를 만들 때 반드시 지켜야 할 점이 있다. 바로 항상 자료를 저장하라는 것이다.

이제 당신은 아주 가깝고 믿을 수 있으며, 어떤 말이든 당신에게 해 주는 것을 꺼리지 않을 두 명의 친구에게 원고 복사본을 보낼 준비가 되었다. "난 이것이 마음에 들지 않아. 자네가 쓴 건 비현실적인 데다가 인물이 너무 평범하고 일차원적이야. 이야기도 빠르게 전개되고 있어."라고 거침없이 말해 줄 친구에게 말이다. 그 친구는 당신의 감정을 상하게 하는 것을 두려워하지 않을 정도로 믿을 수 있는 사람이어야 한다.

대부분의 사람들은 당신이 쓴 시나리오에 대해 솔직한 느낌을 말하지 않는다. 그들은 당신이 듣고 싶은 말이 무엇인가 생각해서 그것을 말해 줄 것이다. "이것 멋지군. 아주 좋은데. 당신은 멋진 이야기를 만들어 냈군!" 그들이 이렇게 말할지도 모른다. 그것이 어떤 말이든 이런 태도는 상업적인 것이다. 사람들은 자기가 진실을 말하지 않아서 당신을 해친다는 사실을 깨닫지 못한다.

당신의 이름을 제목 페이지에 같이 적는다. 그것이 당신이 쓸 수 있는 최고의 원고가 되길 원한다. 어떤 제안이 시나리오를 더 좋게 만들 것이라 판단되면, 그것을 수용하라. 다시 쓰면서 수정한 부분은 어떤 것이든 당신이 선택한 것이다. 그리고 수정한 것에 대해 편안한 마음을 가져야 한다. 이것은 당신이 쓴 이야기나. 당신은 본능석으로 수정한 것이 좋은 결과를 만들어 낼지, 아닐지 알 것이다.

다시 쓴다면 주제를 검토해야 한다. 당신은 '글쓰기는 다시 쓰기의 연속이다.'라는 격언을 들어 봤을 것이다. 맞는 말이다. 제작 시장에 보낸 초고는 세 가지 차원의 초고다. 첫째, '종이 위에 단어'로서 초고다. 다음은 '기계적 초고'다. 셋째, 초고는 '광내기'다. 대부분의 초고는 이렇다.

당신이 '종이 위에 단어'로서 초고를 완성한 후, 일주일간 그것을 치워 놓아라. 한자리에 앉아서 처음부터 끝까지 그 초고를 다시 읽어라. 펜·연필·종이를 치워 두고 컴퓨터도 꺼라. 읽을 때 어떤 말도 붙이지 말고 그냥 읽으면 된다. '종이 위에 단어'란 첫 초고를 다 읽은 후, 당신은 마치 롤러코스터를 탄 것 같은 감정의 동요를 느낄 것이다. 당신 생각에 어떤 부분은 끔찍하다. 글을 못 쓴 것 같고, 이야기는 대화로만 진행된다. 묘사는 너무 길고, 투박하고 상투적이다. 다시 읽어 보니, 내용이 너무 빈약하고, 서툴고, 지나치게 직접적이고, 별로 좋은 시나리오가 아닌 것 같다.

그러다 당신은 또 다른 몇 페이지는 잘 쓴 것 같다는 느낌을 가질 것이다. 대사도 좋고, 행동에도 짜임새가 있으며, 전반적으로 시나리오의 기능이 잘 살아난 것 같다. 그러다가 다시 롤러코스터를 탄다. 감정이 오르막과 내리막 사이를 오간다.

그래도 별문제 없다.

원고를 다 읽었으면 다시 또 치워 두라. 이제 세 편의 에세이를 써 보라. 자유롭게 쓸 첫 번째 에세이는 무엇이 당신에게 이 시나리오를 쓰게 만들었는지에 관한 것이다. 2~3쪽 정도면 되지만 선택하기 나름 이다. 애초에 당신이 이 시나리오를 써야겠다고 생각하게 만든 것이 인물인가, 상황인가, 아이디어인가, 혹은 액션인가? 무엇이 진짜 당신에게 글을 쓰게 만든 요인인가? 당신의 생각과 말과 아이디어를 던져 버려라. 문법이나 구두점에 대해 신경 쓰지 마라. 만일 원한다면 부분 부분 조각 내어 써 보라. 첫 번째 것을 완성하면 다음으로 넘어가자.

두 번째 에세이도 역시 자유롭게 쓴다. 이들 질문에 답하라. 당신 이 글을 마감할 때는 어떤 종류의 시나리오가 나오길 원하는가? 당신 은 강력한 사랑 이야기를 담은 미스터리 스릴러로 시나리오를 시작했 는데, 막상 끝내고 나니 미스터리 스릴러의 요소가 있는 러브 스토리가 되어 있을 수도 있다. 한 종류의 이야기로 시작하다가 다른 종류로 끝 나는 경우는 흔하다. 예를 들어, 나의 제자 중 한 명은 일용직 노동자 남성과 상류층 여성의 관계를 중심으로 글을 쓰기 시작했는데, 나중에 는 그 여성을 둘러싼 일용직 노동자와 그의 형 사이의 관계에 대한 이 야기로 바뀌어 있었다. 우리는 시나리오 전체에 걸친 선명하고 응집력 있는 내러티브를 원한다. 이 내용에 관해 2~3쪽 정도 써 보라.

세 번째 에세이를 보자. 당신은 무엇 때문에 시나리오를 쓰기 시 작했는지 안다. 그리고 처음 초고를 쓰다가 방향이 바뀌었을 수도 있다. 그래서 당신의 출발점은 결론에 가서 다소 달라져 있을 것이다. 당신은 세 번째 에세이에서 이 질문에 답해야 한다. 당신이 쓴 것을 당신이 쓰 기 원하던 것으로 바꾸기 위해 무엇을 해야 할까? 앞에서 말한 제자의 경우, 그녀는 처음으로 돌아가 두 형제 사이의 관계를 다시 쓰고 강화시켰다. 때로는 원래 마무리한 시나리오 내용이 마음에 들 수도 있다. 좋다! 그러나 다른 경우라면 변화를 주어야 한다.

이 세 가지 에세이를 다 썼을 때, 당신은 처음의 의도와 결과가 같아질 수 있도록 이야기의 줄기를 강화시키고 굳건하게 해야 한다는 점을 명심해야 한다.

이제 첫 번째 '송이 위에 단어'를 극적 행동 단위로 읽어 보라. 액트 I을 읽어라. 그리고 여백에 메모를 하라. 스무 개 정도의 신에서 당신은 열 개 정도는 손댈 필요가 없다고 판단한다. 남은 열 개 중에서 다섯에서 여섯 개 정도의 신은 대사를 다시 쓰거나 행동을 더하면서 수정해야 한다. 그리고 남은 다섯 개 정도의 신이 전혀 기능하지 못하는 것을 알게 될 것이다. 이제 그 다섯 개의 신은 완전히 다시 써야 한다. 이것저것 하다 보면 당신은 액트 I에 65~80퍼센트 정도 변화를 주게 된다. 그렇게 하라. 당신은 이 시나리오를 쓰는 데 여러 달을 보냈다. 바야흐로 이를 잘 마무리하려 한다. 만일 이 원고를 판다면 제작사 때문이든, 감독 때문이든, 배우 때문이든 어떻게든 변화를 주어야 할 것이다. 변화는 변화일 뿐이다. 아무도 그것을 좋아하지 않더라도 그렇다. 그러나 우리 모두에게 변화는 필요하다.

할리우드에서는 그 누구도 당신에게 필요한 진실을 말해 주지 않는다. 그들은 당신의 원고가 마음에 든다고 말할 것이다. 그러고는 "지금 당장 우리에게 필요한 원고는 아닙니다."라고 덧붙일 것이다. 아니면 "우리는 이것과 비슷한 시나리오를 본 적이 있어요."라거나 "이미 영화로 만들었던 내용입니다."라고 말할 것이다. 이런 말은 당신에게 도움이 되지 않는다. 당신은 피드백을 원한다. 당신은 누군가 당신의 시나리오를 읽고 진짜 해야 할 말을 해 주길 원한다. 그래서 당신은 원고를 보여

17. 시나리오가 완성된 후에 해야 할 일

줄 사람을 선택해야 한다. 그들이 읽은 후 말하는 것을 들어 보라. 당신이 썼던 것에 대해 방어하지 마라. 애써 그들이 말하는 것을 경청하듯 가장하지 마라. 그냥 화가 나든, 인정하든, 상처를 입든, 감정이 일어나는 대로 두라.

당신이 쓰려 했던 의도를 파악했는지 아닌지 살펴보라.

그들이 맞아서가 아니라, 그들의 관점이 맞을 수도 있기 때문에 타인의 관점에서 나오는 관찰을 들어 보라. 그들은 관찰하고, 비평하고, 제안하고, 견해나 판단을 표현할 것이다. 그들이 옳은가? 그들에게 질문하라. 그들에게 그것에 대해 일정한 압력을 가해 보라. 그들의 제안이나 생각이 합리적인가? 그들이 당신의 시나리오에 넣으려는 것이 있는가? 그들이 무엇을 좋아하는지, 무엇을 싫어하는지 발견하라. 그들의 마음을 움직이는 것과 아닌 것을 찾아보라. 당신은 이 지점에서도 여전히 자신이 쓴 시나리오를 객관적으로 바라볼 수 없다. 만일 당신이 또 다른 견해를 원한다면, '꼭 그런 경우' 혼란에 빠질 준비를 하라. 예를 들어, 그 시나리오를 네 명에게 준다면, 모든 사람의 견해가 다 일치하지 않을 것이다. 한 사람은 달에서 가져온 돌을 훔치는 내용을 좋아할 수 있고, 다른 사람은 절도하는 이야기는 좋아해도 그로 인한 결과를 (인물이 도망을 가든 안 가든) 좋아하지 않을 수도 있다. 또 다른 사람은 왜 사랑 이야기를 쓰지 않았는지 의아해할 수도 있다.

이렇게 되면 도움이 안 된다. 당신이 믿을 수 있는 두 사람에게 최초의 피드백을 요구하라. 당신은 그들의 제안을 시나리오 안에 담아낸 후, 그것을 시장에 내놓을 수 있다.

당신은 영화 업계에서 통용되는 시스템인 10~12폰트로 원고를 써야 한다. 되도록 깔끔하고, 정결하고, 전문가답게 보이도록 해야 한다. 시나리오 형식에 맞아야 한다. 파이널 드래프트 같은 소프트웨어 프로

그램이 큰 도움이 될 것이다.

각각의 신에 번호를 붙여야 하는지 궁금할 것이다. 내 개인적 견해로는 그렇게 하지 말라고 말한다. 그러나 개인적 선호도의 문제다. 일부 사람들은 그렇게 하고, 일부는 그렇게 안 한다. 때로 작가들이 숫자의 노예가 되는 경우가 있다. 절대 그래서는 안 된다. 진정 그것은 선택일 뿐이다. 신에 번호를 붙이는 것은 작가의 일이 아니다. 마지막 촬영 대본은 왼쪽 여백에 번호가 붙는다. 그 번호는 프로덕션 매니저가 신을 분리하기 위해 붙인 것이지 작가가 붙인 것이 아니다. 시나리오가 판매되면, 감독과 배우가 정해지고 프로덕션 매니저가 고용된다. 프로덕션 매니저와 감독은 시나리오를 신별로 검토할 것이다. 그리고 그의 보조자들이 각 신, 즉 실내와 실외 등이 적혀 있는 접이식 프로덕션 보드를 만든다. 프로덕션 보드가 완성되고 신이 기록된 후 감독이 승인하면, 프로덕션 실무자가 숏을 분리시키려고 페이지마다 각 신의 번호를 적는다. 그 숫자들은 각 숏을 구별하기 위해 사용된다. 그래서 필름(아마 30만에서 50만 피트 정도)을 분류하고 정리할 때 각 필름 조각이 구분될 수 있다. 신의 숫자를 적는 것은 작가의 일이 아니다.

제목 페이지의 단어를 보자. 많은 새로운 시나리오 작가 지망생들이 제목 페이지에 등록, 저작권 정보, 다양한 인용구, 날짜 등을 적어야 한다고 생각한다. 그들은 '제목'에다가 '미국 작가 조합'에 소속된 아무개가 쓴 대형 프로덕션 제출용 창작 시나리오라고 적길 원한다. 그런 것은 적지 마라. 표지는 제목을 위한 것이다. 그것은 단순하고 직접적이어야 한다. 제목은 표지 한가운데 적는다. 그리고 바로 밑에 '아무개의 시나리오'라고 적고, 오른쪽 밑에 주소와 전화번호만 쓰면 된다. 여러 번, 작가의 연락처 정보가 없는 시나리오를 받아 본 적이 있다. 그런 원고들은 두 달 정도 보관되다가 쓰레기통으로 직행한다.

표지에 저작권과 등록 문제 등을 적을 필요가 없다. 그러나 당신의 원고를 보호하는 것은 중요하다.

다음은 당신의 시나리오의 저작권을 주장하는 세 가지 합법적 방법이다.

1. 시나리오의 저작권을 등록하라. 이를 위해 의회 도서관에서 저작권 서식을 얻어 이곳에 요청서를 보내라.

Register of Copyright

Library of Congress

Washington, D.C. 20540

당신은 또한 지역 연방 사무실에서 저작권 양식을 얻을 수 있다. 이 서비스에 비용은 들지 않는다.

2. 시나리오 복사본을 봉투에 넣어서 등기 우편으로 자신에게 보내라. 우편 소인이 분명히 보여야 한다. 이것은 그 시나리오의 작가가 누구이고, 저자로서의 권한을 언제부터 가졌는지 입증해 준다. 또 나중에 생길 수 있는 법적 분쟁에 도움이 될 것이다. 당신이 봉투를 받으면, 개봉하지 말고 보관만 해 둔다. 법정에서 중요한 것은 어느 날 당신이 시나리오를 썼다는 것을 입증하는 날짜와 소인이다.

3. 저작권을 확보하는 가장 쉽고 효율적인 방법은 미국 작가 조합을 통하는 것이다. 미국 작가 조합은 등록 서비스를 제공하는데, 그들은 작품의 완성 날짜를 포함해서 그 작품의 작가가 누구인지 밝혀 줄

증거를 제공해 준다. 당신은 작가 조합에 원고 복사본을 보내는 것으로 등록할 수 있다. 혹은 온라인을 통해서도 가능하다. 기존 회원에게는 10달러, 비회원에게는 20달러의 비용이 든다. 만일 미국 작가 조합에 우편으로 등록할 경우에는 가입과 더불어 깨끗한 복사본을 다음 주소로 보내야 한다.

미시시피 기준 서쪽 지역

Writers Guild of America, West: 7000 West Third Street

Los Angeles, CA 90048

Within Southern California: (323) 951-4000

Outside Southern California: (800) 548-4532

Fax: (323) 782-4800

www.wga.org

미시시피 기준 동쪽 지역

Writers Guild of America, East: 555 West 57th Street, Suite 1230

New York, NY 10019

Tel: (212) 767-7800

Fax: (212) 582-1909

www.wgae.org

온라인으로 처리할 경우는 www.wga.org에 접속하여 'Register your script online'을 클릭한다.

만일 우편으로 등록한다면 조합에서는 시나리오 복사본을 받아 그것을 마이크로필름으로 떠서 10년간 안전한 장소에 보관해 둔다. 이

때 받은 영수증은 당신이 그 작품을 썼다고 보증하는 중요한 증거가 된다. 만일 누군가 당신의 작품을 도용하여 분쟁이 발생했다면, 변호사를 통해 당신이 먼저 저작권 등록을 한 것을 입증하도록 미국 작가 조합의 기록 보관인을 법정에 불러 당신 입장에 서도록 할 수 있다.

작가가 시나리오를 프로듀서나 스튜디오에 직접 제출했다가, 나중에 상영 중인 영화를 보고 나서야 자신의 작품이 도용되었음을 알게 되었던 시절도 있었다. 지금도 이런 일은 발생하며, 사람들 또한 이런 일이 일어날 수 있다고 생각한다. 몇 년 전 전 세계적으로 유명한 유머 작가이자 언론인인 아트 부흐왈트는 알렝 번하임과 함께 파라마운트사의 「커밍 투 아메리카」라는 영화에 대한 트리트먼트를 써 주었다. 거래가 진행되었고, 작가들은 약간의 돈을 받았다. 그런데 스튜디오는 막바지에 그들이 보완한 내용을 폐기했고, 부흐왈트는 자기의 분야로 돌아가 자신의 일을 했다. 나중에 에디 머피가 나온 영화가 파라마운트사에 의해 개봉되었는데, 그것은 부흐왈트와 번하임이 쓴 트리트먼트에서 직접 가져온 이야기임이 분명했다. 부흐왈트는 파라마운트사가 자신들의 아이디어를 도용하고 제대로 지불하지 않았다고 소송을 제기했다.

그 소송은 주요 신문 헤드라인을 장식했고, 중요한 선례를 남겼다. 저작권을 증명하기 위해 부흐왈트와 번하임은 스튜디오의 재무 관행을 폭로했다. 이는 기념비적인 사건이었다. 마침내 긴 법정 싸움 끝에 법원은 그들에게 저작권 침해에 대한 보상으로 90만 달러를 지불하도록 판결을 내렸다. 그들은 '우선 등록권'을 입증할 수 있었다. 즉 그들은 자신들의 아이디어를 파라마운트사에 제출했음을 입증했다는 뜻이다.

당신은 종종 작가들이 아이디어를 도용당할까 봐 겁이나 스튜디오나 제작사에 시나리오를 보낼지 여부에 대해 걱정하는 소리를 들었을 것이다. 그렇다. 저작권법에 따르면 "당신은 아이디어를 저작권으로 등록할 수 없다. 아이디어가 표현된 것에 대해서만 저작권 등록을 할 수 있다." 달에서 가져온 돌을 어떤 세 사람이 휴스턴의 NASA로부터 훔친다는 내용은 아이디어다. 그들이 어떻게 그것을 하는지, 어떤 인물이 그것을 하는지는 '아이디어의 표현'이다. 이러한 이유로 만일 당신이 부탁받지 않은 시나리오를 쓰고, 그것을 스튜디오나 프로덕션 회사에 제출해야 할 때, 당신은 지금이든 나중에든 저작권 위반에 대해 소송권을 무시하겠다는 계약에 사인하기를 요청받을 것이다.

예를 들어, 몇 년 전 내 친구 하나는 경쟁력 있는 스키 선수가 유럽 선수권에 출전했던 이야기로 시나리오를 쓴 적이 있다. 그녀는 그것을 여러 프로덕션에 보냈다. 회사들은 "감사합니다만, 우리가 진행할 수는 없습니다."라는 답만 보내왔다.

몇 년이 지난 후, 그녀는 유럽 선수권에 출전한 어느 스키 선수에 관한 영화를 보게 되었다. 그 영화는 그녀가 시나리오를 보냈던 회사가 만든 것이었다. 그녀는 그 영화와 자신의 시나리오에서 많은 유사점을 발견했다. 사실 그녀는 자신의 이야기라고 생각했다.

그래서 그녀는 소송을 제기하여 승소했다. 왜냐하면 자신의 우선 등록을 인정받았고(그녀는 미국 작가 조합에 자신의 시나리오를 등록했었다), 프로덕션에서 거절한 내용의 편지 사본을 가지고 있었기 때문이다.

아무도 이런 상황에서 '의도적으로' 일을 저지르지는 않는다. 프로덕션은 어떤 이유에서든 그녀의 아이디어를 거절했다. 그리고 나중에 영화에 대한 주제를 찾다가, 마침 누군가 유능한 스키 선수에 관한 '생각을 해냈다.'

영화가 배급된 후, 아직 영화화되지 않은 소설이나 시나리오 작가들이 저작권 침해를 주장하는 예도 적지 않다. 그들은 자신의 시나리오를 회사에 제출했지만, 회사가 뜯어보지도, 읽지도 않은 상황에 처해 있다. 이러한 경우는 상당히 불리하다. 작가는 우선 등록권을 입증할 수 없다. 그리고 그들의 생각이 다소 유사하더라도 '생각을 표현'하는 것은 다를 수도 있다. 나는 전문 참고인 자격으로 여러 번 이런 종류의 소송에 참여했다. 그런데 이런 문제는 아직 법적으로 분명히 실체화되지 않은 상태다.

당신이 시나리오를 시장에 내놓을 준비가 되면 당신은 열 편 정도의 복사본이 필요하다. 대부분의 이야기 담당자는 시나리오를 돌려보내지 않는다. 만일 당신이 그것을 프로듀서나 회사에 보낸다면, 당신은 그것을 누구에게 언제 보냈는지에 대한 기록을 보유하고 있을 필요가 있다. 만일 당신이 그것을 회사에 보내면, 누군가 그 원고가 도착했음을 알아야 한다. 이메일이나 또는 하드 카피 방식이나 마찬가지다. 다른 경우, 계약 사인이 되지 않은 채 시나리오가 없어지거나, 읽지 않은 채로 되돌아오기도 한다.(시나리오가 들어 있는 봉투에 자신의 주소를 쓰고 우표까지 미리 붙여 놓는 것은 이야기 편집자들이 당신이 신참 작가임을 알게 하는 것이다. 그렇게 하지 마라. 다시 원고가 돌아올 가능성은 거의 없다.) 그냥 열 편의 사본을 가지고 있으면 된다. 그중 하나는 등록하는 데 쓴다. 이제 아홉 편이 남는다. 만일 운이 좋아 당신의 시나리오에 관심이 있는 영화 제작자를 만나면 혹은 변호사를 고용할 수 있다면, 그들이 즉각 다섯 편의 사본을 원할 것이다. 당신에게는 네 편이 남게 된다.

당신의 시나리오를 제본하라. 원한다면 표지를 만들 수도 있다. 괜히 멋진 양장 커버 따위로 꾸밀 생각은 마라. 당신은 A4 용지 사이즈의 종이에 써야 한다. 특이한 규격의 사이즈에 쓰는 것이 아니라.

당신의 원고는 단번에 결정되고 처리된다. 그러니 그것을 소중히 관리하라. '단번에'는 이런 뜻이다. 내가 시네모빌의 이야기 부서 책임자였을 때, 제출된 모든 원고는 파일로 들어가 제목별·저자별로 색인 처리된다. 시나리오는 읽혀지고, 평가되고, 시놉시스 형태로 정리된다. 그것을 '커버리지(coverage)'라고 한다. 시나리오를 읽은 제작사 직원이 코멘트를 남기고, 그들은 시나리오를 치운다.

만일 당신이 시나리오를 제작자나 제작사에 보낼 경우, 그들은 읽은 후 제작을 거부할 수 있다. 그러면 당신은 그것을 다시 써서 재차 제출하려고 마음먹을 수 있다. 그러나 그것이 다시 읽힐 가능성은 거의 없다. 심사자는 애초 시놉시스를 보고 나머지를 읽는다. 그러고는 치워 버린다. 기회를 만들려면, 제목과 필명을 바꾼다.

시나리오와 시놉시스를 같이 보내지 마라. 시놉시스는 읽히지 않을 것이다. 할리우드의 어느 누구도 당신이 일정 수준의 작가가 아니라면 시놉시스를 읽지 않을 것이다. 캐나다나 유럽, 남아메리카 그리고 아마도 동아시아에서 작가는 자신의 트리트먼트를 팔아 돈을 벌 수도 있을 것이다. 정부가 영화 산업을 후원하기 위해 이야기를 사들여 시나리오로 발전시키기도 한다. 그러나 그것은 단지 외국의 일이다. 할리우드에서는 당신이 시놉시스를 보낸다면 불이익을 당하게 될 것이고, 모르긴 해도 즉시 폐기될 것이다. 보통 시나리오는 '시나리오를 검토하는 사람'이라는 시련 과정을 통과해야 한다. 특별한 시나리오를 신중하게 고려할 것인지 아닌지 여부는 시나리오를 검토하는 사람의 코멘트에 달려 있다.

그렇다면 어떻게 제작자를 만날 수 있을까? 대부분의 할리우드 제작사는 사전 요청을 한 원고 외에는 받지 않는다. 그들은 권위 있는 작가 에이전트, 즉 미국 작가 조합이 만든 아티스트-매니저 협정서에 사인한 작가 에이전트를 통해 제출된 것이 아니면 원고를 받지 않는다. 그렇다면 원고를 팔기 위해 에이전트가 필요할까? 그렇다면 어떻게 에이전트를 구해야 할 것인가?

이런 질문은 여러 차례 들었다. 만일 당신이 원고를 수백만 달러 이상의 좋은 가격에 팔기를 원하고, 톰 크루즈나 줄리아 로버츠 같은 스타가 주연할 만한 이야기라면, 당신에게는 작가 에이전트가 필요하다. 그렇다면 어떻게 에이전트를 구할까?

우선 당신은 시나리오를 완성해야 한다. 개요나 트리트먼트 정도로는 통하지 않는다. 그다음에 미국 작가 조합에 접촉하여 그 제작사에서 인정하는 에이전트 명단을 메일로 보내 달라고 요청하라. 그들은 명단을 보내 줄 것이다. 미리 요청하지 않은 시나리오, 새로운 작가에게서 오는 시나리오를 기꺼이 읽어 줄 에이전트가 거기에 있다.

몇 개의 에이전트 목록을 작성하라. 편지나 이메일로 그들을 접촉하라. 그리고 그들에게 새로운 작가가 쓴 시나리오를 읽는 데 흥미를 느끼는지 물어보라. 당신에 대해 알려 줘라. 당신 자신을 파는 것이다. 할리우드에서는 모두가 판매자이고 구매자다.

그들 대부분은 당신 시나리오에 대해 부정적으로 답할 것이다. 더 시도해 보라. 그들은 역시 부정적으로 답할 것이다. 계속 더 노력해 보라. 할리우드는 '아니오.'의 도시다. 긍정보다는 부정이 넘치는 곳이다. 그러나 만일 누군가 어떤 시나리오에 '예.'라고 답한다면 어떤 일이 일어날지 생각해 보라.

만일 시나리오가 실무자들의 손을 거쳐 마침내 촬영장의 조명을 만나게 된다면, 그렇게 영화가 만들어지고 박스오피스에서도 선전한다면, 그 꿈은 이루어진 것이다. 한편 그 일이 잘 안 풀리고 시나리오를 받았던 사람이 해고되는 경우도 있다. 이렇듯 시나리오 실무자들에게는 수백만 달러의 책임이 있다. 할리우드의 영화 실무자들의 평균 직업 수명은 약 5년 정도다.

실패를 해도, 실무자들이 항상 좋은 시나리오를 찾기 위해 모험을 한다는 것은 아이러니다. 할리우드에는 늘 채택될 만한 시나리오가 부족하다. 제출되는 시나리오의 대부분은 옛날 영화나 TV 시리즈에서 이야기를 끌어오거나, 이미 만들어졌던 영화를 바탕으로 하거나, 풍자하는 것이다. 만약 당신이 신선하고 완전히 새로운 이야기를 쓸 수 있는 참신한 시나리오 작가라면 기회는 무궁무진하다.

당신의 시나리오를 영화로 만들어 줄 제작사가 나타나면, 대부분의 경우 에이전트 비서와 먼저 통화를 한다. 때로는 통화하는 사람이 당신의 시나리오를 직접 읽을 사람일 수도 있다. 만일 그들이 시나리오가 마음에 들면, 제작 관련자에게 추천할 것이다. 당신의 원고를 읽기 원하는 누구에게든 읽게 하라. 좋은 시나리오는 언젠가는 누군가에게 발견되기 마련이다. 보통 그것이 법적으로 보호되는 한 문제는 없다.

비록 에이전트가 당신의 시나리오를 좋아한다고 해도, 그(녀)는 그것을 팔 수 없을지도 모른다. 그러나 그 시나리오를 당신 능력의 결정적인 예로 주변에 보여 줄 수도 있다. 한 에이전트가 나에게 말했듯, '거의' 팔리기 직전까지 갔던 원고만큼 매력적인 것은 없다. 때로 그런 계기를 통해 당신에게 다시 쓰라는 주문이 들어올 수도 있고, 기존 시나리오 아이디어의 어떤 한 부분을 발전시킬 기회를 얻을 수도 있다. 또 만일 제작자나 이야기 편집자가 당신의 작업을 좋아한다면, 제작사나 프로듀서의 요청에 따라 오리지널 시나리오를 쓰게 되거나, 다른 아이디어나 책을 시나리오로 쓸 수 있는 잠정적 계약을 맺을 수도 있다. 그들이 뭐라고 말하든 모든 사람은 작가를 찾고 있다.

에이전트가 당신의 시나리오를 읽도록 3~6주의 시간적 여유를 준 다음 답이 없으면 전화해 보라.

당신의 시나리오를 윌리엄 모리스, ICM, CAA 같은 유명한 대규모 에이전트에 넘기면, 그들은 소홀히 대한다. 그러나 그들은 시나리오를 읽는 몇 명의 전문가를 보유하고 있기 때문에 읽기는 할 것이고, 시장에 통할 만한 시나리오를 찾아낼 수도 있다.

만일 당신이 운이 좋다면, 당신의 시나리오를 좋아하고 당신을 대신해서 일해 줄 에이전트를 만날 수도 있다.

누가 가장 좋은 에이전트인가?

당신의 글을 좋아하고, 당신을 대신해 일하고 싶어 하는 에이전트다.

여덟 명의 에이전트와 접촉해서 그중 한 에이전트가 당신의 시나리오를 마음에 들어 한다면 운이 좋은 편이다. 동시에 여러 에이전트에게 시나리오를 줄 수도 있다.

에이전트는 그들이 파는 가격의 10~15퍼센트를 수수료로 받을 것이다. 좋은 시나리오는 할리우드에서 채택된다. 그들은 10쪽 분량만으로 영화가 만들어질 가능성이 있는지 판단한다. 만일 당신의 원고가 영화로 제작될 만큼 좋고 가치가 있다면, 반드시 제작사를 만날 것이다. 어떻게 서로 만나게 되는가는 또 다른 문제다.

그것은 일종의 생존 과정이다. 당신의 시나리오는 할리우드라는 강의 격렬한 흐름 속으로 들어온다. 그리고 마치 연어가 알을 낳기 위해 강물을 거슬러 올라가는 것처럼 오직 소수만이 성공한다.

에이전트를 찾는 '정상적' 방법이 통하지 않는다면, 당신의 글이 누군가에게 읽혀지고 가능한 '발견되도록' 하는 가장 좋은 방법은 그것을 세계적인 시나리오 공모전에 응모하는 것이다. Final Draft's Big Break Contest, the Chesterfield Competition, Script-Shark's Annual Screenwriting Competition, the Diane Thomas Award 등이 유명한 시나리오 공모전이며, 그 밖에도 많다. 이런 공모전에서 당신의 원고가 최종 후보까지 갔다거나, 수상했다는 언급을 제작사에 하면 상당히 유리하다. 각 공모전에는 매년 3000편이나 5000편 정도의 시나리오가 제출된다. 구글에서 'screenwriting contest'를 검색해 보라. 시나리오 공모전의 데이터베이스를 'www.filmmaker.com/contests'에서 확인해 보라. 그러면 당신은 공모전 정보를 얻을 수 있다. 상금, 원고 제출 시작 날짜, 마감 날짜 등을 알 수 있다. 합법적인 공모전은 1만 달러 정도까지 상금을 준다. 또한 영화 업계의 에이전트나 시나리오 실무자들을 만날 수 있는 기회를 제공한다. 나는 파이널 드래프트에서 여러 번 심사를 해 본 적이 있다. 거기에 제출되는 시나리오의 수준은 매우 높다. 공모전에서 입상한 많은 작가들이 에이전트를 만났고, 또 그 시나리오를 바탕으로 영화가 만들어졌다. 성공할 확률은 매우 높으며, 영화 산업에 종사할 기회를 얻는 수월한 경로다.

당신의 시나리오가 제작 실무자의 관심을 끌게 만들 또 하나의 방법은 이른바 '온라인 포스팅'이다. 당신의 시나리오를 약간의 비용만으로 베이스라인 스튜디오 시스템의 한 부서인 ScriptShark.com 같은 온라인 작품 관리 서비스 회사로 보낼 수 있다. 스크립트샤크는 전문적인 시나리오와 이야기 개발 서비스를 제공하는 곳으로, 엔터테인먼트 산업을 위해 만들어졌다. 일은 이런 식으로 진행된다. 당신은 자신의 시나리오를 스크립트샤크로 보낸다. 그 회사 직원이 당신이 보낸 시나리오를 읽고 평가한다. 그리고 당신에게 전문적인 피드백을 해 준다. 만일 당신의 시나리오를 읽은 사람이 그 시나리오를 마음에 들어한다면 그(녀)는 이야기의 시놉시스를 회사의 웹 사이트에 올린다. 주요 제작사에 속한 대부분의 개발 및 창작 관련 실무자들은 이들 웹 사이트에 올라온 시나리오를 읽는다. 왜냐하면 그들은 항상 새로운 시나리오를 찾기 때문이다. 따라서 이것은 당신의 시나리오가 에이전트나 변호사를 통하지 않고도 제작 실무자에게 읽혀질 수 있는 좋은 기회다. 스크립트

샤크는 한 명의 작가를 전문가로 나아가도록 도와주는 곳이다. 여러 작가가 이미 팔렸거나, 선택된 시나리오를 가지고 있다. 그리고 스크립트 샤크는 작가들이 미팅을 하거나 작업을 할당받고 대리자를 확보하는 일 등에 도움을 준다.

시나리오를 완성했다면, 당신은 전투장으로 들어선 것이다. 작년에 7만 5000편 이상의 시나리오가 미국 작가 조합에 등록되었다. 작년에 메이저 제작사와 독립 영화 프로덕션이 만든 영화가 몇 편인지 아는가? 그리 많지 않다. 400편에서 500편 사이다. 그리고 점차 제작사는 늘어나지 않는 데 비해 시나리오를 쓰려는 사람은 가파르게 늘고 있다. 시나리오를 쓰려는 사람들의 숫자가 증가하긴 했지만, 영화를 만드는 비용도 증가했다. 메이저 할리우드 회사에서는 영화를 만들 때 1분당 수천 달러를 투자한다. 요즘 중간 수준의 할리우드 제작사의 예산조차 6000~8000만 달러의 비용이 든다. 그리고 배급할 필름을 프린트하는 예산이나 광고 비용도 엄청나다. 할리우드의 한 제작사에 따르면 이득을 남기려면 순제작 비용(배급, 홍보 비용이 포함되지 않은)의 2.5배에 달하는 총비용을 예상해야 한다. 만일 영화를 제작하는 데 순수하게 6000만 달러가 든다면, 적어도 총비용을 1억 5000만 달러로 잡아야 한다는 것이다. 그런데 많은 경우 그 정도의 액수를 총비용으로 잡기가 쉽지 않다. 그리고 영화는 처음 1~2주 사이에 관객이 많이 들지 못하면, 몇 주 뒤 스크린에서 내려진다. 그러나 부수적인 시장이 있다. 해외 시장, DVD 시장, 판촉 상품, 그리고 공중파 및 케이블 TV 판매 등이 있어서 영화관에서 상영된 이후에도 일정한 수익을 남길 수 있다.

바뀌지 않는 유일한 것은 이야기다. 당신은 영화 산업에 영향력이 있는 사람과 손을 잡을 수도 있고, 유명 배우가 당신의 영화에 출연할 수도 있다. 그러나 만일 관객의 마음과 감정을 사로잡을 이야기가 없다면 당신은 어떤 것도 할 수 없다. 이야기는 모든 것을 함께 엮어 내는 중심이며 역동적 힘이다. 「사이드웨이」는 좋은 예가 될 것이다. 렉스 피켓이 쓴 소설을 알렉산더 페인과 짐 테일러가 각색한 이 영화는 예외적이다. 당신은 좋은 시나리오에서 좋은 영화를 만들 수 있다. 그리 나쁘지 않은 시나리오에서 좋은 영화를 만들 수도 있다. 그러나 나쁜 시나리오에서는 절대 좋은 영화가 나오지 않는다. 그러므로 당신은 모든 에너지를 시나리오를 쓰는 데 쏟아야 한다.

만일 누군가 당신의 시나리오를 사고 싶어 한다면, 당신은 어떤 종류의 거래를 할 수 있는가? 가격은 다양하다. 그러나 기준이 될 만한 것은 미국 작가 조합의 최저 가격이다. 최저 가격은 두 영역으로 나뉜다. 120만 달러에서 500만 달러의 제작 비용이 드는 저예산 영화와 500만 달러 이상의 비용이 드는 고예산 영화가 그것이다. 이 글을 쓰는 시점에서 저예산 영화에 대한 미국 작가 조합의 오리지널 시나리오(트리트먼트를 포함해서) 가격은 4만 8738달러다. 고예산 영화의 시나리오 가격은 9만 1495달러다. 이 최저 가격은 새로운 최저가 기본 합의가 협상될 때마다 늘어난다.

대부분의 시나리오 작가들은 시나리오를 팔지 못한다. 그러나 예외가 있다. USC의 전문 시나리오 작가 양성 프로그램의 한 학생은 완성된 시나리오를 여기저기 보냈다. 한 에이전트 직원이 그것을 읽고 마음에 들어 사장에게 건넸다. 사장은 그 시나리오를 흡족하게 읽었고, 제작사 실무자인 친구에게 보냈다. 그 실무자는 가능성이 있다고 판단했고, 에이전트를 통해 그 학생에게 제안한 후 60만 달러에 시나리오를 사들였다. 이제 그녀는 원고지 매수 단위로 돈을 받지 않는 작가가 되었다. 그녀는 이제 계약서에 사인만 해도 수천 달러를 받는다. 그리고 프로듀서가 '제작/배급 계약서'를 가져오면, 그녀는 거액을 만지게 된다.

17. 시나리오가 완성된 후에 해야 할 일

촬영이 시작되는 날, 그녀는 또 거액을 받는다. 이른바 '제작 보너스'다.

시나리오 가격은 실제로 다양하지만, 대략 전체 영화 예산의 5퍼센트를 차지한다. 당신이 시나리오를 판다면, 적어도 계약상으로는 '이익 대비 일정한 비율'을 받을 것이다. 당신은 프로듀서 예산 기준에 따라 2.5~5퍼센트 정도를 받을 수 있다. 그러나 회계사의 장부에선 영화 수익이 어느 정도인지 잘 드러나지 않기 때문에 당신이 합당한 비율을 받을 가능성은 매우 적다.

누군가 당신의 시나리오를 사고 싶어 한다면, 그(녀)는 아마도 1초 동안의 선택으로 1년 동안의 옵션을 생각할 것이다. 옵션을 가지고 누군가 당신에게 배타적 권리를 행사하겠다며 얼마의 돈을 지불할 것이다. 보통 1년 혹은 2년에 이르는 일정한 기간 동안 지불액을 올려 주겠다거나, '조정'할 배타적 권리를 가질 수 있다고 하는 옵션을 제시할 것이다. 옵션 가격은 1년에 1달러에서 10만 달러 혹은 그 이상까지 다양할 수 있다. 당신이나 당신의 변호사가 어떻게 협상하느냐에 달려 있다.

당신이 시나리오에 대해 충분한 금액을 받기까지는, 옵션 가격을 받은 후로부터 1년이 더 걸릴 수도 있다. 이것이 할리우드의 관행인 '단계별 거래'다. 금액은 다양하지만 절차는 일반적으로 비슷하다.

만일 당신이 시나리오에 대한 제안을 받았다면, 당신은 대리인을 세워야 한다. 에이전트일 수도, 변호사일 수도 있다. 변호사는 그 프로젝트에서 얻는 당신 수입의 5퍼센트를 받거나 시간당 얼마를 제안할 것이다.

당신이 책이나 소설에 대한 각색을 원한다면 영화 제작권을 얻어야 한다. 원작을 활용할 수 있는지 알아보기 위해 출판사에 전화해 보라. 우편이나 이메일, 전화, 어떤 방법으로든 이 분야에 권한을 가진 담당 부서와 접촉해 보라. 영화 제작권을 갖는 것이 가능한지 물어보라.

가능하다면 작가를 대변하는 에이전트가 있는지 확인해 보라. 그 에이전트에 접촉해 보라. 그들은 당신에게 그런 권리를 줄 수 있을지 답해 줄 것이다.

혹시 저작권 허락을 받지 않고 각색에 들어갈 경우, 괜한 시간만 낭비할 수도 있다. 왜냐하면 결국 저작권을 따낼 수 없게 되거나, 이미 다른 사람이 계약했을 수도 있기 때문이다.

단지 글쓰기 훈련을 위해서 소설을 시나리오로 각색하고 싶다면, 마음껏 해도 좋다. 자신이 무엇을 하는지 정확히 알고 있다면, 적어도 시간은 낭비하지 않을 것이다.

오늘날 영화 제작은 막대한 비용이 드는 작업이므로 사람들은 가능한 위험 부담을 최소한 줄이려 한다. 그래서 할리우드에서는 작가에게 주는 원고료를 '착수금'이나 '위험 부담금'이라고 한다.

아무도 위험에 직면하기를 원하지 않는다. 영화 산업은 도박과도 같다. 아무도 「스타워즈」, 「타이타닉」, 「반지의 제왕」 등이 큰 성공을 거두리라고 쉽게 예측할 수 없었다. 그리고 사람들은 수익 회수가 불분명한 곳에 돈을 투자하지 않는다. 당신 자신을 포함해서 쉽게 돈을 쓰는 사람을 본 적이 있는가? 주류 영화 제작자도, 독립 영화 제작자도 예외는 아니다.

계약금은 제작자의 주머니에서 나온다. 그들은 위험 부담을 최소한으로 줄이려 한다. 처음부터 많은 돈을 받을 수 있다고 기대해서는 안 된다. 일이 그렇게 쉽게 진행되지는 않는다.

물론 항상 예외는 있다. 그리고 그 예외는 특히 입에 잘 오르내린다. 그러나 그것들은 규칙이 아니다. 그저 예외일 뿐이다.

정말 시나리오를 쓰고 싶다면, 우선 자기 자신을 위해 써라. 돈은 그다음 문제다.

열 손가락 안에 드는 유명한 작가만이 할리우드에서 엄청난 원고료를 받는다. '서부 작가 조합'에 가입한 9500명의 작가 중에서 오직 소수만이 시나리오 작가로 고용되어 있다. 그들 중에서도 소수의 작가만이 수십만 달러 단위의 돈을 번다.

따라서 비현실적인 기대를 가져서는 안 된다.

그저 시나리오를 쓰는 것이 중요하다.

그다음에 원고료에 대해 생각하라.

고대 인도 경전인 『바가바드 기타』에 이런 말이 있다. "당신 행동의 결과에 너무 집착하지 마라." 당신은 스스로 원해서 시나리오를 쓰는 것이다. 많은 돈을 받고 팔기 위해서 쓰는 것이 아니다. 그렇게 쉽게 시나리오로 많은 돈을 받을 수는 없다.

당신의 꿈과 현실을 분리시켜라. 그 둘은 서로 다른 세계다.

18 ——— 마지막 조언

"희망은 좋은 것이다.

 희망은 아마도 세상 모든 것 중에 최고의 것이다.

 그리고 좋은 것은 사라지지 않는다."

　　—「쇼생크 탈출」(프랭크 대러본트)

18. 마지막 조언

처음 작가 겸 교수로서 일을 시작하면서, 나는 내가 가르치고 책을 쓰면서 이루고자 하는 것이 무엇인지 자문해 보았다. 답은 항상 같았다. 나는 더 좋은 영화, 즉 세상의 관객이 보편적 인간성을 발견하도록 영감을 줄 영화의 시나리오를 쓰고 싶다는 것이었다. 미래에는 더욱 놀라운 기술이 나타날 것이고, 영상과 이야기를 결합하는 새롭고 진전된 방식이 개발될 것이다. 그럼에도 사람들이 무엇이 좋은 이야기를 만드는지, 무엇이 좋은 시나리오를 만드는지 이해한다면, 그것은 영화 제작자나 관객에게 모두 똑같이 가치 있는 일일 것이다. 내가 패러다임에 대해 썼지만, 그것이 완전히 새로운 것은 아니었다. 스토리텔링이라는 개념은 아리스토텔레스 시대 이래 줄곧 있어 왔다. 나는 단지 존재해 왔던 것을 밝혀낸 것뿐이다. 거기에 이름을 붙이고, 현대 영화에서 그것이 어떻게 작동하는지 그림으로 보여 주었을 뿐이다.

지난 몇 년간 영화계에 중요한 기술적 진전이 있었다. 그리고 시나리오에서 극적 구성의 역할을 이해하는 것이 국제적 논쟁, 격렬한 토론의 중심이 되었다. 그 토론은 스토리텔링의 관습적 방법과 비관습적 방법을 둘러싼 것이었다. 즉 「차이나타운」, 「맨츄리안 캔디데이트」, 「반지의 제왕」, 「본 슈프리머시」, 「델마와 루이스」, 「펄프 픽션」, 「쇼생크 탈출」, 「디 아워스」, 「이 투 마마」, 「롤라 런」 등 수많은 영화가 스토리텔링 방식의 차이를 둘러싸고 논쟁의 핵심에 서 있었다. 물론 각 영화 마다 이야기는 독특하고 각기 다른 특성이 있다. 이 토론은 충분한 가치가 있다. 왜냐하면 시나리오의 진화에서 새로운 출발점을 찾는 대화를 촉발시켰기 때문이다. 구조의 본질은 변하지 않는다. 형식만이 변한다. 즉 이야기가 조합되는 방식만 변한다. 그것이 영상을 가지고 이야기를 말하는 새로운 방식을 이끌어 낸다면, 내가 하려고 했던 바를 이룬 것이다. 「매그놀리아」에서 내레이터가 말했듯이, "우리는 과거를 잊지만, 과거는 우리를 잊지 않는다."

은빛 스크린은 거울과 같다. 그것은 우리의 생각과 희망과 꿈과 성공과 실패를 비춘다. 시나리오를 쓰는 것과 영화를 보는 것은 지속적인 여행이며, 인생의 모험이다. 종이 위의 영상과 거대한 스크린 위에서 춤추는 빛의 그림자는 우리의 삶을 반영한다. 거기서 끝은 시작이고, 시작은 끝이다.

어두운 극장에서 나는 희망과 낙관주의가 충만해 있음을 느낀다. 영화관에서 나는 인생에 대한 질문의 답을 찾고 있는지도 모르겠다. 어두운 영화관에 앉아서, 영화 속에 그려지는 도전과 싸움, 마주한 위기 상황이 내 경우가 아니라는 점에 감사하고 있는지도 모르겠다. 그러나 그 반영된 이미지 속 어딘가에서 나는 내 삶의 개인적 의미를 감싸고 있는 희망과 지식, 그리고 통찰력을 수확하고 있음을 알고 있다.

내 여정의 발자국을 돌아볼 때, 이 점을 생각한다. 내가 시작한 길, 내가 밟은 땅, 내가 가로질러 간 길이 어딘지 보게 된다. 그리하여 나는 내 목표가 어떠한 목적지가 아니라 여행 자체였음을 깨닫게 된다.

그저 시나리오 쓰는 일을 좋아하면 된다. 당신이 하려는 것을 말로 하는 것과 실제 행하는 것은 별개의 문제다.

모든 이는 작가가 될 수 있다.

당신은 그 사실을 발견할 것이다. 당신이 흥분에 젖어 자신의 시나리오에 대해 말하면, 모든 사람이 제안을 하고, 코멘트를 하고, 그들이라면 가졌을 더 좋은 아이디어를 말해 줄 것이다.

당신이 쓴 것에 대해 어떤 판단도 하지 않도록 노력해 보라. 당신의 시나리오를 객관적으로 '보는' 데는 여러 해가 걸릴 것이다. 어쩌면 당신은 결코 객관적이 될 수 없을지도 모른다. "좋다. 나쁘다. 옳다. 그르다."라는 판단 혹은 이것과 저것 사이의 비교는 창의적 경험에서 의미가 없다. 그것은 그 자체일 뿐이다.

할리우드는 '꿈의 공장', '이야기꾼들의 마을'이다. 할리우드 어디를 가나 그들이 쓰고자 하는 시나리오와 그들이 만들려고 하는 영화에 관한 이야기를 들을 수 있다. 그것은 말뿐이다. 행동이 곧 인물이라고 하지 않았는가? 말이 아닌 행동이 그 사람이 누구인지 보여 준다.

모든 이가 작가일 수 있다. 할리우드에는 작가를 미리 비판하는 경향이 있다. 즉 제작자·감독·연기자·프로듀서는 원래 작가가 쓴 내용을 바꾸고, 시나리오에 변화를 주려고 한다. 물론 항상 변화를 주는 것은 아니다. 대부분의 할리우드 사람들은 그들 자신이 원작 시나리오보다 더 좋은 아이디어를 가지고 있다고 생각한다. '그들'은 '더 좋게 만들기' 위해 어떤 것을 해야 할지 안다. 항상 감독이 하는 일이 바로 그런 것이다.

감독은 좋은 시나리오를 가질 때, 좋은 영화를 만들 수 있다. 물론 시나리오가 좋더라도 좋은 영화를 만들지 못할 수도 있다.

　　　　　　　　　　　　　　　18. 마지막 조언

단지 소수 감독만이 시나리오를 시각적으로 다룰 수 있다. 그들은 3~4쪽에 달하는 장황한 내용을 몇 줄의 대사로 압축해 3분 정도의 극적이고 긴장된 신으로 만들어 낼 수 있다. 다섯 줄의 대사를 가지고 누군가 술을 마시고, 개가 짖고, 벽 위의 시계가 인서트로 들어가는 세 개의 장면을 조화롭게 배치시킬 수도 있다. 마이클 만이 「콜래트럴」에서 그렇게 했다. 그는 스튜어트 비티가 쓴 원작 시나리오를 다듬어 시각적으로 긴장감 넘치는 영화를 만들면서 시나리오의 본질과 통합성 모두를 포착해 냈다. 이것은 예외다. 모두 그렇지 않다.

할리우드의 많은 감독과 배우들은 이야기에 대한 감각을 거의 갖고 있지 않다. 그들은 자주 작가를 비판하고, 작가의 이야기를 약화시키며 왜곡시킨다. 결국 아무도 보기를 원치 않는 저질 영화를 만드는 데 엄청난 돈을 허비하게 된다. 그래도 어쨌든 당신은 완성된 영화의 작가다.

이렇게 되면, 끝내 모든 사람이 무언가를 잃게 된다. 제작자는 돈을 잃고, 감독은 경력에 손실을 입고, 작가는 빈약한 시나리오에 대한 책임을 져야 한다.

모든 이가 작가가 될 수 있다. 그러나 일부만 시나리오를 완성할 수 있다. 모두에게 쉬운 일은 아니다. 글쓰기는 매일매일 지속되는 고된 작업이다. 직업 작가란 자신의 목표를 설정하고, 그것을 달성하는 사람이다. 인생이 그렇듯 말이다. 글쓰기 또한 개인의 책임이다. 쓸 것인가 아닌가는 당신에게 달려 있다. 그리고 오래된 '자연법칙'인 적자생존과 진화 법칙이 거기에 적용된다.

영원히 성공적인 이야기란 할리우드에 없다. 오래된 속담처럼 "성공하는 데 15년이 걸린다." 그것을 믿으라. 그것이 진실이다.

직업적 성공은 인내와 결단력에 의해 이루어진다. 맥도날드에 붙어 있는 포스터에는 이런 말이 있다.

이 세상의 어떤 것도 인내만큼 소중하지는 않다.
재능이 전부가 아니다. 재능이 있어도 실패하기는 흔한 일이다.
천재 역시 그렇다. 인정받지 못한 천재는 널려 있다.
교육 또한 그러하다. 이 세상은 교육받은 자들로 가득 차 있다.
인내와 결단력만이 전능하다.

당신이 시나리오를 완성한 것은 놀라운 성취다. 당신은 하나의 아이디어를 가지고, 그것을 이야기로 발전시키면서 몇 주간 혹은 몇 달에 걸쳐 시나리오를 써낸 것이다. 그것은 만족과 감격을 주는 경험이다. 시나리오는 당신에게 최고의 친구이자 최악의 적이다. 당신에게 밤을 지새우게도 했고, 깊은 잠에 빠지게도 했다. "진정한 예술은 그것을 진행하고 있는 행위 그 자체다." 장 르누아르의 말이다.

헌신과 희생은 동전의 양면이다. 자랑스럽게 생각하라.

재능은 신의 선물이다. 당신은 재능이 있을 수도, 없을 수도 있다. 시나리오가 팔리느냐, 안 팔리느냐 하는 문제가 당신의 마음가짐, 당신 자신에 대한 감정을 바꾸게 만들지 마라. 그것이 글 쓰는 경험을 방해하도록 해서는 안 된다. 결국 당신은 자신이 원했던 일을 했다. 당신은 희망과 꿈을 성취했으며 목표를 이루었다.

글을 쓴다는 것은 그 자체로 하나의 보상이다. 글쓰기가 주는 자체적인 보상에 만족하라. 계속 나아가라.

옮긴이의 글

"영화란 무엇인가?"

이 질문은 "영화란 나에게 무엇인가?"로 구체화할 수 있고, 생성 공학의 측면에서 다시 "시나리오란 무엇인가?"로 변형할 수 있다. 바로 그 지점에서 방법론을 제시해 주는 이 책은 "모든 이가 작가가 될 수 있다."라는 희망을 일깨워 준다. 또 실용적인 패러다임과 더불어 시나리오 쓰기 여정의 방향성을 일깨워 준다. 이 책이 제안하는 패러다임으로부터 시나리오 작업에 커다란 도움을 얻었다는 영화감독들의 인사를 수차례 접하는 즐거움을 맛보기도 했다.

근 이십 년 가까이 시나리오 창작 실습 강의를 해 오면서 여러 종류의 교재를 사용했다. 영화 창작의 핵심 요소이자 영화 보기의 매력이기도 한 캐릭터에 집중한 책들부터 선대로부터 전해 오는 오랜 집단 무의식이 상상해 낸 신화에서 영감을 가져온 시나리오 창작 교재까지 다양한 시나리오 쓰기에 관한 책들을 직접 수업에 활용하면서 새삼 이 책의 효용성을 발견할 수 있었다. 1991년 초판을 번역했던『시나리오란 무엇인가』의 개정증보판을 다시 번역하며 든 생각은, 이 책이 제안하는 시나리오 쓰기 과정은 멀리 떠나는 걷기 여정의 경험담이자 안내 표지 같다는 점이다.

창작 여정은 보다 의미 있는 재미를 찾아가는 인간과 세상에 대한 탐구의 여정이라고 할 수 있다. 인간과 세상, 심지어 우주적 상상까지도 비춰 주는 거울 같은 스크린에 우리의 생각과 꿈과 상상력이 출몰하는 시나리오 쓰기는 흥미로운 인생길 여정이다. 매일매일 써야 하는 지속적이고 고된 과정에서 지치고 낙심하고 때론 좌절해도 다시 일어나 글쓰기 여정을 지속하는 것, 그것은 인생길을 가는 또 다른 매혹적인 삶의 방식이기도 하다. 그리하여 독자가 이 책을 읽는 이유와 목적이 저마다 어떤 것이든, 저자가 제안하듯이 시나리오 쓰기는 '어떤 목적지가 아니라 여행 그 자체였음'을 깨닫게 되기를 옮긴이로서 공명해 본다.

2017년 12월
유지나

찾아보기

영화명

인명

ㅎ

시나리오란
무엇인가

1판 1쇄 펴냄 1999년 12월 15일

1판 17쇄 펴냄 2013년 2월 27일

2판 1쇄 펴냄 2017년 12월 10일

2판 7쇄 펴냄 2022년 12월 27일

지은이   시드 필드
옮긴이   유지나
발행인   박근섭, 박상준
편집인   양희정
펴낸곳   (주)민음사

출판등록 1966. 5. 19. (제16-490호)
주소   서울특별시 강남구 도산대로1길 62 강남출판문화센터 5층 (06027)
대표전화   02-515-2000 팩시밀리 02-515-2007

www.minumsa.com

ISBN 978-89-374-3474-7 (93680)

* 잘못 만들어진 책은 구입처에서 교환해 드립니다.